2022 개정 교육과정 완벽대응

국어 교과군 세특플러스

한승배 하희 김운영 곽상경 이준현 최동순

★★★ 국어 교과군 성취기준 완전정복 가이드 ★★★

| 성취 기준별
탐구주제 | A등급 성취수준
구체적 해설 제공 | 진로계열 맞춤
세특 구조화 | 독서·보고서·토론
연계 전략 |

| 국어 교과군 10개 과목
공통·일반·진로·융합선택 전부 | 6개 영역
듣기·말하기·읽기·쓰기·문법·문학·매체 |

진로엔

국어 교과군
세특플러스

초판 1쇄 발행   2026년 4월 1일

저   자   한승배·하희·김운영·곽상경·이준현·최동순

출판기획   진로엔
펴 낸 곳   나이스에듀
디 자 인   나이스에듀
출판등록   제2024-000001호
주   소   인천 부평구 부평대로 283, A동 115호
전   화   1660 – 0848
이 메 일   jinronedu@daum.net
홈페이지   www.jinron.kr

ISBN   979-11-996636-2-6

국어 교과군
세특플러스

저 자 소 개

이름	한승배		
재직학교	청운고등학교	담당	진로전담교사

도서 집필 교과서 및 단행본	• 2022 개정 교육과정 중학교, 고등학교 <진로와 직업> 교과서 집필 • 2015 개정 교육과정 중학교, 고등학교 <진로와 직업>, <성공적인 직업생활>, <기술가정>, <정보> 교과서 집필(삼양미디어) • 2009 개정 중학교, 고등학교 <진로와 직업> 교과서 집필(삼양미디어) • 2007 개정 교육과정 중학교 정보 교과서 집필(삼양미디어) • 7차 시기 고등학교 정보사회와 컴퓨터 교과서 집필(삼양미디어) • <교과서 속 인물로 완성하는 세특 플러스1권>, <교과서 속.인물로 완성하는 세특 플러스 2권>, <세특 프리패스>, <독서중심 주제탐구활동 올인원 1권-5권>, <전공탐구활동 올인원>, <학과 바이블>, <나만의 진로 가이드북(의약계열편, 공학계열편, 자연계열편)>, <학생부 바이블>, <교과세특 주제 탐구활동 마스터(정보교과군)>, <교과세특 주제 탐구활동 마스터(기술가정 교과군)>, <고교학점제 바이블>, <교과세특 탐구주제 바이블>, <교과세특 추천도서 300>, <학과연계 독서탐구 바이블>, <성공적인 대입을 위한 면접 바이블>, <특성화고 학생을 위한 진학 바이블>, <직업계고 학생을 위한 취업 바이블>, <미디어 진로탐색 바이블>, <교과세특 탐구활동 솔루션 기초편>, <교과세특 탐구활동 솔루션 심화편>, <교과세특 탐구주제 기재예시 바이블>, <통합사회로 세상열기>, <통합과학으로 세상열기> 등 집필 • <10대를 위한 직업백과>, <미리 알려주는 미래 유망직업>, <직업 바이블>, <유 노 직업퀴즈 활동북>, <10대를 위한 홀랜드 유망 직업 사전>, <학습만화 직업을 찾아라>, <교사 어떻게 되었을까>, <의사 어떻게 되었을까>, <기술선생님이 알려주는 궁금한 정보통신 기술의 세계> 집필
프로그램 및 교구 개발	• <청소년을 위한 학과카드>, <청소년을 위한 직업카드> 개발 • <드림온 스토리텔링 보드게임>, <원하는 진로를 잡아라> 보드게임 개발
활동 내용	• 전> 청소년 사이버범죄예방 교과 연구회 회장, 정보통신윤리교육 교과 연구회 회장, 선플 전국 교사협의회 회장, 경찰청 누리캅스 위원 • 전> 저작권 교육강사, 미디어 교육강사, 정보통신윤리 교육강사, 인터넷중독예방 교육강사 • 교육부 오늘의 으뜸교사 선정(근정포장 수상), 대교 눈높이 교육상, 정보문화대상 대통령상, 청소년 푸른성장 대상, 교육부 장관상, 환경부 장관상, 정보통신부 장관상 등 다수의 장관상 수상 • 네이버 카페 <꿈샘 진로수업 나눔방(https://cafe.naver.com/jinro77) 운영자

이름	하 희		
재직학교	안양서중학교	담당	진로전담교사

도서 집필 교과서 및 단행본	• 2022 개정 교육과정 중학교 <진로와 직업> 교과서 집필 • <학과바이블> <나만의 진로가이드북> <학생부 바이블> <직업바이블> <교과세특탐구주제 바이블> <교과세특 추천도서 300>, <진로포트폴리오 스포트라이트(중학교용), <중3을 위한 진로활동워크북 드림페스티벌> <중학생을 위한 고교학점제 워크북>, <두근두근 미래직업 체험 워크북> <전공탐구활동 올인원> <세특프리패스> <토론중심탐구활동 올인원> <교과서 속 인물로 완성하는 세특 플러스1> 등 집필
프로그램 및 교구 개발	• <2022 개정 교육과정 반영 학과카드>, <미래유망 직업카드>, <직업가치관 직업카드> <롤모델 카드> 개발 • 한국교원연수원 진로교육 콘텐츠 개발 • 경기도 Gseek사이트 진로교육 콘텐츠 개발
활동 내용	• 전> 경기도중등진로교육연구회 연구위원, 구리남양주 진로거점학교 운영, 구리남양주 진로지원단 • 경기도진로진학상담연구회 연구위원

이름	김운영		
재직학교	발곡고등학교	담당	진로전담교사
프로그램 및 교구 개발	• 경기도지역연구회 지역연계 진로 교육 프로그램 개발 • 아산 티쳐프러너 기업가정신 교육 프로그램 개발		
활동 내용	• 전> 국어분과 수업 실천 연구 대회 다수 입상, 진로연계 교육, 기업가정신 실천 교육 우수 교사 다수 수상, 경기도교육청 NTTP 연구년 정책분과 연구 교원, 의정부교육청 경기이룸대학 운영지원단 • 교육부 진로학업설계지원단 리더교사, 경기도 지역연구회(의정부마을교육공동체 연구회) 대표, 전국 아산 유스프러너 지역 거점학교 운영		

이름	곽상경		
재직학교	신성중학교	담당	진로전담교사
도서 집필 교과서 및 단행본	• 2022 개정 교육과정 중학교 <진로와 직업> 교과서 집필 • 공저: <에듀코칭> <실전!고교학점제 따라잡기> <고교학점제 워크북> <부모 마음공부 일력365> <소통왕, 학부모를 부탁해> <질문이 살아있는 수업-진로와 직업 수업자료집> 집필		
프로그램 및 교구 개발	• <더불어 행복한 학교(이화여자대학교)>, <마음모아 톡톡(법무부)>, <인성이 자라는 마을(법무부)> <인성탐험대(법무부)> <Hey! 세상을 바꾸는 우리(적십자)>, <중3 진로연계학기 프로그램(인천교육청)> <꿈오름 교육과정(광명교육청)> <지역기반 기업가정신교육(안양시)> 외 디지털 리터러시, 인성교육, 진로교육 프로그램 다수 개발 참여 • 중앙교육연수원, 비바샘원격교육연수원, 티처빌원격교육연수원 직무연수과정 집필 및 강의 • 경기도 Gseek사이트 진로교육 콘텐츠 개발 및 출연		
활동 내용	• 전> 경기도중등진로교육연구회 연구위원, 경기도교육연구원 비상근 초빙연구원, 교육부 사회정서교육/진로연계교육 선도교사, 경기도교육청 중등배움중심수업 정책추진단, 경기도교육청 학교진로교육지원단, KERIS 교실혁명 선도교사 외 다수 활동 • 아주대학교/이화여자대학교 교육대학원 겸임교수, 성결대학교 교직부 출강, 사)수업디자인연구소 운영위원, 한국교총 정책자문위원, 전국교사작가협회원, 사)교사크리에이터협회원 • 부총리 겸 교육부장관 표창, 법무부장관상, 경기도교육감표창, 안양과천교육지원청장표창 등 수상		

이름	이준현		
재직학교	천안오성중학교	담당	진로전담교사
도서 집필 교과서 및 단행본	• <학생부 바이블>, <꿈채움 포트폴리오>		
프로그램 및 교구 개발	• <직업가치관 직업카드>, <미래유망 직업카드>, <2022 개정 교육과정 반영 학과카드>		
활동 내용	• 전> 한국대학교육협의회 대입상담교사단, 충남진학교육지원단, 경희대, 충남대 등 주요대학 학생부전형 자문 • 충남진학지도협의회		

이름	최동순		
재직학교	청주신흥고등학교	담당	국어과 교사
프로그램 및 교구 개발	• 충청북도교육청 <교과 융합 수업 안내 자료집> 개발(2021-2022)		
활동 내용	• 충청북도교육청 학교생활기록부 현장실무지원단 • EBSi 학습 Q&A 상담교사 • 일본 오사카 금강 인터내셔널 학교 국어과 초빙 교원(2026~)		

성취기준으로 완성하는 국어 탐구, 세특·평가·대입을 하나로 잇는 종합 솔루션

2022 개정 교육과정이 던진 질문은 명확합니다. "학생은 무엇을 성취했는가?" 그러나 많은 학생들이 교실에서 마주하는 성취기준은 여전히 낯설고 추상적입니다. '대화의 원리를 이해하고 적용한다', '비판적으로 읽고 주체적으로 해석한다'는 문장이 구체적으로 무엇을 요구하는지, 어떻게 도달해야 하는지 알기 어렵기 때문입니다.

2028 대입 개편은 이러한 성취기준 중심 평가를 더욱 강화합니다. 단순한 지식 암기가 아니라, 성취기준을 실제로 달성했음을 증명하는 탐구 역량을 평가합니다. 이는 수능뿐 아니라, 학생부 세특 기록과 면접까지 관통하는 핵심 원리가 되었습니다.

이러한 흐름 속에서 학생, 학부모, 교사는 이런 고민과 마주하게 됩니다.
- 교육과정의 '성취기준'을 달성한다는 것은 구체적으로 무엇을 해내야 한다는 뜻일까?
- 최상위 'A등급'의 성취 수준은 정확히 무엇이며, 현재 나의 수준은 어느정도일까?
- 성취기준을 바탕으로 어떤 탐구 활동을 해야 나만의 세특 기록을 완성할 수 있을까?
- 내가 희망하는 진로와 국어 역량을 어떻게 연결해서 보여줄 수 있을까?

<국어교과군 세특플러스>는 바로 이러한 고민에서부터 출발했습니다. 공통국어1·2부터 일반선택, 진로선택, 융합선택까지, 2022 개정 교육과정의 모든 국어 '교과' 성취기준을 '이해 → 도달 → 탐구 → 기록'의 완벽한 구조로 연결했습니다.

기존 탐구 주제 모음집의 틀에서 벗어나, 각 성취기준을 중심으로 '기본 개념 → A등급 성취수준의 이해 → 교과세특 탐구 주제 → 추천 도서 → 독서 연계 탐구 → 진로 계열별 연계'라는 종합적 구조를 기반으로, 학생 개개인이 자신의 성취 수준을 점검하고 대입을 체계적으로 준비할 수 있도록 정교하게 구성했습니다.

앞으로 대학은 교과서의 지식을 암기하는 것을 넘어, '비판적 읽기'나 '문제 해결적 글쓰기' 같은 국어 성취기준을 자신의 진로와 연계해 한 편의 깊이 있는 탐구 보고서나 독서 기록으로 증명해 낸 학생을 주목합니다. 수능 역시 단편적인 문제 풀이 기술이 아니라, 국어과 성취기준을 온전히 학습했을 때 발휘되는 독해 역량으로 낯선 복합 지문을 스스로 분석하고 추론해 내는 실질적인 문해력이 최상위권을 결정짓게 됩니다.

<국어교과군 세특플러스>는 학생에게는 **성취기준·세특·평가를 동시에 완성하는 '완벽한 학습 가이드'**, 학부모에게는 **자녀의 국어 학습과 탐구 방향을 정확히 잡아주는 '최고의 지침서'**, 교사에게는 **성취기준 중심 수업과 세특 기록 완성을 지원하는 '든든한 교육 안내서'**가 될 것입니다.

이 책이 학생들의 '국어 역량과 학업 성장'을 이끌고, 대학이 요구하는 '성취기준 기반의 탐구 역량'을 완성하는 데 필요한 동반자가 되기를 바랍니다.

저자 일동

이 책을 소개합니다.

① 2022 개정 교육과정 전 과목 성취기준 완벽 분석!
② 성취수준 A등급 도달을 위한 구체적 가이드 제공!
③ 성취기준-탐구-독서-기록까지, 세특 작성의 모든 것을 담은 실전서!
④ 진로 계열별 맞춤 연계로 차별화된 학생부 완성 전략서!

이렇게 활용하세요.

✔ 학생은 이렇게!

1. 내 성취 수준 진단하기
각 성취기준의 A등급 성취수준을 읽고, 내가 현재 어느 수준에 있는지 스스로 점검할 수 있습니다. 부족한 부분을 파악하고 보완할 방향을 설정하세요.

2. 성취기준 기반 탐구 설계
제시된 교과세특 탐구 주제를 참고하여 성취기준을 실제로 달성할 수 있는 탐구 활동을 설계할 수 있습니다.

3. 독서와 탐구의 융합
각 성취기준별 추천 도서 2권과 독서 연계 탐구 주제를 활용하여 독서가 단순 감상이 아닌 탐구로 이어지도록 연결하세요.

4. 진로 맞춤형 세특 완성
진로 희망 계열별 연계 내용을 참고하여 자신의 진로와 국어 역량을 자연스럽게 연결한 차별화된 세특을 완성할 수 있습니다.

✔ 교사는 이렇게!

1. 성취기준 중심 수업 설계
각 성취기준의 기본 개념과 성취수준 해설을 활용하여 평가와 수업을 일치시킨 성취기준 중심 수업을 설계할 수 있습니다.

2. 학생 맞춤형 피드백 제공
A등급 성취수준의 세부 요소를 기준으로 학생의 현재 수준을 진단하고, 구체적이고 실질적인 피드백을 제공할 수 있습니다.

3. 탐구 중심 활동 운영
제시된 교과세특 탐구 주제를 활용하여 학생들의 사고를 확장하는 탐구 중심 수업과 프로젝트 활동을 효과적으로 운영할 수 있습니다.

4. 체계적 세특 기록 작성
성취기준-탐구활동-독서연계-진로연결이라는 구조를 바탕으로 근거 있고 구체적인 세특 기록을 작성할 수 있습니다.

5. 독서·NIE 연계 수업 구성
각 성취기준별 추천 도서와 탐구 주제를 활용하여 독서 토론, 독서 기반 글쓰기, NIE 활동 등을 교과와 자연스럽게 융합할 수 있습니다.

6. 의사소통 역량 중심의 토의·토론 설계
성취기준에 부합하도록 제시된 '생각 나눔 주제'를 활용하여 과정 중심 평가에 최적화된 활동을 기획하고, 학생 개개인의 논리적 표현력과 의사소통 태도를 입체적으로 관찰·기록할 수 있습니다.

✔ 학부모는 이렇게!

1. 자녀의 국어 학습 방향 이해
2022 개정 교육과정이 요구하는 성취기준과 성취수준을 이해하고, 자녀가 어떤 역량을 키워야 하는지 명확히 파악할 수 있습니다.

2. 가정 내 독서·탐구 지원
제시된 추천 도서와 독서 연계 탐구 주제를 참고하여 자녀의 자기주도적 독서와 탐구를 체계적으로 지원할 수 있습니다.

3. 진로 연계 대화의 시작
진로 계열별 연계 내용을 함께 읽으며 자녀의 진로와 국어 학습이 어떻게 연결되는지 구체적인 대화를 나눌 수 있습니다.

4. 학생부 기록 방향 이해
성취기준 기반 탐구 활동 예시와 세특 작성 구조를 통해 대학이 원하는 학생부 기록의 방향을 이해할 수 있습니다.

CONTENTS

국어 교과군 세특 플러스

PART

1

공통 과목

공통국어1, 공통국어2

교과군	공통 과목	평가 정보		수능
국어	●	성취도	상대평가	×
		5단계	5등급	

1. 교과 성격

　'공통국어1·공통국어2'는 초등·중등 단계에서 길러 온 국어 능력을 바탕으로, 고등학교에서 이루어질 심화 선택 과목의 기초를 마련하는 교과이다. 이 과목은 듣기와 말하기, 읽기와 쓰기, 문법, 문학, 그리고 매체 영역을 포함하여, 미래 사회가 요구하는 언어 활용 능력을 강화하고 학문적 탐구와 직업 세계에서 필요한 기본 역량을 기르는 데 초점을 둔다.

　학습자는 정확하고 효과적으로 국어를 다루는 능력뿐 아니라, 공동체 의식과 올바른 인성을 함양하도록 지도받는다. 더불어 비판적 사고와 창의적 사고를 통합적으로 활용하여 국어문화를 이해하고 즐길 수 있도록 한다. 다양한 매체를 활용해 정보를 만들고 해석하는 과정에서 사고력과 표현력이 성장하며, 협력적 의사소통 활동과 언어문화 탐구를 통해 성찰적 태도를 기르게 된다. 또한 여러 사상과 감정이 담긴 국어문화의 폭넓은 작품과 텍스트를 감상하며 언어적·정서적 경험을 확장한다.

2. 교과 목표

- 다양한 유형의 담화, 글, 국어 자료, 작품, 복합 매체 자료를 비판적으로 이해하고 자신의 생각을 창의적으로 표현한다.
- 다양성에 대한 이해를 바탕으로 타인의 의견과 감정, 가치관을 존중하면서 협력적으로 의사소통 한다.
- 민주시민으로서 의사소통에 적극적으로 참여하여 개인과 공동체의 문제를 해결한다.
- 공동체의 언어문화를 탐구하고 자신의 언어생활을 성찰하고 개선한다.
- 다양한 사상과 정서가 반영되어 있는 국어문화를 감상하고 향유한다.

3. 내용 체계

[공통국어1]

(1) 듣기·말하기

범주	내용 요소
핵심 아이디어	• 듣기·말하기는 언어, 준언어, 비언어, 매체 등을 활용하여 서로의 생각과 감정을 주고받는 행위이다. • 화자와 청자는 상황 맥락 및 사회·문화적 맥락 속에서 의사소통 목적을 달성하기 위하여 다양한 유형의 담화를 듣고 말한다. • 화자와 청자는 의사소통 과정에 협력적으로 참여하고 듣기·말하기 과정에서의 문제를 해결하기 위해 적절한 전략을 사용하여 듣고 말한다. • 화자와 청자는 듣기·말하기에 흥미를 가지고 적극적으로 참여하면서 담화 공동체 구성원으로 성장하고, 상호 존중하고 공감하는 소통 문화를 만들어 간다.
지식·이해	• 상황 맥락과 사회·문화적 맥락 • 대화 • 토론
과정·기능	• 대화의 원리를 고려하여 상호 작용하기 • 쟁점 파악하기 • 필수 쟁점별 논증 구성하기 • 논증이 타당한지 평가하기 • 듣기·말하기 과정과 전략에 대해 점검·조정하기
가치·태도	• 담화 관습에 대한 성찰

(2) 읽기

핵심 아이디어	• 읽기는 독자가 자신의 배경지식이나 경험을 활용하여 언어를 비롯한 다양한 기호나 매체로 표현된 글의 의미를 능동적으로 구성하는 행위이다. • 독자는 다양한 상황 맥락과 사회·문화적 맥락 속에서 자신의 읽기 목적을 달성하기 위하여 다양한 유형의 글을 읽는다. • 독자는 읽기 과정을 점검·조정하며 읽기 과정에서 부딪히는 문제를 해결하기 위해 적절한 읽기 전략을 사용하며 글을 읽는다. • 독자는 읽기 경험을 통해 읽기에 대한 긍정적 정서를 형성하고 삶과 공동체의 문제 해결을 위해 공동체 구성원과 함께 독서를 통해 소통함으로써 사회적 독서 문화를 만들어 간다.
범주	**내용 요소**
지식·이해	• 사회·문화적 맥락 • 인문, 예술, 사회, 문화, 과학, 기술 등 다양한 분야의 글 • 다양한 설명 방법을 활용하여 주제를 제시한 글 • 다양한 논증 방법을 활용하여 주장을 제시한 글 • 생각과 감정이 함축적이고 복합적으로 제시된 글
과정·기능	• 논증 타당성 평가 및 논증 재구성하기 • 진로나 관심 분야에 대한 주제 통합적 읽기 • 읽기 과정과 전략에 대해 점검·조정하기
가치·태도	• 독서 공동체와 사회적 독서에 참여 • 지식 교류와 지식 구성 과정에서 독서의 영향력에 대한 성찰

(3) 쓰기

핵심 아이디어	• 쓰기는 언어를 비롯한 다양한 기호나 매체를 활용하여 인간의 생각과 감정을 글로 표현함으로써 의미를 구성하는 행위이다. • 필자는 상황 맥락 및 사회·문화적 맥락 속에서 자신의 의사소통 목적을 달성하기 위하여 다양한 유형의 글을 쓴다. • 필자는 쓰기 과정에서 부딪히는 문제를 해결하기 위하여 적절한 쓰기 전략을 사용하여 글을 쓴다. • 필자는 쓰기 경험을 통해 언어 공동체의 구성원으로 성장하고, 쓰기 윤리를 갖추어 독자와 소통함으로써 바람직한 의사소통 문화를 만들어 간다.
범주	**내용 요소**
지식·이해	• 사회·문화적 맥락 • 사회적 쟁점에 대한 자신의 견해를 나타내는 글 • 개성이 드러나는 글
과정·기능	• 언어 공동체의 특성 고려하기 • 복수의 자료를 요약·활용하여 내용 생성하기 • 내용 전개의 일반적 원리를 고려하여 내용 조직하기 • 정교하게 표현하기 • 쓰기 맥락 고려하여 고쳐쓰기 • 쓴 글을 함께 읽고 반응하기 • 쓰기 과정과 전략에 대해 점검·조정하기
가치·태도	• 다양한 언어 공동체에 참여 • 공동체 규범에 대한 인식과 글의 영향력에 대한 성찰

(4) 문법

핵심 아이디어	• 문법은 국어의 형식과 내용을 이루는 틀로서 규칙과 원리로 구성·운영되며, 문법 탐구는 문법에 대해 사고하는 활동으로 국어에 대한 총체적 앎을 이끈다. • 국어는 체계와 구조를 갖춘 의미 생성 자원이자, 사회적으로 구성된 관습적 규약이며, 공동체의 사고와 가치를 표상하는 문화적 산물이다. • 국어 자료는 다양한 맥락에서 만들어지는 의사소통의 결과물로서, 국어 현상을 파악하고 국어 문제를 발견할 수 있는 문법 탐구의 대상이다. • 국어 사용자는 일상생활에서 국어 현상과 국어 문제를 탐구하고 성찰하면서 언어 주체로서의 정체성과 국어 의식을 형성한다.
범주	**내용 요소**
지식·이해	• 언어 공동체의 다변화에 따른 언어 • 음운 변동 • 글과 담화에 나타난 문법 요소 및 어휘의 특성과 사용
과정·기능	• 국어 및 국어 실천 양상 분석하기 • 언어 규칙을 발견하여 분석하고 적용하기 • 의미와 효과를 평가하여 적절한 표현 생성하기
가치·태도	• 언어 실천에 대한 책임감

(5) 문학

핵심 아이디어	• 문학은 인간의 삶을 언어로 형상화한 작품을 통해 즐거움과 깨달음을 얻고 타자와 소통하는 행위이다. • 문학 작품을 통한 소통은 작품의 갈래, 작가와 독자, 사회와 문화, 문학사의 영향 등을 고려하며 이루어진다. • 문학 수용·생산 능력은 문학의 해석, 감상, 비평, 창작 활동을 통해 향상된다. • 인간은 문학을 향유하면서 자아를 성찰하고 타자를 이해하며 공동체의 일원으로 성장한다.
범주	**내용 요소**
지식·이해	• 서정, 서사, 극, 교술 • 작가 맥락, 독자 맥락, 사회·문화적 맥락, 문학사적 맥락
과정·기능	• 문학 소통의 특성을 고려하며 읽기 • 구성 요소들의 유기적 관계 파악하기 • 갈래에 따른 형상화 방법을 고려하며 수용하기 • 맥락에 유의하여 창작하기
가치·태도	• 문학 소통에의 참여

(6) 매체

핵심 아이디어	• 매체는 소통을 매개하는 도구, 기술, 환경으로 당대 사회의 소통 방식과 소통 문화에 영향을 미친다. • 매체 이용자는 매체 자료의 주체적인 수용과 생산을 통해 정체성을 형성하고 사회적 의미 구성 과정에 관여한다. • 매체 이용자는 매체 및 매체 소통의 영향력에 대한 이해와 자신과 타인의 권리를 지키기 위한 적극적인 노력을 통해 건강한 소통 공동체를 형성한다.

범주	내용 요소
지식·이해	• 사회·문화적 맥락 • 다양한 유형의 매체 자료
과정·기능	• 매체 자료 비판적으로 분석하기 • 소통 맥락과 매체 특성을 고려하여 매체 자료 제작하기
가치·태도	• 참여

[공통국어2]

(1) 듣기·말하기

핵심 아이디어	• 듣기·말하기는 언어, 준언어, 비언어, 매체 등을 활용하여 서로의 생각과 감정을 주고받는 행위이다. • 화자와 청자는 상황 맥락 및 사회·문화적 맥락 속에서 의사소통 목적을 달성하기 위하여 다양한 유형의 담화를 듣고 말한다. • 화자와 청자는 의사소통 과정에 협력적으로 참여하고 듣기·말하기 과정에서의 문제를 해결하기 위해 적절한 전략을 사용하여 듣고 말한다. • 화자와 청자는 듣기·말하기에 흥미를 가지고 적극적으로 참여하면서 담화 공동체 구성원으로 성장하고, 상호 존중하고 공감하는 소통 문화를 만들어 간다.

범주	내용 요소
지식·이해	• 상황 맥락과 사회·문화적 맥락 • 발표 • 협상
과정·기능	• 청자의 관심과 요구 분석하기 • 질문하기와 답변하기 • 쟁점과 이해관계 파악하기 • 대안 탐색을 통해 문제 해결하기 • 듣기·말하기 과정과 전략에 대해 점검·조정하기
가치·태도	• 사회적 참여와 책임

(2) 읽기

핵심 아이디어	• 읽기는 독자가 자신의 배경지식이나 경험을 활용하여 언어를 비롯한 다양한 기호나 매체로 표현된 글의 의미를 능동적으로 구성하는 행위이다. • 독자는 다양한 상황 맥락과 사회·문화적 맥락 속에서 자신의 읽기 목적을 달성하기 위하여 다양한 유형의 글을 읽는다. • 독자는 읽기 과정을 점검·조정하며 읽기 과정에서 부딪히는 문제를 해결하기 위해 적절한 읽기 전략을 사용하며 글을 읽는다. • 독자는 읽기 경험을 통해 읽기에 대한 긍정적 정서를 형성하고 삶과 공동체의 문제 해결을 위해 공동체 구성원과 함께 독서를 통해 소통함으로써 사회적 독서 문화를 만들어 간다.

범주	내용 요소

지식·이해	• 사회·문화적 맥락
	• 인문, 예술, 사회, 문화, 과학, 기술 등 다양한 분야의 글
	• 다양한 설명 방법을 활용하여 주제를 제시한 글
	• 다양한 논증 방법을 활용하여 주장을 제시한 글
	• 생각과 감정이 함축적이고 복합적으로 제시된 글
과정·기능	• 복합양식으로 구성된 글이나 자료의 관점, 의도, 표현 평가하기
	• 읽기 목적을 고려한 주제 통합적 읽기
	• 읽기 과정과 전략에 대해 점검·조정하기
가치·태도	• 독서 공동체와 사회적 독서에 참여
	• 타인과의 교류와 사회 통합에 미치는 독서의 영향력에 대한 성찰

(3) 쓰기

핵심 아이디어	• 쓰기는 언어를 비롯한 기호나 매체를 활용하여 인간의 생각과 감정을 글로 표현함으로써 의미를 구성하는 행위이다. • 필자는 상황 맥락 및 사회·문화적 맥락 속에서 자신의 의사소통 목적을 달성하기 위하여 다양한 유형의 글을 쓴다. • 필자는 쓰기 과정에서 부딪히는 문제를 해결하기 위하여 적절한 쓰기 전략을 사용하여 글을 쓴다. • 필자는 쓰기 경험을 통해 언어 공동체의 구성원으로 성장하고, 쓰기 윤리를 갖추어 독자와 소통함으로써 바람직한 의사소통 문화를 만들어 간다.

범주	내용 요소
지식·이해	• 사회·문화적 맥락 • 공동 보고서 • 논증이 효과적으로 나타나는 글
과정·기능	• 작문 관습 파악하기 • 신뢰할 수 있는 자료를 종합하여 내용 생성하기 • 효과적으로 내용 조직하기 • 복합양식 자료를 활용하여 표현하기 • 작문 관습을 고려하여 고쳐쓰기 • 쓴 글을 함께 읽고 반응하기 • 쓰기 과정과 전략에 대해 점검·조정하기
가치·태도	• 사회적 책임 인식 • 언어 공동체의 작문 관습과 규범의 내면화

(4) 문법

핵심 아이디어	• 문법은 국어의 형식과 내용을 이루는 틀로서 규칙과 원리로 구성·운영되며, 문법 탐구는 문법에 대해 사고하는 활동으로 국어에 대한 총체적 앎을 이끈다. • 국어는 체계와 구조를 갖춘 의미 생성 자원이자, 사회적으로 구성된 관습적 규약이며, 공동체의 사고와 가치를 표상하는 문화적 산물이다. • 국어 자료는 다양한 맥락에서 만들어지는 의사소통의 결과물로서, 국어 현상을 파악하고 국어 문제를 발견할 수 있는 문법 탐구의 대상이다. • 국어 사용자는 일상생활에서 국어 현상과 국어 문제를 탐구하고 성찰하면서 언어 주체로서의 정체성과 국어 의식을 형성한다.

범주	내용 요소

지식·이해	• 시간의 흐름에 따른 언어 • 한글 맞춤법과 국어 문제
과정·기능	• 국어 및 국어 실천의 변화 탐구하기 • 국어생활을 성찰하고 문제 해결하기
가치·태도	• 국어문화 발전에 참여

(5) 문학

핵심 아이디어	• 문학은 인간의 삶을 언어로 형상화한 작품을 통해 즐거움과 깨달음을 얻고 타자와 소통하는 행위이다. • 문학 작품을 통한 소통은 작품의 갈래, 작가와 독자, 사회와 문화, 문학사의 영향 등을 고려하며 이루어진다. • 문학 수용·생산 능력은 문학의 해석, 감상, 비평, 창작 활동을 통해 향상된다. • 인간은 문학을 향유하면서 자아를 성찰하고 타자를 이해하며 공동체의 일원으로 성장한다.
범주	**내용 요소**
지식·이해	• 서정, 서사, 극, 교술 • 작가 맥락, 독자 맥락, 사회·문화적 맥락, 문학사적 맥락
과정·기능	• 한국 문학사의 흐름 이해하기 • 주체적인 관점에서 작품 해석하기 • 작품의 가치를 설명하며 평가하기
가치·태도	• 문학 수용·생산의 생활화

(6) 매체

핵심 아이디어	• 매체는 소통을 매개하는 도구, 기술, 환경으로 당대 사회의 소통 방식과 소통 문화에 영향을 미친다. • 매체 이용자는 매체 자료의 주체적인 수용과 생산을 통해 정체성을 형성하고 사회적 의미 구성 과정에 관여한다. • 매체 이용자는 매체 및 매체 소통의 영향력에 대한 이해와 자신과 타인의 권리를 지키기 위한 적극적인 노력을 통해 건강한 소통 공동체를 형성한다.
범주	**내용 요소**
지식·이해	• 소통 문화 • 매체 비평 자료
과정·기능	• 다양한 매체 자료 비평하기 • 매체 소통 문화 탐구하기
가치·태도	• 주체적 수용과 생활화

01 듣기·말하기

의사소통, 상호 교섭, 상황 맥락 및 사회·문화적 맥락, 대화의 원리(협력, 공손성), 담화 관습, 성찰, 토론, 논제, 필수 쟁점, 논증(주장, 이유, 근거), 타당성, 점검과 조정

[10공국1-01-01] **(1)대화의 원리를 고려하여 대화**하고 **(2)자신의 듣기·말하기 과정과 공동체의 담화 관습을 성찰**한다.

1. 기본 개념

(1) 대화의 원리와 적용(지식·이해)
- 대화의 원리: 협력의 원리와 공손성의 원리 등 원활한 소통을 위해 지켜야 할 규칙을 이해함
- 상호 교섭성: 대화는 참여자 간의 협력을 통해 의미를 구성하는 상호작용 과정임을 파악함
- 점검과 조정: 말하기 과정에서 자신의 전략을 스스로 모니터링하고 상황에 맞게 수정함

(2) 담화 관습의 성찰과 개선(적용)
- 담화 관습: 언어 공동체 내에서 역사적·사회적으로 형성되어 공유되는 말하기 방식을 이해함
- 비판적 성찰: 시대 변화에 따라 기존 담화 관습의 문제점(차별, 불평등)을 비판적으로 고찰함
- 문화 개선: 성찰을 바탕으로 상호 존중과 배려가 담긴 바람직한 의사소통 문화를 형성함

2. A등급 성취 수준의 이해

성취수준	성취기준별 성취수준
A	①다양한 대화의 원리를 정확하고 구체적으로 이해하고 이를 ②적절하게 적용하며 대화하고 ③대화 시 자신의 대화 과정과 전략을 능동적이고 지속적으로 점검·조정하며 ④오늘날의 시대 상황을 고려함으로써 담화 공동체의 담화 관습을 비판적으로 성찰하여 ⑤바람직한 방향으로 개선하려는 태도를 지닌다.

구성 요소	핵심 의미	적용
① 다양한 대화의 원리를 정확하고 구체적으로 이해	공손성, 협력 등의 원리를 구체적 맥락 속에서 작동하는 원리로 파악함	상황(공적/사적)과 관계에 따라 대화 원리가 다르게 적용됨을 설명함
② 적절하게 적용하며 대화	지식을 실제 화법에 적용하여 상대방을 배려하는 유연한 대화를 수행함	부탁이나 거절 상황에서 공손성의 원리를 활용하여 정중하게 말함
③ 자신의 대화 과정과 전략을 점검·조정	청자의 반응을 살피며 자신의 발언을 실시간으로 수정하는 메타인지를 발휘함	청자가 이해하지 못할 때, 쉬운 어휘나 예시를 들어 설명 방식을 바꿈
④ 담화 관습을 비판적으로 성찰	관습적 표현 속에 숨겨진 차별이나 권력 관계를 현대적 관점에서 분석함	특정 호칭이나 관용구에 담긴 성차별적 요소를 발견하고 문제 제기함
⑤ 바람직한 방향으로 개선하려는 태도	차별적 언어를 순화하고 상호 존중하는 언어 문화를 만드는 데 앞장섬	회의 시 수평적 소통 규칙을 제안하고 이를 실천하는 모습을 보임

▶ **[10공국1-01-01]을 높은 수준으로 성취했다는 것을 증명하기 위해!**
대화 분석 보고서(드라마나 토론 프로그램 속 대화의 대화 원리 준수 및 위배 양상 분석), 언어 문화 개선 캠페인(학교 내 차별적 호칭 문제를 조사하고 개선을 위한 표어 및 포스터 제작), 자기 성찰 일지(하루 대화를 기록하여 말하기 습관의 장단점을 분석, 개선 계획 수립) 등을 수행할 수 있습니다.

3. 교과세특 탐구주제

- AI 챗봇과의 대화에서 인간이 지켜야 할 새로운 디지털 담화 예절 고찰
- 드라마 속 갈등 상황에서 인물들이 사용하는 '체면 유지 전략'의 효과성과 한계 분석
- 온라인 커뮤니티의 댓글 문화에 나타난 '비난'과 '혐오' 표현의 양상과 개선 방안 탐구
- 세대 간 대화 단절의 원인을 '공손성의 원리'와 '담화 관습'의 차이 관점에서 비교 분석
- 다문화 사회로 진입함에 따라 발생하는 이문화 간 '비언어적 의사소통'의 오해 사례 연구

4. 독서연계 탐구주제

● 말하기의 태도(강원국, 김민식, 테라코타, 2024)

청와대 연설비서관과 드라마 PD가 만나 '말 잘하는 법'을 넘어 '관계를 살리는 태도'에 대해 대담한 책이다. 말을 잘한다는 것은 유창함이 아니라 상대를 존중하는 마음과 경청의 자세에서 나온다는 점을 강조한다. 다양한 에피소드를 통해 대화의 원리가 실제 삶에서 어떻게 적용되는지 생생하게 보여주어 학생들이 자신의 언어생활을 성찰하고 성숙한 대화 방법을 연습할 수 있도록 돕는 책이다.

- ▶ 상대방의 마음을 여는 '질문'과 '경청'의 화법적 가치 분석
- ▶ 말하기 기술보다 중요한 '듣기의 태도'와 '공감 능력'의 상관관계 탐구
- ▶ 자신의 말하기 습관을 객관적으로 점검하고 개선하기 위한 구체적 실천 방안 수립

● 대화의 밀도(류재언, 라이프레코드, 2023)

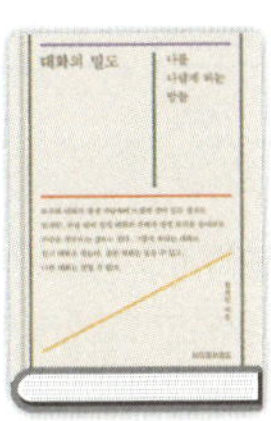

협상 전문가인 저자가 15년 동안 관찰한 사람들의 대화 패턴을 분석하여, 관계를 깊어지게 만드는 대화의 본질을 다룬 책이다. 가벼운 잡담부터 깊이 있는 토론까지, 상황에 맞는 대화의 기술과 태도를 구체적으로 안내한다. 특히 갈등 상황이나 어색한 관계를 유연하게 풀어가는 대화 전략을 제시하여, 학생들이 '점검과 조정' 능력을 기르는 데 실질적인 도움을 준다.

- ▶ 관계의 깊이를 더하는 '밀도 있는 대화'의 특징과 조건 분석
- ▶ 자신의 대화 패턴을 분석하고 타인과의 소통 방식을 개선하는 성찰적 글쓰기
- ▶ 갈등 상황에서 상호 존중을 유지하며 문제를 해결하는 협력적 대화 전략 연구

5. 토의/토론을 위한 생각 나눔 주제

- 침묵은 긍정의 표시인가, 아니면 의사소통의 회피인가?
- 기성세대의 담화 관습을 '꼰대 문화'로만 치부하는 것은 정당한 비판인가?
- 솔직함이라는 명분으로 상대에게 상처를 주는 직설적 화법은 허용되어야 하는가?
- 공적인 대화 상황에서도 개인의 감정과 사적인 방언(사투리) 사용은 허용되는가?

6. 진로 희망 계열과의 연계

계열	내용
인문과학 계열	**담화 분석 연구:** 특정 집단(청소년, 노년층, 직장인 등)의 대화 녹취록을 수집하여, 그들이 자주 사용하는 어휘, 문장 종결 방식, 억양 등의 특징을 분석하고 그 안에 담긴 사회적 심리를 탐구한다.
사회과학 계열	**갈등 해결 커뮤니케이션:** 노사 갈등, 젠더 갈등 등 사회적 갈등 상황에서 양측의 언어적 전략을 분석하고, 갈등을 중재하고 합의를 이끌어낼 수 있는 '협상과 조정의 화법'을 연구한다.
교육일반 계열	**교실 담화와 상호작용:** 교사와 학생, 학생과 학생 간의 상호작용 양상을 관찰하여, 학습 효과를 높이고 긍정적인 관계를 형성하는 '교실 내 바람직한 대화 모델'을 구안한다.

01 듣기·말하기

> [10공국1-01-02] **(1)논제의 필수 쟁점별로 논증을 구성**하고 **(2)논증이 타당한지 평가하며 토론**한다.

1. 기본 개념

(1) 논증의 구성과 필수 쟁점(지식·이해)
- 논증의 요소: 주장을 뒷받침하는 타당한 이유와 객관적 근거로 논리를 구성함
- 필수 쟁점: 논제 성격(사실, 가치, 정책)에 따라 반드시 다루어야 할 핵심 대립점을 파악함
- 반론과 재반박: 상대방의 반박을 예상하고 이를 방어할 수 있는 논리를 마련함

(2) 타당성 평가와 토론의 실제(적용)
- 타당성 평가: 주장과 근거의 연관성, 신뢰성, 공정성을 기준으로 논증의 건전성을 판단함
- 논리적 오류: 성급한 일반화 등 토론 중 범하기 쉬운 오류를 식별하고 배제함
- 토론 참여: 절차와 규칙을 준수하며 상대를 존중하는 태도로 합리적 소통에 참여함

2. A등급 성취 수준의 이해

성취수준	성취기준별 성취수준
A	①논제에 따라 알맞은 필수 쟁점을 파악하여 ②필수 쟁점별로 주장과 이유 및 근거, 예상되는 반론에 대한 반박을 갖춘 논증을 충분히 구성하고, ③다양한 논증 구성 요소를 고려하여 ④논증의 타당성을 비판적으로 평가하며 ⑤토론에 참여할 수 있다.

구성 요소	핵심 의미	적용
① 알맞은 필수 쟁점을 파악	논제 유형에 따라 입증해야 할 핵심 쟁점(문제 심각성, 해결 가능성 등)을 도출함	정책 논제에서 문제의 심각성과 해결 방안의 실현 가능성을 쟁점으로 설정함
② 논증을 충분히 구성	타당한 이유와 신뢰할 수 있는 근거 자료를 확보하여 논리적 완결성을 갖춤	통계 자료나 전문가 소견을 근거로 제시하여 주장의 설득력을 높임
③ 논증 구성 요소를 고려	예상되는 반론을 미리 파악하고 이를 방어할 수 있는 재반박 논리를 마련함	비용 문제 제기에 대해 장기적 이익이나 사회적 가치로 재반박을 준비함
④ 타당성을 비판적으로 평가	상대 논증의 사실 여부나 논리적 비약을 꼼꼼히 따져 허점을 지적함	상대방 근거의 최신성 부족이나 권위에 호소하는 오류를 비판적으로 분석함
⑤ 토론에 참여	승패보다 합리적 대안 도출과 상호 이해를 목적으로 절차를 준수함	발언 시간을 지키고 상대방을 존중하며 논리적 근거로 예의 있게 반박함

▶ **[10공국1-01-02]를 높은 수준으로 성취했다는 것을 증명하기 위해!**
토론 입론서 작성(사회적 쟁점의 필수 쟁점을 분석하고 타당한 근거를 든 논리적 입론 원고 작성), 논증 비평 활동(토론 영상 속 참여자들의 논증 방식과 논리적 오류를 분석한 보고서 작성), 모의 토론 참여(정책 토론을 수행하며 상대 논리를 반박하고 청중을 설득하는 과정 실습) 등을 수행할 수 있습니다.

3. 교과세특 탐구주제

- 토론의 입론, 반론, 교차조사 단계별 핵심 전략과 논리적 구조 차이 비교
- 대중 매체(뉴스, 토론) 속 발화에서 나타나는 다양한 '논리적 오류' 유형 탐구
- 정책 토론에서 '필수 쟁점'의 입증 여부가 논증의 승패에 미치는 구조적 영향력 분석
- 고전 수사학의 설득 전략(에토스, 파토스, 로고스)이 현대 토론에 적용되는 양상 고찰
- 찬성과 반대 입장을 모두 경험하는 '역지사지 토론'이 비판적 사고 확장에 미치는 효과 분석

4. 독서연계 탐구주제

■ 10대를 위한 비판적 사고력 수업(이현주·이현옥, 지노, 2024)

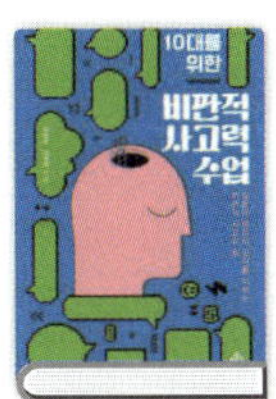

질문과 생각의 깊이를 더하는 비판적 사고의 힘을 길러주는 책이다. 가짜 뉴스와 정보의 홍수 속에서 사실과 의견을 구분하고, 논리적 오류를 찾아내는 구체적인 방법을 안내한다. 토론의 기초가 되는 '논증'의 구조를 파악하고, 타인의 주장을 무비판적으로 수용하지 않고 타당성을 평가하는 안목을 기를 수 있으며, 일상의 다양한 문제 상황을 논리적으로 해결하고 합리적으로 소통하는 능력을 키워줄 것이다.

- ▶ 미디어 정보의 출처 확인과 팩트 체크를 통한 논거의 신뢰성 평가 실습
- ▶ 주장에 대한 타당한 근거를 마련하여 설득력 있는 논증을 구성하는 전략 연구
- ▶ 일상 대화나 광고 속에 숨어 있는 비형식적 논리 오류(성급한 일반화 등) 탐구

■ 생각이 많은 10대를 위한 토론 수업(김희균, 나무생각, 2022)

기자 출신 저자가 안락사, 난민, 기본소득 등 우리 사회의 첨예한 10가지 쟁점을 선정하여 찬반 양론을 균형 있게 다룬 토론 입문서이다. 각 쟁점마다 찬성과 반대의 논거를 명확하게 제시하고 있어, 학생들이 필수 쟁점을 파악하고 자신만의 논증을 구성하는 연습을 하기에 최적화되어 있다. 토론이 승패를 가르는 싸움이 아니라 더 나은 합의를 위한 과정임을 알 수 있도록 돕는다.

- ▶ 사회적 쟁점에 대한 찬반 양론의 핵심 논거를 비교 분석하고 자신의 관점 수립
- ▶ 정책 토론의 필수 쟁점(문제, 해결, 이익)에 맞춰 입론서를 직접 작성해보는 실습
- ▶ 상대방의 주장을 경청하고 허점을 찾아 논리적으로 반박하는 교차조사 전략 연구

5. 토의/토론을 위한 생각 나눔 주제

- 승패가 갈리는 경쟁식 토론은 진정한 합의와 문제 해결에 도움이 되는가?
- 다수결의 원칙이 토론의 과정에서 합리적 의사 결정을 보장한다고 볼 수 있는가?
- 논리적으로 완벽한 논증이라도 윤리적으로 문제가 있다면 타당하다고 볼 수 있는가?
- 토론에서 감정에 호소하는 전략은 배제되어야 하는가, 아니면 설득의 필수 요소인가?

6. 진로 희망 계열과의 연계

계열	내용
인문과학 계열	**논리 철학 및 수사학의 변천 탐구:** 시대에 따라 변화해 온 '타당한 논증'의 기준과 '설득의 윤리'를 철학적으로 고찰하고 궤변과 진정한 논증의 차이를 분석하여 올바른 토론 문화의 철학적 토대를 연구한다.
경영·경제 계열	**의사결정론과 협상 전략 모델링:** 기업 경영이나 공공 정책 수립 과정에서 발생하는 딜레마 상황을 분석한다. 다양한 이해관계자들을 설득하고 최적의 합의를 도출하기 위해 게임 이론이나 협상론을 적용한 논증 전략과 갈등 해결 모델을 연구한다.
법률 계열	**법정 논증과 증거의 타당성 연구:** 모의재판 상황을 설정하여 검사와 변호사의 입장에서 쟁점에 따른 논증을 구성해 본다. 제시된 증거의 신뢰성과 채택 여부, 그리고 논리의 타당성이 판결에 미치는 결정적 영향을 법리적 관점에서 심층 탐구한다.

01 공통국어1-(2) 읽기

[10공국1-02-01] **(1)다양한 글이나 자료를 읽으며 논증의 타당성을 평가**하고 **(2)자신의 관점을 바탕으로 논증을 재구성**한다.

1. 기본 개념

(1) 논증의 타당성 평가(지식·이해)
- 논증 구조: 주장과 근거 간의 논리적 연관성을 파악함
- 타당성: 근거의 적절성, 충분성, 사실 부합 여부를 비판적으로 따짐
- 오류 식별: 순환 논증, 흑백 논리 등 숨겨진 오류나 편향을 찾아냄

(2) 논증의 재구성(적용)
- 관점 수립: 비판적 읽기를 통해 필자의 주장에 대한 자신의 입장을 명확히 정함
- 근거 보완: 자신의 관점을 뒷받침할 수 있는 타당하고 새로운 근거를 추가하여 논리를 강화함
- 재구성하기: 기존 논증의 문제점을 수정하거나 자신의 관점을 반영하여 재구성함

2. A등급 성취 수준의 이해

성취수준	성취기준별 성취수준
A	①다양한 글이나 자료를 읽으며 ②글에 쓰인 논증 요소와 방법의 타당성을 적절히 평가하고, ③이를 바탕으로 자신의 관점에 따라 ④타당한 근거를 마련하여 ⑤논증을 효과적으로 재구성할 수 있다.

구성 요소	핵심 의미	적용
① 다양한 글이나 자료를 읽기	주제와 관련된 사설, 칼럼, 논문 등 다양한 매체와 관점의 텍스트를 폭넓게 탐색함	동일한 사회 현상을 다룬 보수·진보 언론의 사설을 비교하며 읽고 쟁점을 파악함
② 논증 요소와 방법의 타당성을 평가	주장과 근거의 연결성 및 귀납·연역 등 논증 방식의 적절성을 비판적으로 분석함	성급한 일반화나 권위에 호소하는 오류가 없는지 검토하여 논리의 허점을 찾아냄
③ 자신의 관점 결정	텍스트를 수동적으로 수용하지 않고, 가치관과 배경지식을 활용해 주체적 입장을 정함	기술 발전 긍정론을 읽고, 기술 소외 계층이나 윤리적 관점에서 비판적 입장을 수립함
④ 타당한 근거를 마련	자신의 관점을 뒷받침할 통계, 전문가 소견, 사례 등 신뢰할 수 있는 자료를 수집함	동물 실험 반대 논거로 윤리적 당위성뿐만 아니라 과학적 대체 실험 성공 사례를 조사함
⑤ 논증을 효과적으로 재구성	기존 글의 논리적 허점을 보완하거나 구조를 변경하여 설득력 있는 글로 다시 씀	두괄식으로 구조를 바꾸거나 반론에 대한 재반박을 추가하여 논증의 완결성을 높임

▶ **[10공국1-02-01]을 높은 수준으로 성취했다는 것을 증명하기 위해!**
논증 비평문 작성(사설의 논증 구조를 분석하고 타당성과 공정성을 비판하는 글 쓰기), 대안적 논증 구성(사회적 쟁점 글의 결론을 자신의 관점에서 수정하여 재구성하기), 오류 탐구(광고나 연설문 속 논리적 오류를 찾아내고 바르게 고쳐보기) 등을 수행할 수 있습니다.

3. 교과세특 탐구주제

- 신문 사설의 논증 구조 분석을 통한 언론사별 관점 및 논조 차이 비교 연구
- 통계 자료의 시각화 방식이 논증의 타당성에 미치는 영향과 왜곡 가능성 탐구
- 소셜 미디어의 숏폼 텍스트에 나타난 논리적 비약과 선동적 표현의 문제점 분석
- 언론의 과학 보도(또는 오보) 사례를 통해 본 가설 검증 단계의 논리적 취약성 고찰
- 과거 연설문의 시대적 한계성 고찰 및 현대의 관점(인권, 평등 등)을 반영한 비판적 재해석

4. 독서연계 탐구주제

● 읽었다는 착각(조병영, EBS BOOKS, 2022)

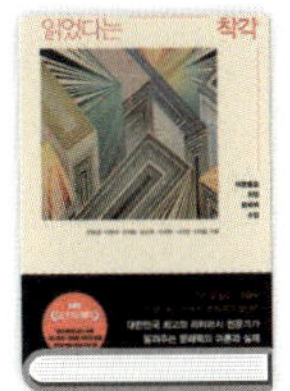

EBS <당신의 문해력> 출연진이자 리터러시 전문가인 저자가 디지털 시대의 '진짜 읽기'란 무엇인지 탐구한 책이다. 글자를 읽는 것을 넘어, 텍스트 이면에 숨겨진 의도를 파악하고 비판적으로 사고하는 '문해력'의 핵심을 다루고 있다. 정보의 홍수 속에서 거짓과 진실을 가려내고, 타당한 근거를 바탕으로 자신만의 생각을 정립하는 논증적 읽기의 방법을 배울 수 있는 책이다.

- ▶ 텍스트의 표면적 의미와 이면의 의도를 구분하여 비판적으로 읽는 훈련
- ▶ 확증 편향을 극복하고 다양한 관점의 텍스트를 통합적으로 이해하는 방법 연구
- ▶ 디지털 정보의 신뢰성을 평가하고, 이를 바탕으로 타당한 논증을 구성하는 전략 수립

● 10대를 위한 논어 수업(김정진, 넥스트씨, 2024)

논어는 단순한 도덕책이 아니라, 공자와 제자들이 치열하게 질문하고 토론하며 논증을 주고받은 기록이다. 이 책은 고전 속 대화에서 논리적 타당성을 발견하고, 현대 사회의 문제에 적용하여 새로운 관점으로 재구성하는 힘을 길러준다. 비판적 읽기를 통해 고전의 지혜를 맹목적으로 수용하는 것이 아니라, 현대적 맥락에서 재해석하고 나의 언어로 다시 쓰는 논증 훈련을 제공하고 있다.

- ▶ 공자와 제자들의 문답법에서 발견하는 논증의 구조와 타당성 분석
- ▶ 비판적 읽기를 통해 고전의 권위에 의존하지 않고 주체적인 관점 수립
- ▶ 고전 텍스트의 주장을 현대 사회의 쟁점(예: 정의, 공정)에 적용하여 재구성

5. 토의/토론을 위한 생각 나눔 주제

- 전문가의 견해는 무조건 타당한 근거로 받아들여야 하는가?
- 비판적 읽기가 지나치면 수용과 공감 능력을 저해할 수 있는가?
- 논리적 타당성보다 감성적 호소가 대중을 설득하는 데 더 효과적인가?
- 나의 관점으로 글을 재구성할 때 원작자의 의도를 어디까지 존중해야 하는가?

6. 진로 희망 계열과의 연계

계열	내용
인문과학 계열	**역사적 사료의 비판적 독해와 재구성**: 특정 역사적 사건을 다룬 당대의 논설이나 사료를 읽고, 주장의 논리적 타당성과 시대적 한계를 분석한다. 이를 현대적 관점이나 반대파의 입장에서 타당한 근거를 들어 재반박하는 글을 써본다.
사회과학 계열	**경제 정책 논증과 행동 경제학**: 경제 정책을 제안하는 보고서를 읽고, 정책의 실효성을 뒷받침하는 근거(통계, 이론)의 타당성을 검증한다. 인간의 심리를 고려한 행동 경제학적 관점에서 새로운 근거를 보완하여 정책 제안문을 재구성한다.
수학·물리·천문·지리 계열	**기후 데이터 모델링과 지역 변화**: 기후 변화 시나리오를 다룬 과학 리포트에서 데이터 해석의 논리적 비약을 찾아내고, 우리 지역의 지리적 특성에 맞는 구체적인 수치 데이터를 근거로 제시하여 지역 맞춤형 대응 매뉴얼로 재작성한다.

01 읽기

> [10공국1-02-02] 자신의 진로나 관심 분야와 관련한 다양한 글이나 자료를 찾아 **(1)주제 통합적으로 읽고 (2)읽은 결과를 공유**한다.

1. 기본 개념

(1) 주제 통합적 읽기와 정보 구성(지식·이해)
- 주제 통합적 읽기: 동일 화제에 대한 다양한 관점과 형식의 자료를 종합적으로 읽음
- 정보의 선별과 통합: 목적에 맞는 유용한 정보를 판별하고 상충하는 내용을 융합함
- 지식의 재구성: 수집한 정보를 단순 나열하지 않고 자신의 관점을 더해 체계화함

(2) 읽기 결과의 공유와 소통(적용)
- 매체 활용 공유: 정보 특성과 예상 독자에 적합한 매체(보고서, 발표 등)로 표현함
- 사회적 독서: 읽은 결과를 타인과 나누며 지식을 확장하고 독서 공동체와 소통함
- 진로 탐색 적용: 독서로 얻은 지식을 진로 계획에 적용하여 구체적 로드맵을 설계함

2. A등급 성취 수준의 이해

성취수준	성취기준별 성취수준
A	①자신의 진로나 관심 분야와 관련한 다양한 글이나 자료를 적절하게 찾고, ②이를 비판적으로 읽으며, ③주제를 통합하여 유의미한 정보로 재구성하고 ④읽은 결과를 효과적으로 공유하며 ⑤능동적으로 소통할 수 있다.

구성 요소	핵심 의미	적용
① 다양한 글이나 자료를 적절하게 찾기	진로 관련 전문 서적, 논문, 기사 등 다양한 매체 자료를 주도적으로 수집함	'의료 AI' 주제 탐구를 위해 공학 서적과 의료 윤리 칼럼을 함께 수집함
② 이를 비판적으로 읽기	자료의 신뢰성과 타당성을 점검하고 관점의 차이를 비교하며 읽음	신기술 전망에 대한 낙관론과 신중론의 근거를 비교하며 균형 있게 읽음
③ 유의미한 정보로 재구성	파편화된 정보를 분류·종합하여 나만의 새로운 지식 체계로 구조화함	여러 직업 정보를 종합하여 '미래 유망 직무 역량 분석표'를 도표로 작성함
④ 읽은 결과를 효과적으로 공유	재구성한 지식을 독자가 이해하기 쉬운 형식으로 가공하여 발표함	탐구 내용을 카드뉴스나 프레젠테이션으로 제작해 학급 친구들과 공유함
⑤ 능동적으로 소통	공유 과정에서 피드백을 주고받으며 지식을 심화하고 확산함	발표 후 질의응답을 통해 친구들의 궁금증을 해결하고 추가 정보를 제공함

▶ **[10공국1-02-02]를 높은 수준으로 성취했다는 것을 증명하기 위해!**
진로 독서 포트폴리오(전공 관련 도서와 논문을 엮어 읽고 진로 로드맵과 연결한 자료집 제작), 주제 큐레이션(특정 이슈의 다양한 관점 자료를 선별해 추천 목록과 해제를 담은 콘텐츠 제작), 융합 에세이(서로 다른 분야 지식을 통합하여 문제 해결 아이디어를 담은 소논문 작성) 등을 수행할 수 있습니다.

3. 교과세특 탐구주제

- 미래 사회의 변화 트렌드와 특정 직업군(자신의 진로)의 전망에 관한 상관관계 분석
- 진로 분야의 롤모델이 쓴 자서전과 평전을 비교하며 직업적 성공 요인과 직업윤리 분석
- 4차 산업혁명 기술(AI, 빅데이터)이 자신의 희망 전공 분야에 미칠 영향과 대응 전략 탐구
- 관심 분야의 대표적인 쟁점에 대해 상반된 견해를 가진 전문가들의 주장을 통합적으로 고찰
- 동일한 사회적 현상(예: 저출산, 환경오염)을 바라보는 인문학적 관점과 과학적 관점의 비교

4. 독서연계 탐구주제

● 지적 대화를 위한 넓고 얕은 지식 1(채사장, 웨일북, 2020)

역사, 경제, 정치, 사회, 윤리 등 서로 다른 분야의 지식이 어떻게 하나의 거대한 흐름으로 연결되는지 보여주는 통합적 지식의 입문서이다. 파편화된 정보를 암기하는 것이 아니라, 맥락을 통해 지식을 구조화하는 힘을 길러줄 수 있으며, 학생들이 자신의 관심 분야를 넘어 다양한 학문 분야를 넘나들며 '주제 통합적 읽기'의 즐거움과 필요성을 깨닫도록 도와주는 책이다.

▶ 서로 다른 분야(경제와 정치 등)가 긴밀하게 연결되는 구조적 원리 탐구
▶ 현대 사회의 복잡한 문제를 해결하기 위해 통섭적 사고가 필요한 이유 분석
▶ 자신의 진로 분야를 역사적, 사회적 맥락 속에서 폭넓게 이해하는 통합적 독서 실천

● 세계미래보고서 2024-2034(박영숙·제롬 글렌, 교보문고, 2023)

전 세계 미래학자들이 예측한 향후 10년의 메가트렌드를 담은 미래 전망서이다. 인공지능, 기후 위기, 우주 산업 등 미래를 바꿀 핵심 기술과 사회 변화를 망라하고 있으며, 각자의 진로가 미래 사회에서 어떤 가치를 가질지 예측하고, 다양한 자료를 통합적으로 읽으며 급변하는 기술 환경 속에서 어떤 역량을 갖춰야 생존하고 성장할 수 있는지 구체적인 통찰을 얻을 수 있다.

▶ 급변하는 미래 환경 속에서 요구되는 융합적 역량과 인재상 분석
▶ 미래 사회를 주도할 핵심 기술과 자신의 희망 직업 간의 연결 고리 탐색
▶ 미래 시나리오를 바탕으로 10년 후 자신의 모습을 구체적으로 그려보는 진로 로드맵 설계

5. 토의/토론을 위한 생각 나눔 주제

- 정보 과잉 시대에 필요한 능력은 '정보 수집'인가, '정보 선별'인가?
- 자신의 진로와 직접 관련 없는 분야의 책을 읽는 것은 시간 낭비인가?
- 인터넷의 짧은 정보(스낵 컬처)만으로도 깊이 있는 지식 탐구가 가능한가?
- 한 분야의 깊이 있는 전문가(Specialist)와 융합형 인재(Generalist) 중 누가 더 필요한가?

6. 진로 희망 계열과의 연계

계열	내용
농림·수산 계열	**스마트팜과 기후 위기 대응 솔루션 연구:** 기후 변화 보고서와 스마트 농업 기술 서적을 주제 통합적으로 읽고 기후 위기 상황에서도 지속 가능한 식량 생산을 위한 '미래형 스마트팜 모델' 기획안을 작성한다.
교통·운송 계열	**미래 교통망 설계:** 자율주행 기술, 도심 항공 모빌리티(UAM) 기술 보고서와 도시 공학 서적을 종합하여 읽고, 도시 구조와 인간의 삶의 관계를 예측하여 효율성과 공공성을 갖춘 '미래 도시 교통망 설계안'을 발표한다.
의료 계열	**AI 의료 윤리 탐구:** 의료 AI 기술 칼럼과 생명 윤리 도서를 엮어 읽고, 'AI 의사' 시대에 발생할 수 있는 윤리적 쟁점을 다각도로 분석하여 인간 의사의 역할과 윤리 강령을 제안하는 에세이를 작성한다.

내용 전개 원리, 사회적 쟁점, 견해, 정교화, 문장·문단·글 수준, 통일성, 응집성, 개요 작성,
논리적 구성, 고쳐쓰기, 설득력, 필자의 개성, 언어 공동체, 작문 관습, 문체, 어조, 독자 분석

[10공국1-03-01] **(1)내용 전개의 일반적 원리를 고려**하여 **(2)사회적 쟁점에 대한 자신의 견해를 정교하게 표현**하는 글을 쓴다.

1. 기본 개념

(1) 내용 전개의 원리와 조직(지식·이해)
- 내용 전개 방식: 주제를 효과적으로 드러내는 전개 방식을 이해함
- 글의 조직: 서론-본론-결론의 논리적 위계와 흐름에 맞게 아이디어를 체계적으로 배열함
- 통일성과 응집성: 주제를 향한 내용의 통일성과 문장 간의 긴밀한 연결 관계를 확보함

(2) 사회적 쟁점과 정교한 표현(적용)
- 쟁점 분석: 공동체의 찬반이 갈리는 현안을 분석하여 자신의 명확한 관점을 수립함
- 정교한 표현: 모호한 표현을 피하고 구체적인 어휘와 정확한 문장을 사용하여 논지를 강화함
- 수준별 고쳐쓰기: 단어, 문장, 문단, 글 전체 수준에서 논리와 표현을 정교하게 다듬음

2. A등급 성취 수준의 이해

성취수준	성취기준별 성취수준
A	①내용 전개 원리를 적합하게 활용하여 ②글의 내용을 효과적으로 조직하며, ③지역 사회 수준의 사회적 쟁점에 대한 자신의 견해를 ④문장, 문단, 글 수준에서 ⑤정교하게 표현하는 글을 쓸 수 있다.

구성 요소	핵심 의미	적용
① 영향 관계가 있거나 유의미한 비교가 가능한 작품 선정	주제와 목적에 가장 효과적인 설명 방식(비교, 분석, 인과 등)을 전략적으로 선택함	원작 소설과 이를 각색한 영화를 선정하거나, 특정 모티프를 공유하는 작품 쌍을 찾음
② 유사점과 차이점을 다양한 층위에서 분석	서사, 인물 등 내용적 층위와 시점, 문체, 영상 기법 등 형식적 층위를 입체적으로 비교함	두 작품의 인물 성격 변화나 결말 처리 방식의 차이를 비교하고 그 이유를 분석함
③ 문학 작품과 영상물의 영향 관계 이해	한 매체가 다른 매체의 창작에 미친 영감이나 형식적 영향력을 파악함	문학의 서술 방식이 영상 연출에 미친 영향이나, 영상미가 문학적 묘사에 준 영향을 설명함
④ 상호 작용의 효과 파악	매체 간 상호 작용이 서사의 확장과 수용자의 감상 경험에 미치는 긍정적 효과를 파악함	트랜스미디어 스토리텔링이 세계관을 확장하고 수용자의 몰입을 유도하는 효과를 분석함
⑤ 상호 작용의 의의 이해	융합 콘텐츠 시대에 매체 간 공존과 상호 발전이 갖는 문화적 가치를 인식함	'환경을 보호하자'는 막연한 주장 대신, 구체적인 수치와 실천 행동을 담은 문장으로 씀

▶ **[10공국1-03-01]을 높은 수준으로 성취했다는 것을 증명하기 위해!**
지역 사회 칼럼 쓰기(지역의 현안을 분석하고 문제 해결을 위한 구체적인 대안을 담은 논설문 작성), 고쳐쓰기 워크숍(동료의 글을 정교하게 피드백하고 수정하는 활동), 정책 제안서 작성(사회적 쟁점에 대한 학생의 견해를 논리적으로 조직하여 건의하는 글 쓰기) 등을 수행할 수 있습니다.

3. 교과세특 탐구주제

- 글의 응집성을 높이는 '지시어'와 '접속어'의 기능적 활용 양상과 문단 구성 전략 연구
- 공공 시설 입지 선정 갈등의 쟁점 분석 및 해결을 위한 미디어의 의제 설정 기능 고찰
- 초고와 수정고를 비교하며 '문장 및 문단 수준' 정교화 과정이 글의 완성도에 미친 영향 분석
- 사회적 쟁점을 다룬 칼럼의 '내용 전개 방식(비교, 예시 등)'이 독자의 설득에 미치는 효과 분석
- 논설문에서 자주 범하는 '문장 성분의 비호응' 사례를 조사하고 올바른 문장으로 교정하는 연습

4. 독서연계 탐구주제

■ 청소년을 위한 글쓰기 에세이(장선화, 해냄출판사, 2023)

25년 차 베테랑 기자가 청소년들에게 글쓰기의 본질과 실전 기술을 안내하는 책이다. 뉴스 기사, 서평, 논술 등 다양한 장르의 글쓰기 방법을 소개하며, 특히 '정확하고 선명한 정보 전달력'과 '본질을 꿰뚫는 힘'을 기르는 법을 집중적으로 다루고 있다. 사회적 쟁점에 대해 자신의 생각을 논리적으로 조직하고, 독자를 설득하는 정교한 글쓰기 전략을 배울 수 있는 책이다.

- ▶ 독자의 공감을 얻기 위한 서두 작성법과 명확한 결론 맺기 전략 연구
- ▶ 자신의 주장을 뒷받침하기 위해 타당한 근거를 수집하고 선별하는 과정 실습
- ▶ 사회적 이슈를 다룬 뉴스 기사의 구조(역피라미드 등)와 논리적 구성 방식 분석

■ 나의 한국어 바로 쓰기 노트(남영신, 까치, 2023)

국어 전문가가 쓴 이 책은 우리가 무심코 쓰는 어색한 문장과 잘못된 표현들을 정교하게 다듬는 법을 알려준다. 단순히 맞춤법을 교정하는 것을 넘어, 문장의 호응, 적확한 어휘 선택, 논리적인 문장 연결 등 '글의 정교성'을 높이는 구체적인 지침을 제공하고 있으며, 학생들이 자신의 글을 '문장 수준'에서 꼼꼼하게 점검하고 고쳐 쓰는 능력을 기르는 데 실질적인 도움을 주는 책이다.

- ▶ 글의 응집성을 높이기 위한 지시어와 접속어의 효과적인 활용 방안 탐구
- ▶ 자신의 글 속에서 습관적으로 사용하는 비문이나 모호한 표현 찾아 고쳐쓰기
- ▶ 문장 성분 간의 호응 관계를 고려하여 의미가 명확하게 전달되도록 문장 다듬기

5. 토의/토론을 위한 생각 나눔 주제

- 논리적인 글은 반드시 감정을 배제하고 건조하게 써야 하는가?
- 화려한 수사법과 명확한 단문 중 사회적 쟁점을 다루기에 더 효과적인 것은 무엇인가?
- 글의 내용은 좋지만 비문(문법에 맞지 않는 문장)이 많은 글을 좋은 글이라 할 수 있는가?
- 지역 사회의 문제에 대해 청소년이 글로 목소리를 내는 것은 실질적인 변화를 만들 수 있는가?

6. 진로 희망 계열과의 연계

계열	내용
인문과학 계열	**수사학과 설득 전략 분석**: 역사적인 명연설이나 현대의 사회 비평문을 선정하여, 필자가 사용한 수사학적 기법과 논리적 전개 방식을 분석한다. 언어가 사회적 쟁점을 프레이밍하고 대중을 설득하는 메커니즘을 탐구하고 비평 에세이를 작성한다.
사회과학 계열	**사회 현안 분석과 논평**: '젠트리피케이션'이나 '노키즈존' 등 지역 사회의 쟁점을 사회학적 관점에서 분석한다. 원인과 결과를 명확히 하는 내용 전개 방식을 활용하여, 해당 문제에 대한 균형 잡힌 시각과 해결책을 담은 논평(사설)을 작성한다.
법률 계열	**법적 쟁점과 변론문 작성**: 찬반이 첨예한 법적 쟁점을 주제로 선정한다. 헌법적 가치와 법리적 근거를 바탕으로 자신의 입장을 논리적으로 조직하고, 반대 측의 논리를 예상하여 재반박하는 정교한 구조의 변론문이나 입법 청원서를 작성한다.

01 쓰기

> **[10공국1-03-02] (1)다양한 언어 공동체의 특성을 고려**하며 **(2)필자의 개성이 드러나는 글을 쓴다.**

1. 기본 개념

(1) 언어 공동체와 작문 관습(지식·이해)
- 언어 공동체: 동일한 언어를 사용하며 가치관과 문화를 공유하는 집단의 특성을 이해함
- 작문 관습: 공동체 내에서 통용되는 글쓰기 규칙과 규범(형식, 예절, 표현 등)을 파악함
- 사회적 맥락: 글이 생산되고 수용되는 사회·문화적 배경과 독자의 기대를 고려함

(2)필자의 개성과 창의적 표현(적용)
- 개성적 표현: 자신만의 독창적인 관점, 문체, 어조를 활용하여 필자의 목소리를 드러냄
- 일상의 가치 발견: 평범한 경험 속에서 새로운 의미와 가치를 포착하여 글로 형상화함
- 균형 잡힌 글쓰기: 공동체의 관습을 존중하면서도 자신의 개성을 조화롭게 표현하는 전략을 씀

2. A등급 성취 수준의 이해

성취수준	성취기준별 성취수준
A	①다양한 언어 공동체의 다층적이고 역동적 특성을 고려하며 ②일상의 경험에 의미와 가치를 부여하는 소재를 찾아 ③ 내용과 표현의 측면에서 ④필자의 개성이 드러나는 글을 쓰고, ⑤독자와 능동적으로 소통할 수 있다.

구성 요소	핵심 의미	적용
① 언어 공동체의 특성 고려	독자가 속한 공동체(세대, 지역, 직업 등)의 문화와 언어적 기대를 분석함	청소년 독자에게는 친근한 어조를, 전문가 독자에게는 정중하고 논리적인 어조를 선택함
② 일상 경험의 의미 발견	사소한 일상에서 보편적인 가치나 새로운 깨달음을 찾아 글감으로 선정함	'편의점 아르바이트' 경험에서 '노동의 가치'나 '인간관계의 미학'을 발견하여 주제로 삼음
③ 내용과 표현의 측면 고려	상투적인 표현을 피하고, 자신만의 시각과 감각적인 묘사를 활용하여 구체화함	단순히 "슬프다"라고 쓰지 않고, 슬픔을 느끼는 순간의 공기나 신체적 감각을 묘사함
④ 필자의 개성이 드러나는 글쓰기	자신만의 문체(스타일)와 목소리(Voice)를 담아 독자에게 깊은 인상을 남김	유머러스한 풍자나 담담한 고백 등 자신에게 가장 잘 어울리는 어조로 글 전체를 장악함
⑤ 독자와 능동적으로 소통	글을 통해 독자의 공감을 이끌어내고, 공동체의 가치관에 새로운 물음을 던짐	나의 실패담을 솔직하게 씀으로써, 같은 고민을 가진 독자들에게 위로와 연대의 메시지를 전함

> ▶ **[10공국1-03-02]를 높은 수준으로 성취했다는 것을 증명하기 위해!**
> 에세이 출판(자신의 관심사와 철학을 담은 에세이 시리즈를 기획·제작하여 독자와 소통), 공동체 분석 보고서(세대별 언어 습관을 분석하고, 그들과 소통하기 위한 맞춤형 글쓰기 전략 제안), 문체 바꾸기 실험(동일한 주제의 글을 다양한 공동체의 관습에 맞춰 변주하여 써보기) 등을 수행할 수 있습니다.

3. 교과세특 탐구주제

- SNS와 공식 문서 등 매체에 따라 달라지는 작문 관습의 특징과 필자의 전략 연구
- 세대별 언어 공동체(Z세대 vs 기성세대)가 선호하는 문체와 표현 방식의 차이 분석
- 자신의 글쓰기 습관(어휘, 문장 구조)을 분석하여 '나만의 문체'를 정의하고 발전 방안 모색
- 공동체 내 형성된 하위문화의 특성 분석과 부정적 문화 개선을 위한 대안적 문화 모델 제안
- 현대 수필에 나타난 작가의 개성적 문체와 발상법의 상관관계 분석 및 이를 적용한 창작 실험 연구

4. 독서연계 탐구주제

■ 덕질로 배운다! 10대를 위한 글쓰기 특강(윤창욱, 책밥, 2021)

현직 국어 교사가 쓴 책으로 웹툰, 아이돌, 게임 등 10대들의 관심사(덕질)를 글쓰기의 소재로 활용하는 법을 안내한다. 자신이 좋아하는 대상을 통해 일상의 의미를 발견하고, 이를 글로 표현하는 과정에서 자연스럽게 필자의 개성을 드러내는 법을 배울 수 있다. 글쓰기를 어려워하는 학생들에게 '나의 이야기'를 쓰는 즐거움을 알려주고 있으며 글쓰기를 통해 소통하는 방법을 알려주고 있다.

- ▶ 자신이 열광하는 대상을 관찰하고 분석하여 독창적인 글감으로 발전시키기
- ▶ 자신의 취향을 드러내는 글쓰기를 통해 또래 공동체와 소통하고 연대하는 경험
- ▶ 같은 대상을 두고도 필자의 관점에 따라 글의 내용과 형식이 어떻게 달라지는지 탐구

■ 오늘부터 나도 글잘러(안영주, 북트리거, 2022)

자신의 생각을 글로 표현하는 데 어려움을 겪는 청소년들을 위한 실전 글쓰기 가이드북이다. 사소한 일상, 개인의 경험에서 글감을 찾는 법부터 SNS 글쓰기, 논술까지 다양한 장르를 넘나들며 '나다움'을 표현하는 기술을 알려주고 있다. 특히 짧은 글이라도 독자의 마음을 사로잡는 첫 문장 쓰기와 감각적인 표현법을 익힐 수 있도록 안내하고 있으며 개성 있는 필자로 성장하도록 돕는다.

- ▶ 독자의 공감을 얻으면서도 자신의 주장을 명확히 전달하는 표현 전략 연구
- ▶ 사소한 일상 속 경험을 특별한 글감으로 포착하여 나만의 에세이로 발전시키기
- ▶ 다양한 매체(SNS, 보고서 등)의 특성에 맞춰 글의 어조와 형식을 조절하는 훈련

5. 토의/토론을 위한 생각 나눔 주제

- 글쓰기는 개인적인 행위인가, 아니면 사회적인 소통 행위인가?
- 유행어와 줄임말을 사용하는 것은 개성인가, 아니면 언어 파괴인가?
- 글에서 '나다움'을 드러내는 것과 '예의'를 지키는 것 중 무엇이 더 중요한가?
- 독자의 입맛에 맞춘 글과 내가 쓰고 싶은 글 사이에서 어떻게 균형을 잡아야 하는가?

6. 진로 희망 계열과의 연계

인문과학 계열	**문체와 시대 정신 탐구:** 특정 작가나 시대의 문학 작품을 분석하여, 당대의 언어 공동체가 공유했던 가치관이 문체에 어떻게 반영되었는지 연구한다. 현대 사회의 시대정신을 담아낼 수 있는 새로운 문체와 글쓰기 양식을 창작해 본다.
사회과학 계열	**소수자 공동체의 언어 연구:** 이주민, 장애인 등 소수자 집단이 사용하는 언어적 특성과 그들만의 작문 관습을 조사한다. 이들을 대변하고 사회적 공감을 이끌어낼 수 있는 글을 작성하여, 글쓰기가 사회적 연대에 기여하는 방식을 체험한다.
컴퓨터·통신 계열	**디지털 네이티브의 소통 방식 분석:** 인터넷 커뮤니티나 메타버스 내에서 형성되는 새로운 언어 규범과 작문 관습을 데이터 마이닝 기법으로 분석한다. '디지털 글쓰기 가이드라인'을 제안하거나 관련 알고리즘을 구상한다.

01 쓰기

언어 공동체, 언어 다양성, 사회적 방언, 세대 차이, 통신 언어, 차별적 언어, 언어 예절, 책임감, 국어 순화, 언어 주체, 음운 환경, 표준 발음법, 문법 요소, 높임 표현, 시간 표현, 인용 표현

[10공국1-04-01] (1)언어 공동체가 다변화함에 따라 다양해진 언어 실천 양상을 분석하고 (2)언어 주체로서 책임감을 가지며 국어생활을 한다.

1. 기본 개념

(1) 언어 공동체와 언어 다양성(지식·이해)
- 언어 공동체: 같은 언어를 사용하며 사회적, 문화적 규범을 공유하는 집단의 특성을 이해함
- 사회적 방언: 사회적 요인에 따라 언어가 다르게 나타나는 현상을 파악함
- 매체와 언어: 매체 환경의 변화가 언어 사용 양상(줄임말, 신조어 등)에 미친 영향을 분석함

(2) 언어 주체의 책임과 태도(적용)
- 언어적 차별 인식: 언어 속에 내재된 편견, 혐오, 차별적 표현을 민감하게 감지하는 능력을 기름
- 개방적 태도: 서로 다른 언어적 특성을 '틀림'이 아닌 '다름'으로 인정하고 존중하는 태도를 지님
- 책임 있는 실천: 갈등을 유발하는 언어가 아닌, 배려와 협력의 언어 문화를 주도적으로 형성함

2. A등급 성취 수준의 이해

성취수준	성취기준별 성취수준
A	①언어 공동체가 다변화함에 따라 여러 방면에서 다양해진 언어 실천 양상을 구체적이고 정확하게 분석하고 ②실천 양상에 대해 설명할 줄 알며 ③언어주체로서 투철한 책임감을 가지고 ④적극적이며 효과적으로 국어생활을 할 수 있다.

구성 요소	핵심 의미	적용
① 다양해진 언어 실천 양상을 분석	다양한 층위에서 나타나는 언어 사용의 차이와 특징을 구체적으로 식별함	청소년의 '급식체'나 특정 직업군의 '은어'가 가진 집단 결속 기능과 배타성을 분석함
② 실천 양상에 대해 설명	언어 차이가 발생하는 사회·문화적 배경과 원인을 논리적으로 설명함	디지털 매체 확산이 '축약어'와 '이모티콘' 사용을 증가시킨 원인과 소통 방식 변화를 설명함
③ 투철한 책임감 인식	언어가 사회적 약자를 소외시키거나 폭력이 될 수 있음을 깊이 있게 인식함	일상적인 표현 속에 숨겨진 장애인 비하와 성차별적 인식을 비판적으로 성찰함
④ 적극적으로 국어생활 수행	문제의식을 실천으로 옮겨, 잘못된 언어 습관을 고치고 주변에 긍정적 영향을 줌	친구들 사이에서 사용하는 무분별한 비속어를 순화하고, 상처 주지 않는 대화법을 제안함
⑤ 효과적으로 국어생활 수행	상황과 대상에 맞는 적절한 언어를 구사하여 소통의 효율성과 관계의 질을 높임	공식적인 자리와 사적인 자리의 언어 예절을 구분하고, 갈등 상황을 언어로 원만히 해결함

▶ **[10공국1-04-01]을 높은 수준으로 성취했다는 것을 증명하기 위해!**
언어 생활 점검 보고서(온·오프라인 언어 사용 실태를 분석하여 개선 방안 수립), 차별 언어 개선 캠페인(차별적 표현을 찾아 대체어를 제안하는 자료 제작 및 홍보), 세대 공감 인터뷰(부모님 세대의 언어 문화를 인터뷰하고, 세대 간 소통을 위한 '언어 통역 사전' 만들기) 등을 수행할 수 있습니다.

3. 교과세특 탐구주제

- 청소년 세대의 은어/신조어가 갖는 언어적 창의성과 폐쇄성의 이중적 효과 분석
- 전문 직업 분야의 난해한 용어가 일반인과의 소통에 미치는 영향과 언어 순화 연구
- 디지털 네이티브 세대의 텍스트 의사소통이 문해력과 정서 전달에 미치는 영향 분석
- 인권 감수성 관점에서 본 관용구 및 속담 속의 성차별, 인종 차별적 요소 탐구 및 수정
- 온라인 커뮤니티의 은어와 비속어가 집단의 결속력과 배타성에 미치는 이중적 효과 분석

4. 독서연계 탐구주제

■ 언어의 높이뛰기(신지영, 인플루엔셜, 2021)

국어학자인 저자가 우리 사회의 언어 감수성을 높이기 위해 집필한 책이다. '결정 장애', '유모차' 등 우리가 무심코 쓰는 단어 속에 숨겨진 차별과 배제의 논리를 언어학적 관점에서 예리하게 포착하여 설명하고 있으며, 언어가 단순히 의사소통의 도구를 넘어 인권과 사회적 가치를 담는 그릇임을 깨닫게 한다. 우리가 언어 주체로서 어떤 책임감을 가져야 하는지 성찰하게 하는 책이다.

▶ 일상 언어 속에 숨겨진 성차별, 장애인 비하, 나이 차별적 표현 찾아내기
▶ 언어의 사회적 영향력을 고려하여 차별적 표현을 대체할 '평등한 언어' 제안하기
▶ 자신의 언어 감수성을 점검하고, 타인을 존중하는 언어 습관을 기르기 위한 실천 계획 수립

■ 왜요, 그 말이 어때서요?(김청연, 동녘, 2025)

10대 청소년들이 학교, 가정, 미디어에서 자주 접하고 사용하는 말들을 인권의 관점에서 되짚어보는 책이다. '다문화', '양성평등', '노키즈존' 등 사회적 이슈와 관련된 언어 표현들이 왜 문제가 되는지, 누군가에게 상처가 되는 말은 무엇인지 알기 쉽게 설명한다. 나도 모르게 썼던 혐오 표현이나 차별적인 말들을 돌아보고, 공존을 위한 언어 습관을 기르는 데 도움을 주는 책이다.

▶ 차별 없는 언어 사용이 학교 공동체의 인권 존중 문화에 미치는 영향 탐구
▶ 청소년들이 자주 쓰는 유행어와 신조어 속에 담긴 혐오와 차별의 의미 분석
▶ 대중 매체나 SNS에서 접한 차별적 표현을 찾아내고 올바른 표현으로 고쳐보기

5. 토의/토론을 위한 생각 나눔 주제

- 욕설이나 비속어 사용은 친밀감의 표현인가, 언어 폭력의 시작인가?
- 의도하지 않은 차별적 표현을 사용했을 때, 무지도 잘못이라고 볼 수 있는가?
- 방송 언어의 과도한 규제는 언어의 생동감을 해치는가, 아니면 공공성을 위해 필요한가?
- 맞춤법을 의도적으로 파괴한 인터넷 밈(Meme)의 공적인 글쓰기 활용을 허용할 수 있는가?

6. 진로 희망 계열과의 연계

인문과학 계열	**언어 변화와 문화 탐구:** 시대에 따라 의미가 변화하거나 사라진 단어들을 조사하여 언어의 역사성을 탐구한다. 특히 사회적 가치관의 변화가 어휘의 생성과 소멸에 미친 영향을 언어학적 관점에서 심층 분석한다.
사회과학 계열	**사회 언어학적 현상 연구:** 특정 사회 현상(예: 혐오 범죄)과 언어 사용(혐오 표현) 사이의 상관관계를 사회학적 이론을 바탕으로 분석하고, 건강한 사회 통합을 위한 언어 정책과 시민 교육 방안을 제안하는 보고서를 작성한다.
교육 계열	**언어 예절 및 인성 교육:** 학교 폭력 예방을 위한 '언어 순화 프로그램'을 기획한다. 청소년들의 언어 습관을 반영한 역할극이나 게임 등을 활용하여, 학생들이 스스로 언어의 중요성을 깨닫고 실천할 수 있는 교육 자료를 개발한다.

01 문법

> [10공국1-04-02] **(1)음운 변동을 탐구**하여 **(2)발음과 표기에 올바르게 적용**한다.

1. 기본 개념

(1) 음운 변동의 원리와 유형(지식·이해)
- 변동 원리: 발음의 경제성(편의)과 의미 전달의 명확성을 위해 소리가 변하는 원리를 이해함
- 변동 유형: 교체, 탈락, 첨가, 축약 등 다양한 변동 양상을 음운 환경에 따라 분류함
- 음운 환경: 앞뒤 소리의 영향 관계(동화 등)를 분석하여 변동이 일어나는 조건을 파악함

(2)발음과 표기의 적용(적용)
- 정확한 발음: 표준 발음법 규정에 근거하여 단어를 정확하게 발음하는 능력을 기름
- 올바른 표기: 소리대로 적는 경우와 어법(형태소의 본모양)에 맞게 적는 경우를 구별하여 표기함
- 규범 준수: 실제 언어생활에서 발생하는 오발음과 표기 오류를 인지하고 스스로 교정함

2. A등급 성취 수준의 이해

성취수준	성취기준별 성취수준
A	①일상에서 접한 단어들을 스스로 조사하며 ②음운 변동 과정을 정확하게 탐구하여 ③음운 변동을 설명할 줄 알고, ④ 유사한 변동을 보이는 단어 및 ⑤대부분 단어의 발음과 표기에 올바르게 적용할 수 있다.

구성 요소	핵심 의미	적용
① 일상에서 접한 단어 조사	교과서 예시뿐만 아니라 뉴스, 간판, 대화 등 실생활에서 발음 혼동을 주는 단어를 포착함	지하철 안내방송이나 친구들의 대화에서 자주 틀리는 발음 사례를 찾아 목록화함
② 음운 변동 과정을 정확하게 탐구	음운 환경(앞뒤 소리의 성질)을 분석하여 변동의 원인과 규칙을 논리적으로 도출함	국물[궁물]'에서 파열음이 비음 앞에서 비음으로 동화되는 과정을 단계별로 분석함
③ 음운 변동을 설명	암기한 규칙을 나열하는 것이 아니라, 변동의 이유(경제성 등)와 원리를 자신의 언어로 설명함	자음동화가 일어나는 이유를 "조음 위치는 그대로 두고 방법만 바꾸어 발음을 편하게 하기 위함"이라고 설명함
④ 유사한 변동을 보이는 단어에 적용	하나의 규칙을 다른 단어에도 적용하여, 낯선 단어도 규칙에 따라 유추해냄	신라[실라]'의 유음화 규칙을 '권력[궐력]', '칼날[칼랄]' 등에 적용하여 원리를 확장함
⑤ 발음과 표기에 올바르게 적용	탐구한 지식을 실제 언어생활에 적용하여 정확한 발음과 맞춤법을 준수함	겹받침 '닭'의 발음은 [닥]이지만, 모음으로 시작하는 조사 앞에서는 [달기]로 연음됨을 알고 구사함

▶ **[10공국1-04-02]을 높은 수준으로 성취했다는 것을 증명하기 위해!**
오발음 교정 프로젝트(발음 및 표기 오류 실태를 조사하고, 올바르게 교정하는 보고서 작성), 음운 변동 지도 만들기(복잡한 변동 규칙을 도식화하거나 알고리즘 순서도로 구조화한 자료 제작), 방언과 표준 발음 비교(방언과 표준 발음의 차이를 음운론적 관점에서 비교 분석) 등을 수행할 수 있습니다.

3. 교과세특 탐구주제

- '된소리되기' 현상이 일어나는 다양한 환경의 공통점과 차이점 비교
- 음운 변동 규칙을 적용한 '한국어 발음 변환기' 알고리즘의 논리적 구조 설계
- 한국어의 자음동화(비음화, 유음화) 현상과 '발음의 경제성' 원리 간의 상관관계 분석
- 사잇소리 현상의 불규칙성과 표기법(사이시옷)의 관계에 대한 심층 탐구 및 사례 조사
- 겹받침 발음의 원리와 실제 언어생활에서의 오용 사례(예: 맑다[막따] vs 맑고[말꼬]) 탐구

4. 독서연계 탐구주제

■ 탐구로 즐거워지는 국어 문법 수업(이관규 외, 역락, 2025)

고려대 국어교육과 교수와 현직 교사들이 함께 쓴 책으로, 문법을 단순 암기가 아닌 '탐구'의 대상으로 접근하고 있다. 학생들이 스스로 언어 현상을 관찰하고 규칙을 발견하는 과정을 안내하고 있으며, 다양한 탐구 활동을 통해 발음 원리를 자연스럽게 체득하여 음운 변동의 원리를 이해하도록 돕는다. 2022 개정 교육과정의 취지를 반영하여 문법을 '탐구하는 것'으로 흥미롭게 제시하고 있다.

▶ 표준 발음법의 주요 조항을 분석하고, 예외 규정이 발생하는 원인 탐구
▶ 발음의 편의성과 의미 전달의 명확성이 충돌할 때 언어가 선택하는 전략 분석
▶ 일상 언어 자료에서 음운 변동 현상을 찾아내고 귀납적으로 규칙을 도출하는 탐구

■ 떠먹는 국어문법:언어(서울대 국어교육과 페다고지 프로젝트, 쏠티북스, 2025)

서울대 국어교육과 선배들이 뭉쳐 만든 베스트셀러 문법서로, 딱딱한 문법 용어를 쉽고 재미있게 풀어쓴 것이 특징이다. 음운 변동의 복잡한 규칙을 도식화하여 한눈에 파악할 수 있게 도와주며, 풍부한 예시와 친절한 설명을 통해 문법의 기초를 탄탄하게 다질 수 있도록 구성되었다. 문법의 기초를 다지고 싶은 학생은 물론 수능과 내신을 모두 잡고 싶은 학생들에게도 실질적인 도움을 줄 수 있다.

▶ 음운 변동의 유형별 특징을 도식화하여 설명하고 친구들과 공유하기
▶ 자음동화, 구개음화 등 주요 변동 규칙이 적용된 단어들을 수집하여 분류하기
▶ 헷갈리는 맞춤법과 표준 발음법 사례를 찾아보고 올바른 표기와 발음 연습하기

5. 토의/토론을 위한 생각 나눔 주제

- 발음의 편의를 위한 음운 변동은 어디까지 허용되어야 하는가?
- '자장면/짜장면'처럼 대중의 발음 습관이 어문 규정을 바꿀 수 있는가?
- 복잡한 겹받침 발음 규정을 현대 언어 습관에 맞춰 단순화해야 하는가?
- 표준 발음법은 언어의 다양성(방언)을 억압하는가, 아니면 의사소통의 기준인가?

6. 진로 희망 계열과의 연계

인문과학 계열	**방언과 음운 변화 연구:** 특정 지역 방언에서 나타나는 독특한 음운 변동 현상을 직접 녹음하여 조사한다. 이를 표준 발음법과 비교 분석하여 언어의 역사적 변천 과정과 지역적 특성을 음운론적 관점에서 심층 탐구한다.
교육 계열	**발음 교육 프로그램 개발:** 초등학생이나 다문화 가정 학생을 대상으로 한국어의 까다로운 음운 변동을 쉽게 가르칠 수 있는 시각 자료나 게임 형태의 교육 프로그램을 기획하고 학습자의 눈높이에 맞춘 수업 지도안을 작성한다.
컴퓨터·공학 계열	**음성 인식 알고리즘 탐구:** 음운 변동 규칙을 반영하여, 텍스트를 정확한 발음 기호로 변환하거나(TTS), 사람의 불명확한 발음을 텍스트로 인식하는(STT) 자연어 처리 알고리즘의 원리를 탐구하고 예외 사항을 처리하는 알고리즘 로직을 구상해 본다.

[10공국1-04-03] 다양한 분야의 글과 담화에 나타난 **(1)문법 요소 및 어휘의 표현 효과**를 **(2)평가하고 적절한 표현을 생성**한다.

1. 기본 개념

(1) 문법 요소와 어휘의 표현 효과(지식·이해)
- 문법 요소의 기능: 높임, 시제, 피동 등 문법 장치가 의미와 태도를 결정함을 이해함
- 어휘의 선택: 상황과 대상에 맞는 어휘가 의사소통의 분위기와 전달력을 높임을 파악함
- 담화 맥락: 발화 의도, 청자, 상황에 따라 적절한 표현이 달라짐을 앎

(2)적절한 표현의 생성과 평가(적용)
- 표현 효과 평가: 사용된 표현이 문맥에 적절한지, 의도한 효과를 내는지 비판적으로 평가함
- 다양한 표현 생성: 동일한 내용이라도 상황에 따라 문법 요소를 달리하여 문장을 변주함
- 언어 주체의 태도: 상대를 배려하고 정확하게 소통하려는 책임감 있는 태도를 실천함

2. A등급 성취 수준의 이해

성취수준	성취기준별 성취수준
A	①언어 주체의 태도 및 인식과 관련하여 ②다양한 분야의 글과 담화에 나타난 문법 요소 및 어휘의 표현 효과를 ③정확하고 효과적으로 평가하고 ④적절한 표현을 ⑤다양하게 생성할 수 있다.

구성 요소	핵심 의미	적용
① 언어 주체의 태도 및 인식 이해	화자의 의도나 청자에 대한 태도(존중/거리감)가 문법 선택에 반영됨을 파악함	뉴스 보도와 사적 대화에서 화자의 태도에 따라 높임법이 다르게 실현됨을 분석함
② 문법 요소 및 어휘의 표현 효과 파악	피동/사동, 시제 등이 문장의 뉘앙스와 강조점을 어떻게 변화시키는지 이해함	잡았다'와 '잡혔다'의 차이를 통해 행위의 의도성이나 책임 소재 표현을 구별함
③ 표현 효과를 정확하고 효과적으로 평가	문맥에 어색한 표현을 찾아내고, 문법적 지식을 근거로 이유를 설명함	과도한 사물 존칭이나 이중 피동의 오류를 지적하고 올바른 표현으로 수정함
④ 적절한 표현 선택	상황과 목적에 가장 부합하는 문법 요소와 어휘를 전략적으로 선택함	사과문 작성 시 책임 회피성 피동문 대신, 자신의 행위를 명시하는 능동문을 씀
⑤ 다양한 표현 생성	하나의 의미를 여러 문법적 장치로 변주하여 다채로운 문장을 구사함	명령형 문장을 청유형이나 의문형으로 바꾸어 정중함을 더하는 표현 연습을 함

▶ 10공국1-04-03]을 높은 수준으로 성취했다는 것을 증명하기 위해!
문체 바꾸기 실험(동일한 사건을 다양한 장르로 재구성하며 문법 요소의 활용 양상 비교), 오류 분석 보고서(공공 언어나 대중매체 속의 잘못된 문법 표현을 찾아 분석하고 교정안 제시), 상황별 대화 시나리오(상대방의 기분을 고려한 적절한 문법 표현을 활용한 대화문 작성) 등을 수행할 수 있습니다.

3. 교과세특 탐구주제

- 소설 속 인물 간의 관계(친소, 위계) 변화에 따른 높임법 사용 양상의 변화 탐구
- 뉴스 기사의 헤드라인에 쓰인 '피동 표현'의 의도와 그것이 독자의 인식에 미치는 영향 분석
- 광고 언어에서 소비자의 심리를 자극하기 위해 사용된 '명령형'과 '청유형' 어미의 효과 비교
- '이중 피동'이나 '과도한 높임' 등 현대 한국어에서 자주 나타나는 문법 오용 실태와 원인 분석
- 공문서나 학술적 글쓰기에서 객관성을 확보하기 위해 사용되는 문법적 장치와 어휘 특징 조사

4. 독서연계 탐구주제

■ 요즘 10대를 위한 최소한의 어휘력(이주윤, 빅피시, 2025)

디지털 원주민인 10대들이 일상에서 자주 접하지만 정확한 뜻을 모르는 필수 어휘들을 선별하여 해설한 책이다. 단순한 사전적 정의를 넘어, 문맥 속에서 어휘가 어떻게 사용되는지 생생한 예문을 통해 보여준다. 적절한 어휘 선택이 의사소통의 정확성과 표현의 품격을 얼마나 높여주는지 깨닫게 하며, 문법적 지식과 어휘력을 동시에 키워주는 실용적인 가이드북이다.

- ▶ 유사한 의미를 가진 유의어들의 미묘한 뉘앙스 차이와 문맥에 맞는 선택 기준 탐구
- ▶ 자신의 글이나 말하기에서 자주 사용하는 어휘의 다양성을 점검하고 어휘력 확장하기
- ▶ 상황에 맞지 않는 어휘 사용으로 발생한 의사소통 오해 사례를 분석하고 올바른 표현 찾기

■ 개념 있는 국어 문법(김홍범 외, 지학사, 2024)

문법의 기본 원리를 풍부한 예시와 함께 설명한 고등학생용 문법 안내서이다. 단순히 규칙을 암기하는 것이 아니라, 문법 요소가 담화 상황 속에서 어떤 기능을 하는지 이해하도록 돕고 있으며 높임, 시제, 피동, 인용 등 주요 문법 요소의 원리와 표현 효과를 체계적으로 정리하고 있어, 학생들이 문법을 도구로 삼아 적절한 표현을 생성하는 능력을 기르는 데 도움이 되는 책이다.

- ▶ 담화 상황에 따라 문법 요소(종결 어미 등)가 달라지는 양상을 탐구하여 정리하기
- ▶ 문법적 제약이 있는 문장들을 찾아 그 이유를 화용론적 관점에서 설명하는 보고서 작성
- ▶ 자신의 평소 언어 습관을 문법적 관점에서 분석하고, 더 세련되고 정확한 표현으로 다듬기

5. 토의/토론을 위한 생각 나눔 주제

- 복잡한 높임법 규정을 현대의 평등한 인간관계에 맞춰 간소화해야 하는가?
- 문법적 정확성보다 의사소통의 효율성과 친밀감이 더 우선시되어야 하는가?
- 언론 보도에서 피동문을 사용하는 것은 객관성 확보인가, 책임 회피의 수단인가?
- '주문하신 커피 나오셨습니다'와 같은 사물 존칭은 서비스업의 친절인가, 문법의 파괴인가?

6. 진로 희망 계열과의 연계

인문과학 계열	문체론적 분석: 작가별, 장르별 텍스트를 선정하여 문장 구조, 어휘 선택, 문법 요소 활용 등의 문체적 특징을 분석한다. 이를 통해 문법적 장치가 작가의 개성과 주제 의식을 드러내는 데 기여하는 방식을 심층적으로 탐구한다.
사회과학 계열	미디어 담화 분석: 정치인 연설, 광고 카피, 뉴스 보도 등 대중 매체 텍스트를 수집하여, 그 안에 숨겨진 화자의 의도와 설득 전략을 문법적 관점에서 분석한다. 특정 문법 요소가 대중의 인식과 여론 형성에 미치는 영향을 연구한다.
초등교육 계열	눈높이 문법 교육: 초등학생들이 어려워하는 높임법이나 피동 표현을 쉽고 재미있게 이해할 수 있도록, 일상 대화나 동화 속 예문을 활용한 맞춤형 학습 자료(카드뉴스, 역할극 대본)를 제작하고 지도안을 구상한다.

01 문학

문학 소통, 작가 맥락, 독자 맥락, 사회·문화적 맥락, 문학사적 맥락, 상호작용, 능동적 수용,
주체적 관점, 해석, 비평, 가치 평가, 문학 생활화, 서정, 서사, 형상화, 유기적 구조

[10공국1-05-01] **(1)문학 소통의 특성을 고려**하며 문학 소통에 참여한다.

1. 기본 개념

(1) 문학 소통의 특성(지식·이해)
 - 복합적 상호작용: 작가, 작품, 독자가 맥락 속에서 의미를 주고받는 역동적 과정임을 이해함
 - 다층적 맥락: 작품을 둘러싼 작가, 독자, 사회·문화, 문학사적 맥락이 의미 생성에 관여함을 앎
 - 간접적 소통: 문학이 글을 매개로 하여 시공간을 초월해 이루어지는 간접적 소통임을 파악함

(2) 문학 소통에 참여(적용)
 - 맥락적 해석: 다양한 맥락을 근거로 활용하여 작품의 의미를 깊이 있고 풍부하게 해석함
 - 주체적 비평: 타인의 해석을 답습하지 않고 자신의 관점에서 작품의 가치를 평가하고 비평함
 - 능동적 공유: 감상과 비평의 결과를 독서 모임이나 매체를 통해 타인과 나누며 소통을 실천함

2. A등급 성취 수준의 이해

성취수준	성취기준별 성취수준
A	①작품을 둘러싼 다양한 맥락을 능동적으로 파악하며, ②이를 구체적으로 적용하여 ③작품을 깊이 있게 해석하고, ④ 주체적 관점에서 비평하며 ⑤문학 소통에 적극적으로 참여할 수 있다.

구성 요소	핵심 의미	적용
① 다양한 맥락을 능동적으로 파악	작가, 독자, 사회·문화, 문학사적 맥락 등 작품 이해에 필요한 배경을 조사함	시대적 상황, 작가의 삶, 문학사적 흐름 등 해석의 단서가 되는 배경지식을 스스로 찾아봄
② 이를 구체적으로 적용	조사한 맥락 정보를 작품 속 시어, 인물, 사건과 구체적으로 연결함	인물의 행동 원인, 사건의 의미, 시어의 상징성을 논리적으로 연결하여 설명함
③ 작품을 깊이 있게 해석	겉으로 드러난 내용 이면에 담긴 작가의 의도와 주제 의식을 추론함	작가가 작품을 통해 전달하고자 했던 숨겨진 의도나 당대의 사회적 문제를 심층 추론함
④ 주체적 관점에서 비평	기존 해석에 얽매이지 않고 현재의 독자인 '나'의 관점에서 가치를 재평가함	작품 속 가치관을 현대적 관점이나 자신의 가치관에 비추어 의미를 재평가함
⑤ 문학 소통에 적극적으로 참여	자신의 해석과 비평을 타인과 공유하며 문학적 대화와 담론 형성에 기여함	자신의 비평을 토론이나 글쓰기, 온라인 매체 등을 통해 타인과 공유하며 능동적으로 문학적 소통을 실천함

▶ **[10공국1-05-01]을 높은 수준으로 성취했다는 것을 증명하기 위해!**
맥락 탐구 보고서(작품의 배경이 된 시대나 작가의 생애와 작품과의 연관성을 분석), 다각적 비평문 쓰기(동일한 작품을 사회·문화적 관점, 문학사적 관점 등 서로 다른 맥락에서 비평하여 비교), 작가와의 가상 대화(가상 인터뷰 대본을 작성하여 문학적 소통을 실연) 등을 수행할 수 있습니다.

3. 교과세특 탐구주제

- 고전 시가(향가, 고려가요)의 문학사적 가치와 현대적 변용 사례(대중가요 등) 비교 연구
- 독자의 경험과 배경지식이 작품 해석의 다양성에 미치는 영향을 '수용 미학' 관점에서 탐구
- SF 소설이 미래 사회의 문제를 예측하고 비판하는 방식과 현대 독자에게 주는 시사점 고찰
- 1970~80년대 산업화 소설에 나타난 '소외된 계층'의 형상화 방식과 사회·문화적 배경 탐구
- 일제 강점기 저항 시인들의 작품에 나타난 '자아 성찰' 양상과 시대적 맥락의 상관관계 분석

4. 독서연계 탐구주제

■ 10대에게 권하는 우리 문학(오창은, 글담출판, 2025)

문학평론가가 청소년들이 꼭 읽어야 할 한국 현대문학 작품들을 소개하며, 작품 속에 담긴 시대정신과 사회적 맥락을 친절하게 해설한 책이다. 문학이 당대의 현실과 어떻게 소통했는지 보여줌으로써 학생들이 작품을 둘러싼 사회·문화적 맥락을 파악하고 깊이 있게 감상하는 안목을 길러준다. 특히 작품이 탄생한 구체적인 시대와 사회적 배경을 살피며 작품과 세계가 맺고 있는 유기적인 관계를 이해하도록 돕는다.

▶ 문학 작품이 창작된 시대의 사회적 쟁점과 작품 속 갈등의 연관성 분석
▶ 작가가 작품을 통해 말하고자 했던 사회적 메시지와 그 유효성에 대한 비평
▶ 과거의 문학 작품을 현재의 시각에서 재해석하고, 오늘날 우리에게 주는 의미 탐구

■ 청소년 비평의 세계(이진서·이정숙, 글넝쿨, 2024)

'청소년비평학교'에서 활동한 청소년들이 직접 쓴 비평문과 전문가의 이론적 가이드가 담긴 책이다. 또래 청소년들이 문학 작품을 읽고 어떻게 자신만의 관점으로 해석하고 비평했는지 생생한 사례를 보여준다. 학생들이 비평이 어려운 것이 아니라 자신의 목소리로 작품과 소통하는 과정임을 깨닫고, 주체적인 비평 활동에 도전하도록 독려하며 해석의 다양성을 존중하고 적극적으로 소통하는 태도를 기를 수 있다.

▶ 기존 비평문을 분석하여 비평의 관점(반영론, 표현론 등)과 논증 방식 연구
▶ 문학 작품에 대한 서로 다른 해석을 비교하고 토론하며 비평적 안목 넓히기
▶ 자신의 가치관과 경험을 바탕으로 작품을 새롭게 해석하는 주체적 비평문 쓰기

5. 토의/토론을 위한 생각 나눔 주제

- 과거의 문학 작품을 현대의 도덕적 잣대(PC주의 등)로 비판하는 것은 정당한가?
- 작가의 의도와 전혀 다른 독자의 창의적 해석(오독)은 어디까지 허용될 수 있는가?
- 문학 작품의 가치는 '문학성(예술적 완성도)'과 '대중성(재미)' 중 무엇으로 결정되는가?
- 문학은 사회의 거울로서 현실을 반영해야 하는가, 아니면 새로운 이상을 제시해야 하는가?

6. 진로 희망 계열과의 연계

계열	내용
인문과학 계열	**문학사적 맥락과 사회 변동:** 특정 문학 갈래나 작품이 출현하게 된 역사적 배경과 사상적 기반을 탐구한다. 문학이 당대 사회의 담론 형성에 미친 영향과 사회 변동을 이끈 문학의 힘을 분석하여 보고서를 작성한다.
사회과학 계열	**문학을 통한 사회 문제 탐구:** 소설 속에 나타난 빈곤, 차별, 계급 갈등 등 사회적 문제를 사회학적 이론을 적용하여 분석한다. 문학 작품이 사회 문제를 재현하는 방식과 그것이 대중의 인식 개선에 미치는 효과를 탐구한다.
연극.영화 계열	**희곡의 맥락적 해석과 연출:** 희곡이나 시나리오 작품을 선정하여 작가의 창작 의도와 당시 사회적 맥락을 분석한다. 이를 바탕으로 현대 관객과 소통하기 위해 어떤 부분을 강조하거나 각색할지 연출적 관점에서 해석하고 기획안을 작성한다.

[10공국1-05-02] (1)**갈래에 따른 형상화 방법의 특성을 고려**하며 (2)**작품을 수용**한다.

1. 기본 개념

(1) 갈래에 따른 형상화 방법의 특성(지식·이해)
 - 서정 갈래: 화자의 정서와 태도를 운율 있는 언어와 함축적 시어, 심상을 통해 형상화함
 - 서사 갈래: 서술자를 통해 인물, 사건, 배경을 엮어 허구적 이야기를 구성하고 갈등을 형상화함
 - 극·교술 갈래: 극은 사건을 현재형으로 보여주며, 교술은 실제 경험을 통해 깨달음을 전달함

(2) 작품의 수용(적용)
 - 효과 파악: 각 갈래의 고유한 형식이 주제를 효과적으로 드러내는 원리와 미적 가치를 파악함
 - 주체적 감상: 갈래적 특성에 대한 이해를 바탕으로 작품의 의미를 능동적으로 해석하고 내면화
 - 창조적 변용: 한 갈래의 작품을 다른 갈래의 형상화 방식으로 바꾸어 보며 특성을 체화함

2. A등급 성취 수준의 이해

성취수준	성취기준별 성취수준
A	①서정, 서사, 극, 교술 갈래에 따른 형상화 방법의 특성을 파악하고, ②갈래적 특성이 작품의 주제 전달에 미치는 효과를 심층적으로 이해하며, ③이를 작품 속의 구체적인 예를 들어 논리적으로 설명하고, ④작품의 미학적 가치를 평가하여 ⑤작품을 주체적으로 수용할 수 있다.

구성 요소	핵심 의미	적용
① 갈래에 따른 형상화 방법의 특성을 파악	4대 갈래가 지닌 고유한 표현 양식과 장치를 정확히 식별함	시의 '운율', 소설의 '서술자', 수필의 '경험적 진술' 등 갈래별 핵심 기제를 구분하고 설명함
② 갈래적 특성이 작품의 주제 전달에 미치는 효과를 심층적으로 이해	형식이 주제를 강화하는 원리(Form follows Function)를 파악함	"1인칭 주인공 시점이 인물의 내면 심리(주제)를 드러내는 데 왜 효과적인가?"를 이해함
③ 작품 속의 구체적인 예를 들어 논리적으로 설명	막연한 감상이 아닌, 텍스트 내의 정확한 근거를 인용하여 증명함	"3연의 반어적 표현이 화자의 슬픔을 심화시킨다"와 같이 구체적 증거를 들어 설명함
④ 작품의 미학적 가치를 평가	작가의 형상화 방식이 얼마나 탁월했는지 비평적으로 감상함	기존 작품들과 비교하여 해당 작품만의 독창적인 형상화 방식이나 미적 성취를 평가함
⑤ 작품을 주체적으로 수용	작품의 의미를 자신의 삶이나 현대 사회의 맥락과 연결하여 내면화함	작품 속 갈등 해결 방식을 자신의 문제 해결에 적용하거나, 현대적 관점에서 재해석함

▶ **[10공국1-05-02]를 높은 수준으로 성취했다는 것을 증명하기 위해!**
창작자 관점의 역설계(작법 이론을 적용하여 기성 작품의 인물·플롯 분석), 갈래 변용 비평(동일한 소재의 시와 소설을 비교하여 형상화 차이 탐구), 문체 실험 보고서(서술 시점을 바꾸어 다시 써보고 주제 전달 효과의 변화 분석) 등을 수행할 수 있습니다.

3. 교과세특 탐구주제

- 수필(교술)의 '자기 고백적 특성'이 독자에게 주는 진정성과 설득력에 대한 탐구
- 시의 '운율'이 독자의 정서적 환기와 주제 강화에 미치는 심리적·미학적 효과 분석
- 웹툰이 문학의 서사성과 회화의 시각성을 결합하여 주제를 전달하는 독창적 방식 분석
- 고전 소설의 '전지적 작가 시점'이 현대 소설에서 어떻게 변모했는지 서사 기법의 변천사 연구
- 소설의 '1인칭 시점'과 연극의 '독백'이 인물의 내면을 형상화하는 방식의 공통점과 차이점 비교

4. 독서연계 탐구주제

● 작별하지 않는다(한강, 문학동네, 2021)

제주 4.3 사건을 다룬다. 역사적 비극을 단순히 사실적으로 나열하지 않고, 꿈, 환상, 상징(눈, 새) 등의 고도로 문학적인 장치를 통해 형상화했다. 역사적 사실'을 소설적 형상화로 풀어낼 때 독자의 주체적 수용이 어떻게 확장되는지 경험할 수 있다. 고통스러운 역사를 직설적인 고발이 아닌, 시적인 문체와 환상적인 분위기로 승화시킴으로써 문학적 형상화가 어떻게 독자의 윤리적 감각을 깨우는지 보여준다.

▶ 작품 속 몽환적 서술(형상화 방법)이 역사적 트라우마(주제)를 전달하는 효과 분석
▶ '2인칭 서술'이 독자를 사건의 목격자 혹은 당사자로 끌어들이는 형상화 전략 비평
▶ '지극한 사랑'이라는 주제를 형상화하기 위해 작가가 사용한 상징적 소재(예: 눈)의 의미 해석

● 10대를 위한 나의 첫 소설 쓰기 수업(문부일, 다른, 2019)

청소년들이 직접 소설(서사 갈래)을 창작할 수 있도록 돕는 실전 작법서로. 플롯 짜기, 입체적 캐릭터 만들기, 시점 정하기 등 소설의 핵심 '형상화 방법'을 단계별로 친절하게 설명하고 있다. 학생들은 이 책을 통해 작가가 주제를 전달하기 위해 어떤 도구를 사용하는지 배우고, 독자의 몰입을 이끌어내기 위해 작가가 치밀하게 계산한 전략적 장치가 무엇인지 찾아 구체적인 예를 들어 설명할 수 있도록 돕는다.

▶ 다양한 시점(1인칭, 3인칭)으로 동일한 사건을 서술해 보며 시점의 효과 비교
▶ 자신의 경험을 바탕으로 짧은 소설을 구상하고 시놉시스를 작성하는 창작 활동
▶ 소설의 구성 요소(인물, 사건, 배경)가 주제를 형상화하는 데 기여하는 방식 탐구

5. 토의/토론을 위한 생각 나눔 주제

- 시(詩)에서 '내용(주제)'이 중요한가, '형식(운율/이미지)'이 더 중요한가?
- 소설을 영화로 만들었을 때 원작의 감동이 훼손된다면 그 이유는 무엇인가?
- 수필은 허구(Fiction)가 아니기 때문에 소설보다 예술성이 떨어진다고 볼 수 있는가?
- 현대 사회에서 문학의 경계가 허물어지는 '장르 파괴' 현상을 어떻게 바라봐야 하는가?

6. 진로 희망 계열과의 연계

언어·문학 계열	비평과 문체 연구: 시, 소설, 희곡 등 다양한 갈래의 작품을 비교하며 문체와 서술 방식의 차이가 독자의 감상에 미치는 영향을 분석한다. 갈래별 특성을 살린 창작 실험을 통해 언어 예술의 가능성을 탐구한다.
생활과학 계열	의식주와 문학적 형상화: 문학 작품 속에 묘사된 의복, 음식, 주거 공간이 인물의 성격이나 사회적 지위를 어떻게 형상화하는지 분석한다.(예: 현진건의 <운수 좋은 날> 속 '설렁탕'의 의미와 비극적 형상화 방식)
응용예술 계열	매체 변환과 시각화: 소설이나 시의 텍스트를 웹툰, 일러스트, 영상 등 시각 매체로 변환할 때 고려해야 할 형상화 방법의 차이를 연구한다. 원작의 분위기와 주제를 유지하면서 시각적 언어로 재창조하는 기획안을 작성한다.

01 문학

[10공국1-05-03] (1)작품 구성 요소의 유기적 관계와 맥락에 유의하여 **(2)작품을 수용하고 생산**한다.

1. 기본 개념

(1) 작품 구성 요소의 유기적 관계와 맥락(지식·이해)
- 유기적 통일성: 주제, 구성, 문체 등이 긴밀히 결합해 총체적 의미 형성
- 필연적 인과성: 소재와 사건이 우연이 아닌 주제 구현을 위해 필연적으로 연결됨
- 맥락의 다양성: 작가, 독자, 사회·문화, 상호텍스트 등 의미 생성의 내외적 배경

(2) 작품을 수용하고 생산(적용)
- 맥락적 수용: 작가 의도와 시대 상황 등 다양한 맥락을 고려한 심층 해석.
- 창의적 재구성: 기존 작품의 맥락을 비틀거나 변용하여 새로운 가치 발견
- 개성적 창작: 자신의 고유한 경험을 유기적 구조와 문체로 형상화

2. A등급 성취 수준의 이해

성취수준	성취기준별 성취수준
A	①작품 구성 요소들 간의 유기적 관계를 구체적으로 파악하고 ②맥락에 유의하여 작품의 의미와 가치를 구별하여 설명하며, ③구성 요소의 관계와 맥락을 고려하여 ④자신의 경험이나 생각을 담은 주제를 선정하고, ⑤이를 바탕으로 문학 작품을 창의적, 개성적으로 창작할 수 있다.

구성 요소	핵심 의미	적용
① 구성 요소들 간 유기적 관계 파악	작품의 부분(소재, 배경 등)이 전체 주제와 어떻게 필연적으로 연결되는지 분석함	"소설 속 '비 오는 배경'이 인물의 '우울한 심리' 및 '이별 사건'과 유기적으로 호응함"을 설명
② 맥락에 유의하여 의미와 가치 구별	텍스트 밖의 요인(시대, 작가)이 텍스트 내의 의미를 어떻게 결정짓는지 파악함	1970년대 산업화 시기라는 '사회적 맥락'을 고려할 때 '난장이'라는 소재가 갖는 상징적 가치를 설명
③ 구성 요소 관계와 맥락 고려	창작 전에 '어떤 소재'와 '어떤 관점'을 쓸지 치밀하게 계획함	자신의 경험을 쓸 때, 주제를 강조하기 위해 실제 사건의 순서를 재배치하는 전략 수립
④ 자신의 경험이나 생각을 담음	기성 작품의 모방을 넘어, 학습자 자신의 고유한 체험과 사유를 문학적으로 구체화함	학업 스트레스라는 보편적 경험을 자신만의 독특한 에피소드나 상징으로 구체화하여 주제화
⑤ 창의적, 개성적으로 창작	상투적인 표현을 지양하고 자신만의 문체와 표현 방식을 사용하여 완결된 작품을 생산함	기존 소설의 시점을 바꾸거나 현대적 맥락으로 재해석하여 쓰는 등 창의적 변용을 수행

▶ **[10공국1-05-03]을 높은 수준으로 성취했다는 것을 증명하기 위해!**

유기적 구조 분석(결말 재구성으로 원작의 필연성을 역설적으로 증명), 맥락적 비평(작가의 전기적 사실이 작품에 변용된 양상 탐구), 시대적 재해석(고전의 사회적 모순을 현대적 이슈로 치환하여 에세이 창작), 매체 변용 기획(소설을 영상화할 때 맥락 변화에 따른 각색 전략) 등을 수행할 수 있습니다.

3. 교과세특 탐구주제

- 작가의 생애 체험과 사회적 환경이 작품 창작에 미친 영향에 관한 전기비평적연구
- 서술자의 위치와 시점 변화가 독자의 '심리적 거리감' 및 작품 수용에 미치는 효과 분석
- 고전 텍스트의 현대적 재해석 과정에서 나타나는 사회·문화적 맥락의 변이와 그 의미 고찰
- 소설 속 상징적 소재(객관적 상관물)가 인물의 내면 심리 변화와 서사 구조에 미치는 영향 분석
- 원작과의 갈등 구조 비교를 통한 고전의 '비틀기'를 통한 현대 사회 모순의 풍자와 해학적 기능 고찰

4. 독서연계 탐구주제

■ 소설 쓰기의 모든 것 1: 플롯과 구조(제임스 스콧 벨, 다른, 2018)

소설이 영감이 아닌 치밀한 구조와 유기적 결합의 산물임을 보여주는 작법서이다. 독자를 몰입시키는 'LOCK 체계' 등을 통해 구성 요소들의 긴밀한 연결 원리를 배울 수 있다. 학생들은 이 책을 통해 작품의 한 부분(장면)이 바뀌면 전체 맥락이 어떻게 흔들리는지 이해하게 되며, 이를 바탕으로 자신의 창작물에서 구성 요소 간의 필연성을 확보하는 구체적인 기술을 습득할 수 있다.

- ▶ 플롯의 전형적인 패턴을 학습하고, 이를 의도적으로 비트는 창의적 구성 전략 탐구
- ▶ 인물의 내면 변화(Character Arc)가 사건 전개와 어떻게 유기적으로 맞물리는지 분석
- ▶ '장면(Scene)'과 '후속 장면(Sequel)'의 유기적 연결 고리를 분석하고 자신의 글쓰기에 적용

■ 난장이가 쏘아올린 작은 공(조세희, 이성과힘, 2024)

1970년대 산업화와 도시 빈민의 삶을 다룬 연작 소설로, 사회·문화적 맥락이 주제 의식에 결정적 영향을 미친 작품이다. '뫼비우스의 띠' 같은 독특한 구성과 상징들이 정교한 유기적 관계를 맺고 있다. 난해할 수 있는 상징들이 시대적 맥락 속에서 어떤 구체적인 의미와 가치를 지니는지 분석하고, '사회적 현실'이라는 맥락이 어떻게 고도의 '문학적 형상화'를 거쳐 독자에게 전달되는지 생생하게 경험할 수 있다.

- ▶ 연작 소설의 형식이 주제(가난의 대물림)를 심화시키는 유기적 효과 분석
- ▶ '난장이'와 '거인'의 대립적 상징이 1970년대 시대적 맥락에서 갖는 비극적 가치 비평
- ▶ 작품의 서술 시점을 현대의 관점(예: 재개발 조합원, 현대의 청년)으로 재구성하는 창작 실험

5. 토의/토론을 위한 생각 나눔 주제

- 개인적인 경험을 문학 작품으로 만들 때, 필요한 '보편화'의 장치는 무엇인가?
- 작품의 내적 완성도와 사회적 메시지 중 명작의 조건으로 더 중요한 것은 무엇인가?
- 흥미를 끌기 위해 자극적인 소재를 사용하는 것은 창작의 자유인가, 윤리적 책임 방기인가?
- 실제 경험을 소설로 쓸 때, 주변인의 사생활 침해 논란(모델 소설)을 어떻게 해결해야 하는가?
- AI가 빅데이터를 조합하여 쓴 소설은 실제 경험이 부재함에도 문학 작품으로 인정할 수 있는가?

6. 진로 희망 계열과의 연계

인문과학 계열	**맥락 비평과 가치 평가:** 특정 문학 작품이 창작 당시에는 비판받았으나 후대에 재평가된 사례(맥락의 변화)를 조사하고, 시대적 흐름에 따른 문학적 가치의 상대성에 대해 구체적 사례를 담은 심층 보고서를 작성한다.
연극·영화 계열	**각색과 연출의 재구성:** 원작 소설의 문체를 영상 언어로 변환할 때, 줄거리(플롯)를 어떻게 생략하거나 재배치해야 영상의 유기적 흐름이 살아나는지 분석하고 이를 반영하여 시나리오 큐시트를 작성해 본다.
중등교육 계열	**문학 창작 교수법 개발:** 학생들이 문학 창작을 어려워하는 이유를 분석하고, 청소년 문학 작가들의 사례를 발굴하여 '나의 경험을 유기적인 이야기로 바꾸는 단계별 글쓰기 지도안(스캐폴딩)'을 직접 구안해 보고 수업지도안을 작성해 본다.

사회적 의제, 여론 형성, 게이트키핑, 프레이밍, 선택·배제·강조, 매체 비평, 가짜 뉴스, 알고리즘,
확증 편향, 미디어 리터러시, 매체 생산, 저작권 및 초상권, 복합 양식성, 디지털 시민성

[10공국1-06-01] (1)사회적 의제를 다룬 매체 자료를 (2)비판적으로 분석한다.

1. 기본 개념

(1) 사회적 의제(지식·이해)
- 사회적 의제: 사회 구성원 다수와 관련되어 공적인 논의와 해결이 필요한 문제
- 의제 설정: 매체가 특정 이슈를 비중 있게 다루어 대중에게 중요한 문제로 인식시키는 기능
- 여론 형성: 매체를 통해 사회적 쟁점에 대한 공통된 의견이 만들어지고 확산되는 과정

(2) 비판적 분석(적용)
- 생략된 정보 추론하기: 의도적으로 배제·축소된 정보를 찾아내어 사건의 전체 맥락을 재구성하기
- 프레임 걷어내기: 헤드라인, 어휘, 배치 등에 담긴 생산자의 의도와 관점(틀) 파악하기
- 맥락적 배경 확인하기: 매체사의 성향과 상업적 이해관계를 고려하여 정보 생산 배경 분석하기

2. A등급 성취 수준의 이해

성취수준	성취기준별 성취수준
A	①다양한 유형의 매체가 여론 형성에 미치는 영향을 이해하고 ②사회적 의제를 다룬 다양한 매체 자료를 비판적으로 비교·분석하여 ③매체 생산자의 관점과 의도에 따라 ④어떤 내용이 선택, 배제, 강조되었는지를 파악하며 ⑤주체적으로 수용할 수 있다.

구성 요소	핵심 의미	적용
① 다양한 유형의 매체가 여론 형성에 미치는 영향을 이해	매체가 단순히 현실을 반영하는 거울이 아니라, 현실을 재구성하여 여론을 주도함을 인식함	전통적 뉴스와 1인 미디어가 여론을 형성하고 확산시키는 방식과 속도의 차이를 비교 분석
② 사회적 의제를 다룬 다양한 매체 자료를 비판적으로 비교·분석	동일한 사안에 대해 서로 다른 관점을 가진 매체 자료를 교차 검증함	언론의 사설 비교, 뉴스 보도와 유튜버의 해설 영상 비교 등을 통해 사실과 의견을 구분
③ 매체 생산자의 관점과 의도 파악	정보는 투명하지 않으며, 텍스트 이면에 생산자의 숨겨진 목적이 개입됨을 전제함	특정 집단에 유리하게 작성된 기사를 식별하고, 클릭 수를 유도하는 자극적 편집 의도 파악
④ 어떤 내용이 선택, 배제, 강조되었는지를 파악	정보의 재구성 원리인 게이트키핑과 프레이밍 전략을 구체적으로 찾아냄	헤드라인의 어휘 선택, 사진의 앵글, 인터뷰 대상 선정 등이 특정 의도를 위해 어떻게 배치되었는지 분석
⑤ 주체적으로 수용	알고리즘이나 필터 버블에 갇히지 않고 균형 잡힌 시각으로 정보를 재해석함	편향된 정보 소비 습관을 성찰하고, 다양한 관점의 정보를 종합하여 논리적 판단을 내림

▶ **[10공국1-06-01]을 높은 수준으로 성취했다는 것을 증명하기 위해!**
프레임 분석(동일한 사회적 이슈를 다룬 A신문과 B신문의 헤드라인 및 사진 배치 비교), 데이터 리터러시 탐구(기사 속 통계 그래프의 왜곡 가능성과 착시 효과 분석), 팩트체크 리포트(SNS상에 유포된 루머의 진원지를 추적하고 사실관계를 검증하는 과정 기록) 등을 수행할 수 있습니다.

3. 교과세특 탐구주제

- 통계 자료의 그래프 시각화 방식이 주는 착시 효과와 데이터 리터러시 연구
- 사회적 갈등 이슈를 다루는 '사이버 렉카' 채널의 상업적 의도와 혐오 표현 양상 분석
- 동일한 사회적 의제에 대한 언론사별 '헤드라인' 어휘 선택과 '프레이밍' 전략 비교 분석
- 유튜브 알고리즘에 의한 정보 편식(필터 버블) 현상이 청소년의 여론 형성에 미치는 영향 탐구
- 뉴스 보도 사진의 앵글과 트리밍(Trimming)이 수용자의 인식에 미치는 시각적 왜곡 효과 연구

4. 독서연계 탐구주제

■ 뉴스를 보는 눈(구본권, 풀빛, 2019)

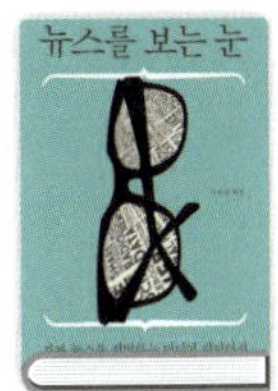

디지털 미디어 시대에 정보가 생산되고 유통되는 메커니즘을 낱낱이 파헤친 책이다. '게이트키핑'과 '프레임'이라는 저널리즘의 핵심 개념을 통해, 미디어가 사회적 의제를 어떻게 선택하고 배제하는지 구조적으로 이해할 수 있다. 학생들은 이 책을 통해 알고리즘이 만든 '필터 버블'이 어떻게 사회적 쟁점에 대한 편향된 시각을 강화하는지 깨닫고, 매체 자료 이면에 숨겨진 의도를 파악하는 비판적 안목을 기를 수 있다.

- ▶ 뉴스에서 '보도하지 않은 것(배제된 사실)'이 여론 형성에 미치는 영향 탐구
- ▶ 과거 오보 사례 분석을 통해 기자의 '게이트키핑' 과정과 팩트체크 실패 원인 심층 고찰
- ▶ 포털 사이트의 뉴스 배치 알고리즘이 여론 형성에 미치는 영향과 '편집권'의 공정성 탐구

■ 미디어 리터러시, 세상을 읽는 힘(강용철, 정형근, 샘터, 2022)

현직 국어 교사가 청소년의 눈높이에서 디지털 미디어 환경을 분석한 '아우름' 시리즈 도서이다. 단순히 가짜 뉴스를 가려내는 기술을 넘어, 알고리즘이 우리에게 보여주는 세상이 왜 편향될 수밖에 없는지(필터 버블)를 설명하고, 미디어 속에 숨은 혐오 표현과 차별적 시선을 읽어내는 '비판적 문해력'을 강조한다. 미디어가 특정 대상을 어떻게 타자화하는지 분석하는 실질적인 가이드를 제공하는 책이다.

- ▶ 유튜브 추천 목록 분석을 통해 알고리즘이 개인의 '확증 편향'을 강화하는 과정 탐구
- ▶ 사회적 갈등 기사의 댓글 속 혐오 표현 유형을 분석하고 미디어의 윤리적 책임 토론
- ▶ '낚시성 썸네일' 사례 수집을 통해 자극적 정보 편집이 신뢰성에 미치는 악영향 비평

5. 토의/토론을 위한 생각 나눔 주제

- 언론의 '기계적 중립'은 진정한 객관성인가, 아니면 판단의 회피인가?
- 나의 뉴스 피드(News Feed)는 내 취향의 결과인가, 알고리즘의 편향인가?
- 이미지(사진, 영상)는 텍스트보다 더 진실에 가까운가, 더 정교한 조작인가?
- 가짜 뉴스(허위 조작 정보) 규제는 '표현의 자유' 침해인가, '사회적 보호'인가?

6. 진로 희망 계열과의 연계

계열	내용
인문과학 계열	**매체 언어의 윤리성과 객관성 탐구:** "객관적 사실 보도는 가능한가?"라는 철학적 질문을 바탕으로, 기사에 사용된 어휘의 뉘앙스와 수사적 표현을 분석한다. 현재요구되는 저널리즘의 윤리적 기준과 올바른 매체 언어 사용 방안을 고찰한다.
사회과학 계열	**미디어 프레이밍과 여론 양극화 연구:** 특정 사회적 의제를 다루는 진보·보수 언론의 보도 태도를 비교 분석한다. 매체의 '프레이밍(Framing)' 방식이 대중의 인식을 어떻게 분열시키거나 통합시키는지 '의제 설정 이론'을 적용하여 탐구한다.
컴퓨터·통신 계열	**뉴스 추천 알고리즘과 확증 편향의 상관관계 분석:** 유튜브나 포털 사이트의 추천 알고리즘이 제공하는 필터 버블 현상이 확증 편향을 강화하여 사회적 소통을 저해하는 문제를 지적하고, 다양성을 확보할 수 있는 알고리즘 설계를 제안한다.

01 매체

> [10공국1-06-02] (1)소통 맥락과 매체 특성을 고려하여 (2)다양한 목적의 매체 자료를 제작한다.

1. 기본 개념

(1) 소통 맥락과 매체 특성(지식·이해)
- 소통 맥락: 누구에게, 무엇을, 왜 전달할 것인가에 대한 전략적 고려
- 매체 특성: 인쇄 매체, 영상 매체, 인터넷 매체 등 매체별 고유한 성격
- 매체 선정: 전달하려는 메시지의 성격과 독자의 접근성을 고려하여 매체를 선택하는 과정

(2) 비판적 분석(적용)
- 제작 단계: 기획 → 내용 생성 및 조직 → 표현 및 제작 → 공유
- 매체 윤리: 저작권 및 초상권 준수, 허위 조작 정보 생산 금지, 타인을 존중하는 표현 사용
- 사회적 소통: 개인적 창작을 넘어 공동체의 문제 해결, 여론 형성에 기여하는 책임감 있는 태도

2. A등급 성취 수준의 이해

성취수준	성취기준별 성취수준
A	①소통 맥락과 매체 특성을 종합적으로 고려하여 매체 유형을 선정하고, ②소통 목적에 적합한 내용과 표현 방식을 갖춘 다양한 매체 자료를 ③책임감 있게 제작하여 ④매체를 통한 사회적 소통에 적극적으로 참여하며 ⑤매체 생산 과정과 결과를 주체적으로 성찰할 수 있다.

구성 요소	핵심 의미	적용
① 소통 맥락과 매체 특성을 고려하여 매체 선정	목적과 대상에 가장 효과적인 매체를 전략적으로 선택함	공익 목적의 캠페인을 위해 접근성이 높고 파급력이 큰 숏폼영상을 선택하여 기획
② 목적에 적합한 내용과 표현 방식	매체의 기술적 특성을 활용하여 주제를 효과적으로 드러내고 독자의 흥미를 유발함	지루한 설명 대신 빠른 템포의 편집과 감각적인 자막을 활용하여 정보 전달력을 높임
③ 책임감 있게 제작	저작권, 초상권 등 법적 권리를 침해하지 않고, 혐오 표현이나 왜곡된 정보를 담지 않음	무료 음원 사이트를 활용하여 저작권 문제를 해결하고, 영상 촬영 전 출연자의 동의를 구하는 절차를 거침
④ 사회적 소통에 적극적 참여	개인적 만족을 넘어 공동체의 문제를 해결하거나 긍정적인 변화를 이끌어내는 데 기여함	캠페인 영상을 SNS에 게시하고 해시태그 챌린지를 유도하여 실질적인 인식 개선을 이끌어냄
⑤ 매체 생산 과정과 결과를 주체적으로 성찰	생산한 매체 자료가 독자에게 미친 영향을 점검하고 개선함	영상 댓글이나 친구들의 반응을 분석하여 제작 의도가 잘 전달되었는지 확인하고 보완함

▶ **[10공국1-06-02]를 높은 수준으로 성취했다는 것을 증명하기 위해!**
공익 캠페인 콘텐츠 제작(문제 해결을 위한 스토리텔링 기반의 매체 자료 제작), 매체 윤리 가이드라인 제작(크리에이터로서 지켜야 할 저작권, 댓글 관리 원칙 등을 담은 서약 작성), 상호 피드백 및 수정 보고서(매체를 보고 소통 맥락의 적절성을 비평하고 수정하는 과정 기록) 등을 수행할 수 있습니다.

3. 교과세특 탐구주제

- 유튜브 썸네일의 시각적 요소가 클릭률(CTR)과 신뢰도에 미치는 상관관계 탐구
- 숏폼 콘텐츠의 짧은 호흡이 청소년의 정보 습득 방식과 문해력에 미치는 영향 연구
- 동일한 뉴스 소재를 카드뉴스와 영상 뉴스로 제작했을 때의 정보 전달력 차이 비교
- 행동 경제학의 '넛지(Nudge)' 효과를 활용한 교내 캠페인 슬로건의 행동 유도 효과 분석
- 생성형 AI를 활용한 이미지 제작 시 발생하는 저작권 이슈와 윤리적 활용 방안에 대한 고찰

4. 독서연계 탐구주제

■ 보는 순간 사게 되는 1초 문구(장문정, 블랙피쉬, 2021)

정보 과잉 시대에 소비자의 시선을 사로잡는 마케팅 글쓰기의 정수를 담은 책이다. 숏폼, 썸네일, 카드뉴스 등 짧은 호흡의 매체 자료를 제작할 때, 구구절절한 설명보다 강력한 '한 줄'이 왜 더 효과적인지를 심리학적 원리와 다양한 사례를 통해 증명한다. 이 책을 통해 복잡한 생각을 핵심 키워드로 압축하는 훈련을 하게 되며, 대상의 니즈를 파악하여 행동을 유도하는 설득적 표현 전략을 배울 수 있다.

- ▶ 학교 내의 안내문을 찾아 '숫자'와 '구체적 언어'를 활용하여 눈길을 끄는 문구로 고쳐 쓰기
- ▶ 동일한 내용을 '정보 전달형' 문장과 '행동 유도형(설득)' 문장으로 바꾸어 써보고 효과 비교
- ▶ 사회적 메시지를 담은 공익 포스터를 기획하고, 이미지와 텍스트(카피)의 상호작용 효과 분석

■ 된다! 김메주의 유튜브 채널&영상 만들기(김메주, 이지스퍼블리싱, 2024)

45만 구독자를 보유한 크리에이터가 전하는 영상 제작의 A to Z를 집대성한 실무형 도서이다. '내가 진짜 하고 싶은 이야기'를 찾는 기획 단계부터 채널의 정체성을 구축하는 과정, 그리고 촬영과 편집, 업로드까지의 흐름을 체계적으로 안내한다. 특히 학생들이 가장 어려워하는 저작권 문제와 유튜브 커뮤니티 가이드를 상세히 다루고 있어, '책임감 있는 제작'을 위한 구체적인 방법을 익힐 수 있다.

- ▶ 영상 제작 시 필수적으로 확인해야 할 저작권(CCL)·초상권 체크리스트 제작 및 공유
- ▶ 자극적 소재 대신 나만의 취향과 관점을 담은 '퍼스널 브랜딩' 유튜브 채널 기획안 작성
- ▶ 조회수를 높이는 '썸네일'과 '제목'의 패턴을 분석하되, '어그로'와 '매력'의 윤리적 경계 토론

5. 토의/토론을 위한 생각 나눔 주제

- 패러디와 표절의 경계는 어디이며, 밈 문화는 저작권을 침해하는가?
- '조회수'는 콘텐츠의 가치를 증명하는 절대적 척도인가, 아니면 자극의 결과인가?
- 알고리즘의 선택을 받기 위한 콘텐츠 제작(SEO)은 창작자의 표현의 자유를 위축시키는가?
- 미디어 생산자가 갖춰야 할 '디지털 시민성(Digital Citizenship)'의 구체적 덕목은 무엇인가?

6. 진로 희망 계열과의 연계

인문과학 계열	**스토리텔링 기반의 미디어 기획:** 문학적 상상력과 인문학적 소양을 바탕으로 사람들의 공감을 이끌어내는 영상 시나리오나 방송 구성을 기획한다. 미디어 윤리 철학을 탐구하고, '선한 영향력'을 주는 콘텐츠 제작 방안을 모색한다.
사회과학 계열	**공익 캠페인과 여론 형성:** 사회 문제(환경, 인권, 불평등)를 해결하기 위한 공익 광고나 캠페인을 기획하여 매체가 사회 변화에 미치는 영향을 탐구한다. 특정 타겟층을 설득하기 위한 마케팅 및 홍보 전략(PR)을 수립해 본다.
생활과학 계열	**과학 커뮤니케이션:** 어려운 과학 지식이나 의학 정보를 쉽고 재미있게 전달하기 위해 AI 기술을 활용하여 콘텐츠를 제작해 보고, 저작권 침해나 정보 조작(딥페이크) 가능성 등 매체 생산자로서의 기술적 윤리를 탐구한다.

01 듣기·말하기

청중 분석, 근원적 이해관계, 말의 사회적 영향력, 능동적 경청 자세, 논리적 조직,
창의적 대안, 능동적 경청, 소통 윤리의 내면화, 긍정적 소통 문화 형성, 공동체 지향

[10공국2-01-01] **(1)청중의 관심과 요구에 맞게 내용을 구성하여 발표**하고 **(2)청중의 질문에 효과적으로 답변**한다.

1. 기본 개념

(1) 발표의 준비와 구성(지식·이해)
- 청중 분석하기: 예상 청중의 관심사, 배경지식, 주제에 대한 태도, 지적 수준 등을 사전에 파악
- 내용 선정 및 조직하기: 청중에게 적합한 내용을 선정하고, 이해하기 쉽게 요점을 중심으로 조직
- 발표 전략 수립하기: 시각자료 활용, 흥미로운 도입 등 청중의 관심을 끌기 위한 방안 마련

(2) 청중과 상호작용하며 발표하기(적용)
- 발표 준비 단계부터 청중과의 질의응답 시간 확보를 위해 발표 시간을 조절하기
- 적극적인 자세: 청중의 질문이나 반응에 개방적이고 적극적으로 임하며 활발하게 소통하기
- 청중의 역할: 발표 내용을 적극적으로 들으며 의미 재구성하기, 질문하며 화자와 소통하기

2. A등급 성취 수준의 이해

성취수준	성취기준별 성취수준
A	①청중의 관심과 요구, 배경지식, 주제에 대한 태도, 지적 수준 등을 폭넓게 분석한 내용을 바탕으로 ②청중에게 적합한 내용을 선정하고, ③청중이 이해하기 쉽게 체계적으로 조직한 후, ④청중의 관심을 효과적으로 유도하며 발표하고, ⑤ 질문의 요지와 의도를 파악하여 명료하게 답변함으로써 청중과 효과적으로 소통할 수 있다.

구성 요소	핵심 의미	적용
① 청중의 관심과 요구, 배경지식, 주제에 대한 태도, 지적 수준 등을 폭넓게 분석	청중을 다각도로 깊이 있게 이해하며 발표의 수용성과 효과성을 극대화함	청중 대상 사전 설문, 인터뷰 등을 통해 관심사와 배경지식 파악
② 청중에게 적합한 내용을 선정	폭넓은 청중 분석 결과를 바탕으로 발표 목적을 달성하기 위한 글감 찾기	배경지식이 부족할 경우 반드시 기초 정보 포함. 선정 자료 출처 점검을 통해 신뢰도 확보
③ 청중이 이해하기 쉽게 체계적으로 조직	발표를 통해 복잡한 정보를 청중이 기억할 수 있도록 논리적·체계적으로 구조화	요점 중심으로 내용 배열, 도입부-전개부-결론부로 구조화
④ 청중의 관심을 효과적으로 유도하며 발표	청중의 몰입도를 높여 메시지 전달 효과를 극대화하고, 일방향이 아닌 상호작용을 전제함	시각자료, 질문, 유머 등 다양한 전략 활용하여 생동감 있게 발표 진행
⑤ 질문의 요지와 의도를 파악하여 명료하게 답변함으로써 청중과 효과적으로 소통	궁금증을 명쾌하게 해소하고, 긍정적 상호 소통 경험을 제공하여 발표를 효과적으로 종결	질문의 표면적 내용과 궁극적인 의도에 맞춰 간결, 명료하게 답변

▶ **[10공국2-01-01]을 높은 수준으로 성취했다는 것을 증명하기 위해!**
평소 자신의 관심 분야, 진로 희망 분야에 대한 발표에 도전해봅시다. 특히, 발표의 모든 과정(발표 전 청중에 대한 분석을 반영한 발표 계획 수립, 몰입도를 높이기 위한 나만의 발표 전략 탐구, 적극적으로 소통하는 태도 등)을 꼼꼼하게 빠짐없이 수행하며 나만의 성공적인 발표를 수행할 수 있습니다.

3. 교과세특 탐구주제

- 발표자의 시선 처리, 제스처, 목소리 톤 등이 청중 설득 및 내용 이해도에 미치는 영향 탐구
- 청중 분석 방법(설문, 관찰 등) 간의 장단점 비교 및 발표 내용 조직 최적화 방안 연구
- 발표 도입부 전략 유형(스토리텔링, 질문 던지기, 시각자료 제시) 별 몰입도 차이 탐구
- 발표 시간 대비 질의응답 시간 확보 비율에 따른 청중의 이해도 및 발표 만족도 연구
- 발표자와 청중 간에 효과적(혹은 비효과적)으로 소통한 사례 분석 및 성공 요인 분석

4. 독서연계 탐구주제

■ 맥킨지, 발표의 기술(진 젤라즈니, 매일경제신문사, 2016)

이 책은 발표 능력을 높은 수준으로 끌어올리는 데 최적화된 도서이다. 세계적인 컨설팅 회사 맥킨지의 노하우가 담긴 이 책은 '나는 왜, 누구에게, 어떻게 발표하는가'라는 질문에서 출발하여, 발표 준비를 위해 수행해야 할 발표자의 과제 전반에 대해 단계별로 쉽게 전달하고 있다. 또, 시각 자료 활용, 유머 사용, 질의 응답 전략 등 손색이 없는 발표를 위한 노하우를 독자들에게 세심하게 전달해주고 있다.

▶ 발표의 승패를 가르는 '준비' - 발표의 목표가 명확해야 하는 이유, 청중 분석 방법 안내
▶ 설득력 높은 발표를 위한 '디자인' - 발표문 효과적인 조직 방안, 줄거리 구체화하는 전략 소개
▶ 발표자의 '자신감, 확신, 열정' - 발표를 효과적으로 이끌어가기 위한 발표자의 모습과 특징 이해

■ 스티브 잡스 프레젠테이션의 비밀(카민 갤로, 랜덤하우스코리아, 2010)

이 책은 애플 신화의 주역인 스티브 잡스의 30년 프레젠테이션 노하우를 인지과학과 심리학을 동원하여 분석하고, 발표를 청중이 열광하는 인포테인먼트 드라마로 만드는 비결을 제시한다. 잡스가 트위터식 헤드라인과 3의 법칙으로 메시지를 설계하고, 10분 규칙에 맞춰 시연과 비유 등 다양한 전략을 실행하여 청중의 관심을 효과적으로 유도하는 방법을 구체적으로 알려준다.

▶ 이야기를 창조하라 – 청중의 질문에 답하는 가장 단순하고 설득력 있는 핵심 메시지 설계
▶ 경험으로 만들어라 – 단순하면서도 놀라운 구성과 연출로 청중의 경험과 몰입을 극대화
▶ 다듬고 연습하라 – 각본 없는 자연스러운 소통, 무대 연출 마스터하기

5. 토의/토론을 위한 생각 나눔 주제

- 발표 전략에서 청중의 흥미 유도와 논리적 엄밀성 중 무엇이 우선되어야 할까?
- 청중의 몰입도를 극대화할 수 있는 비언어적 표현은 무엇이며, 어떻게 실행해야할까?
- 청중 분석 단계에서 수집한 정보를 '설득' 목적으로 활용하는 것은 윤리성에 위배되지 않을까?
- 청중의 '편향된 태도'를 발표자가 의도적으로 강화하는 것이 만연하다면 어떤 문제가 발생할까?

6. 진로 희망 계열과의 연계

자연, 공학 계열	**스타트업 투자 유치 발표:** 기술의 복잡한 원리를 비유나 쉬운 용어로 명료하게 설명하고, 사업의 타당성 및 예상 리스크에 대한 날카로운 질문에 명확히 답변하여 투자 유치에 성공하는 발표 계획을 구상하고 발표문을 작성한다.
의료, 간호, 약학 치료·보건 계열	**보건 캠페인 기획 및 설명 발표:** 청중의 기존 오해나 잘못된 지식을 파악하고, 정서적 공감대를 형성하여 행동 변화를 유도하는 보건 교육 및 캠페인 발표 계획을 구상하고 발표문을 작성한다.
디자인, 미술·조형, 무용·체육 계열 등	**예술 프로젝트 기획 발표:** 기획한 프로젝트의 예술적 가치를 비전문가도 이해하기 쉽게 설명하고, 프로젝트의 공익성 및 예산 사용 타당성에 대한 비판적 질문에 논리적 근거로 명쾌하게 답변하는 발표 계획을 구상하고 발표문을 작성한다.

> [10공국2-01-02] **(1)쟁점과 이해관계를 고려**하여 문제를 해결할 수 있는 **(2)대안을 탐색하며 협상**한다.

1. 기본 개념

(1) 쟁점과 이해관계 고려하기(지식·이해)
- 쟁점: 협상 당사자들이 충돌하는 주장/의견. 합의에 도달하기 위해 논의해야 하는 구체적인 대상
- 이해관계: 쟁점 뒤에 숨어 협상 당사자들의 주장을 하는 근본적인 이유, 욕구, 관심사, 동기 등
- 진정한 문제 해결, 효율적인 대안 탐색, 협력적 소통 문화 형성을 위해 협상에서 반드시 고려

(2) 대안을 탐색하며 협상하기(적용)
- 협상: 쟁점/이해관계를 조정해 만족스러운 합의에 도달하여 공동의 문제 해결을 위한 의사소통
- 대안 탐색: 당사자들의 이해관계를 모두 만족시킬 수 있는 다양하고 창의적인 해결책 찾기
- 대안 탐색의 과정: 아이디어 창출 > 대안 평가 및 선택 기준 설정 > 최적 대안 정교화 및 합의

2. A등급 성취 수준의 이해

성취수준	성취기준별 성취수준
A	협상 의제와 관련된 ①쟁점, 참여자들의 입장과 근원적 동기를 구체적으로 파악하고 ②협상의 절차에 따라 ③쟁점을 중심으로 창의적인 의견 제시를 통해 서로 만족할 수 있을 만한 대안을 다양하게 탐색하며 ④상대의 의견을 지속적으로 존중하고 ⑤문제를 적극적으로 해결하려는 태도로 협상에 참여할 수 있다.

구성 요소	핵심 의미	적용
① 쟁점, 참여자들의 입장과 근원적 동기를 구체적으로 파악	겉으로 드러난 쟁점과 당사자들의 근본적인 이해관계를 파악하여 문제 해결의 토대 마련	적극적 경청, 자료 조사, 질문 등을 통해 참여자의 근원적 동기, 욕구, 관심사를 파악
② 협상의 절차 이해	협상 과정에 대해 명확히 이해하고, 단계별 목표, 규칙을 준수하며 협상에 임할 수 있음	의제 설정, 발언 순서, 시간 배분, 합의 도출 및 기록으로 이어지는 협상의 절차를 인지
③ 쟁점을 중심으로 창의적인 의견 제시를 통한 대안 모색	혁신적인 해결책을 광범위하게 모색, 양측의 이해관계를 모두 만족시킬 수 있는 해법을 도출	쟁점 도출, 이해관계를 파악한 것을 토대로 서로 만족할만한 창의적인 대안을 적극 제시
④ 상대의 의견을 존중하는 의사소통 태도 견지	협상 상대방에 대한 신뢰, 협력 관계를 구축, 감정적 대립 방지, 합리적인 이견 조율을 지속함	상대의 의견에 대해 비판보다는 경청을 통해 발언의 의도를 파악하며 협력적으로 소통함
⑤ 문제를 적극적으로 해결하려는 태도로 협상에 임하기	협상이 교착 상태에 빠지더라도 공동의 이익을 가져올 합의 도출을 위해 책임감 있게 임함	협상이 어려움에 봉착, 의견 대립이 고조되는 상황에서도 대안 재탐색을 통해 끝까지 참여함

▶ **[10공국2-01-02]을 높은 수준으로 성취했다는 것을 증명하기 위해!**
가상 혹은 실제 협상 상황(교내 갈등, 지역 사회가 겪는 갈등 등)을 설정하고 일련의 협상 과정에 참여해 봅시다. 구체적으로, 각각의 입장과 이해관계 분석, 협상 로드맵 및 창의적 대안 목록 작성, 협상 시뮬레이션 수행을 통해 당사자 간의 깊은 만족을 끌어내는 의사소통 역량을 발휘할 수 있습니다.

3. 교과세특 탐구주제

- 협상 참여자의 근원적 동기 파악을 위한 질문 설계 및 경청 기술 탐구
- 몸짓, 시선, 말투 등 비언어적 태도가 상대방의 마음을 열고 합의를 이끄는 원리 탐구
- 교착 상태에 빠진 공공 갈등 사례를 찾아 쟁점 및 이해관계 도출 후 합리적 대안 제시
- 드라마, 영화 등 매체 속 갈등 사례를 찾아 겉으로 드러난 쟁점과 숨겨진 이해관계 이해
- 국가 간 갈등과 협상 사례를 역사적, 지형학적 분석을 통해 각각의 쟁점과 이해관계 심층 분석

4. 독서연계 탐구주제

▪ 협상근력: 이론과 실전을 넘나드는 균형 잡힌 협상 바이블(임채훈, 북오션, 2025)

이 책은 쟁점과 이해관계를 고려하여 대안을 탐색하는 협력적 협상 능력을 체계적으로 다루는 실전형 지침서이다. 협상이 단순히 힘겨루기가 아닌, 함께 문제를 해결하고 가치를 창출하는 관계 관리의 기술로 정의하며, 상대의 입장과 이해관계를 구분해 이를 파악하는 질문법, 경청 기술을 구체적으로 제시한다. 다양한 실전 사례를 통해 이론을 현실에 적용하고 문제 해결 의지를 높이는 데 도움이 되는 책이다.

- ▶ 여러 협상 전략을 명쾌하게 밝혀내기 – 이론과 실전을 넘나들며 협상의 전략 탐구
- ▶ 협상의 언어 – 상대의 근원적 동기를 파악하는 대화법을 통해 상호 신뢰 구축하며 소통하기
- ▶ 상대를 굴복시키는 것이 아닌, 함께 짓는 것 – 지속 가능한 관계 관리 전략으로서의 협상 이해

▪ 하버드 로스쿨 협상 수업(조슈아 N 와이스, 현익출판, 2025)

이 책은 협상 실패 후의 구조적 분석과 전략 재설계를 중점적으로 다룬다. 특히, 협상을 구조적으로 파악하기 위해 5단계 프레임워크를 제시하며 협상 실패의 원인으로 편향, 고정관념, 감정적 책임 전가 등 심리적 장애 요소를 심층적으로 분석한다. 협상의 목적을 타협이 아닌 더 나은 대안 탐색임을 강조한다. 복잡한 역학 속에서 본질을 꿰뚫고 원하는 결과를 얻고자 구조적 설계 역량을 기르도록 돕는다.

- ▶ 전략과 분석으로 협상의 판을 바꾸는 과정 – 원하는 결과를 얻을 수 있도록 전략적 사고 기르기
- ▶ 협상 실패, 회복탄력성 그리고 역학 관계 재설정하기 – 수용, 분석, 인사이트, 약점 제거, 복귀
- ▶ 협상에 대한 고정관념 깨기 – 복잡한 변수 속에서도 유연하게 전략을 조율하며 대안을 탐색하기

5. 토의/토론을 위한 생각 나눔 주제

- 첨예한 의견 대립으로 협상이 교착에 빠졌을 때, 창의적인 대안을 모색하는 효과적인 전략은?
- 협상 중 감정적 대립을 방지하고 상호 존중 태도를 유지하기 위해 협상의 규칙을 정한다면?
- 협상의 공정성과 효율성 중 어느 것에 더 비중을 두고 협상에 임해야 한다고 생각하는가?
- 협상 전략으로 상대방의 인지적 오류를 유도하는 심리적 기법의 사용은 윤리적인가?

6. 진로 희망 계열과의 연계

의료, 보건 계열	**'필수 의료 인력 유치'를 위한 병원-지자체-의료진 이해 관계 조정 방안 탐구:** 지역 의료 수가 및 인센티브에 대한 각 협상 참여자의 이해관계 및 쟁점 도출하기. 또한, 현 의료 붕괴 현상에 대한 공동의 대안을 모색하며 정책 제안서를 작성한다.
사회과학(정치외교 및 법학) 계열	**'공공 정책 갈등'의 근원적 이해관계 분석 및 합리적 대안 도출:** 다수의 이해관계와 공적 가치가 얽힌 갈등 상황을 선정해 각 집단의 요구와 이해관계를 분석 후, 당사자들의 복합적 이해 관계를 모두 만족시키는 통합적 대안을 모색한다.
미술·조형, 디자인, 음악, 연극·영화 계열	**'창조적 자유'와 '상업적 성공'의 이해관계 충돌 협상 전략 연구:** 창작물을 둘러싼 예술가(예술적 자율성)와 기획·투자자(대중성 및 투자 비용 회수)의 근원적 이해관계 대립 상황에서, 상호 만족을 끌어낼 수 있는 통합적 합의 방안을 모색한다.

01 듣기·말하기

[10공국2-01-03] 사회적 소통 과정에서 **(1)말의 영향력을 고려**하여 **(2)책임감 있게 듣고 말한다.**

1. 기본 개념

(1) 말의 영향력 고려하기(지식·이해)
- 말이 타인을 비롯한 우리 공동체 모두에게 미치는 영향력을 예측, 분석, 성찰해야 함.
- 사회적 파급 효과 인식: 개인의 감정을 넘어 여론 형성을 통해 사회 제도에 큰 영향을 미침.
- 맥락 및 대상 분석: 듣는 이의 사회적 위치, 배경지식 등 맥락에 따라 잘못 해석됨을 주의

(2) 책임감 있게 듣고 말하기(적용)
- 공동체의 합리적인 논의와 민주적 의사 결정에 이바지하며 적극적으로 소통하는 태도를 의미함
- 화자 윤리: 말에 허위, 왜곡 등을 담지 않고, 특정 집단에 대한 차별, 혐오 의식을 배제해야 함
- 청자 윤리: 발화의 의도/맥락을 정확히 이해하고자 노력하면서 무비판적인 동조는 지양해야 함

2. A등급 성취 수준의 이해

성취수준	성취기준별 성취수준
A	듣기·말하기 행위가 개인적 차원을 넘어 ①사회적 담론과 ②의사소통 문화를 형성할 수 있음을 구체적으로 이해하고, ③말의 영향력을 면밀히 고려하여 ④항상 책임감 있게 듣고 말하며, ⑤사회적 소통 윤리를 준수하는 태도를 능동적이고 지속적으로 내면화한다.

구성 요소	핵심 의미	적용
① 사회적 담론을 형성하는 듣기·말하기 행위	개인 간의 대화가 여론, 사회적 가치, 주요 쟁점에 대한 공통된 논의를 구성할 수 있음을 인식	자신의 대화, 발표가 사회적 이슈에 미치는 영향을 알고 합리적 담론 형성에 이바지함
② 의사소통 문화를 형성하는 듣기·말하기 행위	개인 간의 신뢰, 관계 형성을 넘어 우리 공동체 전체의 소통 문화를 조성할 수 있음을 인식	경청, 존중, 상대를 배려한 피드백을 통해 긍정적·협력적인 소통 문화 형성에 기여할 수 있음
③ 말의 영향력을 고려하기	말이 지닌 긍정적, 부정적 파급 효과를 알고, 말로 인한 오해나 피해가 발생할 위험을 최소화함	발화 내용의 신뢰성·공정성·맥락 적합성을 검토하며, 언어생활 전반에 대해 지속해서 성찰함
④ 책임감 있게 듣고 말하기	책임감 있는 소통 행위는 모든 상황과 관계 속에서 일관되게 필요한 태도임을 인지	일상적 대화부터 공식적 발표까지 모든 소통 상황에서 늘 책임감 있는 언어생활을 실천함.
⑤ 사회적 소통 윤리를 준수하는 태도를 능동적이고 지속적으로 내면화	단순 언어 윤리 준수를 넘어 공동체의 발전에 기여하고자 하는 등 주체적인 존재로 성장함	혐오·가짜뉴스 등의 문제에 능동적으로 대처하여 민주주의 발전에 기여할 수 있도록 소통함,

▶ **[10공국2-01-03]을 높은 수준으로 성취했다는 것을 증명하기 위해!**
책임감 있게 말하고 듣는 태도가 중요한 요소임을 논리적으로 밝히고 실천해야 합니다. 가령, 사회적 이슈에 대한 SNS에서의 비난 위주 논쟁적 담론으로 인한 부정적 영향 분석하기, 현재 학교(공동체)의 소통 문화를 진단하고, 문제 해결을 위해 학교(학급)의 소통 윤리 제정하기 등을 수행할 수 있습니다.

3. 교과세특 탐구주제

- 권력 관계(상사-부하, 부모-자녀) 속에서 말의 영향력이 비대칭적으로 작동하는 사례 연구
- 가짜뉴스(허위 정보)의 확산 메커니즘과 책임감 있는 화자의 정보 선별 전략 연구
- 사회적 약자를 대변하는 미디어 캠페인 메시지의 긍정적 영향력 활용 방안 연구
- '책임감 있는 말하기'를 위한 화자의 자기 검열 과정 및 윤리적 판단 기준 탐구
- 온라인 익명성 환경에서 혐오 발언이 사회적 담론에 미치는 부정적 영향 분석

4. 독서연계 탐구주제

■ 디지털 커뮤니케이션(김태희 외, 북인사이트, 2021)

이 책은 매체 기반의 소통 상황에서 가장 현실적으로 접목하고 실천하도록 돕는다. 유튜브, 인스타그램, 소셜 미디어 등 일상 속 디지털 환경의 변화를 알고 그에 걸맞은 올바른 소통 전략을 제시한다. 자기 말의 영향력이 디지털상에서 어떻게 순식간에 확산되고 오해를 낳는지를 면밀히 성찰하게 한다. 비대면 소통의 특성 속에서 감정적, 충동적 발언을 지양하고 윤리적 언어 습관을 형성하도록 도움을 준다.

- ▶ '시공간의 영향력을 넘어선 말의 영향력' - 온라인 환경의 변화 속 책임감 있는 소통 전략 세우기
- ▶ '책임감 있게 듣고 말하는 윤리 기준과 전략' - 익명, 비대면 상황에서 윤리적 언어 습관 기르기
- ▶ '건전한 디지털 담론 형성' - 건강하고 포용적인 소통 문화를 만드는 디지털 시민 역량 갖추기

■ 기분이 태도가 되지 말자(김수현, 하이스트, 2022)

이 책은 말의 영향력을 고려하여 책임감 있게 듣고 말하는 능력을 개인적 차원에서 내면화하는데 적합한 책이다. 감정을 통제하지 못하고, 태도나 말로 표출될 때, 타인과의 관계는 물론, 더 나아가 소통 문화에 미치는 부정적 영향을 성찰하도록 유도한다. 항상 합리적이고 존중을 담은 소통을 위해서는 개인의 정서적 책임감이 필수적임을 강조하고, 이런 태도가 사회적 소통 윤리를 실천하는 첫걸음임을 깨닫게 한다.

- ▶ '나의 감정이 타인과 관계에 미치는 영향 성찰하기' – 말의 영향력을 면밀히 고려하며 소통하기
- ▶ '존중하는 태도: 책임감 있는 소통의 기반' - 상황과 감정의 변화에 휘둘리지 않으며 대화하기
- ▶ '긍정적인 소통 문화를 만들어가기' - 스스로부터 성숙하고 책임감 있게 소통하는 태도 갖기

5. 토의/토론을 위한 생각 나눔 주제

- SNS 등 익명 기반 플랫폼에서 긍정적인 소통 문화를 형성하는 데 필요한 규범은 무엇인가?
- 교내에서 혐오 표현이나 편향된 정보를 마주했을 때, 효과적으로 개선하기 위한 대응 방안은?
- 소통 윤리 위반에 대한 처벌은 '표현의 자유'를 위축시켜 사회적 담론 형성을 저해하는가?
- AI 챗봇 등의 인공지능에도 인간과 같은 수준의 윤리적 책임을 부과하고 규제해야 하는가?

6. 진로 희망 계열과의 연계

언론/미디어 계열	**자극적이고 편향된 언론 보도가 사회적 담론 형성에 미치는 영향 탐구:** 말의 영향력이 개인의 생각을 넘어 사회 전체의 담론을 어떻게 형성하고 왜곡하는지 탐구함으로써 언론의 정보윤리 책임, 수용자의 비판적 경청 자세의 필요성을 이해한다.
자연, 공학 계열	**대중을 향한 과학 기술 전문가의 윤리적 소통에 대한 책임감 분석 연구:** 기술의 잠재적 위험을 은폐하거나 과도하게 공포를 조장하려는 의도적인 행위가 소통 윤리에 어긋남을 성찰함. 신뢰 기반의 기술 담론을 이끌기 위한 소통 전략을 탐구한다.
교육 계열	**교사와 학생 간 소통 문화 연구:** 교사와 학생이라는 비대칭적 관계 속에서 언어와 피드백이 학생의 자존감, 관계 형성 등 성장 전반에 미치는 영향력을 분석. 능동적 경청과 존중 기반의 언어 사용을 통해 책임감 있는 소통의 필요성을 이해한다.

복합양식, 필자 관점 분석, 표현 방법 평가, 비판적 독해, 주제 통합적 읽기,
사회적 독서 활동, 미디어 리터러시, 삶과 독서 연계, 정보 융합과 지식 확장

[10공국2-02-01] **(1)복합양식으로 구성된 글이나 자료**에 **(2)내재된 필자의 관점이나 의도, 표현 방법을 평가**하며 읽는다.

1. 기본 개념

(1) 복합양식으로 구성된 글이나 자료(지식·이해)
- 복합양식: 문자, 이미지, 동영상, 그래프 등 여러 기호와 매체가 함께 결합하여 의미를 전달함.
- 시각 자료를 통해 많은 양의 정보를 빠르고 쉽게 이해하도록 돕고, 글을 시각적으로 보강함
- 활용 예시: 신문 기사 속 사진/그래프, 동영상에서 텍스트와 이미지를 복합적으로 활용 등

(2) 내재된 필자의 관점, 의도, 표현 방법 평가하며 읽기(적용)
- 텍스트 배후에 숨겨진 메시지를 능동적으로 찾고 타당성을 판단하는 고차원적인 독해 능력
- 관점 및 의도 분석: 필자가 취하는 특정 관점에 대해 독자에게 요구하는 바가 무엇인지 파악함
- 표현 방법 평가: 표현 전략의 타당성 평가, 감정적 호소·편향된 통계·이미지 왜곡 여부 등 판단

2. A등급 성취 수준의 이해

성취수준	성취기준별 성취수준
A	①복합양식의 글이나 자료를 읽으면서 ②작성 맥락을 고려하여 ③내재된 필자의 관점이나 의도를 평가할 수 있고, ④복합양식적 특성과 전달 효과를 고려하여 ⑤표현 방법을 적절하게 평가할 수 있다.

구성 요소	핵심 의미	적용
① 복합 양식의 글이나 자료 읽기	시각, 청각 등 다양한 요소가 결합한 자료에 대해 각각의 의미구성 방식을 통합적으로 해독	텍스트와 결합한 여러 매체를 동시에 분석하며 정보 수용 역량을 극대화함
② 작성 맥락을 고려하여 읽기	자료가 생산된 시점의 사회적, 문화적, 역사적 맥락 이해를 통해 의도와 관점을 명확히 파악	자료 제작 시점의 사회 이슈, 정책, 제작 주체 등을 고려해 내재된 의도와 목적을 추론함
③ 내재된 필자의 관점이나 의도 평가하기	필자의 숨겨진 입장, 이해 관계, 메시지 전달 목표를 추론하여 자료를 비판적으로 수용	자료에 담긴 이해관계, 편향성, 왜곡 여부, 논리적 오류를 검토함으로써 주체적으로 판단함
④ 복합양식적 특성과 전달 효과 고려하기	복합양식의 시각, 청각적 요소에 현혹되지 않고 텍스트가 전달하는 논리적 핵심을 파악	시각 자료와 텍스트의 논리 일치 여부 검토, 음악, 색채 등이 객관적 판단 방해 여부 검토 등
⑤ 표현 방법에 대해 적절하게 평가하기	수사법, 이미지 사용법 등 구체적인 표현 전략이 윤리적이고 효율적인지를 독자로서 검토함	통계 자료의 적절성, 비유나 이미지의 편향성 등 자료에 담긴 내용을 윤리적 관점에서 평가함

▶ **[10공국2-02-01]을 높은 수준으로 성취했다는 것을 증명하기 위해!**
사회 이슈나 정책을 다루는 자료를 선정해 필자(제작자)의 의도와 관점을 분석하고, 문제점을 개선한 대안적 복합양식 자료 재구성하기를 수행할 수 있습니다. 특히, 편향된 관점, 감정적 조작, 윤리적 오류를 지적하고, 객관성과 중립성을 확보하며 윤리적으로 소통하려는 방안을 제시할 수 있습니다.

3. 교과세특 탐구주제

- 숏폼의 자극적인 편집 기법에 내재된 제작자의 의도와 상업성 평가 연구
- 공익 광고의 복합 양식적 표현 전략이 수용자의 감정에 미치는 영향 탐구
- 가짜뉴스, 딥페이크 등 복합양식적 조작 기법 분석 및 비판적 해독 전략 연구
- 웹툰 등 신 유형의 복합양식에 나타나는 특정 집단에 대한 고정관념 이미지 사용 문제 분석
- 온라인 뉴스 기사 제목(텍스트)과 썸네일(시각화 자료)의 상호작용 방식과 의도의 비판적 분석

4. 독서연계 탐구주제

■ 청소년을 위한 미디어 리터러시 이야기(강정훈, 맘에드림, 2021)

이 책은 정보 과잉 시대를 살아가는 청소년들에게 필수적인 미디어 읽기 능력 즉, 미디어 리터러시를 쉽고 재미있게 안내하는 책이다. 미디어의 역사와 변화, 뉴스의 구조, 가짜뉴스의 탄생과 확산, 언론의 권력과 책임, 미래 미디어의 모습으로 구성되어 있으며 청소년의 눈높이에 맞는 실용적인 설명과 사례를 통해 혼란 속에서도 비판적으로 사고할 수 있으며, 스스로 생각하고 평가하는 능력을 키울 수 있다.

- ▶ 가짜 뉴스 시대, 눈을 뜨자 – 청소년을 위한 미디어 진실 읽기 전략 수립
- ▶ 정보 홍수 속에서 나의 중심 찾기 – 가짜 뉴스를 분별하는 청소년의 길잡이 제작
- ▶ 디지털 시민으로서의 성장 – 미디어를 비판하고 활용하는 능력을 키우는 안내서 작성

■ 생각을 잃어버린 사회(버트런드 러셀, 21세기북스, 2025)

이 책은 권위주의, 맹목적 믿음, 집단적 광신, 비합리적 사고가 어떻게 개인의 자유와 사회의 건강성을 위협하는지를 예리하게 파헤치는 철학 에세이 모음집이다. 다양한 사회정치적 현상을 비판적 시각으로 분석하며 우리가 익숙하게 받아들이는 규범, 관습, 권위 뒤에 숨어 있는 사고의 정지 상태를 드러낸다. 이성적 판단과 자율적 사고가 개인의 삶과 공동체를 지탱하는 핵심 가치임을 강조하고 있다.

- ▶ 생각하지 않는 사회의 위험한 침묵 – 권위와 관습 뒤에 숨겨진 무비판적 믿음의 구조 이해
- ▶ 자유는 생각하는 힘에서 시작된다 – 이성적 판단이 무너질 때 벌어지는 상황 파악
- ▶ 철학이 사회를 깨우는 순간 – 러셀이 제시하는 비판적 사유의 회복과 실천

5. 토의/토론을 위한 생각 나눔 주제

- 공익적인 의도로 공포감을 유발하는 복합양식적 표현을 사용하는 것은 정당화될 수 있는가?
- 가짜뉴스가 교묘하게 복합양식 요소를 활용하는데, 독자 입장에서 이를 식별할 수 있는 방법은?
- 인공지능이 생성한 복합양식 자료의 생성, 소비 자체를 규제해야 할 필요가 있는가?
- 이윤 창출이 목표인 상업 광고는 제품 장점을 극대화하기 위한 모든 표현이 용인될 수 있는가?

6. 진로 희망 계열과의 연계

인문, 사회 계열	**역사 다큐멘터리의 제작 맥락과 내러티브 의도 분석:** 영상 제작 시기, 맥락, 제작 주체의 관점이 사건의 해석에 미친 영향을 분석하고, 사용된 자료 화면의 선택적 제시를 통해 제작자의 의도를 강화한 방식에 대해 종합적으로 평가한다.
경영, 경제 계열	**기업 광고의 복합 양식적 표현 전략에 숨겨진 소비 유도 의도 분석:** 이미지, 배경 음악, 슬로건 등 복합 양식이 소비자의 욕구와 감정을 조작하여 구매를 유도하는 제작자의 상업적 의도를 평가하며, 특히 허위/과장 광고 요소에 대해 비판한다.
예술, 디자인, 미술조형 계열	**현대 미술 작품의 복합 양식에 담긴 작가의 의도와 표현 방식 평가:** 작품을 구성하는 재료, 소리, 움직임 등의 복합양식적 요소들이 작가의 메시지(의도) 전달 방식의 창의성과 타당성을 평가하고, 관람객에게 미치는 영향력을 분석한다.

01 읽기

> [10공국2-02-02] **(1)동일한 화제의 글이나 자료라도 서로 다른 관점과 형식으로 표현됨을 이해**하며 **(2)읽기 목적을 고려하여 글이나 자료를 주제 통합적**으로 읽는다.

1. 기본 개념

(1) 동일한 화제의 글과 자료가 서로 다른 관점과 형식으로 표현됨을 이해(지식·이해)
- 관점의 다양성: 필자의 가치관, 이해관계, 소속 집단에 따라 해석과 주장이 달라짐.
- 형식의 다양성: 논문(객관적), 신문 기사(사실 중심), 칼럼(주관적 논평) 등 여러 매체로 표현
- 비판적 접근: 누가, 왜, 어떤 형식으로 이 정보를 생산했는지 끊임없이 질문하며 읽기

(2) 읽기 목적을 고려한 주제 통합적 독서(적용)
- 읽기 목적 설정: 다양한 출처에서 얻은 정보를 통합하는 명확한 이유(목적)를 사전에 설정
- 주제 통합적 읽기: 설정된 목적에 따라 핵심 정보를 추출 후 비교하여 정보를 융합하며 읽기
- 가치 재구성: 단순 자료의 합산이 아닌, 자신만의 새로운 결론, 관점을 도출하는 창의적 독해

2. A등급 성취 수준의 이해

성취수준	성취기준별 성취수준
A	①동일한 화제를 다룬 글이나 자료를 읽으면서, ②관점과 형식의 측면에서 비교 분석하고 ③읽기 목적을 고려하며 ④주제에 대한 자신의 관점을 세워 내용을 종합하고 ⑤자신의 관점이 효과적으로 드러나도록 재구성할 수 있다.

구성 요소	핵심 의미	적용
① 동일한 화제를 다룬 글이나 자료 읽기	하나의 주제에 대해 편향되지 않은 입체적인 이해를 도모하고자 충분한 근거자료를 확보함	선정된 화제에 대해 최소 3개 이상의 상이한 출처의 자료를 능동적으로 수집하고 정독함
② 관점과 형식 측면에서 비교, 분석하기	정보의 객관성을 평가하고, 생산자의 의도를 파악하여 메시지의 전달 방식의 영향력을 이해	핵심 주장, 자료 생산 주체, 사용된 형식을 명확히 구분하고 공통점과 상충점을 비교함
③ 읽기 목적을 고려하며 읽기	방대한 자료 속 필요한 정보만을 추출하고 최종 결과물에 활용될 정보만을 선별, 통합함	명확한 읽기 목적을 사전에 설정하고, 목적에 부합하는 핵심 근거, 수치, 인용문을 추출함
④ 주제에 대한 자신의 관점을 세워 종합하기	파편화된 정보의 나열을 넘어 주제에 대한 자신만의 논리적이고 통합적인 해석을 도출함	자료 간 비교 분석을 통해 자신의 관점을 명확히 제시하고, 이를 뒷받침하는 논거를 제시함
⑤ 자신의 관점이 효과적으로 드러나도록 재구성하기	독자(청자)의 이해도를 고려해 설득력 있고 효율적인 형식으로 표현하는 역량을 발휘함	논문 형식, 인포그래픽, PPT 등 적절한 표현 형식을 선택하고 자신만의 구조와 언어로 제시함

▶ **[10공국2-02-02]을 높은 수준으로 성취했다는 것을 증명하기 위해!**
사회적 쟁점을 다룬 동일 화제의 자료를 선정해, 각 자료가 가진 상대성과 형식의 특성을 분석하기, 각 자료의 상충하는 부분과 논리적 공백을 식별하고 비판적으로 조율하기, 자신만의 관점을 담아 읽기 목적에 맞는 결과물 도출하고 창의적으로 제시하기 등의 활동을 수행할 수 있습니다.

3. 교과세특 탐구주제

- 교내 학생 복지 증진 목적을 위한 여러 출처의 자료를 수집 후 정책 제안서 작성
- 특정 환경 문제에 대한 기업 보고서와 환경 단체 성명서의 이해관계 및 관점 비교 탐구
- 동일 정책 쟁점을 다룬 학술 논문과 언론 기사의 형식, 관점, 표현 방안의 차이 비교 분석
- 토론 준비를 위해 상이한 자료들을 논거 중심으로 재분류, 구조화한 토론 준비 보고서 작성
- 동일 과학 원리를 설명하는 일반 교양서와 과학 논문의 형식적 차이 및 내용 통합 분석 연구

4. 독서연계 탐구주제

■ 독서의 기술, 책을 꿰뚫어보고 부리고 통합하라(허용우, 너머학교, 2013)

이 책은 모티머 J 애들러의 고전적 독서론을 청소년 눈높이에 맞게 풀어쓴 독서 실전 가이드이다. 저자는 단순히 책을 많이 읽는 것을 넘어, 책의 구조와 저자의 관점을 통찰해 비판적으로 분석하며, 장르마다 다른 읽기 방법을 제시한다. 마지막에는 여러 책을 주제 중심으로 통합하는 읽기 방법까지 꼼꼼히 제시한다. 여러 갈래의 책을 대상으로 한 읽기 전략과 독서 기술이 구체적으로 담긴 유용한 책이다.

- ▶ 눈으로 보는 게 아니라 꿰뚫어 읽어라 – 책 구조의 핵심을 파악하는 분석적 사고법
- ▶ 장르마다 다른 독서 전략 – 실용서, 문학, 과학, 역사책에 맞춘 읽기 방식
- ▶ 단일 텍스트를 넘어 통합적 사고로 나아가기 – 여러 책을 연결해 주제 중심 사고 역량 기르기

■ 독서의 역사(알베르토 망겔, 세종서적, 2020)

이 책은 문자와 책이 인류의 문화 속에서 어떻게 발달해 왔는지를 깊이 있게 탐구한 에세이다. 저자는 고대의 점토판에서부터 두루마리, 양피지, 종이를 거쳐 현대의 제본 서적에 이르기까지 책의 형태와 독서 방식이 변화해 온 과정을 서사적으로 서술하며, 그와 동시에 '읽기' 행위가 지닌 사회적, 정치적 의미를 강조한다. 독서가 단순히 개인적 행위가 아니라 권력, 정체성, 지식과 깊이 연결된 행위임을 보여준다.

- ▶ 문자에서 도서관으로 이어진 여정 – 독서 형태의 진화 양상 이해
- ▶ 금지된 책, 권력의 그림자 – 시대마다 존재한 독서 금기 탐구
- ▶ 페이지 위의 시간 여행 – 고대부터 현대까지, 책과 독자가 함께한 여정 분석

5. 토의/토론을 위한 생각 나눔 주제

- 다수의 자료를 통합하는 과정에서 정보의 공백이나 해석의 모호성이 발견될 경우 판단 기준은?
- 동일 화제에 대해 학술적 관점과 현장 관점이 충돌할 때, 합리적 정책 수립을 위한 전략은?
- 자신의 관점을 효과적으로 드러내기 위해 상충되는 관점의 자료를 배제하는 것은 타당한가?
- 주제 통합적 읽기를 위해 객관적인 정보의 수용과 창의적인 해석과 재구성 중 더 중요한 것은?

6. 진로 희망 계열과의 연계

인문, 사회 계열	**국제 분쟁에 대한 연관 국가 언론의 관점과 형식 비교 및 통합적 해석 연구:** 당사국, 인접국, 제3국의 뉴스 보도를 수집해 각국의 국익에 따른 정보 해석의 차이를 비교하고 통합적인 외교적 관점을 도출한다.
자연, 공학 사회과학 계열	**인공지능 윤리 문제를 다룬 공학계와 철학계의 상충 관점 연구:** 공학 관점의 기술 보고서와 인문학 관점의 윤리학 논문 등의 자료를 수집 후 인공지능의 기술적 효율성과 인간 중심적 가치라는 상이한 두 관점에 대한 통합 보고서를 작성한다.
의료, 보건 계열	**지역 의료 소외 문제 대응 정책에 대한 의학 연구 논문과 환자 단체 요구서 비교 연구:** 논문에서 제시하는 기술적 해결책과 요구서가 강조하는 실제적 고충 및 요구사항을 관점/형식 측면에서 비교 후 균형 잡힌 정책 대안을 제시한다.

[10공국2-02-03] **(1)의미 있는 사회적 독서 활동에 참여**함으로써 **(2)타인과 교류하고 다양한 지식이나 정보, 삶에 대한 가치관 등을 이해하는 태도**를 지닌다.

1. 기본 개념

(1) 의미 있는 사회적 독서 활동(지식·이해)
- 사회적 독서 활동이란 독서 모임, 북 토크, 저자 강연회 등 직접 대면하여 이뤄지는 소통 행위
- 넓게는, 온라인 독서 커뮤니티, 서평 공유, 사회적 캠페인 등 책을 매개로 한 모든 형태의 교류
- '의미' 있는 활동: 타인의 의견을 경청하고 자기 생각을 논리적으로 개진하며 공동의 성장 도모

2) 타인과 교류하고 다양한 지식이나 정보, 삶에 대한 가치관 등을 이해하는 태도(적용)
- 소통 역량: 타인과의 교류 속에서 독서 경험과 해석을 나누는 등 화자, 청자로서 역할을 수행.
- 지적 확장: 혼자 읽을 때 놓칠 수 있는 다각적 해석, 새로운 지식 습득을 통해 지적 지평 확장
- 세계관 확장: 서로 다른 해석을 공유하며 타인의 문화적 배경, 경험, 가치관을 간접적으로 이해

2. A등급 성취 수준의 이해

성취수준	성취기준별 성취수준
A	①의미 있는 사회적 독서 활동에 ②능동적으로 참여함으로써 ③타인과 적극적으로 교류하고, 이를 통해 ④다양한 지식이나 정보, ⑤삶에 대한 가치관을 폭넓게 이해하는 태도를 지닌다.

구성 요소	핵심 의미	적용
① 의미 있는 사회적 독서 활동	지적 성장, 공동체 기여와 같이 명확한 목표를 가지고 의미 있게 사회적 독서 활동에 임함	독서 모임 선정 시, 특정 주제를 사전에 정하고 참여하는 등 사전에 목표를 명확히 수립함
② 능동적인 참여	주체적인 구성원으로서 의견을 제시하는 등 질적 수준을 높이기 위해 책임감을 갖고 참여함	발제자, 토론촉진자, 기록자 등 각자의 맡은 역할을 수행하고, 질문을 던지며 소통을 이끔
③ 타인과 적극적으로 교류	타인의 발언을 적극적으로 경청하며 공감대를 형성, 서로의 해석을 보완, 공동의 이해 확장	타인의 발언에 구체적인 질문을 던지고 긍정적인 피드백을 제공하며 상호작용을 활성화함
④ 다양한 지식이나 정보 나눔	개인적 차원의 지식을 타인과 교류를 통해 폭넓게 검증, 확장하여 통합적 이해를 도모함	소통 과정에서 얻은 서로 다른 관점, 해석을 정리하고 기존 지식과 연결하여 통합, 확장함.
⑤ 삶에 대한 가치관 폭넓게 이해하는 태도	작가의 세계관, 타인의 가치관을 수용해 편협한 사고가 아닌 다양성을 존중하는 태도를 함양	대립되는 가치관에 대한 감정적 반발이 아닌 배경, 경험, 문화를 이해하려는 포용적 태도를 보임

▶ **[10공국2-02-03]을 높은 수준으로 성취했다는 것을 증명하기 위해!**
자신의 진로, 흥미, 관심 분야와 연계하여 의미 있는 독서 활동을 능동적으로 기획하고 주도적인 임무를 수행하고, 더 나아가, 독서 토의/토론 과정속에서 타인과의 교류를 통해 얻은 새로운 관점과 가치관을 자신의 기존 지식 체계에 통합, 확장하는 활동 등을 수행할 수 있습니다.

3. 교과세특 탐구주제

- 주제 기반 독서 토론 모임 참여를 통한 개인의 지적 확장 경험 분석 연구
- 청소년 독서 멘토링 활동에서 얻은 지식 공유 및 가치관 교류 과정 분석 연구
- 사회적 쟁점을 다룬 도서 독서 후 토론을 통한 타인 가치관 포용 태도 변화 분석
- 책 내용 기반의 사회적 캠페인 참여 경험이 개인의 공동체 의식에 미치는 영향 탐구
- 온라인 독서 커뮤니티의 서평 교류 활동이 독자의 비판적 사고 태도에 미치는 영향 분석

4. 독서연계 탐구주제

■ 내 삶을 위한 독서 모임(김민영, 노르웨이숲, 2025)

이 책은 독서를 삶을 변화시키는 도구로 활용하는 방법을 제시하는 책이다. 저자는 독서 모임에서의 경험과 사례를 바탕으로, 책을 함께 읽고 토론하며 생각을 확장하는 과정이 개인의 삶과 사고방식에 어떤 긍정적 영향을 주는지 보여준다. 여러 사람이 모여 서로의 관점을 나누고 주제를 통합적으로 해석하는 방식을 구체적으로 설명하여, 적극적으로 사고하고 소통하는 '참여형 독서'를 실천하도록 안내한다.

- ▶ 독서, 혼자가 아니라 함께할 때 힘이 된다 - 토론과 공유로 깊어지는 생각과 삶의 변화
- ▶ 읽고 나누고 성장하다 - 참여형 독서 모임이 주는 자기 성찰과 학습 효과
- ▶ 독서, 삶의 동반자가 되다 - 혼자가 아닌 공동체 안에서 길러지는 비판적 사고력

■ 읽기 다음 기억하기(은가람, 하나의책, 2025)

이 책은 읽은 내용을 어떻게 기억하고 삶 속에 적용할지에 대한 구체적인 실천 전략을 제시하는 독서 가이드북이다. 독서모임 경험을 바탕으로 '읽기'와 '기억'을 연결하는 다양한 방법을 공유하며, 독서 후 핵심어를 뽑고 느낀 점을 정리하거나 대화를 통해 기억을 내면화하는 등 체계적인 독서 습관을 만들어가는 과정을 설명한다. 독자가 책을 단순한 소비가 아닌, 삶의 일부로 통합하는 경험을 할 수 있게 안내한다.

- ▶ 읽은 것을 머릿속에 새기다 - 독서 후 기억을 삶으로 전환하는 전략
- ▶ 책과의 대화가 일상의 기억이 된다 - 모임과 기록으로 만드는 지속 가능한 독서 경험
- ▶ 독서를 삶의 이야기로 바꾸는 기술 - 기억하고 실천해 더 깊이 살아내는 독서의 힘

5. 토의/토론을 위한 생각 나눔 주제

- 독서 모임에서 서로의 해석이 충돌할 때, 타인의 관점을 가장 깊이 있게 이해하기 위한 방안은?
- 청소년들이 능동적으로 참여하고 지적 성장을 체감할 수 있는, '의미 있는 사회적 독서 활동'은?
- 사회적 독서 활동이 자발적인 학습 동기를 저해하고 타인의 해석에 의존하게 만들 위험은?
- 다수의 해석이 형성된 후, 소수 상반된 관점의 참여자는 다수의 관점을 수용해야만 하는가?

6. 진로 희망 계열과의 연계

의료, 보건 인문, 심리계열	**심리 치료 관련 도서 독서 모임 주도적 운영을 통한 '타인의 고통'에 대한 공감 능력 분석 연구:** 심리/상담 관련 도서를 선정해 읽고, 함께 고민을 공유하여 책을 매개로 타인의 경험과 가치관을 이해하는 과정을 통해 정서적 성장을 추구한다
경영, 경제, 금융, 마케팅 계열	**ESG/CSR 관련 도서 독서 모임 참여를 통한 '기업의 목적'에 대한 다양한 가치관 이해 연구:** 기업의 이윤 추구와 사회적 책임이라는 상반된 가치관을 다루는 서적을 읽고 소통하며, 지속가능한 경영의 가치를 폭넓게 이해하는 탐구활동을 수행한다.
자연, 공학 계열	**미래 기술 윤리 이슈 독서 멘토링 기획 및 Q&A 지식 확장 활동:** 인공지능 윤리 관련 도서를 선정한 후 멘토링 활동 모임을 기획한다. 기술의 사회적 영향에 대한 질의응답 과정에서 간과하기 쉬운 사회적, 윤리적 관점을 파악, 수용한다.

01 쓰기

작문 관습과 규범, 글쓰기 과정과 점검, 책임감 있는 글쓰기, 논증, 타당성 검증, 정보의 신뢰성
주제 통합적 재구성, 복합양식, 협력적 공동 글쓰기, 매체 문해력, 독자 분석과 설득

[10공국2-03-01] **(1)언어 공동체가 공유하는 작문 관습의 특성을 이해**하고 **(2)쓰기 과정과 전략을 점검**하며 책임감 있게 글을 쓴다.

1. 기본 개념

(1) 작문 관습의 특성(지식·이해)
- 글은 특정 목적을 가진 공동체 안에서 생산되며, 글의 형식, 내용, 표현 방식에 대한 관습 공유
- 공동체 관습을 이해해야 글의 수용도와 효과를 높일 수 있으며, 책임감 있는 역할 수행 가능
- 글쓰기의 결과물뿐만 아니라, 글을 둘러싼 사회·문화적 맥락과 규범 이해가 중요함을 의미

(2) 쓰기 과정과 전략 점검(적용)
- 글쓰기는 계획 수립 > 내용 생성 및 조직 > 표현 및 수정의 단계별 전략을 적극 활용해야 함.
- 쓰기 과정 점검: 글쓰기 계획 수립 단계부터 글의 논리성, 적절성, 통일성을 스스로 평가함
- 전략 활용 및 점검: 글의 목적과 독자의 특성에 맞게 서술 전략, 매체 활용 전략의 적절성 검토

2. A등급 성취 수준의 이해

성취수준	성취기준별 성취수준
A	①언어 공동체가 공유하는 작문 관습의 다양한 특성과 ②가치를 이해하고 ③자신의 쓰기 과정과 ④전략에 대한 점검을 통해 쓰기 활동을 효과적으로 조정하며, ⑤개인적, 사회적 수준의 쓰기 윤리를 준수하여 글을 쓸 수 있다.

구성 요소	핵심 의미	적용
① 언어 공동체가 공유하는 작문 관습의 다양한 특성 이해	글의 목적과 언어 공동체에 따라 글의 형식과 표현 방식이 다름을 알고, 이를 준수함	학술 보고서라는 특정한 글의 유형에 대해 객관적 논조를 바탕으로 정형화된 글을 작성함
② 언어 공동체가 공유하는 작문 관습의 가치 이해	작문 관습은 효율적 소통과 공동체의 지적 자산 보호 등 사회적 가치가 내재함을 이해	보고서 작성 시 참고 문헌 표기의 중요성을 알고 실천하며, 명료한 문장을 통해 가치를 실현
③ 자신의 쓰기 과정 점검	글쓰기가 계획-내용 생성-조직-표현-수정의 순환적인 과정임을 인지하며 글을 작성, 조정함	초고 작성 후 글의 목적 설정, 독자 분석 등 작문 계획이 적절하고 충실히 반영되었는지 점검
④ 자신의 쓰기 전략 점검	글의 목적과 독자 이해에 가장 효과적인 서술 방식을 선택했는지 평가하며 비판적으로 점검함	설득 전략 및 매체 자료 사용이 독자의 이해를 방해하거나 오도하지 않도록 확인, 수정함
⑤ 개인적, 사회적 수준의 쓰기 윤리를 준수하여 글쓰기	글쓰기의 사회적 파급력을 인지 후 개인적, 사회적 기준에서 책임감을 다하는 태도를 확립함	출처 명시, 표절 금지, 특정 집단에 대한 차별 표현 배제 등 윤리적 측면에서 글을 점검함

▶ **[10공국2-03-01]을 높은 수준으로 성취했다는 것을 증명하기 위해!**
자신이 글을 쓸 특정 언어 공동체를 선정하고, 그 공동체가 공유하는 관습의 특성과 가치를 심층적으로 분석 후 자신의 글쓰기에 적용하기, 쓰기 과정 전반에 걸쳐 쓰기 일지(메타인지적 점검 기록)를 남기며 개인적/사회적 수준의 쓰기 윤리를 준수하며 글쓰기 등의 과제를 수행할 수 있습니다.

3. 교과세특 탐구주제

- 디지털 매체의 발달이 청소년의 글쓰기 양상에 미친 변화 분석
- 가짜뉴스 생산 구조와 이를 방지하기 위한 작문 주체의 사실 검증 책임 탐구
- 고쳐쓰기 과정에서의 자기 점검 활동이 작문 결과물의 완성도에 미치는 영향 분석
- 글쓰기 윤리 준수를 위한 올바른 '인용 및 출처 표기' 관습의 가치와 위반 사례 분석
- 공공 언어(안내문, 공문서 등)의 분석을 통해 공적 소통을 위해 지켜야 할 글쓰기 규칙 분석

4. 독서연계 탐구주제

■ 글쓰기 생각쓰기(윌리엄 진서, 돌베개, 2024)

이 책은 단순히 글을 잘 쓰는 기술이 아니라, 자신의 목소리를 찾고 그것을 간결하고 명확하게 표현하는 법을 강조한다. 저자는 '나를 발견하는 글쓰기, 간소한 글이 좋은 글이다, 버릴 수 있는 만큼 버리자' 등 핵심 원칙을 제시하며, 다양한 형식에서 어떻게 글쓰기를 실천할 수 있는지를 예문과 함께 설명한다. 글쓰기에 대한 두려움을 극복하고 자신만의 문체를 갖추고자 하는 학생에게 유용한 글쓰기 안내서이다.

- ▶ 내 문장이 나를 말하게 하라 - 자신의 목소리를 글로 구현하는 글쓰기 원칙
- ▶ 형식을 넘어 '생각'을 담다 - 여행기·비평·회고록 등 여러 글쓰기 형식을 통한 실전 연습
- ▶ 간결함이 글의 힘이다 - 불필요한 단어를 버리고 본질을 드러내는 문체 설계

■ 글쓰기가 뭐라고(강준만, 인물과사상사, 2018)

이 책은 글쓰기에 대한 고정관념을 과감히 깨면서, 누구나 부담 없이 글쓰기를 즐기고 발전시킬 수 있는 태도와 방법을 제시하는 글쓰기 특강서이다. 지난 30년 동안 300권에 가까운 책을 집필해 온 저자의 경험을 바탕으로 '주눅 들지 말기, 뻔뻔해지기, 글쓰기 고통은 과욕에서 온다' 등의 통찰을 담아냈다. 다독, 다작, 다상량을 강조하며 양과 태도에서 나오는 글쓰기 비법을 통해 글쓰기 부담을 덜어주는 책이다.

- ▶ 부담 없는 글쓰기, 진짜 시작은 여기서부터 – 주눅 들지 않고 즐겁게 글쓰기
- ▶ 잘 쓰는 것보다 많이 써라 – 다독, 다작, 다상량으로 쌓는 진짜 글쓰기 실력
- ▶ 과욕이 불러온 글쓰기 고통 – 기대와 환상을 던지고 글쓰기 본질로 나아가는 30가지 통찰

5. 토의/토론을 위한 생각 나눔 주제

- 디지털 공간에서의 비격식적 작문 관습이 공적인 글쓰기 능력에 미치는 영향은?
- AI를 글쓰기 보조 도구로 활용할 때, '표절' 문제를 피하고 '책임감 있게' 활용하는 방안은?
- 공식적인 글쓰기(공모전, 수행평가 등) 과제에서 생성형 AI의 활용을 전면 금지해야 하는가?
- 자신이 과거에 썼던 글이나 과제물을 출처 표시 없이 재사용하는 행위는 비난받아야 하는가?

6. 진로 희망 계열과의 연계

계열	탐구 내용
인문, 사회, 언론 계열	기사 작성 과정에서의 '게이트키핑' 전략과 팩트체크 과정 분석: 언론 공동체의 핵심 작문 습관(게이트키핑, 팩트체크 등) 절차에 대해 탐구한다. 기사 작성 시 수행해야 할 정보 검증 전략을 분석하며 언론인의 사회적, 윤리적 책임을 고찰한다.
자연, 공학 계열	논문 작성 시의 데이터 인용 관습과 연구 부정행위 방지 대책 연구: 과학 기술 분야의 핵심 작문 관습인 IMRAD 구조와 엄격한 인용 규칙을 분석한다. 표절, 데이터 위조와 같은 부정행위가 공동체의 심각한 신뢰 붕괴 문제로 귀결됨을 인지한다.
경영, 경제, 마케팅 계열	바이럴 마케팅의 설득 전략과 '뒷광고' 표기 윤리 분석: 스토리텔링, 후기 등의 소비자 설득 전략의 효과와 부작용을 점검한다. 또한, 광고임을 밝히지 않은 광고가 소비자를 기만하는 비윤리행위임을 인식하고 작문 윤리 준수의 필요성을 밝힌다.

[10공국2-03-02] **(1)논증 요소에 따른 분석**을 바탕으로 **(2)효과적으로 내용을 조직하여 논증하는 글**을 쓴다.

1. 기본 개념

(1) 논증 요소에 따른 분석(지식·이해)
- 논증: 단순히 우기는 것이 아닌, '주장'과 '근거'가 논리적인 구조를 갖춰 말하고 쓰는 것.
- 주장은 필자의 최종적인 결론이나 의견, 근거는 주장을 뒷받침하는 사실, 통계, 정보, 데이터 등
- 논증 분석의 핵심 기준: 타당성(논리적 연결성), 공정성(왜곡 여부), 사실성(명확한 출처 제시)

(2) 효과적으로 내용을 조직하여 논증하는 글쓰기(적용)
- 서론: 논의의 배경과 필요성을 제시, 독자의 흥미를 유발하여 필자의 주장(논지)을 명확히 밝힘
- 본론: 주장에 대한 이유를 제시하고, 그 이유를 뒷받침하는 근거를 통해 주장을 입증, 심화함
- 결론: 핵심 논지를 요약·강조하고, 주장의 실현 방안이나 전망을 제시하여 명료하게 메시지 전달

2. A등급 성취 수준의 이해

성취수준	성취기준별 성취수준
A	①논증 요소 및 ②논증 요소 간의 관계에 대한 분석을 바탕으로 ③도출한 논증 방법을 적합하게 활용함으로써 ④효과적으로 글의 내용을 조직하여 ⑤논증하는 글을 쓸 수 있다.

구성 요소	핵심 의미	적용
① 논증 요소에 대한 분석	논증을 구성하는 주장, 근거, 이유 등 핵심 요소들이 논리적 오류 없이 명확하고 건전함	주장이 무엇이고, 이를 뒷받침하는 근거가 사실에 부합하고 타당한지를 비판적으로 점검함
② 논증 요소 간의 관계에 대한 분석	근거가 주장을 뒷받침하는지, 논리적 연결 고리가 합리적인가를 분석하여 타당성을 확보함	주장-근거를 비롯한 논증 요소를 분석해 흑백논리, 성급한 일반화 등 논리적 오류를 검토함
③ 논증 방법의 적합한 활용	글의 목적과 주제를 고려해 추론 방식 중 가장 설득력이 높은 방법을 선택하여 적용함.	연역법(보편 원리 전제 결론 도출), 귀납법(개별 사례 추론) 등 적절한 추론 방식을 선정함
④ 효과적으로 글의 내용 조직	가장 설득력이 높도록 논증의 요소를 배열하고 예상되는 독자의 반론까지 고려하여 조직함	초두 효과(강력한 근거 선제시), 양면 제시(반대 의견 재반박) 등 논증 효과가 높은 방안 도출
⑤ 논증하는 글쓰기	앞선 과정을 통합해 논리적 타당성, 조직의 효과성, 윤리적 책임까지 갖춘 글을 완성함	주장-근거의 논리적 분석, 전략적 조직, 반론 대비 등을 고려해 완성도 높은 글을 작성함

▶ **[10공국2-03-02]을 높은 수준으로 성취했다는 것을 증명하기 위해!**
글의 구조를 갖추는 것을 넘어 분석-전략-조정의 전 과정을 비판적·주체적으로 수행하기, 자신의 논증에 대해 논리적 오류가 없는지 엄격히 분석하기, 독자를 가장 효과적으로 설득하기 위한 최적의 조직 전략 채택하기, 분석 및 조직 전략 수립 구현을 통해 글쓰기 목적 달성하기 등을 수행할 수 있습니다.

3. 교과세특 탐구주제

- 사회적 쟁점을 다룬 주요 일간지 사설의 논증 구조 비교 분석
- 유명 연설문의 '설득 전략'과 '감성적/이성적 논증 요소'의 배합 비율 분석
- 설득력을 높이는 근거 배치 전략(초두 효과 vs 최신 효과)의 실제 적용 사례 분석
- 논증적 글쓰기에서 '반론 수용 및 재반박' 구조가 독자의 태도 변화에 미치는 효과 연구
- 설득·홍보하는 글(광고문 등)에 숨겨진 '부당한 전제'와 '감정에 호소하는 오류'의 설득 기제 탐구

4. 독서연계 탐구주제

■ 설득의 논리학(김용규, 웅진지식하우스, 2020)

이 책은 '논리적 분석'과 '효과적인 내용 조직'을 동시에 달성하도록 돕는 인문 교양서입니다. 아리스토텔레스의 수사학(설득의 기술)과 논리학(증명의 기술)을 통합적으로 다루며, 타당한 근거를 제시하는 '로고스'뿐만 아니라 독자의 마음을 움직이는 '파토스'와 '에토스'까지 고려한 입체적인 설득 전략을 제시하여, 학생들이 단순히 옳은 말을 넘어 '설득력 있는 글'을 쓰도록 이끌어 줍니다.

- ▶ 타당성과 매력을 동시에 잡다 - 이성으로 증명하고 감성으로 움직이는 입체적 논증의 완성
- ▶ 단순히 옳은 말보다 설득력 있는 말 - 말문을 열고 상대의 마음을 얻는 최고의 비법
- ▶ 논리와 수사학의 완벽한 결합 - 진리를 탐구하는 논증과 마음을 움직이는 설득의 조화

■ 변호사 논증법(최훈, 웅진지식하우스, 2010)

이 책은 논증의 핵심 요소인 주장, 이유, 근거, 전제를 법정 드라마나 영화 속 생생한 사례를 통해 명쾌하게 분석해 주는 논리 훈련서입니다. 논증 모형을 기반으로 상대방의 논리를 해부하고 자신의 주장을 탄탄하게 세우는 '이기는 논증'의 설계를 돕기 때문에, 학생들이 막연하게 느낄 수 있는 논리적 구조를 구체적으로 파악하고 실전적인 글쓰기 전략을 수립하는 데 탁월한 길잡이가 되어 줄 것입니다.

- ▶ 법정 드라마처럼 치열한 두뇌 싸움 - 치열하고 정교하게 논증의 뼈대를 세우는 실전 기술
- ▶ 주장만 있고 근거는 빈약한 당신에게 - 논리의 빈틈을 메우고 설득력을 높이는 명쾌한 처방전
- ▶ 감정이 아닌 논리로 압도하라 - 우기지 않고 이기는 냉철한 글쓰기의 정석

5. 토의/토론을 위한 생각 나눔 주제

- 자료를 수집 시, 자신에게 맞는 데이터만 골라 쓰는 '확증 편향'을 방지하기 위한 점검 절차는?
- 자신의 논리와 주장을 지키면서도, 반대 측 입장을 존중하고 수용하는 효과적인 글쓰기 방식은?
- 대중의 공포심을 자극하는 근거(극단적 예언 등)를 적극 사용하는 것은 윤리적으로 타당한가?
- 논증하는 글에서 '정량적 수치'가 '정성적 사례'보다 항상 우월하고 신뢰할 수 있는 근거인가?

6. 진로 희망 계열과의 연계

계열	탐구 주제
인문, 법학 사회학 계열	**헌재 판결문의 다수 의견과 소수 의견 논증 구조 비교 분석:** 사회적으로 첨예한 대립을 다룬 판결문에서 다수 의견과 소수 의견의 논리 전개를 분석한다. 양측의 논리적 타당성을 평가하고 자신의 법적 견해를 논리적으로 제시한 비평문을 쓴다.
자연, 공학, 의학 계열	**'유전자 가위 기술'의 임상 적용 허용 범위에 대한 생명윤리 논증:** 크리스퍼 기술의 활용 범위를 두고 치료 목적과 인간 강화 목적 사이의 경계를 짓는 논증을 구성한다. 과학 기술의 발전과 통제 사이에서 합리적인 대안을 담은 논설문을 작성한다.
예술, 디자인 계열	**인공지능 예술 창작물의 저작권 인정 여부에 대한 예술철학적 논증:** 인간의 고유한 창조성이 개입되었는가를 핵심 쟁점으로 삼아 인공지능의 예술적 가치를 논증한다. 기술적 알고리즘과 예술의 정의를 연결해 논리 구조가 탄탄한 비평문을 쓴다.

[10공국2-03-03] **(1)신뢰할 수 있는 정보를 종합**하여 **(2)복합양식 자료가 포함된 공동 보고서**를 쓴다.

1. 기본 개념

(1) 신뢰할 수 있는 정보를 종합하기(지식·이해)
- 정보의 판별 기준: 출처의 권위성, 논리적 타당성, 자료의 최신성, 합목적성, 쓰기 윤리 준수
- 정보의 종합이란, 수집된 정보를 단순히 나열하는 것이 아닌, 주제·목적을 중심으로 결합하는 것
- 선별(핵심 정보 추출), 구조화(논리적 짜임), 재구성(정보 융합을 통한 통찰 제시) 등을 수행함.

(2) 복합양식 자료가 포함된 공동 보고서 쓰기(적용)
- 복합양식: 텍스트뿐만 아니라, 이미지, 도표, 그래프, 영상, 소리 등 여러 소통 양식이 결합함
- 복합양식의 효과: 직관적 이해(그래프 등), 설득력 강화, 주의 환기를 통한 독자의 집중 유도
- 공동 보고서 쓰기: 공동의 목표 설정 후 협력적 수행을 통해 하나의 글을 함께 완성하는 과정

2. A등급 성취 수준의 이해

성취수준	성취기준별 성취수준
A	①근거를 바탕으로 정보의 신뢰성을 판단하며 ②신뢰할 수 있는 정보를 종합하여 ③내용을 생성하고, ④다양한 유형의 복합양식 자료가 효과적으로 포함된 ⑤공동 보고서를 쓸 수 있다.

구성 요소	핵심 의미	적용
① 근거를 바탕으로 정보의 신뢰성 판단	정보의 홍수 속에서 가짜 뉴스나 오류가 포함된 정보를 걸러내어 양질의 재료를 확보함	출처가 명확한지, 사실에 부합하는지, 최신 데이터인지, 왜곡·조작된 자료가 아닌지 검증함
② 신뢰할 수 있는 정보 종합	개별 정보 간의 연관성(공통점, 차이점, 인과관계 등)을 찾아 자료를 유기적으로 연결함	여러 출처의 정보를 비교하여 상충되는 내용을 조정, 주제 중심으로 묶어 구조화함.
③ 내용 생성	종합된 정보를 바탕으로 우리 모둠만의 관점, 해석, 해결 방안을 도출해 창의적 결과를 만듦	수집된 정보의 의미를 해석하여 시사점을 도출, 보고서의 주제 의식이 드러나도록 내용을 작성
④ 다양한 유형의 복합양식 자료 활용	텍스트만으로 전달하기 어려운 정보를 이미지, 도표 등으로 보완해 독자의 이해도를 높임	통계 수치는 그래프, 현장 상황은 사진/영상과 같이 적절한 매체를 본문 내용과 연결해 배치
⑤ 공동 보고서 작성	단순 역할 배분을 넘어 개인의 역량을 합쳐 시너지를 내는 협업의 가치를 실현함	모둠원과 상의를 통해 상호 검토(피드백)하고, 문체와 논리의 흐름을 점검해 보고서를 완성함

▶ **[10공국2-03-03]을 높은 수준으로 성취했다는 것을 증명하기 위해!**
자료 수집 후 정보의 가치를 평가하고 재구성하여 정보 신뢰성, 타당성을 검증하기, 텍스트의 한계를 극복할 수 있는 효과적인 매체를 선정해 전달력을 극대화하기, 모둠원 간 문체 통일, 논리적 흐름 등에 대한 구체적인 피드백을 주고받으며 하나의 완결된 글을 완성하기 등을 수행할 수 있습니다.

3. 교과세특 탐구주제

▶ 빅데이터 시대의 정보의 신뢰성 판별 기준 적용 사례와 효용성 분석
▶ 주제 통합적 읽기를 통한 정보 선별 및 개요 작성 전략의 효율성 분석
▶ 생성형 인공지능이 제공한 정보의 '할루시네이션' 현상과 팩트체크 방안 연구
▶ 동일한 화제에 대한 상반된 정보의 비교·대조를 통한 중립적 정보 재구성 방안 탐구
▶ 디지털 매체 환경에서 하이퍼텍스트(QR코드 등)를 활용한 비선형적 보고서 구성 전략 탐구

4. 독서연계 탐구주제

■ 에디톨로지(김정운, 21세기북스, 2018)

이 책은 '정보의 종합'을 가장 창의적이고 명쾌하게 해석해주는 필독서입니다. 저자는 세상의 모든 창조는 무에서 유를 만드는 것이 아니라, 기존에 존재하는 정보들을 끊임없이 선택하고 결합하는 '편집'의 과정에서 비롯된다고 역설합니다. 이 책을 통해 서로 다른 맥락의 정보와 매체(복합양식)를 유기적으로 연결하고 재구성함으로써 자신만의 새로운 통찰을 도출하는 '창조적 편집자'의 역량을 기를 수 있습니다.

▶ 지식의 융합과 재구성 - 텍스트와 이미지를 교차 편집하여 설득력 있는 의미를 만드는 힘
▶ 창조는 편집이다 - 세상에 없던 것을 만드는 것이 아니라 기존의 것을 새롭게 엮어내는 기술
▶ 나열하지 말고 종합하라 - 흩어진 정보들에 맥락을 부여하여 살아있는 지식으로 재탄생시키는 법

■ 보고서의 법칙(백승권, 바다출판사, 2018)

이 책은 정보의 구조화와 설득력 있는 표현 전략을 가장 실무적으로 배울 수 있는 지침서입니다. 방대한 자료 속에서 핵심을 추출하여 논리적으로 배열하는 방법과, 텍스트의 한계를 넘어 도표나 그래프를 활용해 정보를 한눈에 보여주는 기술을 구체적인 사례와 함께 제시합니다. 학생들은 모둠원들과 협력하여 정보를 명료하게 전달하고 독자를 효과적으로 설득하는 완성도 높은 공동 보고서를 작성할 수 있습니다.

▶ 글쓰기에도 공식이 있다 - 개요 짜기부터 문장 다듬기까지, 명확한 작성 규칙 안내서
▶ 설득은 간결함에서 나온다 - 핵심 메시지만 남겨 독자를 움직이는 보고서의 미학
▶ 보고서는 문학이 아니다 - 감상을 배제하고 철저히 사실과 논리로 승부하는 실용 글쓰기의 정석

5. 토의/토론을 위한 생각 나눔 주제

▶ 공동 집필 과정에서 구성원 간의 문체를 매끄럽게 통일하기 위한 상호 피드백 방식은?
▶ '무임승차' 논란을 방지하고, 모든 구성원이 책임감 있게 참여하도록 하는 역할 분담 방안은?
▶ '집단지성 기반의 오픈 소스'를 공동 보고서의 '신뢰할 수 있는 근거'로 인정해야 하는가?
▶ 감정에 호소하는 이미지를 사용하는 것은, 정보 전달의 객관성을 훼손하므로 제한해야 하는가?

6. 진로 희망 계열과의 연계

계열	내용
사회학, 언론, 법학, 교육 계열	청소년의 디지털 리터러시 수준과 가짜뉴스 수용도의 상관관계 분석 연구: 통계청, 교육 기관 등 신뢰할 수 있는 데이터를 종합해 청소년이 허위 정보를 구별하는 능력을 파악한다. 통계를 그래프, 인포그래픽 등으로 변환해 시각적으로 강조한다.
의료, 보건 계열	비대면 진료의 효율성 및 한계에 대한 데이터 비교 분석 연구: 비대면 진료 이용률, 환자 만족도 등의 의료 데이터를 수집해 효용성을 검증한다. 여러 지표를 종합해 비대면 의료 정책의 방향성을 제언하는 공동의 보고서를 작성한다.
경영, 경제 마케팅 계열	숏폼 콘텐츠 마케팅이 Z세대 소비 패턴에 미치는 영향 분석: 마케팅 트렌드 리포트와 매출 데이터를 종합해 광고 효과를 분석한다. 특히, 소비자가 광고를 보고 실제 구매로 이어지는 과정을 통해 마케팅 전략 제안 보고서를 공동으로 작성한다.

01 문법

국어의 역사성, 한글 맞춤법의 원리, 소리와 어법, 중세국어와 현대국어 비교, 매체 언어와 신조어
국어 생활 성찰, 문제 해결 능력, 비판적 언어 인식, 띄어쓰기, 공공언어 개선, 효율적 의사소통

[10공국2-04-01] **(1)과거 및 현재의 국어생활에 나타나는 국어의 변화를 이해**하고 **(2)국어문화 발전에 참여**한다.

1. 기본 개념

(1) 국어 생활에 나타나는 국어의 변화(지식·이해)
 - 국어의 역사성: 언어는 고정불변이 아닌, 시대에 따라 생성·발전·소멸하는 역동적인 실체
 - 변천 양상(중세): 현대와 다른 어두자음군, 8종성법, 성조, 이어적기, 모음조화 등의 특징 확인
 - 현재의 변화: 디지털 매체로 인한 신조어·축약어 급증, 문어와 구어의 경계 모호화 현상 등

(2) 국어 문화 발전에 참여(적용)
 - 비판적 성찰: 우리 주변 언어생활에 담긴 문제점(차별, 소외, 폭력성 등)을 민감하게 감지함
 - 주체적 실천: 발견된 문제를 방치하지 않고, 올바른 언어로 개선하고자 행동하는 적극적 의지
 - 창조적 책임감: 변화하는 시대 흐름에 맞추어 미래의 긍정적인 국어문화를 주도적으로 형성함

2. A등급 성취 수준의 이해

성취수준	성취기준별 성취수준
A	과거 및 현재의 ①국어 생활에 나타나는 국어의 변화를 ①음운, 어휘, ③문법, ④의미의 다양한 측면에서 정확하게 탐구하여 국어의 변화를 설명할 줄 알고 ⑤국어문화 발전에 적극적으로 참여하는 태도를 내면화한다.

구성 요소	핵심 의미	적용
① 국어 생활에 나타나는 국어의 변화	언어는 시간의 흐름과 사회문화적 배경에 따라 끊임없이 변화하는, '역사성'의 산물임을 인지	과거·현재의 언어 자료 비교, 현재 진행형인 언어 변화 양상을 통해 국어의 역동성을 분석함
② '음운'의 변화 양상 이해	중세부터 현대에 이르기까지 음운 및 표기상의 특징 변화 양상을 정확히 이해하고 설명함	훈민정음 창제 원리, 중세·근대·현대 국어의 음운의 소실과 변동 양상을 폭넓게 탐구함
③'문법'의 변화 양상 이해	중세부터 현대에 이르기까지 조사와 어미 등 문법의 특징 변화 양상을 정확히 이해하고 설명함	중세부터 현대까지 여러 형태의 조사, 어미의 변천 과정을 알고, 문법적 표현의 차이를 이해함
④ '의미'의 변화 양상 이해	중세부터 현대에 이르기까지 여러 단어의 의미 변화 양상을 정확히 이해하고 설명함	국어 어휘가 소멸·생성된다는 점과 함께 기존 어휘의 의미가 변화 양상에 대해 인지함
⑤ 국어 문화 발전에 적극적으로 참여하는 태도 내면화하기	현재의 언어생활을 비판적으로 성찰하고, 바람직한 국어문화를 이끈 사용자로서 책무를 다함	현재 국어 문제를 발견, 개선하고, 매체 환경 변화에 맞는 새로운 언어 규범 형성을 선도함

▶ **[10공국2-04-01]을 높은 수준으로 성취했다는 것을 증명하기 위해!**
과거의 변화 양상을 통해 현재의 언어 현상을 설명하기, 변화의 규칙성을 발견하기, 국어 지식을 바탕으로 현재의 언어생활 중 문제점(차별적 표현, 권위적 표현, 불필요한 외국어 등)을 비판적으로 진단하고 더 나은 국어문화를 위해 바람직한 우리말 표현 지침 제안하기 등을 수행할 수 있습니다.

3. 교과세특 탐구주제

- 우리말 속 차별적 표현(성별, 장애, 인종)의 실태 조사 및 대체어 제안
- 중세 – 근대국어 시기에 나타나는 자료 분석을 통한 어휘의 생성과 소멸 양상 연구
- 청소년의 비속어 사용 동기 및 언어 습관 개선을 위한 교내 언어 순화 캠페인 기획
- 훈민정음 언해본과 현대어 풀이 비교를 통해 중세 국어의 표기법 및 음운 변화 양상 탐구
- 신조어의 조어 방식(축약, 합성, 파생) 분석과 세대 간 소통에 미치는 사회언어학적 영향 탐구

4. 독서연계 탐구주제

● 한국어, 그 파란의 역사와 생명력(백낙청 외, 창비, 2020)

이 책은 국어의 변화를 우리 민족의 파란만장한 역사와 함께 살아 숨 쉬어 온 생명력의 관점에서 조망한다. 일제강점기의 말살 정책과 분단으로 인한 이질화, 그리고 세계화 시대의 영어 공용화론 등 수많은 위기 속에서도 한국어가 어떻게 지켜지고 변화해 왔는지 생생하게 보여준다. 국어의 과거와 현재를 사회·역사적 맥락에서 깊이 있게 이해하고, 우리말이 나아가야 할 바람직한 방향을 모색할 수 있다.

- ▶ 우리 민족의 역사와 우리말 - 고난의 역사를 뚫고 지켜낸 우리말의 위대한 생존기
- ▶ 언어는 역사의 거울이다 - 분단과 세계화가 한국어에 남긴 상처와 변화의 흔적들
- ▶ 미래를 여는 한국어의 길 - 통일과 공존을 위한 새로운 국어 문화의 가능성

● 언어의 줄다리기(신지영, 21세기북스, 2021)

이 책은 사회적 가치와 권력관계가 충돌·타협하는 치열한 '줄다리기'의 현장으로 바라본다. '결정장애', '여배우', '유모차' 등 우리가 사용하는 단어들 속에 숨겨진 차별과 혐오, 비민주적 요소를 언어학적 관점에서 날카롭게 해부한다. 언어생활을 둘러싼 사회적 고정관념을 비판적으로 성찰하고, 인권과 민주주의를 지향하는 건강한 국어 문화를 만드는 데 주체적으로 참여해야 한다는 책임감을 깊이 있게 배울 수 있다.

- ▶ 언어, 충돌과 타협의 산물 - 단어 하나에 숨겨진 우리 사회의 권력과 차별의 민낯
- ▶ 습관이라는 핑계 - 무심코 쓰는 말이 누군가에게는 폭력
- ▶ 민주적인 언어가 사회를 바꾼다 - 더 공정하고 평등한 미래를 위한 언어 시민의 역할

5. 토의/토론을 위한 생각 나눔 주제

- 신조어와 줄임말 사용으로 인한 세대 간 의사소통 단절 문제를 해결하기 위한 방안은?
- 학교 내에서 사용되는 차별적 표현을 찾고, 이를 상호 존중의 언어로 순화하기 위한 방안은?
- 서비스업 현장에서 만연한 '사물 존대'는 새로운 높임법인가, 고쳐야 할 문법 오류인가?
- 한글의 조형적 특성을 활용한 언어유희 현상은 '창조적 문자 생활'인가, '한글 파괴'인가?

6. 진로 희망 계열과의 연계

계열	내용
인문, 예술 계열	**대중가요 가사에 나타난 '시적 허용'과 '문법 파괴'의 경계 분석 연구:** 최근 대중 가요의 가사에 빈번하게 나타나는 파격적인 언어 사용 양상을 분석한다. 이를 토대로 창조적 변용과 국어 파괴라는 간극 사이에서 자신의 비평적 견해를 정립한다.
경영, 경제, 마케팅 계열	**기업의 브랜드 네이밍 변천사 연구:** 기업명이나 아파트 이름 등에서 나타나는 국어 생활의 변화 양상(순우리말 > 한자어 > 영어 등 외국어)을 분석한다. 과도한 외국어 사용이 주는 고급화 전략의 허상을 비판하며 새로운 브랜딩 전략을 제시한다.
자연, 공학 계열	**과학 기술 용어의 변천사 분석:** 일부 과학 도서에 남아있는 난해한 일본식 용어의 사용 실태를 분석하고, 순화어로 바뀌어 온 과정을 추적한다. 용어의 변화가 개념 이해의 직관성에 미친 영향을 분석하고, 여전히 남은 용어의 개선안을 제안한다.

[10공국2-04-02] **(1)한글 맞춤법의 원리를 적용**하여 **(2)국어생활을 성찰하고 문제를 해결**한다.

1. 기본 개념

(1) 한글 맞춤법의 원리(지식·이해)
- 한글을 우리말로 적을 때 지켜야 할 원칙. 문자 의사소통을 원활히 하기 위해 매우 중요한 규범
- 소리나는대로 적되, 어법에 맞도록 : 형태를 하나로 고정하여 일관되게 적어야 의미 파악이 쉬움
- 띄어쓰기 원칙 : 문장 의미 이해를 위해 단어별로 띄어 씀. 단, 조사는 자립성이 없어 붙여 씀

(2) 국어생활을 성찰하고 문제 해결(적용)
- 평소 자주 틀리는 표기, 띄어쓰기 오류를 인지하고 분석하며 자신의 언어습관을 스스로 성찰함
- SNS, 공공 언어 등 실제 생활 속 어긋난 맞춤법 표기 발견 시, 적절하고 올바르게 수정함.
- 올바른 언어 표기를 통해 의사 소통의 효율성을 높이고 교양 있는 언어 공동체의 일원으로 성장

2. A등급 성취 수준의 이해

성취수준	성취기준별 성취수준
A	①한글 맞춤법의 원리를 ②다양한 국어 사용 상황에 ③정확하게 적용하여 ④일상의 국어생활을 깊이 있게 성찰하고 이와 관련된 대부분의 ⑤문제를 효과적으로 해결할 수 있다.

구성 요소	핵심 의미	적용
① 한글 맞춤법의 원리 이해	표음주의와 표의주의라는 맞춤법 규정의 근본 원리를 알고 모든 언어 표기에 적용함	표음문자임에도 형태소의 본 모양을 밝혀 적어야 하는 이유를 의미 파악 측면에서 설명함
② 다양한 국어 사용 상황	맞춤법이 특정 상황에 한정되지 않고 모든 의사소통 상황과 맥락에서 활용되어야 함을 인지함	친구와의 메신저부터 보고서 작성까지 공적/사적 상황을 가리지 않고 맞춤법 규정을 준수함
③ 정확하게 적용	헷갈리는 표기와 띄어쓰기에 대해 한글 맞춤법 원리에 근거하여 명확히 판별하여 표기함	'되/돼, 안/않' 등 자주 혼동되는 표기의 원인이 무엇인지 진단하고 오류 없이 정확히 표기함
④ 일상의 국어생활을 깊이 있게 성찰	언어 습관의 성찰을 통해 반복되는 오류 원인을 진단하여 실질적인 언어 능력을 개선함	자주 틀리는 맞춤법, 띄어쓰기 사례를 수집하여 정리하는 등 언어생활을 비판적으로 점검함
⑤ 문제를 효과적으로 해결	올바르게 오류를 수정하고, 근거를 설명하는 등 언어생활 속 여러 문제를 능동적으로 해결함	공공 언어 등 일상 속 발견된 맞춤법 오류에 관해 관련 조항과 원리를 근거로 수정함

▶ **[10공국2-04-02]을 높은 수준으로 성취했다는 것을 증명하기 위해!**
한글 맞춤법의 원리를 적용하여 실제 생활 속 오류를 수정하기 위한 다양한 활동을 수행할 수 있습니다. 가령, 교과서 밖 현실 공간에서 발견되는 공공 언어 및 생활 오류 분석 프로젝트, 주변의 잘못된 언어 습관을 수집, 분석하여 올바르게 바로 잡기 등을 수행할 수 있습니다.

3. 교과세특 탐구주제

- 의존 명사와 조사, 어미의 띄어쓰기 원리 비교 및 학습자들의 주된 오류 양상 분석
- 동네 간판 및 공공 안내문에 나타난 한글 맞춤법 오류 실태 조사 및 교정 방안 연구
- 유튜브 썸네일의 '맞춤법 파괴' 현상이 청소년의 언어 규범 인식에 미치는 영향 분석
- 자주 틀리는 맞춤법 사례(되/돼, 안/않, 낫/낳)의 원인 분석 및 효과적인 구별 전략 탐구
- 공공기관(주민센터, 구청)의 행정 용어 속 '어려운 한자어/일본어 투' 표현의 순화 방안 탐구

4. 독서연계 탐구주제

● 안녕? 나의 한글 맞춤법(엄지인, 다락원, 2017)

이 책은 방송 현장과 일상에서 접한 생생한 오용 사례를 바탕으로, 우리가 자주 틀리는 맞춤법을 콕 짚어 해결해 주는 실전 가이드북이다. 복잡하고 딱딱한 문법 이론을 나열하기보다는 '되/돼', '이/히', 띄어쓰기 등 누구나 헷갈리는 표현을 퀴즈 형식으로 쉽고 재미있게 풀이한다. 평소 언어 습관을 스스로 성찰하고, 실제 의사소통 상황에서 부딪히는 표기 문제를 명쾌하게 해결하는 실천적 능력을 기를 수 있다.

- ▶ 틀리는 건 당신 탓이 아니다 - 무조건 외우지 말고, 친절한 해설로 원리를 이해
- ▶ 춤법은 배려다 - 읽는 사람을 위해 쓰는 사람이 지켜야 할 가장 아름다운 약속
- ▶ 헷갈리는 우리말 완전 정복 - '되'와 '돼'부터 띄어쓰기까지, 오류를 바로잡는 명쾌한 솔루션

● 나도 건방진 우리말 달인(엄민용, 다산초당, 2010)

이 책은 교과서 속 죽은 문법이 아니라, 지금 당장 뉴스나 거리에서 마주치는 살아있는 국어 문제를 해결해 주는 실전 해결서다. 실제 우리말의 여러 표현 중 많은 사람이 틀리는 점에 대해 어원과 규정을 들어 명쾌하게 설명한다. 학생들은 이 책을 통해 대중매체와 일상어 속의 오류를 발견하는 예리한 눈을 키우고, 이를 올바른 표현으로 고치는 실천적 지식을 얻어 국어 생활의 달인으로 거듭날 수 있다.

- ▶ 국어 실력이 밥 먹여준다 - 면접과 자기소개서에서 신뢰를 얻는 가장 강력한 무기, 맞춤법
- ▶ 일상 속 오류를 고발하다 - 방송 자막부터 식당 메뉴판까지, 잘못된 우리말을 바로잡는 해설서
- ▶ 헷갈리는 말 정복하기 - 맞춤법과 띄어쓰기 오류의 늪에서 탈출하는 명쾌한 실전 가이드

5. 토의/토론을 위한 생각 나눔 주제

- 자주 틀리는 맞춤법 오류를 줄이기 위해, 학급 차원에서 실천할 수 있는 상호 교정 방법은?
- 청소년들이 한글 맞춤법을 '딱딱한 규칙'이 아니라 '세련된 지성'으로 받아들일 수 있는 방법은?
- 서술형 평가에서 맞춤법 및 띄어쓰기 오류를 감점 요인으로 반영하는 것은 타당한가?
- 재미를 위해 의도적으로 맞춤법을 파괴하는 행위는 '창조적 표현'으로서 허용해야 하는가?

6. 진로 희망 계열과의 연계

의료, 보건 계열	**병원 안내문 및 약 봉투 설명서의 '문해력 장벽' 요인 분석 및 쉬운 의료 언어 개선 연구:** 어려운 전문 의학 용어나 복잡한 문장을 분석 후, 환자가 직관적으로 이해할 수 있는 '환자 중심의 쉬운 설명서'로 다시 작성한다.
IT, 공학 계열	**음성 인식 AI의 텍스트 변환 오류 사례를 통한 '동음이의어' 및 '문맥적 맞춤법' 처리 원리 탐구:** AI가 음성을 잘못 인식하여 변환한 사례를 수집한 후 문맥에 따른 맞춤법 구별 원리를 통해 AI 학습을 위한 '맞춤법 교정 데이터셋'을 제작한다.
경영, 마케팅 계열	**식품 및 제품 포장지의 표기 오류가 기업 신뢰도에 미치는 영향 분석:** 시판 제품의 설명서나 포장지에서 띄어쓰기 오류나 오타를 찾아낸 후 사소한 맞춤법 실수가 제품의 품질에 대한 의심으로 이어질 수 있음을 지적하며 대안을 모색한다.

01 문학

한국 문학의 흐름, 통시적 관점, 사회문화적 맥락, 갈래의 변천, 계승과 변용, 주체적 해석
비평적 안목, 해석의 다양성, 창조적 재구성, 문학의 생활화, 타자 이해와 공감, 능동적 향유

[10공국2-05-01] (1)(2)한국 문학사의 흐름을 고려하여 작품을 수용한다.

1. 기본 개념

(1) 서정 갈래의 흐름을 고려해 작품을 수용(지식·이해 및 적용)
- 고대 가요와 향가, 고려 가요의 전개: 상류층 중심의 집단 의식요에서 평민의 개인 서정시로
- 시조·가사의 정착 및 향유층 확대: 시조와 가사의 완성, 평민/부녀자로 확대, 사설시조의 등장
- 근대 시의 형성과 현대 시의 다원화 : 창가-신체시를 거쳐 자유시 등장, 저항시와 순수시로 발전

(2) 서사 갈래의 흐름을 고려해 작품을 수용(지식·이해 및 적용)
- 설화의 전승과 초기 소설의 발생: 구전되던 설화가 문자로 정착, 가전체를 거쳐 한문 소설 창작
- 한글 소설의 등장과 조선 후기 산문의 리얼리즘: 당대 사회의 모순을 풍자, 비판적 경향 등장
- 근대 소설의 확립과 현대 소설의 심화: 신소설을 거쳐 현대적 의미의 소설 양식 확립,

2. A등급 성취 수준의 이해

성취수준	성취기준별 성취수준
A	①한국 문학사의 흐름 속에서 나타난 ②갈래, 작품 형식, 향유층 등의 변화 양상을 고려하며 ③작품을 종합적으로 감상하고, ④문학사적 맥락 속에서 개별 작품이 갖는 의미나 가치를 찾아내어 ⑤설명하고 비평할 수 있다.

구성 요소	핵심 의미	적용
① 한국 문학사의 흐름 파악	개별 작품이 문학사의 흐름 속에서 탄생한 산물임을 알고 맥락 속에서 작품을 감상함	고대부터 현대까지 문학사 전개 과정에서 주요 변곡점을 인지하고, 개별 작품의 위치를 파악함
② 갈래, 형식, 향유층의 변화 양상 고려	작품의 형식, 향유층은 변모했고, 이는 작품의 내용과 성격을 결정하는 핵심 요소임을 인지함	갈래, 형식, 향유층의 변화가 개별 작품에 미친 영향에 대해 심층적으로 분석함
③ 작품의 종합적 감상	작품의 내적, 외적 요소를 통합하여 감상함으로써, 입체적이고 깊이 있게 작품을 이해함	작품에 담긴 당대 사회상, 문학적 경향을 작품의 내용 및 주제와 연결하여 총체적으로 감상함
④ 문학사적 맥락 속에서 작품의 의미와 가치 발견	특정 작품이 한국 문학사에 기여한 바, 시대를 계승하거나 극복한 점을 통해 가치를 규명함	최초, 완성, 변혁 등 문학사의 패러다임을 보여주는 대표적인 작품을 찾고, 가치를 탐구함
⑤ 주체적인 설명 및 비평	문학사 이해를 넘어 자신의 언어로 작품의 가치·의의를 비평함으로써 능동적 태도를 보임	발견한 의미와 가치를 바탕으로 작품의 우수성을 주장하는 등 문학 작품에 대해 깊이 비평함

▶ **[10공국2-05-01]을 높은 수준으로 성취했다는 것을 증명하기 위해!**
작품과 시대, 작품과 작품 사이의 관계를 입체적으로 조망하고 자신만의 관점으로 감상해야 합니다. 특히, 개별 작품이 고립된 텍스트가 아닌, 문학사적 흐름 속에서 위치를 파악, 분석해야 하며 작품이 지닌 당대의 가치와 현대적 의의를 규명하고 타당한 근거와 함께 작품을 비평할 수 있습니다.

3. 교과세특 탐구주제

- '10구체 향가'와 시조 '3장 6구' 형식의 구조적 연관성 및 한국 정형시의 계승 양상 탐구
- 고전 설화를 모티프로 한 현대 웹툰/드라마의 서사 변용 전략과 동시대적 가치 평가 연구
- 고려 가요와 조선 사설시조에 나타난 '평민 의식'과 '해학적 표현'의 공통점 및 차이점 연구
- "판소리 사설이 '판소리계 소설'로 정착되면서 나타난 문체 특징 변화와 이중적 주제 의식 탐구
- 조선 전기 '강호가도' 시조와 '기녀 시조'에 나타난 사랑과 이별의 정서적 형상화 방식 비교 분석

4. 독서연계 탐구주제

■ 청소년을 위한 한국고전문학사(김은정 외, 미다스북스, 2016)

이 책은 고조선 건국 신화부터 조선 후기 민속극에 이르기까지, 4천 년에 달하는 우리 문학의 흐름을 청소년의 눈높이에서 시대순으로 일목요연하게 정리한 고전 문학 입문서이다. 역사적 배경과 사회상 속에서 문학 갈래가 어떻게 탄생하고 변모해 왔는지를 생생한 이야기로 풀어낸다. 개별 작품을 고립된 암기 대상이 아닌 역사의 산물로 이해하고, 문학사의 거시적인 흐름을 꿰뚫어 보는 안목을 기를 수 있다.

- ▶ 시대가 낳고 역사가 기른 이야기 - 당대 사회의 모순과 선조들의 열망 이해
- ▶ 살아있는 역사 탐구 - 교과서 밖에서 만나는 가장 친절하고 생생한 고전 문학사 가이드
- ▶ 4천 년의 시간 여행 - 고조선 신화부터 조선의 판소리까지 우리 문학의 핏줄을 잇는 탐험

■ 시를 잊은 그대에게(정재찬, 휴머니스트, 2020)

이 책은 윤동주, 이육사, 김소월 등 문학사적으로 중요한 시인들의 작품을 딱딱한 분석이 아닌 따뜻한 공감과 인문학적 통찰로 풀어낸다. 단순히 시어의 의미를 외우는 것을 넘어, 시인이 살았던 시대의 아픔과 그들이 노래하고자 했던 가치를 현대적인 감각으로 재해석한다. 학생들은 이를 통해 문학을 자신의 삶으로 끌어와 수용하고, 작품의 아름다움을 설명할 수 있는 심미적 안목을 갖출 수 있다.

- ▶ 시가 내 삶으로 들어온 순간 - 교과서 속 시인들의 언어를 나의 일상을 위로하는 공감의 언어로
- ▶ 이공계생도 울린 인문학적 감성 수업 - 논리와 분석을 넘어 마음을 움직이는 시의 힘을 증명
- ▶ 별을 노래하는 마음으로 시를 읽다 - 윤동주부터 김수영까지, 문학사의 빛나는 순간 감상

5. 토의/토론을 위한 생각 나눔 주제

- 고전 소설이나 설화의 서사 구조를 세계적인 콘텐츠(K-Culture)로 발전시키기 위한 전략은?
- '해학', '한' 등 민족 특유의 정서를, 현대인이 공감할 수 있는 문화 코드로 재해석하는 방안은?
- 친일 행적 작가의 작품이라도, 문학사적으로 뛰어난 성취를 이루었다면 감상해야 하는가?
- 현실 참여와 저항 의식을 담은 것과 순수 서정을 구현한 것 중 무엇이 더 중시되어야 하는가?

6. 진로 희망 계열과의 연계

인문, 사회과학 법학 계열	'송사 소설'에 나타난 당대 법률 제도와 민중의 권리 의식 변화 분석: 억울함을 호소하며 재판을 받는 과정을 다룬 소설(서동지전, 황새결송 등)을 통해 조선 후기 신분제 동요와 함께 당대 사법 체계의 모순을 법학적/사회학적 관점에서 분석한다.
경영, 경제 마케팅 계열	1930년대 모더니즘 문학에 나타난 '백화점'과 '도시 소비문화'의 표상 분석: 경성을 배경으로 한 작품 속에 묘사된 근대 소비 공간(백화점, 다방)을 분석합니다. 이 시기 문학이 포착한 인간의 물신주의와 소비 심리를 경영학적 관점에서 탐구한다.
공학, 건축 계열	소설 속 기이한 공간의 건축적 상상력과 현대적 구현 가능성 탐구: 고전 소설의 비현실적 공간 묘사를 분석해 문학적 상상력으로 축조된 가상 공간이 메타버스나 VR 콘텐츠의 공간 설계에 어떤 영감을 줄 수 있는지 공학적 상상력을 발휘한다.

[10공국2-05-02] **(1)주체적인 관점에서 작품을 해석하고 평가**하며 **(2)문학을 생활화하는 태도**를 지닌다.

1. 기본 개념

(1) 주체적인 관점에서의 해석과 평가(지식·이해)
- 주체적 해석: 독자 자신의 경험, 가치관, 배경지식을 활용하여 작품의 의미를 능동적으로 구성
- 해석의 다양성과 타당성: 독자에 따라 작품을 다양하게 해석하되, 근거를 들어 타당하게 해석함
- 능동적 평가: 작품이 지닌 미적 가치와 윤리적 가치를 자신의 언어로 판단하고 설명함.

(2) 문학을 생활화하는 태도(적용)
- 문학의 생활화: 문학 작품이 자신의 일상 속에서 지속적으로 즐기고 향유하는 습관을 형성함
- 자아 성찰과 타자 이해: 문학을 통해 자신의 삶을 되돌아보고, 타인에 대한 공감 능력을 기름
- 공동체적 향유: 감상문, 독서 토론, 문학 기행 등 타인과 감동을 나누며 공동체 일원으로 참여

2. A등급 성취 수준의 이해

성취수준	성취기준별 성취수준
A	①주체적인 관점에서 작품을 설득력 있게 해석하고 ②평가하며 ③해석의 다양성 및 상호 문화 존중에 대한 이해를 바탕으로 다른 사람의 해석을 존중하는 한편, ④다양한 형태의 활동을 통해 ⑤생활 속에서 능동적으로 문학을 향유할 수 있다.

구성 요소	핵심 의미	적용
① 주체적 관점에서 작품을 설득력 있게 해석	자신의 경험과 가치관을 바탕으로 여러 문학 작품에 대해 능동적으로 의미를 재구성함	작품 속 인물의 모습에 대해 타당한 근거를 들어 자신만의 해석을 논리적으로 제시함
② 주체적 관점에서 작품을 설득력 있게 평가(비평)	작품의 미적, 사회적, 윤리적 가치를 판단함으로써 문학에 대한 안목과 비판적 사고력을 기름	작품의 주제 의식이 현대 사회에 주는 시사점 등 작품의 가치와 한계를 명확하게 짚어냄
③ 해석의 다양성 및 상호 문화 존중에 대한 이해를 바탕으로 다른 사람의 해석을 존중	타인의 해석을 통해 나의 편협함을 깨닫고 다양한 문화적 배경의 사람들을 이해하고 존중함	독서 토론 시 나와 상반된 해석이나 낯선 문화적 관점을 접할 때도 적극적으로 수용, 공감함
④ 다양한 형태의 활동 참여	문학을 영상, 그림, 연극 등 다양한 매체나 활동으로 변환하며 작품을 입체적으로 체화함	문학을 재료로 2차 창작 활동(영상 시 제작, 가상 인터뷰 등)을 통해 창의성을 드러냄
⑤ 생활 속에서 능동적으로 문학 향유	문학이 삶의 위로와 성찰을 주는 동반자임을 깨닫고 평생 독자로서 문학을 가까이 함	문학 작품 찾아 읽기, 북토크 등 행사에 자발적으로 참여하기 등 일상 속에서 문학을 향유함

▶ **[10공국2-05-02]을 높은 수준으로 성취했다는 것을 증명하기 위해!**
자신의 가치관과 경험을 근거로 새로운 해석을 제시하고 타당성을 입증해 내기, 토론 및 성찰 과정에서 타인의 관점에 대해 다양성을 인정·존중하며 자신의 생각을 확장하는 태도 보이기, 문학을 창조적으로 변용하여 자신의 삶과 연결하는 실천적 능력 증명하기 등의 활동을 수행할 수 있습니다.

3. 교과세특 탐구주제

- 고전 소설 '심청전'의 효(孝) 사상에 대한 현대적 재해석과 비판적 수용 양상 탐구
- 영화화된 문학 작품(원작 vs. 각색)의 서사 변용 전략에 따른 주제 의식의 변화 분석
- 현대 소설(광장 등) 속 주인공의 선택에 대한 실존주의적 해석과 나의 관점 비교 분석
- 동일한 운문 작품에 대한 생성형 AI의 해석과 인간 독자의 감상적 해석 차이 비교 연구
- 지역 사회 도서관 및 독립 서점의 '북 큐레이션' 테마 분석과 문학 생활화 유도 전략 탐구

4. 독서연계 탐구주제

● 책은 도끼다(박웅현, 인티앤, 2023)

이 책은 "책은 우리 안의 꽁꽁 얼어버린 바다를 깨트리는 도끼여야 한다"는 카프카의 말을 빌려, 문학이 어떻게 우리의 굳어진 감각을 깨우고 삶을 풍요롭게 만드는지 역설한다. 저자는 김훈, 최인훈, 고은 등의 작품을 자신만의 섬세한 시선으로 재해석하며, 독자들에게 "당신은 무엇을 느꼈는가?"라고 끊임없이 묻는다. 오감을 열고 작품과 능동적으로 소통하며 문학을 삶의 자양분으로 삼는 태도를 배울 수 있다.

▶ 얼어붙은 감수성을 깨는 도끼 - 무뎌진 오감을 깨워 일상의 아름다움을 발견하게 하는 독서
▶ 중요한 것은 심독이다 - 한 문장이라도 내 삶과 연결하여 깊이 있게 받아들이는 주체적 읽기
▶ 행복은 발명하는 것 - 문학을 통해 발견한 사소한 기쁨들이 만드는 풍요로운 삶 이해

● 슬픔을 공부하는 슬픔(신형철, 한겨레출판, 2018)

이 책은 문학이 왜 필요한지에 대한 가장 윤리적인 대답이다. 저자는 소설과 시 속에 등장하는 인물들의 슬픔을 섬세하게 포착하여, 우리가 문학을 읽는 이유는 "타인의 슬픔을 공부하고, 그 과정에서 나 자신의 편협함을 깨닫기 위함"이라고 말한다. 이 책을 통해 문학 작품을 단순히 분석하는 것을 넘어, 작품 속 인물의 삶을 주체적으로 평가하고 타인의 삶을 포용하는 성숙한 독자의 태도를 갖추게 될 것이다.

▶ 우리는 타인의 슬픔을 모른다 - 나와 다른 존재의 고통을 상상하고 배우는 윤리적 독서
▶ 정확한 위로를 위한 비평 - 섣부른 힐링이 아닌, 인간의 본질을 꿰뚫어 보는 문학적 성찰
▶ 슬픔도 공부가 필요하다 - 삶의 비극과 아이러니를 이해하기 위한 문학이라는 교과서 탐구

5. 토의/토론을 위한 생각 나눔 주제

- 내 삶의 고민을 해결하고 위로를 얻는 '평생 친구'로서 문학을 즐기기 위한 나의 루틴(습관)은?
- 지역 사회에서 문학을 매개로 타인과 소통하고 연대감을 느낄 수 있는 새로운 프로그램은?
- 대중적 재미를 위해 원작의 주제 의식이나 결말을 완전히 바꾸는 것은 허용되어야 하는가?
- 요약 영상·카드 뉴스로 줄거리만 소비하는 '스낵 컬처'는 '문학의 생활화'가 될 수 있는가?

6. 진로 희망 계열과의 연계

사회과학, 법학, 심리학 계열	고전 속 '악인'의 행위에 대한 현대 법률적/심리학적 재해석 및 변론문 작성: 단순히 악인으로 치부된 인물의 행동을 현대 심리학(결핍, 방어기제 등)으로 분석하거나 범죄 사실에 대해 현대 형법 기준으로 재판단하여 인간의 입체성을 규명한다.
자연, 공학, 건축 계열	현대 시에 나타난 '생태학적 상상력'과 자연-인간 공존의 도시 모델링 제안: 여러 작품에서 포착되는 자연의 순환 원리나 생명 존중 사상을 분석한다. 이후, 문학적 영감을 바탕으로 생태 도시 아이디어를 구성하여 도시 문제의 대안을 찾는다.
경영, 경제 계열	근대 리얼리즘 소설에 나타난 식민지 자본주의 경제 구조 분석 및 현대적 시사점 고찰: 근대 소설 속에 묘사된 미두(투기), 고리대금, 빈부 격차 등의 경제 현상을 경제학적 개념으로 해석한다. 이를 통해 경제 정의 문제를 비판적으로 고찰한다.

01 매체

매체 비평의 재해석, 주체적 관점 수립, 타당한 근거, 매체의 특성 활용, 비평 윤리 준수
매체 환경의 변화, 상호작용성의 증대, 알고리즘과 편향, 스낵 컬쳐, 디지털 시민성

[10공국2-06-01] **(1)매체 비평 자료를 비판적으로 수용**하고 **(2)자신의 관점을 담아 매체 비평 자료를 제작**한다.

1. 기본 개념

(1) 매체 비평 자료의 비판적 수용(지식·이해)
- 매체 비평 자료: 매체 텍스트의 미적 가치, 사회적 영향력 등을 분석하고 평가한 2차 저작물
- 비판적 수용의 핵심 기준: 관점의 타당성(논리성), 가치의 공정성(왜곡 여부), 사회적 영향력 등
- 인플루언서의 의견을 정답으로 여기지 않고, 나만의 해석을 갖고자 타인의 비평을 검토해야 함.

(2) 자신의 관점을 담아 매체 비평 자료 제작(적용)
- 자신의 관점 수립: 기존 비평과 다른 새로운 해석과 분석적 시각 제시, 소외된 요소의 재조명 등
- 비평의 내용을 가장 효과적으로 전달할 수 있는 매체 선택, 매체 언어를 활용해 설득력을 높임
- 제작 윤리: 원작의 저작권을 준수, 비평 과정에서 비방이나 혐오 표현을 사용하지 않도록 주의

2. A등급 성취 수준의 이해

성취수준	성취기준별 성취수준
A	①전문성 있는 매체 비평 자료를 다양하게 찾아 ②비판적으로 수용하고, 이를 바탕으로 ③자신의 관점에서 매체 자료를 비판적으로 해석하고 평가하여 ④타당한 근거를 다양하게 갖춘 ⑤매체 비평 자료를 제작할 수 있다.

구성 요소	핵심 의미	적용
① 전문성 있는 매체 비평 자료 찾기	전문가의 깊이 있는 분석과 통찰이 담긴 양질의 텍스트를 접하며 나의 비평 수준을 높임	영화 전문 잡지, 언론사의 비평 칼럼, 학술지 등 신뢰할 수 있는 비평을 다양하게 수집함
② 매체 비평 자료를 비판적 수용하기	비평 자료에 대해 논리적인지, 편향되지 않았는지 등을 검증하며 주체적인 비평가로 성장함	필자가 내세우는 관점의 타당성과 근거의 적절성을 따지며, 동의·반박 지점을 명확히 제시함
③ 자신의 관점에서 매체 자료를 비판적으로 해석, 평가하기	나만의 가치관과 경험을 바탕으로 대상을 새롭게 바라보며 비평의 진정한 가치를 생성함	기존 비평과 구분되는 나만의 독창적인 해석 포인트를 정하고, 미적·윤리적 가치를 평가함
④ 타당한 근거를 다양하게 제시하기	비평은 '논증'의 일종이기에 내 입장을 뒷받침할 객관적·구체적 근거를 통해 설득력을 높임	매체 텍스트 내의 요소를 통해 나의 비평을 뒷받침할 수 있는 다양한 층위의 근거를 제시함
⑤ 나만의 매체 비평 자료 제작하기	가장 효과적으로 전달할 수 있는 매체 형식을 선택, 표현함으로써 생산자로서의 역량을 갖춤	시각적 분석을 위한 카드뉴스, 논리적 분석을 담은 비평문 등 매체 특성을 살려 제작함

▶ **[10공국2-06-01]을 높은 수준으로 성취했다는 것을 증명하기 위해!**
단순히 영화나 드라마를 보고 감상을 남기는 수준을 넘어, 기존 전문가 비평의 논리적 타당성을 검증하고, 이를 바탕으로 자신만의 새로운 관점과 구체적인 근거를 담아 매체 특성을 살린 비평 콘텐츠를 제작하는 활동을 수행할 수 있습니다.

3. 교과세특 탐구주제

- 웹툰 원작 드라마의 '각색' 전략에 대한 비평: 캐릭터 변용과 서사 생략의 득과 실 분석
- K-콘텐츠(드라마/영화)에 대한 해외 비평 매체의 관점과 국내 반응의 문화적 차이 탐구
- 유튜브 영화 리뷰 채널의 '결말 포함 요약' 방식이 수용자의 능동적 감상에 미치는 영향 연구
- 영화 평론가의 '별점'과 관람객의 '평점' 간극에 나타난 예술성 대 대중성 평가 기준 비교 분석
- 상업 광고에 내재된 성 역할 고정관념 비판 및 이를 개선한 대안적 광고 스토리보드 기획 연구

4. 독서연계 탐구주제

■ 유튜브는 책을 집어삼킬 것인가(김성우 외, 따비, 2020)

이 책은 텍스트에서 영상으로 미디어 환경이 급변하는 시대에, 우리가 갖춰야 할 진정한 문해력이 무엇인지 치열하게 묻고 답하는 대담집이다. 유튜브가 책을 대체할 것이라는 단순한 우려를 넘어, 읽기와 쓰기뿐만 아니라 듣기와 보기의 가능성까지 확장된 '멀티 리터러시'의 필요성을 역설한다. 경쟁의 도구가 아닌 공동체의 소통 역량으로서 미디어를 활용하는 주체적인 관점을 정립하는 통찰을 얻을 수 있다.

- ▶ 보는 것을 넘어 읽어내는 힘 - 세상을 입체적으로 해석하는 새로운 미디어 독법
- ▶ 유튜브 시대의 문해력, 위기인가 기회인가 - 잃어버리지 말아야 할 읽기와 생각의 힘
- ▶ 검색보다 사색, 소비보다 향유 – 알고리즘이 아닌 스스로 질문하고 찾아가는 능동적 미디어 생활

■ 타인의 고통(수전 손택, 이후, 2004)

이 책은 우리가 매체를 통해 쏟아지는 타인의 고통을 보며 연민을 느끼지만, 동시에 그것을 스펙터클한 구경거리로 소비하며 무감각해지고 있지는 않은지 경고한다. 매체 자료(이미지)가 현실을 있는 그대로 보여주는 것이 아니라, 특정한 의도에 의해 선택되고 편집된 결과물(프레임)임을 인식하고, 단순한 연민을 넘어 비판적이고 윤리적인 시각으로 매체를 해독하는 성숙한 수용자의 태도를 배울 수 있다.

- ▶ 이미지의 홍수 속에서 - 쏟아지는 자극적인 미디어 자료를 주체적이고 비판적으로 걸러내기
- ▶ 프레임 밖의 진실 - 사각의 프레임이 보여주는 것보다 잘라내버린 맥락에 주목하는 비평적 독해
- ▶ 스펙터클 사회에 던지는 경고 - 충격적인 이미지가 지배하는 현대에 인간성을 지키기 위한 성찰

5. 토의/토론을 위한 생각 나눔 주제

- 편향된 추천 알고리즘을 넘어 다양한 비평을 접하는 소비 습관이 우리에게 필요한 이유는?
- 서로 간의 감정을 상하지 않고 상대의 비평을 지적하는 동료 비평(피드백) 원칙 수립 방안은?
- 영화의 결말까지 모두 포함한 '요약형 리뷰'는 정당한 비평 창작물로 인정할 수 있는가?
- 방대한 데이터를 학습한 인공지능의 영화, 예술 작품에 대한 비평은 인간 평론가와 동등한가?

6. 진로 희망 계열과의 연계

계열	내용
자연, 공학 계열	기후 위기 다큐멘터리의 연출 방식이 '환경 감수성'에 미치는 영향 분석: 환경 다큐멘터리가 대중에게 충격적인 영상을 사용하는 방식의 효과와 피로감을 분석한 후, 대중의 실천을 이끌어내기에 더 효과적인 소통 방식을 제안하는 비평문을 쓴다.
심리학, 의학, 보건 계열	정신 질환을 다룬 뉴스의 자극적 보도 태도가 사회적 낙인 효과에 미치는 영향 비평: 범죄 뉴스에서 피의자의 정신 질환 병력을 부각하는 보도 행태가 치료 의지를 꺾고 사회적 편견을 강화함을 지적하며 건전한 보도 가이드라인 비평문을 쓴다.
인문, 사회, 언론 계열	범죄 영화를 다룬 '영화 평론'에 나타난 '폭력의 미화' 옹호 논리 비판: 범죄 영화에 대해 "스타일리시한 연출"이라며 호평한 기존 평론을 비판적으로 분석하고, 피해자에게 미칠 영향을 고려하여 윤리적 관점에서 영화를 평가하는 비평문을 쓴다.

01 매체

[10공국2-06-02] **(1)매체의 변화**가 **(2)소통 문화에 끼치는 영향을 탐구**한다.

1. 기본 개념

(1) 매체의 변화(지식·이해)
- 매체 변천의 흐름: 구술·인쇄 매체 > 영상·방송 매체 > 디지털·뉴미디어 매체로 변화
  시공간적 제약과 단방향적인 매체에서 벗어나 시공간을 초월하며 누구나 생산이 가능함.
- 수용자의 즉각적 반응과 참여, 여러 양식(시청각 등)의 융합, 전 세계가 네트워크로 연결됨.

(2) 소통 문화에 끼치는 영향 탐구(적용)
- 누구나 콘텐츠를 만들고 유통하는 프로슈머 문화 형성되어 생산자와 소비자의 경계가 붕괴됨
- 다수가 모여 문제를 해결하기도 하지만, 알고리즘에 의해 보고 싶은 것만 보는 현상이 대두됨
- 짧고 자극적인 콘텐츠를 선호하며 깊이 있는 사고 보다는 즉각적인 반응과 흥미를 중요시함

2. A등급 성취 수준의 이해

성취수준	성취기준별 성취수준
A	①매체의 변화가 ②소통 방식과 소통 문화에 끼치는 영향을 역사적 측면에서 종합적으로 이해하며, ③다양한 매체 소통 사례를 탐구하여 ④소통 방식과 소통 문화의 변화 양상을 다각도로 파악하고, ⑤자신의 소통 방식과 공동체의 소통 문화를 성찰할 수 있다.

구성 요소	핵심 의미	적용
① 매체의 변화 이해	소통 도구인 매체는 끊임없이 진화했으며, 고유한 기술적 특성이 있음을 이해함	과거 단방향 매체와 현재 양방향 매체가 정보를 전달하고 공유하는 방식의 차이점을 파악함
② 소통 방식과 소통 문화에 끼지는 영향을 역사적 측면에서 종합적으로 이해	매체 변화가 인류의 사고방식, 사회 구조를 어떻게 바꾸었는지 문명사적 관점에서 통찰함	인터넷이 시공간 초월을 가능하게 했다는 점 등 매체의 발전과 사회변동의 인과관계를 설명함
③ 다양한 매체 소통 사례 탐구	우리 주변에서 실제로 일어나는 생생한 소통 현상을 포착하여 매체 변화를 실감 나게 확인함	'챌린지 문화', '오픈 채팅', '유튜버 팬덤' 등 현재 나타나는 여러 매체 소통 사례를 수집함
④ 소통 방식과 소통 문화의 변천 양상을 다각도로 파악	수집된 사례를 통해 변화의 양상을 언어적, 심리적, 사회적 측면에서 입체적으로 분석함	디지털 소통의 순기능과 역기능을 비교 분석하고 소통 방식의 변화를 구체적으로 탐구함
⑤ 자신의 소통 방식과 공동체의 소통 문화 성찰	자신의 매체 이용 습관을 점검하며 바람직한 디지털 시민으로서 건강한 소통 문화를 형성함	스마트폰 사용 습관, 온라인 언어생활을 성찰하며 공동체가 지향해야 할 소통 윤리를 제시함

▶ **[10공국2-06-02]을 높은 수준으로 성취했다는 것을 증명하기 위해!**

인쇄 매체에서 디지털 매체로의 전환이 인류의 소통 방식에 미친 근본적인 영향 탐구하기, 우리 주변에서 나타나는 디지털 소통 현상을 포착한 후 긍정적/부정적, 사회적, 심리적 측면에서 입체적으로 분석하기, 매체 이용 습관을 점검하고 공동체를 위한 건강한 소통 문화 제안하기 등을 수행할 수 있습니다.

3. 교과세특 탐구주제

- 비대면 소통 상황에서 '이모티콘'과 '기호'가 비언어적 표현을 대체하는 기능과 한계 분석
- 인쇄 매체에서 디지털 매체로의 전환이 청소년의 '긴 글 읽기' 능력과 문해력에 미친 영향 연구
- "디지털 매체의 '댓글' 문화가 독자의 능동적 반응과 2차 콘텐츠 생산에 미치는 영향 분석
- '스낵 컬처' 트렌드가 문학 소비 양상에 미치는 영향: 서사 구조와 독자 반응을 중심으로 분석
- '편지'와 '메신저' 비교 후, 매체의 '즉시성'이 관계의 깊이와 기다림의 미학에 미치는 영향 연구

4. 독서연계 탐구주제

● 포노 사피엔스(최재붕, 쌤앤파커스, 2019)

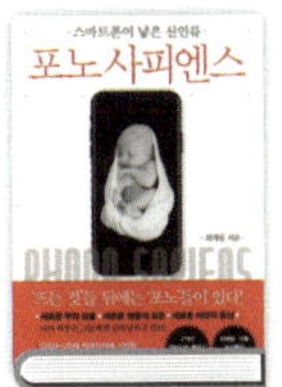

이 책은 스마트폰을 신체 일부처럼 사용하는 신인류, '포노 사피엔스'의 등장을 통해 매체 변화의 본질을 통찰한다. 미디어 환경의 변화가 방송사가 독점하던 정보를 개인이 생산하고, 기업이 주도하던 시장을 소비자가 주도하는 '혁명적 소통 문화'를 만들었음을 역설한다. 디지털 매체 변화를 두려움의 대상이 아닌 새로운 문명의 표준으로 인식하고, 변화된 생태계에서 생존하고 소통하는 지혜를 얻을 수 있다.

- ▶ 스마트폰과 한 몸이 된 인류 - 기계를 입고 진화한 신인류, 포노 사피엔스의 탄생 보고서
- ▶ 문명의 표준이 바뀌었다 - TV와 신문이 지던 자리에 뉴미디어가 쏘아 올린 권력 이동의 실체
- ▶ 데이터가 흐르는 대로 소통하라 - 매체의 변화를 읽는 자만이 살아남는 초연결 사회의 생존 전략

● 도둑맞은 집중력(요한 하리, 어크로스, 2024)

이 책은 우리가 왜 긴 글을 읽지 못하고, 대화에 집중하지 못하며, 끊임없이 스마트폰을 확인하는지를 파헤친다. 의지 박약이 아니라, 테크 기업들이 매체를 설계할 때부터 우리의 '주의력'을 해킹하도록 만들었기 때문이라고 고발한다. 매체의 기술적 변화가 인간의 깊이 있는 사고와 소통을 어떻게 방해하는지 비판적으로 탐구하고, 주체적인 매체 사용 권리를 되찾기 위한 사회적 차원의 해결책을 고민할 수 있다.

- ▶ 단절된 몰입, 산산이 조각난 대화 - 우리 삶의 밀도를 훼손하는 멀티태스킹
- ▶ 알고리즘에 맞서 나를 지키는 법 - 진정한 몰입과 관계를 회복하기 위한 저항의 기록
- ▶ 당신의 집중력은 당신의 탓이 아니다 - 거대 테크 기업의 알고리즘이 훔쳐간 인간의 역량

5. 토의/토론을 위한 생각 나눔 주제

- SNS상의 교내 갈등을 예방하고, 서로 존중하는 온라인 학급 문화를 만들기 위한 방안은?
- '필터 버블' 현상에서 벗어나, 여러 관점의 정보를 접하고 균형 잡힌 시각을 갖기 위한 방안은?
- 사용자 보호를 위해 자극적인 콘텐츠를 추천하는 알고리즘을 정부가 법적으로 규제해야 하는가?
- 긴 글을 읽지 않는 현상에 대해 '매체 변화에 따른 자연스러운 소통 방식의 진화'로 볼 것인가?

6. 진로 희망 계열과의 연계

계열	내용
정치외교, 사회학 언론 계열	알고리즘 기반 뉴스 플랫폼의 등장과 정치적 '확증 편향' 심화 현상 연구: 과거의 매스 미디어와 달리, 이용자 취향에 맞춰 정보를 제공하는 알고리즘 매체 환경이 어떻게 끼리끼리 소통하는 문화를 만들고 정치적 양극화를 초래했는지 분석한다.
자연, 공학, IT 계열	생성형 AI 챗봇과의 대화 경험이 인간의 질문 방식 및 지식 습득 문화에 끼치는 변화 양상 분석: 검색 엔진에서 대화형 AI로의 변화에 따라 정보를 찾고 습득하는 과정의 변화 양상에 대해 기술 사회학적 관점에서 탐구한다.
체육, 마케팅 계열	스포츠 팬덤의 소통 공간 변화가 '콘텐츠 재생산' 문화에 미친 영향 연구: 유튜브의 편파 중계나 하이라이트 짤방을 선호하는 매체 이용 변화가 스포츠 관람 문화를 어떻게 '개인화'되고 '놀이화'된 형태로 바꾸었는지 분석한다.

PART

2

일반 선택 과목

교과군	공통 과목			평가 정보		수능
국어	일반 선택	진로 선택	융합 선택	성취도	상대평가	○
	●			5단계	5등급	

1. 교과 성격

'화법과 언어' 과목은 초·중등 국어에서 다루어 온 듣기·말하기 및 문법 학습을 한 단계 더 확장하여, 언어가 어떻게 작동하는지 이해하고 다양한 상황에서 적절하게 표현하는 능력을 기르는 데 초점을 둔다. 학생들은 언어를 생각을 정교하게 다듬는 도구로 바라보고, 사회적 상호작용을 원활하게 수행하는 방법을 탐색하게 된다.

이 과목에서는 표현 방식의 관습과 원리, 그리고 담화가 이루어지는 사회·문화적 맥락을 분석하며, 실제 국어생활에 적용하는 경험을 통해 비판적 언어 감수성을 높인다. 더불어 여러 형태의 담화를 해석하고 생산하면서 협력적 의사소통 역량을 강화하고, 말하기와 글쓰기가 공동체 속에서 책임을 지닌 행위임을 인식하도록 한다.

또한 화법은 말하기 중심의 실천 영역이고 문법은 의미를 구성하고 점검하는 체계라는 점에서, 두 영역이 유기적으로 연결된다는 관점을 바탕으로 교육 내용이 구성된다. 공적 상황에서 필요한 정확한 언어 사용과 오늘날 매체 환경에서의 복합적 표현 방식까지 반영하여, 화법과 문법을 통합적으로 이해하고 활용하는 능력을 기르는 것이 이 과목의 핵심이다.

2. 교과 목표

- 화법과 언어의 본질과 특성을 탐구하여 국어생활의 다양성과 공공성을 이해한다.
- 다양한 담화 자료를 바탕으로 언어 자원의 표현 효과를 탐구하고 음성 언어 의사소통에 능동적으로 참여한다.
- 화법과 언어에 대한 성찰을 통하여 자신의 국어생활을 개선하고 바람직한 의사소통 문화 형성에 기여한다.

3. 내용 체계

핵심 아이디어	• 화법은 의사소통 목적과 맥락, 담화 참여자의 관계를 고려하여 음성 언어를 중심으로 의미를 구성하는 사고 행위이자 언어적 실천과 소통 행위이다. • 언어는 고유의 형식과 의미 기능을 지닌 체계로서, 의사소통 맥락에 맞게 담화를 수행하고 비판적으로 사고하기 위한 효과적인 자원이다. • 언어 사용자는 맥락에 적절한 언어로 의사소통에 능동적으로 참여하고 언어생활을 성찰하여 의사소통 문화 형성에 기여한다.
범주	**내용 요소**
지식·이해	• 인간의 삶과 국어생활의 변화 • 기호를 활용한 사회적 행위로서의 의사소통 • 맥락에 따른 언어 선택과 담화 관습
과정·기능	• 표준 발음으로 국어생활하기 • 품사, 문장 구조에 대한 지식을 활용하여 언어 자료 분석하기 • 단어의 짜임과 의미 관계를 분석하여 어휘 활용하기 • 화자의 태도를 표상하기 위해 어휘와 문법 요소 활용하기 • 담화를 응집성 있게 구성하기 위해 어휘와 문법 요소 활용하기 • 다양한 유형의 담화 및 매체에 활용된 언어의 공공성을 점검하고 평가하기 • 자아 개념을 인식하고 관계 형성에 적절한 방법으로 대화하기 • 적절한 언어적·준언어적·비언어적 표현 전략을 활용하여 발표하기 • 화자의 공신력과 효과적 설득 전략을 활용하여 연설하기 • 공동체의 문제를 분석하여 합리적으로 문제를 해결하며 토의하기 • 논증에 대해 반대 신문하며 토론하기 • 상호 만족할 수 있는 대안을 탐색하며 협상하기
가치·태도	• 사회적 행위로서의 국어생활에 대한 성찰과 개선 • 다양성을 존중하는 의사소통 문화 형성

02 화법과 언어

화법, 언어, 의사소통, 대화, 자아개념, 자기표현, 관계형성, 문제해결, 토론과 토의, 표준어, 표준발음, 음운변동, 단어의 구성, 품사, 문장의 짜임새, 문법 요소, 사회와 문화, 국어생활과 성찰

[12화언01-01] **(1)언어를 인간의 삶과 관련지어 이해**하고, **(2)국어와 국어생활이 시간의 흐름에 따라 변화하는 양상을 분석**한다.

1. 기본 개념

(1) 언어와 인간의 삶 이해
- 언어의 본질: 인간의 사고 및 의사소통의 근본적 체계
- 언어의 사회·문화적 기능: 문화 창조와 전승의 기반이자, 자아를 인식하고 타인과 교류하는 도구
- 언어와 사고: 지식과 정보를 교류하고, 세계를 이해하며 더 깊이 있게 사고하기 위해 언어능력 필요

(2) 국어와 국어생활의 변화 양상 분석
- 국어가 시간에 따라 형태, 의미, 사용 방식 등 모든 측면에서 변화하는 역동적인 실체임을 이해
- 국어 생활을 통해 바람직한 인성과 공동체 의식을 함양하고, 삶의 행복과 공동체 발전을 추구
- 자신의 국어생활을 성찰하고 개선하는 태도를 갖추며, 협력적 의사소통 문화 형성을 위해 노력

2. A등급 성취 수준의 이해

성취수준	성취기준별 성취수준
A	①언어가 인간의 사고·사회·문화와 밀접한 관련이 있음을 심층적으로 이해하고, ②다양한 국어 자료를 능동적으로 탐구하여 ③국어와 ④국어생활이 시간의 흐름에 따라 변화하는 양상을 분석할 수 있다.

구성 요소	핵심 의미	적용
① 언어가 인간의 사고·사회·문화와 밀접한 관련이 있음을 심층적으로 이해	언어가 인간의 사고·사회·문화와 순환적 영향을 주고받는 관계임을 깊이 있게 파악함	언어가 인간의 정체성 형성과 사회·문화적 변화에 어떻게 기여했는지 원리를 논리적으로 설명함
② 다양한 국어 자료를 능동적으로 탐구	시대별, 지역별, 매체별 국어 자료를 자발적이고 주체적으로 찾아보고 분석함	고문헌, 방언, 신조어, 매체언어등 실제 언어 자료를 통해 국어의 표현 양상을 다각도로 탐구함
③ 국어가 시간의 흐름에 따라 변화하는 양상	고대국어부터 현대국어까지 폭넓은 자료를 통해 국어의 변화 양상을 분석하고 현재 국어의 모습을 깊이 이해함	고대, 중세, 근대, 현대 국어자료를 비교하며 국어의 시대적 변화 양상을 탐구함
④ 국어생활이 시간의 흐름에 따라 변화하는 양상	국어생활의 양상이 시대와 사회 변화에 따라 달라짐을 이해하고 자신의 국어생활을 성찰함	시대별 언어 예절, 의사소통 방식, 담화 관습, 매체 언어 변화 등을 분석하여 국어생활의 변천 양상을 탐구하고 자신의 국어생활에 주는 시사점을 정리함

▶ **[12화언01-01]을 높은 수준으로 성취했다는 것을 증명하기 위해!**
언어 문화의 시대별 비교(시대별 언어 예절 변화 탐구), 매체 언어의 변화 탐구(신문·라디오·TV·SNS 등 매체 환경의 변화에 따른 언어 표현의 특징 분석), 언어사 탐구(고대·중세·근대 국어의 변화 양상 정리), 바람직한 국어 문화 개선 제안(신조어·줄임말·외래어 사용 개선 탐구) 등을 수행할 수 있습니다.

3. 교과세특 탐구주제

- 고전 문헌에 나타난 국어생활의 시대적 특징 탐구
- 차별·혐오 표현이 공동체 관계와 언어 문화에 미치는 영향 탐구
- 중세국어자료와 현대국어자료의 비교를 통한 국어의 변화 양상 탐구
- 지역 방언이 지역민의 정체성과 공동체 의식 형성에 미치는 영향 탐구
- 조선 후기와 현대의 존칭 표현 비교를 통한 관계가 언어에 반영되는 양상 탐구

4. 독서연계 탐구주제

■ 우리 언어문화의 수수께끼(배희임 외 2명, 박이정, 2025)

한국어와 한국문화의 내적 관계를 새롭게 조명하는 교양서이다. '심리, 관념, 정서, 계급, 종교, 어원, 문자, 욕, 외래어, 말놀이, 의식주, 변화, AI' 등 우리말 속에 담긴 15가지 문화 코드를 통해 언어가 사회와 문화를 반영하고 변화를 주도하는 과정을 탐색한다. 언어 예절, 차별어, 외래어, 디지털 언어 등 현실적 주제도 다루며, '생각거리·토론거리'를 제시한다.

- ▶ 풍자와 해학, 언어유희에 드러난 한국인의 유머 탐구
- ▶ 국어에 반영되어 있는 계층 의식의 역사적 배경 탐구
- ▶ 어족 분류 이론으로 살펴본 국어의 기원과 특징 탐구

■ 훈민정음 해례본 함께 읽기(김슬옹, 마리북스, 2025)

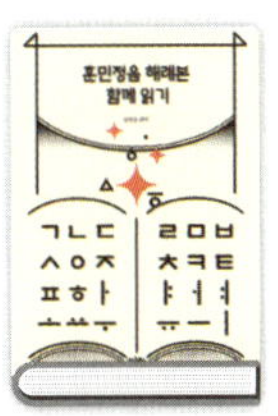

《훈민정음》 해례본을 현대인이 읽기 쉽게 풀어낸 해설서이다. 세종대왕과 집현전 학자들의 협력으로 완성된 문자 창제의 원리를 과학적·철학적 관점에서 조명한다. 음성기관의 구조를 본뜬 과학적 설계, 천·지·인 사상에 근거한 철학적 상징, 그리고 백성을 위한 언어 민주화의 정신을 구체적으로 해석한다. 또한 인공지능 시대의 언어문화 변화 속에서 훈민정음 창제 정신의 현대적 가치를 되새기게 한다.

- ▶ 훈민정음 창제 원리에 담긴 과학성 탐구
- ▶ 훈민정음에 반영되어 있는 유교 철학과 공동체 문화 탐구
- ▶ 훈민정음과 현대국어의 비교를 통한 국어의 변화 양상 탐구

5. 토의/토론을 위한 생각 나눔 주제

- 간판, 메뉴판 등에 사용되는 외래어를 규제해야 하는가?
- 방송, 영화 등의 욕설 표현을 법적으로 규제해야 하는가?
- 차별·혐오 표현(hate speech)을 법적으로 처벌해야 하는가?
- 신조어와 줄임말은 청소년 문화로 가치가 있는가 아니면 국어 파괴인가?

6. 진로 희망 계열과의 연계

계열	내용
언어·문학 계열	**고전시가의 원본 해석과 현대어 의역:** 중세국어에 대한 이해를 바탕으로 고전시가의 원본을 음운, 형태소 단위로 해석하고 현대 국어 문화를 반영하여 의역하는 활동을 통해 국어 지식의 적용을 경험한다.
사회과학 계열	**차별적 언어에 반영된 사회구조 분석:** 특정 집단(성, 연령, 지역 등)을 향한 차별적 표현이 사회 내부의 불평등 구조나 집단 간 갈등을 어떻게 반영하고 심화시키는지 사회과학적 관점에서 분석한다.
디자인 계열	**서체 디자인이 의미 전달에 미치는 영향 탐구:** 한글 서체 디자인을 중심으로 서체의 굵기, 색상, 곡선, 배치가 어떤 감정적 반응을 일으키고 뉘앙스의 차이를 가져오는지, 궁극적으로 의미 전달에 어떤 차이를 가져오는 탐구한다.

[12화언01-02] **(1)표준 발음을 이해**하고 **(2)정확하게 발음하는 국어생활**을 한다.

1. 기본 개념

(1) 표준 발음의 이해
- 표준 발음은 국어의 음운 규칙에 따라 사회적 합의를 거쳐 정해진 바른 소리 내기 방식
- 표준 발음은 의사소통의 정확성과 공공성을 유지하기 위한 사회적 약속
- 표준 발음은 지역·세대·직업 등에 따른 발음 차이를 조정하는 기준

(2) 표준 발음과 국어생활
- 표준 발음법에 따른 정확한 발음은 화자의 전달력과 신뢰도를 높이기 때문에 담화에 필수적
- 발음을 점검하고 교정하는 과정에서 언어습관을 성찰하고 개선(의사소통역량 신장)
- 다양한 사례를 탐색하여 표준 발음의 원리를 이해하고 적용(과정을 통해 언어능력 함양)

2. A등급 성취 수준의 이해

성취수준	성취기준별 성취수준
A	①국어의 음운 체계와 ②음운 변동에 관한 앎을 바탕으로 ③다양한 사례의 발음을 탐구하여 표준 발음의 원리를 심층적으로 이해하고, ④표준 발음법에 맞는 정확한 발음으로 국어생활을 할 수 있다.

구성 요소	핵심 의미	적용
① 국어의 음운 체계	발음기관의 구조, 조음위치, 조음방법, 국어의 자음·모음 체계를 과학적으로 이해함	조음 위치와 조음 방법에 따른 음운의 분류를 이해하고 국어의 자모음 체계도를 작성함
② 국어의 음운 변동	교체·탈락·첨가·동화 등 음운변동의 개념과 원리를 이해함	표준발음법의 각 조항에 해당하는 음운 변동에 관해 이해하고 발음 사례에 적용함
③ 표준 발음의 원리 심층 이해 (다양한 사례를 탐구)	국어의 음운 체계와 음운 변동에 관련된 지식을 바탕으로 다양한 사례에 적용함	발음 오류 사례를 분석 후 표준 발음법 조항에 논리적으로 연결하여 설명하고 교정함
④ 정확한 발음으로 국어 생활	표준 발음의 사회적 중요성을 인식하고 능동적으로 발음을 교정하여 국어 문화 발전에 기여함	사회에 널리 퍼져 있는 오발음 사례를 대상으로 개선 방안을 제시함

▶ **[12화언-01-02]를 높은 수준으로 성취했다는 것을 증명하기 위해!**
국어의 음운 체계 탐구(국어의 음운체계와 다른 언어의 비교), 음운 변동의 규칙성과 예외 탐구(표준발음법 조항에 적용된 음운 규칙과 예외 분석), 지역별 오발음 양상 탐구(지역별 오발음의 원인을 방언과 음운 변동 관점에서 탐색하고 바람직한 교정 방향 제시) 등을 수행할 수 있습니다.

3. 교과세특 탐구주제

- 50년대 이후 표준 발음 규정의 변천과 원인 분석
- 유튜브 콘텐츠의 발음 오류 분석 및 교정 방안 탐구
- AI 음성 인식 오류의 원인을 음운 규칙 관점에서 탐구
- 외래어 표기법과 실제 발음의 괴리 원인과 개선 방안 탐구
- 발음의 정확성이 공적 담화(연설, 토의 등)에 미치는 영향 탐구

4. 독서연계 탐구주제

● 쉽게 풀어 쓴 국어음운론(신승용, 역락, 2024)

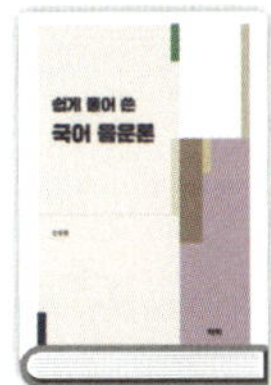

국어의 음운 체계와 음운 변동의 원리를 쉽고 체계적으로 설명한 교양서이다. 음운론이 다루는 연구 대상과 방법을 명확히 제시하며, '교체·탈락·첨가·축약' 등 음운 변동의 유형을 실제 국어 사례를 통해 귀납적으로 탐구한다. 특히 '소리가 음운으로 인식되는 기준'과 '기저형·표면형의 차이' 등 핵심 개념을 이론 중심이 아닌 언어 자료 분석 중심으로 서술하여 학습자의 탐구적 사고를 자극한다.

- ▶ 음운론에 기반한 사이시옷 규정의 개선 방안 탐구
- ▶ 발음의 규칙성을 표기에 반영하는 방법과 예외 사례 탐구
- ▶ 탈락과 축약 현상을 통해 본 국어 발음의 경제성 원리 탐구

● 말소리로 만나는 한국어(안미애 외 2인, 태학사, 2025)

한국어의 말소리 구조와 음운 체계를 폭넓게 다룬 한국어 음운론 입문서이다. 음운론의 기본 개념과 연구 방법을 소개하는 동시에, 외국인 학습자 발음 지도와 실제 교육 현장 적용까지 연결해 한국어 발음을 보다 실질적으로 이해하도록 돕는다. 특히 조음 기관의 구조, 음운 변동, 음절 제약, 국제음성기호(IPA) 등 구체적인 예시를 통해 표준 발음의 과학적 근거와 교육적 활용 방안을 제시한다.

- ▶ 외국인을 위한 한국어 발음 교육 방법 탐구
- ▶ IPA(국제음성기호)를 활용한 한국어 발음 표기 방법 조사
- ▶ 한국어와 영어 발음 구조 비교를 통한 발음 오류 원인 탐구

5. 토의/토론을 위한 생각 나눔 주제

- 표준발음법에서 개정이 필요한 조항은 무엇인가?
- 서울 지역 방언을 표준어로 규정한 것은 정당한가?
- 통일 후에는 어떤 기준으로 표준발음법을 정해야 하는가?
- 외래어 표기 규정을 원어 발음에 가깝도록 개정해야 하는가?

6. 진로 희망 계열과의 연계

컴퓨터·통신 계열	**AI 음성인식 오류 사례 분석:** 인공지능 스피커, 자동 자막 시스템 등에서 발생하는 음성인식 오류 사례를 수집·분석한 후 국어의 음운 변동이 AI의 음성인식 과정에서 어떤 문제를 일으키는지를 탐구하고, 표준 발음 규칙을 기반으로 오류 개선 방안을 제시한다.
치료·보건 계열	**언어장애치료를 위해 알아야 할 음운규칙 탐색:** 언어장애(조음장애, 발음장애) 사례를 분석하고 치료적 접근에서 필요한 표준 발음 교육과 음운 인식 훈련 방법을 탐색한다.
교육 계열	**표준 발음 교육 방안 탐구:** 학생들이 표준 발음의 원리를 자연스럽게 익힐 수 있도록 하는 발음 지도 전략(시각 자료, 발화 녹음 피드백, 음운 카드 게임 등)을 고안하는 등 표준 발음 교육의 교수·학습 방안을 구체적으로 탐색한다.

[12화언01-03] **(1)품사**와 **(2)문장 구조**에 대한 지식을 활용하여 언어 자료를 분석하고 설명한다.

1. 기본 개념

(1) 품사
- 품사는 국어의 단어를 의미·기능·형태 기준으로 분류한 범주
- 9품사: 명사·대명사·수사·동사·형용사·관형사·부사·조사·감탄사
- 문장 성분 형성의 핵심이며, 문장 구조 결정에 직접적인 영향을 미침.

(2) 문장 구조
- 문장 구조는 문장 성분(주어, 서술어, 목적어, 보어, 관형어, 부사어, 독립어)이 배열되는 방식
- 문장 성분 사이의 기능적 관계, 호응, 의미 형성 방식을 파악하는 과정이 문장 구조 분석
- 문장의 짜임(어절, 구, 절, 홑문장, 겹문장-이어진 문장·안은[안긴] 문장)에 대한 이해 필요.

2. A등급 성취 수준의 이해

성취수준	성취기준별 성취수준
A	①품사와 ②문장 구조에 대한 지식을 활용하여 다양한 언어 자료에 사용된 단어의 품사와 문장의 구조를 정확하게 파악하고, ③언어 자료의 담화 특성을 고려하여 품사 및 문장 구조 선택의 적절성과 ④선택에 따른 표현 효과의 차이를 심층적으로 분석하고 설명할 수 있다.

구성 요소	핵심 의미	적용
① 품사	형태, 의미, 기능에 따른 품사 분류의 원리를 이해하고 단어의 품사를 정확히 파악함	다양한 언어 자료에 쓰인 낱말의 품사를 정확하게 파악함(동일한 형태 다른 품사, 파생어와 활용의 구분 등)
② 문장구조	어절, 구, 절, 홑문장, 겹문장 등의 개념을 정확히 이해하고 문장 구조를 정확히 분석함	홑문장과 겹문장의 개념을 이해하고 겹문장 중 안은 문장(명사절, 관형절, 부사절, 서술절, 인용절), 이어진 문장을 분석함
③ 담화 특성 고려 능력	갈래, 상황, 목적 등 담화 특성에 따라 품사 및 문장 구조의 적절성을 평가함	뉴스, 광고, 강연 등 다양한 담화의 품사 사용 양상과 문장 구조를 비교 분석하고 담화 목적에 비추어 적절성을 평가함
④ 표현 효과 분석 능력	갈래, 상황, 목적 등에 따라 사용된 품사 및 문장 구조의 표현 효과를 분석함	다양한 언어 자료에서 명사화, 동사/형용사 중심 표현, 문장 확장 방식을 비교하여 의미·뉘앙스 차이를 분석함

▶ **[12화언-01-03]를 높은 수준으로 성취했다는 것을 증명하기 위해!**
품사 분석(다양한 국어 자료의 품사를 분석), 문장 구조 탐구(문장 성분 배열과 호응 관계를 구조도로 시각화), 언어 자료 유형에 따른 문장 구조와 표현 효과 비교(품사 변화와 문장 구조 변화에 따른 의미·뉘앙스 차이 분석), 문장 개선 탐구 등을 수행할 수 있습니다.

3. 교과세특 탐구주제

- 9품사 이외의 품사 분류 방식(7,8,10품사) 탐구
- 종속적으로 이어진 문장의 부사절 처리 가능성 탐구
- 문장 성분 간 호응 오류 발생 원인과 교정 방안 탐구
- 담화 유형별(뉴스,광고,SNS 등) 문장 구조와 특징 비교
- 문장 구조의 변화(홑문장→겹문장 또는 그 역)에 따른 의미·뉘앙스 차이 탐구

4. 독서연계 탐구주제

▪ 동사의 맛(김정선, 유유, 2015)

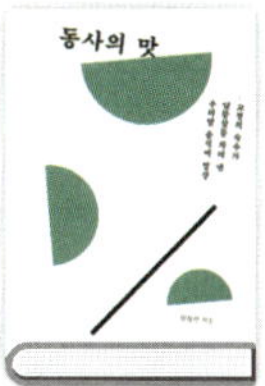

한국어는 동사 중심 언어로 문장의 의미·정서·뉘앙스가 동사 선택에 의해 크게 달라지는데, 이 책은 그러한 한국어 동사의 형태·활용·의미·뉘앙스·표현 기능을 누구나 이해하기 쉽게 설명한다. 특히 저자는 교정·교열 실무 경험을 바탕으로 헷갈리기 쉬운 동사들을 '짝지어 비교'하고, 동사 선택이 글맛과 소통 효과를 어떻게 바꾸는지를 실례를 통해 보여준다.

- ▶ 국어사적 관점에서 동사의 변화상 탐구
- ▶ 다른 언어와 비교하여 동사 중심 언어로서의 한국어 특성 탐구
- ▶ 동사 선택에 따른 뉘앙스 차이가 의미 해석과 소통에 미치는 영향 탐구

▪ 좋은 문장 표현에서 문장부호까지!(이수연, 마리북스, 2024)

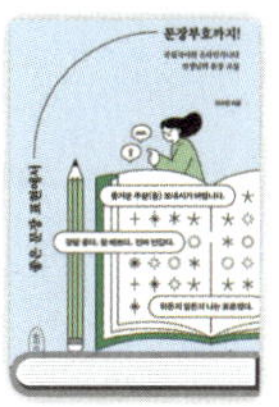

우리가 일상과 학업에서 매일 사용하는 문장을 더 정확하고 자연스럽게 쓰기 위해 어떤 표현과 문장 구조를 선택해야 하는지를 구체적 사례와 함께 안내하는 책이다. 국립국어원 온라인가나다와 '찾아가는 국어문화학교' 현장에서 17년간 축적한 실제 질문 사례를 바탕으로, 사람들이 가장 많이 헷갈려 하는 표현들을 골라 설명한다. 일상 담화와 공문서에서의 표현까지 폭넓게 다루고 있다.

- ▶ 문장 부호의 사용 차이가 문장 해석에 미치는 영향 탐구
- ▶ 학생들이 자주 사용하는 잘못된 표현 조사와 개선안 제시
- ▶ 높임 표현의 오용 사례를 조사하고 지나침과 부족함의 판단 기준 정립

5. 토의/토론을 위한 생각 나눔 주제

- 문장 부호는 문장의 일부인가 단순 기호인가?
- 관형절은 '절'인가, '형용사 기능을 수행하는 구'인가?
- 단어이지만 자립하지 못하는 조사를 단어로 인정할 수 있는가?
- 댓글, SNS 등 인터넷의 문장은 '문장 구조 파괴'인가, '새로운 문법 생성'인가?

6. 진로 희망 계열과의 연계

인문 계열	문학작품 문장구조 분석을 통한 의미 해석: 실제 작품을 선정하여 문장구조를 분석하고 표현 효과와 의미를 분석한다. 문장 구조가 인물의 심리 묘사나 상황 묘사에 어떤 영향을 주는지, 시에서 생략이 어떤 효과가 있는지 등을 탐구한다.
법률 계열	법률 문장의 의미 명확화 탐구: 법률·행정 문서의 모호한 표현은 사회적 갈등을 유발할 수 있음을 밝히고, 실제 갈등을 일으킨 사례를 대상으로 법률·행정 문서에 모호한 표현이 나타나는 원인을 분석하고, 어떻게 교정할 수 있는지 탐구한다.
교육 계열	학생 문장 오류 분석을 통한 문법 지도 방안 탐구: 학생의 실제 글쓰기에서 나타나는 호응 오류, 중의적 문장, 과도한 축약, 과도한 명사화 등을 대상으로 오류가 일어나는 원인과 교정 방안을 탐구한다.

[12화언01-04] **(1)단어의 짜임과 의미, 단어 간의 의미 관계**를 중심으로 **(2)어휘를 이해하고 담화에 적절히 활용**한다.

1. 기본 개념

(1) 단어의 짜임과 의미 관계
- 단어: 최소 자립 형식으로, 구성 형태소의 갯수에 따라 분류(단일어, 복합어)
- 단어의 의미: 단어 자체가 지닌 사전적 의미와 맥락 속에서 달라지는 문맥적 의미 등
- 단어 간의 의미 관계: 유의 관계, 반의 관계, 상하 관계 등

(2) 어휘를 담화에 적절히 활용
- 단어의 짜임은 단어의 의미 형성과 담화 늬앙스 차이에 영향
- 단어 간의 의미 관계를 이해하면 담화에서 정확성과 명료성, 표현 효과를 높일 수 있음
- 단어의 구조적·의미적 특성을 이해하고, 그 관계를 바탕으로 맥락에 맞게 사용하는 능력

2. A등급 성취 수준의 이해

성취수준	성취기준별 성취수준
A	①단어의 짜임과 ②의미, ③단어 간의 의미 관계를 분석하여 어휘를 심층적으로 이해하고, 이를 고려하여 ④담화 맥락에 적절한 어휘를 능동적·전략적으로활용할 수 있다.

구성 요소	핵심 의미	적용
① 단어의 짜임 분석	형태소, 단일어와 복합어, 파생어와 합성어 등 단어의 짜임을 정확히 분석함	단어의 짜임을 분석하여 단어의 종류를 파악하고 그에 따른 의미 형성 방식과 쓰임을 설명함
② 단어의 의미 분석	단어의 사전적 의미와 문맥적 의미를 모두 파악하고 맥락에 따라 정확히 해석함	다양한 문맥에서 나타나는 단어 의미 변화와 늬앙스 차이를 설명하고 어휘 해석 활동을 수행함
③ 단어 간의 의미 관계 분석	유의 관계, 반의 관계, 상하 관계 등을 정확히 파악하고 어휘를 심층적으로 이해함	담화의 원리와 목적, 종류에 따라 적절한 의미의 어휘를 능동적으로 선택함
④ 담화 맥락에 따른 어휘 선택	상황, 목적, 장르에 따라 적절한 어휘를 능동적, 전략적으로 선택함	보도, 광고, 논설 등 담화 유형에 따라 달라지는 어휘 선택 전략과 효과를 비교함

▶ **[12화언-01-04]를 높은 수준으로 성취했다는 것을 증명하기 위해!**
단어의 짜임 분석(파생어와 합성어의 형성 원리 탐구), 유의어의 늬앙스 차이를 구분(맥락에 따른 유의어 선택 전략 탐구), 담화 유형별 어휘 선택 탐구(보도, 광고, 논설, SNS 등 담화 유형에 따른 단어 선택 전략 탐구), 어휘 오용 사례 교정(실제 사례 탐구와 개선 방안 설명) 등을 수행할 수 있습니다.

3. 교과세특 탐구주제

- 복합어의 형성 원리와 구조 탐구
- 단어의 짜임과 신조어 형성의 원리 탐구
- 전문 용어의 의미 확장과 대중화 과정 조사
- 파생접사와 굴절접사의 특징과 기능 비교 탐구
- 담화 맥락에 따른 동의어·유의어의 늬앙스 차이 탐구

4. 독서연계 탐구주제

■ 우리가 사랑한 단어들(신효원, 생각지도, 2025)

28개의 주제어 아래 750여 개의 순우리말을 "사전식 나열"이 아닌 "삶과 감정이 담긴 에세이"로 소개하는 책이다. 저자는 오랜 한국어 교육 경험을 바탕으로, 한 단어에 담긴 정서·감각·기억·풍경 등을 이야기처럼 전하며 순우리말의 미묘한 뉘앙스를 독자가 느끼게 만든다. 단어의 뜻을 외우는 것이 아니라, 단어가 주는 감각을 '머금고 느끼는' 경험을 제공하며, 언어 감수성을 회복하는 데 도움을 준다.

▶ 한자어와 순우리말 간 단어의 짜임 비교 분석
▶ 의미를 오해하고 있는 순우리말 조사 및 의미 변화 분석
▶ 문학에서 순우리말이 사용될 때 나타나는 문체적 효과 탐구

■ 더 나은 어휘를 쓰고 싶은 당신을 위한 필사책(이주윤, 빅피시, 2024)

이 책은 "어휘력"을 추상적인 능력이 아니라 매일 한 줄씩 쌓는 훈련의 결과물로 보는 필사형 도서이다. 김애란, 양귀자, 박완서, 헤르만 헤세, 보들레르, 카뮈, 유발 하라리 등 국내외 작가 100인의 문장을 골라 하루 한 장 필사를 할 수 있게 구성되어 있고, 어휘 선택 → 시선의 변화 → 사고의 변화라는 흐름을 체험하게 한다. 뒤에는 감정 어휘 330개가 부록으로 실려 있다.

▶ 감정 어휘 330과 실제 청소년 언어의 감정 표현 비교
▶ 학급 내 사용 빈도가 높은 단어를 통해 본 청소년 언어 습관 탐구
▶ 책에 등장하는 명문의 어휘 특징을 추출하여 좋은 문장의 패턴을 분석

5. 토의/토론을 위한 생각 나눔 주제

- 합성어와 파생어 구분의 다른 방법은 없는가?
- 전문 용어의 대중화는 의미 확장인가? 의미 희석인가?
- 의미를 가진 접사를 형식형태소로 처리하는 것이 옳은가?
- 동음이의어의 구분을 위해 한자를 병기하는 것이 바람직한가?

6. 진로 희망 계열과의 연계

언어·문학 계열	**문학 작품 어휘 분석:** 시·소설·수필 등 다양한 문학 작품에서 단어의 비유적 의미를 분석하여 단어의 의미 확장이 일어나는 맥락과, 의미 확장을 가능하게 하는 단어 구조의 특징을 정리하여 작품의 심층적 의미를 탐구한다.
사회 계열	**매체별 어휘 선택 전략 분석:** 뉴스·광고·SNS 등 매체 담화에서 목적에 따라 단어 선택이 어떻게 달라지는지 분석하여 정보 전달력·설득 효과·수용자 반응의 차이를 탐구한다.
교육 계열	**학생 어휘 오용 사례 분석 및 어휘 지도 방안 설계:** 어휘 오용 사례를 수집·분류하고 원인을 분석한 후 학생이 스스로 어휘 의미망을 구성할 수 있는 지도 방법(어휘군 카드·의미 그물망·대체 어휘 탐색 등)을 탐구한다.

[12화언01-05] **(1)담화의 맥락에 적절한 어휘와 문법 요소를 선택**하여 **(2)화자의 태도를 드러낸다.**

1. 기본 개념

(1) 담화의 맥락
- 언어 맥락: 담화의 앞뒤 내용(문맥)
- 상황 맥락: 시간, 공간, 화자·청자의 관계, 목적 등
- 사회·문화적 맥락: 사회적 규범, 언어 예절, 문화적 배경 등

(2) 어휘와 문법 요소를 통한 태도 표현
- 맥락에 따라 화자의 태도는 다르게 드러나며(해석되며) 어휘·문법 요소 선택과 밀접하게 연결
- 어휘 선택: 정중/무례, 직설/완곡, 긍정/부정, 감정을 드러내는 어휘, 가치 판단어 등
- 문법 요소 선택: 종결 표현, 높임 표현, 시간 표현, 피동·사동, 인용 표현, 부정 표현 등

2. A등급 성취 수준의 이해

성취수준	성취기준별 성취수준
A	①다양한 담화에서 ②어휘와 ③문법 요소가 화자의 태도를 드러내는 양상을 심층적으로 분석하고, ④담화 맥락에 맞게 어휘와 문법 요소를 전략적으로 선택하여 화자의 태도를 드러낼 수 있다.

구성 요소	핵심 의미	적용
① 담화 맥락 분석	언어적 맥락과 비언어적 맥락(상황 맥락과 사회 문화적 맥락)의 개념을 이해하고 분석함	다양한 담화를 대상으로 언어적 맥락과 비언어적 맥락을 분석하고 설명함
② 어휘의 태도 표현 이해	감정 표현 어휘 · 가치 판단 어휘 등이 화자의 태도 표현에 어떻게 기여하는지 파악함	감정을 표현하는 어휘, 가치 판단이 담긴 어휘 등을 조사하고 분류하여 쓰임을 정리함
③ 문법 요소의 태도 표현 이해	종결 표현, 높임 표현, 시제, 피동과 사동, 부정 표현, 인용 표현 등 문법 요소를 파악함	어휘와 문법 요소가 결합해 공손함, 공격성, 비판 같은 화자의 태도를 어떻게 만들어 내는지 사례를 통해 분석함
④ 담화 맥락에 맞는 전략적 선택	화자의 의도, 청자의 특성, 담화의 목적, 상황, 관계 등 맥락 요소를 분석하고 의식적으로 선택함	논설, 보도, 인터뷰 등 담화 맥락을 분석하고 그에 맞는 어휘와 문법 요소를 설계함

▶ **[12화언-01-05]를 높은 수준으로 성취했다는 것을 증명하기 위해!**
담화 맥락 분석(담화의 종류, 목적, 관계 따른 맥락 변화 분석), 어휘에 따른 태도 표현 차이 탐구(긍정·부정·완곡 어휘가 태도 형성에 미치는 영향), 문법 요소의 이해와 탐구(문법 요소의 변화에 따른 담화 표현 효과 차이 분석), 담화 유형별 표현 전략 탐구 등을 수행할 수 있습니다.

3. 교과세특 탐구주제

- 사회·문화적 변화에 따른 상대 높임법의 변화 탐구
- 종결 어미의 기능과 변화에 따른 화자의 태도 차이 분석
- 소셜미디어에서 상대에 따라 달라지는 종결어미 사용 양상 탐구
- 동일 담화에서 어휘와 문법 요소의 변화를 통해 다른 태도 표현하기
- 학교 내 다양한 담화(가정통신문, 학생회 공지 등)의 어휘의 사용 전략 탐구

4. 독서연계 탐구주제

■ 어른의 어휘력(유선경, 앤의서재, 2023)

말과 글의 수준을 결정하는 핵심 요소가 '많이 아는 단어'가 아니라 정확한 맥락에서 적절한 단어를 선택하는 능력임을 강조하는 책이다. 저자는 어휘력이 단순한 언어 능력을 넘어 사고의 폭을 확장하고, 타인을 이해하고, 감정을 품위 있게 다루는 힘이라고 말한다. 또한 말의 한계가 곧 사고의 한계가 될 수 있음을 경고하며, 어휘 선택을 통해 스스로의 세계를 넓혀갈 수 있는 다양한 언어적 방법을 제시한다.

- ▶ 부정·비난 표현을 대체할 수 이는 대안 어휘 탐구
- ▶ 동일 단어의 사전적 의미와 문맥적 의미 간 비교 탐구
- ▶ 어휘력이 사고 확장에 영향을 미친다는 주장 검증 연구

■ 청소년을 위한 비폭력 대화(김미경, 우리학교, 2024)

이 책은 청소년이 겪는 갈등·오해·상처의 많은 부분이 '의도'가 아니라 '표현 방식'에서 비롯된다는 점에 주목한다. 저자는 비난·평가·명령처럼 상대를 방어적으로 만들기 쉬운 말 대신, 관찰-느낌-욕구-부탁의 네 가지 요소로 이루어진 비폭력 대화 방식을 제시한다. 특히 '관계 안에서의 공감과 존중'을 강조하며 학교·가정에서 바로 적용할 수 있는 구체적인 대화법을 제시한다.

- ▶ 교실 갈등 상황을 비폭력 대화 모델루 해소하는 프로젝트 활동
- ▶ 비폭력 대화의 언어적 특징을 화법과 작문 교과의 학습 내용과 연결해 분석
- ▶ 어휘와 문법요소의 태도 표현 기능과 비폭력 대화를 연결하여 청소년 대화 지침 제작

5. 토의/토론을 위한 생각 나눔 주제

- 혐오 표현과 풍자 표현의 경계는 어디인가?
- 군대처럼 계급이 뚜렷한 집단의 상호간 존댓말 사용이 필요한가?
- 특정 표현의 해석이 다를 때 화자와 청자 중 누구 기준이 더 중요한가?
- 교과서의 언어 예절 교육 내용이 현실 언어 사용을 충분히 반영하고 있는가?

6. 진로 희망 계열과의 연계

언어·문학 계열	**문학 작품 속 화자의 태도 분석:** 시·소설·수필 속 화자가 사용하는 어휘와 종결 표현, 높임 표현 등을 분석하여 화자의 태도와 정서를 해석하고, 동일 내용을 다른 태도로 다시 써 보는 활동을 통해 어휘와 문법요소의 태도 표현 기능을 탐구한다.
사회과학 계열	**상담에서의 공감적 표현 연구:** 학교 상담 장면에서 사용되는 어휘와 문법 요소를 분석하여 학생의 자존감과 신뢰감 형성에 도움이 되는 표현과 그렇지 않은 표현을 구분하고, 공감적 대화 지침 및 표현 가이드를 설계한다.
치료·보건 계열	**의료 커뮤니케이션의 효과적인 표현 분석:** 보건·의료인의 설명 방식(전문 용어, 완곡 표현, 공감적 언어 등)이 환자의 신뢰도와 정보 이해도에 미치는 영향을 사례로 분석하고, 응급 상황·검사 안내·예후 설명 등 맥락에 따라 달라지는 어휘와 문법 요소의 변화 양상을 탐구한다.

[12화언01-06] **(1)담화의 구조를 고려하여 적절한 어휘와 문장**으로 **(2)응집성 있는 담화를 구성**한다.

1. 기본 개념

(1) 담화의 구조
 - 담화가 일정한 원리와 체계를 가지고 조직되어 있는 방식
 - 거시구조(담화 전체의 주제 전개 방식): 서론-본론-결론, 처음-중간-끝, 도입-전개-정리 등
 - 미시구조(담화를 이루는 각 부분의 구조): 나열, 인과, 대조, 비교, 문제-해결, 조건-결과 등

(2) 응집성 있는 담화 구성
 - 응집성: 담화 구성 하위 요소들이 유기적으로 결합하여 내용상 일관된 주제를 형성하는 특성
 - 응결성: 여러 가지 문법적·형식적 연결 장치를 통해 담화가 유기적으로 연결되는 특성
 - 응집성과 응결성을 이해하고 응결 장치를 적절히 활용하여 응집성 높은 담화를 구성

2. A등급 성취 수준의 이해

성취수준	성취기준별 성취수준
A	①다양한 담화의 맥락과 구조를 심층적으로 파악하고 ②담화의 주제에 긴밀하게 관련된 내용을 논리적으로 일관된 구조로 제시하며 ③적절한 응결 장치를 적극적으로 활용하여 ④응집성이 높은 담화를 능동적으로 구성할 수 있다.

구성 요소	핵심 의미	적용
① 담화의 맥락과 구조 파악	담화 전체의 구조와 담화를 구성하는 부분의 구조를 심층적으로 파악함	실제 담화를 분석하여 처음-중간-끝을 나누고 각 부분에 쓰인 전개 방식을 설명함
② 주제 중심 내용 조직 능력	담화 생성시 주제를 기준으로 관련 내용을 고르고 배열하여 전체를 통일성 있게 구성함	핵심 내용과 비핵심 내용을 구별하며, 중복·탈선된 내용을 제거하는 등 주제 중심으로 내용을 조직함
③ 응결 장치 활용 능력	지시, 대용, 접속, 생략, 반복과 같은 응결 장치를 활용할 수 있음	응결 장치의 선택과 배치를 조절하여 정보의 흐름, 논리 관계, 강조점 등을 효과적으로 표현함
④ 응집성 높은 담화 구성	응결 장치를 활용하여 거시적구조와 미시적구조 모두 내용과 요소를 적절히 배치하여 담화를 구성함	실제 담화를 구성하고 교정하는 활동을 통해 응집성 높은 담화를 구성함

▶ **[12화언-01-06]를 높은 수준으로 성취했다는 것을 증명하기 위해!**
응집성과 응결성 점검 활동(응집성 평가 체크리스트 작성), 응결 장치 설명(지시 표현·접속 표현·대용 표현 종류별 활용 예문 정리), 어휘 선택 활동(주제 상황에 어울리는 전문어, 평가 어휘, 정중 어휘 표현 정리), 작문 후 고쳐쓰기(퇴고) 활동을 수행할 수 있습니다.

3. 교과세특 탐구주제

- 설명문과 논설문의 내용 조직 방식 차이 탐구
- 소셜 미디어 글쓰기의 응집성 부족 원인과 개선 방안 탐구
- 실제 발표와 발표문 간 지시 · 대용 · 접속 표현의 차이 탐구
- 동일 내용 다른 구조의 글을 대상으로 표현의 효과 비교 탐구
- 담화를 대상으로 응결 장치(지시, 접속, 대용)의 사용 빈도와 효과 분석

4. 독서연계 탐구주제

● 내 문장이 그렇게 이상한가요?(김정선, 유유, 2016)

교정·교열의 관점에서 '어떤 문장이 어색해 보이는가'를 체계적으로 설명하는 실용 문장 다듬기 안내서이다. 저자는 문장을 어색하게 만드는 대표적 원인으로 불필요한 형태('-적', '-의', '것', '들')의 과다 사용, '있다' 중심의 문장 구조, 피동·사동의 잘못된 활용, 지시대명사 남용, 접속사 과다 의존 등을 꼽는다. 불필요한 요소 제거가 문장 응집성·명료성·독해 용이성을 크게 높인다는 점을 실제 사례와 함께 강조한다.

- ▶ 교정 전·후 문단을 비교하여 응집성을 높이는 전략 탐구
- ▶ 현대 국어에서 남용되는 표현 탐색 후 원인 교정 방안 탐구
- ▶ 부사어의 과다 사용이 문장의 의미 구성에 미치는 영향 탐구

● 퇴고의 힘(맷 벨, 월북, 2023)

글을 쓰는 사람이 반드시 거쳐야 하는 '고쳐쓰기' 과정을 체계적으로 안내하는 책이다. 저자는 초고–개고–퇴고의 3단계 구조를 제시하며, 초고는 '형편없어도 괜찮다' 는 전제에서 출발한다. 중요한 것은 초고를 빠르게 쓰는 것이 아니라, 고쳐 쓰는 과정에서 구조·문장·장면·논리·리듬을 정교하게 다듬어 작품으로 탈바꿈시키는 일이라고 강조한다.

- ▶ 퇴고 과정의 단계별 체크리스트 삭성 활동
- ▶ 소설과 설명문에서 다르게 적용되는 퇴고 전략 탐색
- ▶ 소리 내어 읽는 경우 문장 오류 탐지율이 높아지는 이유 탐구

5. 토의/토론을 위한 생각 나눔 주제

- 담화 구조는 보편적 규칙인가? 문화·매체에 달라지는 전략인가?
- 불필요한 반복과 강조를 표현하는 반복은 어떻게 구분할 수 있을까?
- SNS의 문단 구분 없는 스크롤 방식은 새로운 담화 구조로 인정되어야 하는가?
- 줄임말과 신조어의 사용이 담화의 응집성을 높이는 효과적인 어휘 전략일 수 있는가?

6. 진로 희망 계열과의 연계

언어·문학 계열	**문학의 담화 구조가 의미 형성에 미치는 영향 탐구:** 문학 작품은 시간·사건 배열 방식, 회상 구조, 관점 전환 등을 통해 독자 해석 경험을 조율하는데, 이를 담화 구조 측면에서 분석한다.
연극·영화 계열	**대본(스크립트) 구조와 응집 전략 분석:** 드라마/영화 대본의 대사 속에서 인물의 관계와 감정적 맥락을 유지하기 위해 지시어, 대명사, 문맥 의존적 생략과 같은 구어적 응집 장치가 어떻게 사용되는지 탐구한다.
교육 계열	**학생 글쓰기에서 나타나는 담화 구조 오류 분석 및 지도 방안 설계:** 학생 글쓰기 자료를 수집하여 구조적 오류를 체계적으로 분류한 후 학생의 수준에 맞춘 구조 지도 방법(구조도 작성, 문단 연결 점검표, 응결 장치 찾기 활동)을 설계한다.

[12화언01-07] 다양한 유형의 담화와 매체를 대상으로 **(1)언어의 공공성을 이해**하고 **(2)평가**한다.

1. 기본 개념

(1) 언어의 공공성 이해
- 언어는 사회 구성원 누구나 사용하는 공공재로서의 성격을 가짐
- 공공성을 갖춘 언어란 특정 집단을 차별하거나 배제하지 않고 소통을 촉진하는 언어를 의미함
- 따라서 정확성, 공정성, 적절성, 배려, 존중을 바탕으로 사용해야 함

(2) 담화와 매체의 공공성 평가
- 담화는 공공적 영향력을 가지며 매체의 전달 방식과 표현은 사회적 인식 형성에 영향을 미침
- 담화와 매체의 언어는 혐오와 편견을 배제하고 상대를 존중하는 관계 윤리적 언어 사용 필요
- 소통성·정확성·형평성 등 기준을 세워 구체적 사례의 공공성을 평가하고 비판적으로 점검

2. A등급 성취 수준의 이해

성취수준	성취기준별 성취수준
A	①언어의 공공성의 개념과 ②표현의 정확성, 적절성, ③공정성, 존중과 배려의 언어에 대해 심층적으로 이해하고 이를 바탕으로 공적 담화를 비롯한 다양한 유형의 ④담화와 매체를 대상으로 언어의 공공성을 이해하고 ⑤비판적으로 평가할 수 있다.

구성 요소	핵심 의미	적용
① 언어의 공공성 이해	언어가 사회 공공재라는 관점에서 정확성·공정성·배려의 원리를 체계적으로 이해함	공공 언어의 기준 체계적 정리, 타자 존중 언어 사용의 필요성을 분석함
② 표현의 정확성과 적절성 판단	사실성·객관성·표현의 다의성(오해 가능성)·상황 부합(상황 적절성) 여부를 검토함	뉴스·정책 발표의 정확성·적절성 평가, SNS 게시글의 적절성을 평가함
③ 공정성, 존중과 배려의 언어	언어가 다양한 정체성을 포용하고 존중하는 방식으로 사용되었는지 검토함	광고·댓글·토론 등에서 편향·혐오 표현이 있는지 검토하고 비판적으로 평가함
④ 공적 담화 분석 능력	다양한 매체 담화의 언어적 특성을 비판적으로 검토함	뉴스, SNS, 광고의 언어 공공성을 비교하고 분석함
⑤ 비판적 평가·개선 능력	문제 있는 표현을 수정·보완하고 공공성 기준을 적용하여 대안을 제시함	공공성 부족 담화를 재작성하여 개선안을 제시함, 공공성을 강화한 대안을 제시함(공공 언어 모형)

▶ **[12화언-01-07]를 높은 수준으로 성취했다는 것을 증명하기 위해!**
언어의 공공성 개념 및 판단 기준 정리 활동, 뉴스·시사 프로그램의 언어 공공성 탐구, SNS 댓글·커뮤니티 글의 혐오 표현 및 편향 표현 탐구, 광고·정치 캠페인 문구의 공정성·배려 측면 평가 활동, 공공성 부족 담화를 재구성하는 개선안 작성 활동 등을 수행할 수 있습니다.

3. 교과세특 탐구주제

- SNS 댓글의 혐오 표현 유형 탐구
- 광고 문구의 편향적 언어 사용 분석
- 정치·정책 발표문의 공공 언어 사용 기준 검토
- 뉴스 기사에 나타나는 공정성 결여 표현 분석 및 대안 제시
- 언어 공공성 판단 기준(정확성·공정성·배려)의 체계적 모델 만들기

4. 독서연계 탐구주제

■ 공공언어 사용설명서(김형주, 한국문화사, 2024)

공공기관 보도자료 10만 건 이상을 파이썬으로 분석해, 실제 공공행정 담화에서 흔히 발생하는 어려운 행정용어·일본어 투 표현·전문용어 과다 사용·자극적 표현·권위적 표현·차별적 표현 등을 체계적으로 정리한 실무 지침서이다. 2021 개정 『국어기본법』에 따라 2022년부터 시행된 공공기관 공공언어 사용 실태 평가를 반영하여, 공무원·공공기관 직원이 명료하고 품위 있고 쉬운 언어를 사용하도록 돕는다.

- ▶ 일본어 투 표현의 잔존 여부 조사 및 대체어 탐구
- ▶ 학교 문서에서 발견되는 '어려운 행정용어' 분석 및 쉬운 말 제안
- ▶ 학교에서 사용되는 차별적 표현 사례 조사 및 공공언어 기준에 따른 개선안 제시

■ 말이 칼이 될 때(홍성수, 어크로스, 2018)

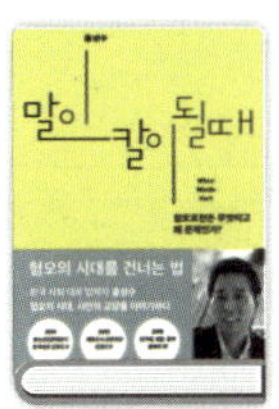

한국 사회 곳곳에 스며든 혐오표현의 구조와 현실을 분석하고, 혐오가 불러오는 사회적 해악과 공존의 조건을 제시하는 책이다. 저자는 '혐오할 자유는 없다'는 입장에서, 혐오표현이 단순한 감정적 공격이 아니라 사회적 약자와 특정 집단을 제도적·심리적으로 배제하는 폭력임을 강조한다. 책은 혐오표현을 정의하고 한국 사회의 혐오 사례를 다루며, 독자에게 언어가 갖는 사회적 힘·책임·파급력을 성찰하게 만든다.

- ▶ 혐오표현의 양싱과 대힝표현의 언이적 전략 탐구
- ▶ 온라인 커뮤니티에서 사용되는 혐오표현의 언어적 특징 분석
- ▶ 학교 내에서 사용되는 은어·비하 표현 분석 및 대체어 제안 프로젝트

5. 토의/토론을 위한 생각 나눔 주제

- 혐오 표현 규제는 표현의 자유 침해인가?
- 정치적 올바름을 고려한 표현이 더 공정한 사회를 만드는가?
- '객관적 사실 보도'는 가능한가, 필연적으로 관점과 선택이 개입되는가?
- 공손·존중 표현은 의사소통을 원활하게 하는가, 위계적·형식적 문화를 강화하는가?

6. 진로 희망 계열과의 연계

법률 계열	**법률의 언어적 공정성 탐구:** 법률 조항, 판례 등 공적 문서에서 사용되는 용어가 차별적이거나 편향된 해석을 유도할 가능성이 있는지 분석함. 이슈가 되고 있는 차별 금지법에서 사용되는 정의(定義) 언어가 사회적 포용성을 높이는지 공정성 관점에서 탐구한다.
공학 계열	**LLM의 편향성 분석과 개선 알고리즘 탐구:** 거대 언어 모델(LLM)의 학습 데이터에 내재된 사회적 편향성(성별, 인종 등)을 조사하고 AI가 생성하는 텍스트에서 혐오 표현이나 차별적 언어를 사전에 감지하고 필터링하는 알고리즘을 탐구한다.
교육 계열	**학교의 언어 공공성 교육 방법 탐구:** 학생 언어 사용에서 나타나는 혐오 표현·편견 표현·차별 표현을 수집한 후 원인을 분석하고 개선 방안을 마련한다. 학생들의 언어 변화를 측정할 수 있는 평가 기준(비교 체크리스트)을 개발한다.

[12화언01-08] **(1)자아 개념이 의사소통 방식에 미치는 영향을 인식**하고 **(2)협력적인 관계 형성에 적절한 방식으로 대화**한다.

1. 기본 개념

(1) 자아 개념과 의사소통 방식
- 자아 개념: 자신에 대해 가지고 있는 생각과 느낌, 신념, 가치관 등을 통틀어 이르는 개념
- 의사소통 방식: 자기표현, 경청, 상호 피드백을 주고받는 전체적인 소통 방식
- 긍정적 자아 개념을 가진 경우, 개방적·협력적 의사소통을 할 가능성이 높음

(2) 협력적 관계 형성과 대화
- 상대를 동등한 존재로 인정하며, 공동의 목표·관계를 지향하는 대화 방식
- 공감적 경청, 나-전달법, 갈등 상황에서 비난 대신 문제 해결 중심의 대화를 통해 실현
- 자신의 감정과 요구를 분명히 표현하면서도 상대의 감정과 입장을 존중하는 균형이 중요함

2. A등급 성취 수준의 이해

성취수준	성취기준별 성취수준
A	①자아 개념과 ②의사소통 방식이 서로 영향을 미치는 ③순환적 관계임을 실제 의사소통 장면에서의 성찰을 통해 구체적으로 인식하고 ④긍정적이고 협력적인 관계를 형성하는 대화 방식을 깊이 있게 이해하며 이를 ⑤실제 대화 상황에서 적극적으로 활용하여 대화할 수 있다.

구성 요소	핵심 의미	적용
① 자아 개념 이해 능력	자신의 자아 개념(강점·약점·자존감·이미지)을 인식하고 의사소통과의 관련성을 이해함	자기소개서를 작성하고 주변인들의 평가와 비교하며, 자아 인식이 관계에 미치는 영향을 분석함
② 의사소통 방식 진단 능력	의사소통 유형(공격적·수동적·자기주장적 등)과 특징을 파악함	실제 대화 장면을 촬영하여 살펴본 후 말하기·듣기 방식을 평가하고 장단점을 분석함
③ 자아-의사소통 순환 관계 성찰 능력	자아 개념과 의사소통 방식이 서로 영향을 주고받는 과정을 구체적으로 성찰함	갈등 상황에서의 대화를 분석하여, 자기 인식·감정 상태가 어떤 영향을 주었는지 성찰함
④ 협력적 관계 지향 대화 설계 능력	공감·경청·나-전달법·갈등 조정 등 협력적 대화 전략을 이해하고 설계함	갈등 상황을 가정하거나 실제 사례를 바탕으로, 협력적 해결을 지향하는 대화를 구성함
⑤ 실제 대화 적용 능력	배운 전략을 실제 대화 상황에 적용하여 태도·관계를 변화시키는 실천력을 갖춤	친구·가족·학급 활동에서 협력적 대화 방식을 의식적으로 사용해보고, 그 결과를 관찰·기록함

▶ **[12화언-01-08]를 높은 수준으로 성취했다는 것을 증명하기 위해!**
자기 의사소통 방식 진단 및 자아 개념과의 관련성 분석 활동, 실제 갈등 상황 대화 사례 분석 및 재구성 활동, 협력적 관계 형성을 위한 대화 전략 정리 및 롤플레이 활동, 온라인·오프라인 대화 방식 비교 및 개선 방안 탐구 등을 수행할 수 있습니다.

3. 교과세특 탐구주제

- 문학 작품 속 인물의 자아 개념과 대화 방식 탐구
- 공격적·수동적·자기주장적 의사소통의 특징과 관계 형성 양상 비교
- 갈등 상황에서 협력적 대화 전략(공감적 경청, 나-전달법)의 효과 탐구
- 자아 개념 유형(높은/낮은 자존감 등)에 따른 의사소통 방식 차이 탐구
- SNS에서의 자아 표현 방식(프로필, 아이디, 글쓰기 방식 등)에 드러나는 자아 개념 탐구

4. 독서연계 탐구주제

● 공감과 소통(박성옥 외 3인, 학지사, 2016)

현대 사회에서 점점 어려워지고 있는 공감·감정 이해·관계 형성·협력적 의사소통 능력을 체계적으로 설명하는 책이다. 저자는 공감을 타인의 감정과 정서에 반응해 함께 울림을 만드는 과정으로 정의하며, 이를 위해 자기 이해 – 감정 인식 – 타인의 감정 읽기 – 적극적 경청 – 비언어적 표현 – 갈등 상황에서의 적절한 말하기가 필요 하다고 말한다.

- ▶ '나 전달법'이 갈등 감소에 미치는 효과 분석
- ▶ 비언어적 소통이 공감 형성에 미치는 영향 탐구
- ▶ 비합리적 사고를 합리적 사고로 전환하기 위한 방법 탐색

● 다정하지만 만만하지 않습니다.(정문정, 문학동네, 2024)

'할 말을 하면서도 호감을 얻는' 자기표현 기술을 다룬 책이다. 저자는 부드럽지만 분명한 말하기, 공감과 설득 의 균형, 감정에 휘둘리지 않고 단호하게 경계를 세우는 방법 등 현대 대화의 핵심 기술을 구체적 사례와 함께 제시한다. 어휘 선택, 비폭력 언어, 자기표현의 기본 구조와 태도, 공감의 언어, 갈등 상황에서 사용할 표현 전 략까지 폭넓게 다룬다.

- ▶ 비폭력 대화 관계별 적용 사례 탐색
- ▶ '호칭'이 자아개념·태도·관계를 드러내는 방식 탐구
- ▶ 정중하지만 단호한 태도를 위한 어휘·종결어미·문장 길이 등 태도 표현 요소 탐색

5. 토의/토론을 위한 생각 나눔 주제

- 자아 개념은 비교적 고정된 성향인가, 경험을 통해 충분히 변화 가능한가?
- 갈등 상황에서 감정을 솔직하게 드러내는 것이 오히려 갈등을 키우지는 않는가?
- 온라인에서의 '가상 자아'(부캐)는 건강한 자기표현인가, 자아 개념 왜곡을 심화시키는가?
- 타인과의 협력적 관계 형성을 위해 '나'를 어느 정도까지 조절·포장하는 것이 바람직한가?

6. 진로 희망 계열과의 연계

사회과학 계열	**자아 개념과 의사소통 방식의 상관관계 분석:** 심리·상담 분야에서는 내담자의 자아 개념과 의사소통 패턴을 파악하는 것이 상담의 출발점이다. 상담 사례를 통해 자존감, 자기 이미지, 대인 관계 경험이 대화 방식에 어떤 영향을 주는지 분석한다.
경영 계열	**조직·서비스 현장에서 자아 개념과 의사소통이 미치는 영향 탐구:** 경영·서비스의 전 분야는 의사소통 방식과 밀접한 관련이 있다. 서비스 직군·조직 구성원의 대화 사례를 분석하여, 자아 개념과 대화 태도의 연관성을 탐구한다.
교육 계열	**학급 공동체 안에서의 협력적 의사소통 지도 방안 연구:** 교사 언어와 학생 언어를 분석하고, 갈등이 발생한 학급 사례를 바탕으로, 협력적 대화를 촉진하는 활동(서클 타임, 감정 카드 활용, 나-전달법 연습 등)을 설계한다.

02 화법과 언어

1. 기본 개념

(1) 언어적 · 준언어적 · 비언어적 표현 전략
 - 언어적 표현 전략: 정확하고 명료한 표현, 논리적 연결, 오해를 줄이는 표현 선택 등을 의미
 - 준언어적 표현 전략: 음성적 신호(억양·말속도·강세·음량 등)를 통한 표현 전략을 의미
 - 비언어적 표현 전략: 시선 처리, 몸짓, 자세, 표정, 공간 활용 등을 통한 표현 전략을 의미

(2) 표현 전략을 활용한 발표
 - 발표의 맥락: 발표는 목적, 청중 특성, 상황, 매체 등 다양한 맥락 속에서 이루어지며, 이에 따라 언어적 표현 방식과 비언어적 표현 방식이 달라짐
 - '무엇을 말하는가' 뿐 아니라 '어떻게 말하는가'가 메시지 전달의 관건이 됨

2. A등급 성취 수준의 이해

성취수준	성취기준별 성취수준
A	①맥락을 고려한 정제된 언어 표현 전략의 사용이 의사소통에 기여하는 바를 깊이 있게 이해하고, 정제된 언어적 표현 전략 및 적절한 ②준언어적·③비언어적 표현 전략을 효과적으로 활용하여 자신감 있게 ④발표할 수 있다.

구성 요소	핵심 의미	적용
① 정제된 언어 표현 전략 이해	정확성·명료성·간결성·논리성을 기반으로 발표 목적에 맞는 표현을 선택함	군더더기 표현 삭제, 명확한 용어 사용, 두괄식 표현 등으로 청중 이해도 향상 전략을 수립함
② 준언어적 표현 전략 이해	억양·속도·강세·음량 등 음성적 요소가 의미와 태도를 조절하는 기능을 이해함	강조 부분의 강세 조절, 감정·중요도에 따른 억양 변화, 지나친 빠르기·느림 조절 등 전략을 수립함
③ 비언어적 표현 전략 이해	시선·표정·자세·몸짓 등 비언어 요소가 신뢰·친밀감 형성에 미치는 영향을 분석함	시선 분배, 개방형 자세, 자연스러운 제스처 활용, 표정 조절 등 전략을 수립함
④ 발표 실전 적용 능력	실제 발표 장면에서 전략을 효과적으로 적용하여 메시지를 명료하게 전달함	모의 발표, 영상 분석, 청중 피드백 반영을 통해 발표 완성도를 높임

▶ **[12화언-01-09]를 높은 수준으로 성취했다는 것을 증명하기 위해!**
발표 대본의 언어 표현 점검 및 정제 과정 수행, 억양·속도·강세를 조절하며 발표 시나리오 실습, 비언어적 표현 전략 분석 및 시연 활동, 발표 상황(학술·토론·설득 등)에 따른 발표 전략 설계 활동, 실제 발표 수행 및 피드백 기반 재구성 활동 등을 수행할 수 있습니다.

3. 교과세특 탐구주제

- 발표·연설 영상에서 활용된 준언어적·비언어적 전략 분석
- 발표 중 위기 상황(실수, 돌발 상황 등)에서의 대처 전략 탐색
- 온라인 발표(비대면) 환경에서의 언어·준언어·비언어 전략 탐구
- 발표 분야별(학술·정책·홍보) 언어·준언어·비언어 전략 차이 탐구
- 청중의 반응(웃음, 박수, 질문)에 따른 언어·비언어적 상호작용 전략 탐색

4. 독서연계 탐구주제

■ 말하지 말고 표현하라(박형욱, 처음북스, 2014)

단순한 '말 잘하기'가 아니라 진심을 정확하게 전달하는 표현력이 의사소통의 핵심이라고 강조하는 책이다. 저자는 감정 표현, 비언어·준언어 표현(목소리, 억양, 표정, 몸짓), 언어 표현의 조합을 통해 말의 설득력과 전달력을 극대화하는 방법을 제시한다. 발표·면접·토론 등 실제적인 말하기 상황에서 활용할 수 있는 실전 전략을 구체적으로 안내한다.

- ▶ 읽기 발표와 암기 발표의 장단점 비교 분석
- ▶ 감정 어휘의 다양성이 발표 전달력에 미치는 영향 탐색
- ▶ 발표를 위한 발표 환경(조명·거리·무대배치 등) 조절과 공간 활용 전략 탐색

■ 소통과 설득을 위한 프레젠테이션(김경민 외 3인, 국립경상대학교출판부, 2023)

이 책은 프레젠테이션을 단순한 발표 기술이 아니라 자료 해석 능력, 언어적 표현 능력, 비언어·준언어 표현 능력, 사회적 역할 수행 능력, 청중 공감 능력이 결합된 고도화된 의사소통 행위로 정의한다. 프레젠테이션이 글쓰기보다 더 많은 소통 능력을 요구하는 이유, 발표의 실제 과정, 자기소개 발표와 연구 발표를 직접 구성하는 법을 제시한다.

- ▶ 발표시 효과적인 질의응답 방식 설계
- ▶ 효과적인 연구주제 프레젠테이션 구성 방법 탐구
- ▶ 슬라이드의 적정한 정보 밀도와 효과적인 배열 순서 탐색

5. 토의/토론을 위한 생각 나눔 주제

- 온라인 발표에서 비언어 전략은 여전히 필요한가?
- 교내발표대회 또는 발표수행평가에서 대본을 금지하는 것은 정당한가?
- 공인의 가상 딥페이크 영상 연설을 연설 전략으로 보고 허용해도 되는가?
- '의도적으로 슬픈 배경 음악'을 사용하는 것은 정당한 설득 전략인가, 감정적 조작인가?

6. 진로 희망 계열과의 연계

사회과학 계열	**방송·기자회견·인터뷰 발표의 언어·준언어·비언어 전략 연구:** 뉴스 앵커·기자·인터뷰어의 발표·멘트 자료를 분석하여 말투·억양·시선 처리·속도·제스처의 전략을 탐구하고, 비언어적 표현이 정보 신뢰도에 어떤 영향을 주는지 비교한다.
공학 계열	**대중을 대상으로 한 전문 분야 발표에서 언어적 전략 탐구:** 비전공자들을 대상으로 한 전문 분야 강연에서 청중의 수준에 맞춰 전문 용어를 대체하거나 비유적으로 설명하는 언어적 전략을 탐색한다.
치료·보건 계열	**공감과 신뢰 형성을 위한 준언어적·비언어적 배려 전략 탐구:** 의료 정보 전달(예: 질병 설명, 예방 접종 안내) 발표 시, 환자 및 보호자의 불안감을 완화하기 위해 발표자의 톤, 속도, 강세 등 준언어적 배려 전략이 어떻게 적용되는지 연구한다.

[12화언01-10] **(1)화자의 공신력을 이해**하고 **(2)효과적인 설득 전략을 활용하여 연설**한다.

1. 기본 개념

(1) 화자의 공신력
- 공신력: 화자가 지닌 신뢰성·전문성·성품·일관성 등의 속성을 의미
- 청중은 내용뿐 아니라 화자의 태도, 말투, 삶의 일관성, 역량 등을 고려해 공신력을 판단
- 공신력이 높을수록 설득 효과는 크게 증폭됨.(인성적 설득)

(2) 효과적인 설득 전략을 활용하여 연설
- 이성적 설득: 근거·사실·데이터·논리적 추론 등을 바탕으로 설득하는 전략
- 감성적 설득: 청중의 감정·가치·상상·공감을 자극하여 설득하는 전략
- 인성적 설득·이성적 설득·감성적 설득을 적절히 활용하여 설득의 효과를 높이는 전략 필요

2. A등급 성취 수준의 이해

성취수준	성취기준별 성취수준
A	①화자의 공신력을 구성하는 요소와 ②화자의 공신력에 영향을 미치는 요소를 폭넓게 이해하고, ③이성적 설득 전략, ④감성적 설득 전략, ⑤화자의 공신력을 활용한 설득 전략을 효과적으로 활용하여 설득력 있게 연설할 수 있다.

구성 요소	핵심 의미	적용
① 공신력의 요소 이해	전문성·신뢰성·일관성 등 공신력 구성 요소를 이해 및 분석하며, 각 요소의 영향을 파악함	연설자의 말투·태도·경험 제시 방식·전문성 분석, 신뢰 형성 요인 파악, 공신력의 특성을 설명함
② 공신력 영향 요인 분석	청중·상황·경험·사전 이미지 등이 공신력에 미치는 영향을 다각도로 이해함	동일 연설도 청중 집단에 따라 공신력 평가가 달라지는 사례를 분석함
③ 이성적 설득 전략 활용	사실·근거·논리적 구조를 활용해 설득의 타당성을 높임, 객관적 증거와 명확한 추론 과정을 이해함	주장-근거-예시-반론 반박의 연설 구조 구축, 통계·자료 활용, 연역적 추론, 귀납적 일반화
④ 감성적 설득 전략 활용	이야기·비유·감정·공감 표현 등을 활용해 청중의 정서를 움직임, 공감대 형성 방법을 이해함	사례 중심 연설, 감정 조절 억양, 스토리텔링 기법 적용, 감정적 연결고리 형성
⑤ 공신력 기반 설득 전략 적용	신뢰를 높이는 태도·언어·경험 제시 방식으로 설득력을 강화함, 통합적 설득 전략을 이해함	자신의 경험·의도·가치관을 진정성 있게 표현하여 신뢰 기반 연설을 수행함

▶ **[12화언-01-10]를 높은 수준으로 성취했다는 것을 증명하기 위해!**
공신력을 구성하는 요소 분석 활동(명연설·정치연설·TED 강연 등), 논리적 설득 전략 설계(주장-근거-예시-반론 반박의 논리 구조를 가진 연설문을 직접 설계), 감성적 설득 전략 효과 비교 활동(동일 주제를 이성적 방식과 감성적 방식으로 각각 연설해 보고 청중 반응을 비교 분석) 등을 수행할 수 있습니다.

3. 교과세특 탐구주제

- 명연설 사례 분석을 통한 공신력 구성 요인 탐구
- 이성적 설득 구조와 감성적 설득 구조의 효과 비교
- 자신의 실제 경험을 기반으로 한 공신력 활용 연설 설계
- 연설자의 공신력 향상을 위한 언어 및 비언어적 표현 방법 탐색
- 다양한 청중 특성에 따라 나타나는 연설자의 공신력 평가 차이 분석

4. 독서연계 탐구주제

● 위대한 명연설(에드워드 험프리, 베이직북스, 2020)

지난 400여 년 동안 세계사의 전환점에서 사람들의 마음을 움직였던 명연설 41편을 모은 책이다. 엘리자베스 1세의 귀족 회유 연설부터 링컨의 게티즈버그 연설, 마틴 루터 킹의 「I Have a Dream」, 넬슨 만델라의 취임 연설, 버락 오바마의 당선 연설까지, 시대를 바꾼 말을 통해 설득 · 감동 · 연대 · 정치 · 윤리 · 공감 전략을 읽어낼 수 있다. 실제 육성(음성 파일)과 영어 원문을 제공한다.

- ▶ 시대별 명연설에서 사용된 설득 전략 탐구
- ▶ 역사적 명연설에서 나타나는 화자의 공신력 구성 요소 분석
- ▶ 명연설을 모델로 한 나만의 '인권·환경·평화' 주제 연설문 작성 활동

● 공신력 스피치(장해순 외 2인, 한올출반사, 2024)

'무엇을 말하느냐'보다 '누가, 어떤 사람으로 보이며 말하느냐'가 더 중요하다는 관점에서 '화자의 공신력 (Ethos)'을 체계적으로 분석하는 스피치 설명서이다. 책은 먼저 스피치를 공적 대화·발표·프레젠테이션·회의·토의·토론·보고·강의까지 포함하는 상호작용적 커뮤니케이션으로 정의하고, 스피치의 목적(정보 전달, 설득, 교육, 오락, 격려)을 정리한다.

- ▶ 전문성을 높이는 언어적 스킬과 비언어적 스킬 탐색
- ▶ 공신력을 구성하는 요소가 실제 연설에서 어떻게 나타나는지 분석
- ▶ 메시지의 내용보다 화자의 공신력이 설득에 더 큰 영향을 주는 사례 조사

5. 토의/토론을 위한 생각 나눔 주제

- 감성적 설득은 설득을 강화하는가, 비합리적 판단을 유도하는가?
- 전문성이 부족해도 진정성이 있으면 공신력이 확보될 수 있는가?
- 연설자의 공신력은 '개인의 속성'인가, '사회가 부여한 이미지'인가?
- 공신력은 연설 실력으로 극복 가능한가, 이미지·배경의 영향이 절대적인가?

6. 진로 희망 계열과의 연계

인문 계열	**고전·현대 연설문의 설득 전략 비교:** 고전 연설(링컨·마틴 루터 킹 등)과 현대명연설을 비교하여 공신력을 확보하는 방법과 설득 전략(논리적 근거·스토리텔링·비유·상징 등)의 변화를 비교 분석한다.
사회과학 계열	**언론·미디어·방송 메시지에서의 공신력 분석:** 뉴스·인터뷰·방송토론 등에서 공신력을 어떤 방식으로 확보하는지 분석한다. 미디어는 이미지·비언어 요소가 강하게 작용하므로, 억양·표정·몸짓이 신뢰 형성에 어떤 역할을 하는지도 함께 분석한다.
경영·경제 계열	**리더의 공신력과 조직 내 설득적 소통 전략 탐구:** 리더의 전문성·신뢰성·일관성이 구성원과의 소통과 팀 성과에 어떤 영향을 미치는지 탐구한다. 또한, 갈등 상황에서 리더의 언어(사실 제시·공감·해결 중심)가 조직에 어떤 영향을 주는지 분석한다.

[12화언01-11] **(1)토의**에서 주제와 관련된 다양한 자료를 통해 **(2)공동체의 문제를 분석하고 합리적으로 해결**한다.

1. 기본 개념

(1) 토의
- 특정 공동체의 문제를 해결하거나 합의점을 찾기 위해 논의하는 협력적 의사소통 활동
- 단순한 의견 교환이 아니라 자료 기반 분석·근거 제시·대안 평가 과정이 핵심
- 공동의 목표 달성을 위해 상호 이해를 바탕으로 최적의 해결책을 도출해 내는 과정

(2) 공동체 문제 분석과 합리적 해결
- 공동체 문제는 안전, 갈등, 자원 배분, 규칙 운영, 참여 확대 등 다양한 영역을 포함함
- 문제 해결은 가치 판단과 분석, 협력이 요구되며 근거·기준·자료 분석을 기반으로 해야함
- 대안 비교 → 판단 준거 적용 → 최선의 대안 도출 순서로 이루어짐.

2. A등급 성취 수준의 이해

성취수준	성취기준별 성취수준
A	토의 주제와 관련된 다양한 자료를 통해 ①공동체 문제를 명확히 인식하고 ②분석하며, ③공동체 문제 해결을 위한 대안을 도출하고 ④판단 준거를 바탕으로 합리적인 대안을 선택하여 ⑤적극적으로 문제를 해결할 수 있다.

구성 요소	핵심 의미	적용
① 문제 인식	공동체 문제를 사실·사례·자료를 통해 객관적으로 정확히 파악하고 이해함	학교·지역·온라인 공동체 문제를 자료 기반으로 정의하고 문제 원인을 분석함
② 자료 탐색·분석	통계·전문 자료·사례 등을 수집·평가하여 객관적 근거를 마련함	자료의 신뢰성·편향성을 검토하고 토의 근거로 활용함
③ 대안 도출	가능한 해결 방안을 다양한 관점에서 창의적이고 논리적으로 제시함	문제 원인에 맞는 현실적이고 실현 가능하며 공정한 대안을 구성함
④ 합리적 대안 선택	실현 가능성·효과성·공정성 등 합리적 기준을 마련하여 대안을 평가함	여러 대안을 준거에 따라 비교·평가하여 가장 합리적인 최적의 방안을 선택함
⑤ 적극적 문제 해결 참여	토의 과정에서 역할 수행·표현·경청을 통해 적극적이고 협력적인 태도로 참여함	근거 제시, 합리적 반론 제시, 타인의 의견 조정 등 문제 해결 과정을 주도함

▶ **[12화언-01-11]를 높은 수준으로 성취했다는 것을 증명하기 위해!**

공동체 문제 정의 및 자료 기반 분석 활동(실제 학교·지역사회 이슈 선정, 문제 분석), 자료 신뢰성 평가 및 근거 정리 활동(통계·뉴스·전문가 인터뷰 등의 출처·작성 의도·편향성을 평가), 판단 준거 설정 및 최적 대안 선택 활동 등을 수행할 수 있습니다.

3. 교과세특 탐구주제

- 지하철 노약자석 등 공공 자원 배분 문제에 대한 토의
- 학교 급식 잔반 문제의 시계열 통계 분석과 해결책의 탐구
- 고령층의 디지털 격차 해소를 위한 정책 대안의 공정성 및 실현 가능성 평가
- 학교 에코 마일리지 제도의 운영 실태 분석 및 참여율 증진을 위한 개선안 탐구
- 지역사회 노인 복지 시설 부족에 대한 전문가 인터뷰 기반 원인 진단과 대안 도출

4. 독서연계 탐구주제

● 아픔이 길이 되려면(김승섭, 동아시아, 2017)

차별·혐오·가난·고용 불안·재난 등 사회적 조건이 개인의 몸에 어떻게 병을 새기는지를 '사회역학'의 시선으로 분석한 책이다. 김승섭 교수는 질병을 개인의 책임으로 돌리던 기존 관점에서 벗어나, 사회 구조가 건강을 결정하는 방식을 데이터로 보여준다. 이 책은 다양한 사회 문제를 실증자료와 연구 사례를 바탕으로 설명하며, 공동체적 해결의 필요성을 강조한다.

- ▶ 제도적 불인정이 정신 건강에 미치는 영향 분석과 법적 대안 토의
- ▶ 아파도 일하는 현실을 극복하기 위한 근로 정책의 실현 가능성과 점검과 대안 탐색
- ▶ 사회적 낙인이 건강을 악화시키는 원인을 분석하고 공동체 차원의 낙인 해소 방안 탐색

● 숙론(최재천, 김영사, 2024)

생태학자이자 공공지성인 최재천 교수가 9년간 집필한 책으로, 한국 사회 곳곳에 존재하는 갈등을 '말싸움'이 아니라 '숙고하며 논의하는 문화'—즉, 숙론(熟論)을 통해 해결할 수 있다는 희망을 제시한다. 이념, 젠더, 세대, 지역, 계층, 환경, 다문화 등 한국 사회의 대표적인 갈등을 자료와 사례 중심으로 분석하며, 갈등의 본질을 이해하고 상대의 관점을 탐색해 합리적인 해결안을 찾는 '대화 혁명'을 강조한다.

- ▶ 세대 갈등의 원인 자료 분석 및 합리적 해결 방안 토의
- ▶ 숙론의 '적정 환경·규칙·진행 원칙'을 기반으로 한 학급 토의 매뉴얼 제작
- ▶ 책의 '제돌이 야생 방류' 사례를 통해 보는 토의(숙론)를 통한 문제 해결 모델 탐색

5. 토의/토론을 위한 생각 나눔 주제

- 공동체 대안 선정에서 '지속 가능성'은 현실성보다 우선될 수 있는가?
- 공동체 문제 해결에서 '효율성'과 '공정성' 중 무엇이 우선되어야 하는가?
- 자료 기반 의사결정은 중립적인가, 자료 선택 과정에서 이미 편향이 개입되는가?
- 토의 결과 합의가 어려울 경우 다수결로 결정하는 것은 합리적 문제 해결 방식인가?

6. 진로 희망 계열과의 연계

사회 계열	**공공정책 의사결정 과정 탐구:** 정책 결정 과정(문제 정의, 자료 수집, 해결 방안, 대안 선택)을 실제 사례(교통 정책, 환경 정책 등)로 분석하고, 자료의 신뢰성 검증, 판단 준거 설정, 공익성 고려 등 정책적 판단의 핵심 요소를 탐구한다.
공학 계열	**AI 도입에 따른 고용 위기 대안 탐색:** 기술 분야 통계 자료를 분석하여 AI로 인한 공동체의 고용 불균형 문제를 진단한다. 이후 직업 전환 교육 프로그램 설계, AI 기반 학습 시스템 구축 등 기술적 대안을 탐색한다.
의약 계열	**지역사회 의료 불균형 문제 해결 방안 토의:** 지역별 의료 인프라 통계 자료, 건강 불평등 지표, 주요 질병 발생률 데이터 등을 분석하여 공동체의 의료 접근성 문제를 진단한 후 정책 대안을 설정하고, 전문가 패널 토의를 실시한다.

[12화언01-12] 주장, 이유, 근거를 **(1)비판적으로 검토**하여 논증의 타당성, 신뢰성, 공정성에 대해 **(2)반대 신문하며 토론**한다.

1. 기본 개념

(1) 비판적 검토
- 비판적 검토는 단순 반박이 아닌, 논증의 질 자체를 평가하는 분석 활동
- 논증: 어떤 주장을 뒷받침하기 위해 이유·근거를 조합하여 제시하는 담화 방식
- 제시된 주장과 근거의 타당성(논리적 연결), 신뢰성(출처·사실성), 공정성(편향·왜곡)을 판단

(2) 반대 신문 토론
- 상대 발언의 약점·빈틈·모순을 질문을 통해 드러내는 토론 전략
- 공격적인 질문이 아니라 논리적 허점을 파악하여 합리적으로 묻는 것이 핵심
- 상대의 주장 구조를 흔들어 결론의 타당성을 점검하는 과정

2. A등급 성취 수준의 이해

성취수준	성취기준별 성취수준
A	①주장, 이유, 근거를 구체적으로 파악하고 ②비판적으로 검토하여 논증의 타당성, 신뢰성, 공정성을 적절하게 평가하고, ③상대의 의견을 경청하며 ④주도적으로 반대 신문을 하며 토론할 수 있다.

구성 요소	핵심 의미	적용
① 주장·이유·근거 파악 능력	논증 구조를 정확하게 분석하여 핵심 요소(주장·이유·근거)를 식별함	주장–이유–근거 도식화, 숨겨진 전제 찾기, 근거와 이유를 구별함
② 비판적 검토(타당성·신뢰성·공정성)	논리적 연결(타당성)·근거의 출처(신뢰성)·편향 여부(공정성)를 평가함	논리 오류 탐지, 근거 사실 여부 검증, 감정·편견 개입 여부를 분석함
③ 경청 능력	상대 의견을 존중하며 논리적으로 반박함	상대 말의 요점을 메모·재진술 후 논리적으로 반박함
④ 주도적 반대 신문 토론	상대 주장 구조의 빈틈을 드러내는 질문을 설계함. 근거 중심 발언·질문·조정으로 토론을 주도함	전제 확인 질문, 근거 요구 질문, 예외 상황 질문, 논리적 반박 질문, 논거 강화 질문 등을 활용한 토론주도

▶ **[12화언-01-12]를 높은 수준으로 성취했다는 것을 증명하기 위해!**
실제 텍스트 논증 구조 분석(논설문·칼럼·기사 등을 분석하여 논증구조 도식화), 논증의 타당성·신뢰성·공정성 평가 활동(자료의 출처, 통계 왜곡, 인용 편향, 사례 일반화 오류, 감정적 호소 등), 반대 신문 질문 설계 및 적용 활동, 토론 롤플레이, 결론 도출 및 논증 재구성 활동 등을 수행할 수 있습니다.

3. 교과세특 탐구주제

- 논술 문제의 논증 구조 분석과 반론 구성 연습
- 시사 칼럼의 주장–이유–근거 구조 분석 및 오류 탐구
- 정치·언론 담화의 편향성 사례와 공정성 판단 기준 탐구
- 통계 왜곡 사례를 분석하고, 신뢰성을 검증하는 탐구 보고서 작성
- 정책 토론회 영상 시청 후 적절한 전략을 사용하여 반대 신문 질문 마련하기

4. 독서연계 탐구주제

● 논증의 탄생(조셉 윌리엄스 외 1인, 크레센도, 2021)

이 책은 우리가 일상에서 무심코 하는 대화 속에 이미 "논증의 원리"가 숨어 있으며, 질문과 대답의 구조만 잘 분석해도 논증의 본질을 파악할 수 있다고 강조한다. 논증의 구성 요소(주장·이유·근거·전제·반론)를 대화적 구조 속에서 자연스럽게 익히도록 돕고, 논증을 검토할 때 필요한 근거의 질 판단, 반론 제시, 전제 분석, 인과 관계 검토, 언어의 이데올로기적 기능 등을 실질적 사례와 함께 보여준다.

▶ 논증의 공정성을 해치는 '언어 프레이밍' 탐구
▶ 뉴스·칼럼·유튜브 발언의 논증 타당성 비교 분석
▶ 숫자의 신뢰성에 문제를 제기하는 반대 신문 전략 개발(데이터 기반 논증의 한계 탐구)

● 비판적 사고를 위한 논리(박은진 외 1인, 아카넷, 2008)

일상 언어로 이루어지는 다양한 논증을 명제 논리, 정언 논리, 술어 논리의 도구를 활용하여 분석하고 평가하는 책이다. 이 책은 단순한 논리학 개론이 아니라, 학생들이 현실에서 접하는 주장을 비판적으로 검토하고, 논증의 타당성·신뢰성·공정성을 판단하는 능력을 기르는 데 초점을 맞추고 있다. 또한 통계·인과 분석 등 귀납 논증을 비판적으로 다루며, 오류를 식별하는 훈련까지 제공한다.

▶ '잘못된 논증(논리적 오류)'의 유형별 사례 분석
▶ 정언 삼단논법을 활용한 사회담론 타당성 검증 프로젝트
▶ 근거가 상충할 때, '근거 간 충돌'을 해결하는 논리 기준 탐구

5. 토의/토론을 위한 생각 나눔 주제

- 전문가 의견과 대중의 경험적 지식이 상충 될 때 어느 것이 더 타당한가?
- 전문가 의견을 근거로 제시하는 것은 권위에 호소의 오류와 어떻게 구별되는가?
- AI로 인한 멸망을 경고하는 것은 미끄러운 비탈길 오류인가? 합리적 예측 논증인가?
- 공공 정책 결정 시 '해외 선진 사례'를 근거로 제시하는 것은 타당한가, 성급한 일반화인가?

6. 진로 희망 계열과의 연계

계열	내용
인문 계열	**철학 담론의 논증 구조 비교 및 '숨겨진 전제' 탐구**: 철학에서 대립하는 두 학자의 주장을 선택하여 논증 구조를 비교한다. 주장의 근저에 깔린 '숨겨진 전제'를 탐색하여, 전제 확인 질문을 설계하는 활동도 가능하다.
법률 계열	**판례 논증 구조 분석 및 반대 신문 전략 탐구**: 찬반이 첨예한 헌법재판소 결정 문을 분석하여 판결문의 구조를 도식화하고 판례가 인용한 법률/통계 근거의 신뢰성을 검토한 후, 반대 신문 형식의 비평문을 작성한다.
자연 계열	**과학 연구 결과 발표의 '데이터 신뢰성' 및 '인과 관계 타당성' 탐구**: 과학 연구 논문(특히 통계 결과 기반)의 결론(주장)-실험 방법(이유)-데이터(근거) 구조를 분석한다. 데이터의 출처 신뢰성과 통계적 유의미성을 비판적으로 검토한다.

[12화언01-13] **(1)상황에 맞는 협상 전략**을 사용하여 **(2)서로 만족할 수 있는 대안을 찾아 의사 결정**을 한다.

1. 기본 개념

(1) 상황별 협상 전략
- 협상: 갈등 상황에서 대화와 조율을 통해 공통의 합의안을 추구하는 의사소통 방식
- 협상 절차: 문제정의-이해관계파악-자료수집-대안생성-협상전략선택-합의안도출-실행및평가
- 협상 전략: 양보형, 경쟁형, 타협형, 회피형, 협력형(윈윈 전략) 등 다양한 접근 방식이 있음

(2) 상호 만족 의사결정
- 한쪽의 승리보다 양쪽이 만족하는 공동 만족 대안(Win-Win)이 협상의 목표
- 협상은 감정이 아니라 대안·범위·이해관계 분석을 기반으로 진행해야 함.
- 상대의 이익과 자신의 이익을 균형 있게 고려하며 결론을 도출해야 함.

2. A등급 성취 수준의 이해

성취수준	성취기준별 성취수준
A	①협상의 실행 절차를 이해하고, ②협상 상황에 맞는 다양한 협상 전략을 사용하는 과정에서 ③서로 다른 의견이나 주장을 협력적으로 조율하며 ④함께 만족할 만한 대안을 적극적으로 찾아 의사 결정하며 협상할 수 있다.

구성 요소	핵심 의미	적용
① 협상 실행 절차 이해	문제 파악–자료 분석–대안 생성–합의 도출의 절차를 정확히 이해함, 합리적 태도를 포함함	이해 관계 분석, 협상 시나리오 분석, 협상 단계별 역할 구분, 절차 중심 협상 설계 등을 수행함
② 협상 전략 선택	상황·관계·목표에 따라 적절한 전략(협력형, 양보형 등)을 선택, 장기적인 관계 유지도 고려함	갈등 상황별 전략 실험, 전략 변경에 따른 결과 비교, 최적 대안 설정과 전략 수정을 수행함
③ 협력적 조율 능력	상대의 필요와 입장을 존중하며 의견 차이를 조정하여 대안을 도출함	공감적 발언, 대안 결합·조정, 조율 용어 활용, 이해 관계 교환 실습 등을 수행함
⑤ 상호 만족 대안 의사결정	Win-Win 해결안을 찾고 합리적으로 선택함, 합의 후 실행가능성까지 고려함	최적 대안 도출 및 합의안 작성. 합의안 도출 후, 예상치 못한 상황에 대비를 포함하여 의사결정의 완성도를 높임

▶ **[12화언-01-13]를 높은 수준으로 성취했다는 것을 증명하기 위해!**
실제 협상 사례 분석과 협상 절차 재구성 활동(실제 뉴스·학교 사례·조직 사례를 분석하여 협상 절차 재구성), 상황·관계에 따른 협상 전략 선택(동일한 협상 상황을 경쟁형·양보형·협력형 전략으로 각각 해결해 보고 결과를 비교), 모의 협상 시나리오 실연 및 최종 합의안 작성을 수행할 수 있습니다.

3. 교과세특 탐구주제

- 협상 전략 유형(경쟁·타협·협력)에 따른 결과 비교 분석
- 실제 갈등 사례(학교·가정·지역사회)의 이해관계 구조 분석
- 최적 대안과 합의 가능 영역 설정이 협상 결과에 미치는 영향 탐구
- 제로섬 게임을 협력적 협상(Win-Win)으로 변환하기 위한 조건 분석
- 합의안 도출 후 변수에 대비하는 '비상 계획'을 협상 과정에 포함하는 방안 탐구

4. 독서연계 탐구주제

■ 허브 코헨의 협상의 기술(허브 코헨, 김영사, 2021)

협상 분야에서 전설적인 인물로 꼽히는 허브 코헨이 50년 동안 정부·기업·국제 분쟁 협상 현장에서 체득한 원리와 사례를 바탕으로 '누구나, 어디서나, 어떤 상황에서도 사용할 수 있는 협상 전략'을 제시한 책이다. 협상은 특별한 사람만의 능력이 아니라 '힘·시간·정보'라는 세 가지 요인을 관리하는 기술이며, 상대를 굴복시키는 방식이 아니라 서로 만족 가능한 결론에 이르는 '윈윈 협상'이 핵심이라고 강조한다.

- ▶ 협상 실패 사례를 대상으로 원인 분석과 대안 탐구
- ▶ 협상의 심리적 측면인 인식·기대·프레이밍 효과 비교
- ▶ 비대면 협상(전화·메신저·온라인 회의)의 효과와 한계 탐구

■ 결정적 순간의 대화(조셉 그레니 외 3인, 김영사, 2023)

이 책은 관계가 흔들릴 수 있는 위기의 순간(갈등, 충돌, 감정 폭발, 이해관계 대립 등)에서 어떻게 '솔직하면서도 상대를 존중하는 대화'를 할 수 있는지 알려주는 대화·협상 분야의 고전이다. 책은 대화가 어려워지는 순간 사람들의 심리가 어떻게 작동하는지 설명하고, 감정 조절-안전한 대화 분위기 조성-솔직한 표현,배려적 경청-행동 계획 도출이라는 단계별 기술을 제시한다.

- ▶ 상대가 침묵하거나 회피하는 상황에서의 협상 전략 탐구
- ▶ '결정적 순간의 대화' 모델을 활용한 갈등 해결 전략 분석
- ▶ 온라인 대화에서 책에서 말하는 '안전지대'를 만드는 방법 탐구

5. 토의/토론을 위한 생각 나눔 주제

- 협상 시, 모든 당사자가 만족할 수 있는 대안은 항상 존재하는가?
- AI가 협상을 진행하는 것이, 인간 간의 협상보다 더 나은 합의를 도출하는가?
- 시간 제한을 통해 양보를 유도하는 협상 전략은 윤리적으로 용납될 수 있는가?
- 협상 상대방이 '터무니없이 높은 초기 주장'을 제시했을 때, 합리적 대응 전략은 무엇인가?

6. 진로 희망 계열과의 연계

계열	내용
언어·문학 계열	**문학·논설·담화 속 갈등 해결 방식 분석:** 문학 작품·칼럼·에세이 속 등장인물 간 갈등 장면을 분석하여 협상·조정 전략을 탐구한다. 담화 속 협상 언어 표현(재진술, 공감, 문제 재구조화 등)을 분석하여 의미·효과를 분석한다.
경영·경제 계열	**조직·고객 협상 전략 분석:** 기업 조직 내 팀 갈등·자원 배분·고객 클레임 대응에서 협상이 어떤 방식으로 이루어지는지 사례 분석하고 협력형 전략·감정 조절·상호 만족 대안 도출이 조직 성과와 고객 만족에 어떻게 기여하는지 탐구한다.
사회과학 계열	**정책 협상 사례를 분석하여 다층적 이해관계 조율 전략 탐구:** 실제 정책 협상 사례를 선정하여 정책 갈등을 Win-Win으로 전환하기 위해 사용된 협상 전략(공감, 대안 결합, 트레이드 오프 등)을 분석하고 성공 요인을 평가한다.

02 화법과 언어

[12화언01-14] **(1)기호를 활용한 사회적 행위**로서의 **(2)국어생활을 성찰하고 문제점을 개선하는 태도**를 지닌다.

1. 기본 개념

(1) 언어 기호와 사회적 행위
- 언어는 '형식'과 '의미'가 결합된 기호 체계로서 개인의 성격·가치관·문화적 배경을 반영
- 언어 기호 사용은 개인적 활동이면서 사회적 실천으로, 관습·규범·역사·문화가 함께 작동
- 따라서, 언어는 사회적 지위·집단 소속감·관계 맺기 방식까지 반영하는 사회적 행위임

(2) 국어생활 성찰과 문제점 개선
- 국어생활의 성찰은 언어가 나를 어떻게 드러내고, 타인과 어떤 관계를 만드는지 분석하는 과정
- 혐오 표현·비하 표현·편견 반영 표현·불명료한 표현·비공손 표현 등이 국어생활 문제에 해당
- 문제 해결은 단순 교정이 아니라 언어가 사회적 실천임을 자각하고 능동적으로 개선하려는 태도

2. A등급 성취 수준의 이해

성취수준	성취기준별 성취수준
A	국어생활이 ①언어 기호를 활용한 사회적 실천 행위임을 ②언어 사용자의 개인적·사회적 정체성과 연관 지어 구체적으로 이해하며 자신의 ③국어생활을 깊이 있게 성찰하고, ④문제점을 체계적으로 분석하여 ⑤효과적이고 능동적으로 개선하는 태도를 지닌다.

구성 요소	핵심 의미	적용
① 언어 기호의 사회성 이해	언어가 개인적 활동이면서 동시에 사회 관습·규범·권력 구조와 연결된 기호임을 이해함	혐오 표현·세대어·성차별 표현 등 사회적 요인을 반영하는 언어 분석 등을 수행함
② 언어와 정체성의 관계 이해	국어생활이 개인·집단 정체성을 드러내는 행위임을 이해함	말투, 호칭이 개인 이미지 형성에 미치는 영향 분석, 호칭의 집단 문화 반영 양상 분석 등을 수행함
③ 자기 국어생활 성찰	자신의 언어 사용 패턴과 문제점을 깊이 있게 성찰함, 성찰은 윤리적 과정이어야 함	말투·표현 방식·관계 언어를 기록 및 분석하여 변화 지점 도출, 언어 윤리 점검표 작성 등을 수행함
④ 국어생활 문제 분석	언어 생활에서 나타나는 문제를 원인의 배경과 구조를 포함하여 체계적으로 분석함	관행적 비하 표현, 불명료 표현, 공격적 표현 등을 유형화·원인 분석 등을 수행함
⑤ 국어생활 문제를 개선하는 태도	적극적인 의지를 가지고 문제를 개선하기 위한 전략을 능동적으로 실천함	대체 표현 사용, 관계 중심 언어 전략, 언어 윤리 적용 계획 수립 등을 수행함

▶ **[12화언-01-14]를 높은 수준으로 성취했다는 것을 증명하기 위해!**
언어 기호가 어떻게 사회적 의미를 구성하는지 분석, 자신의 국어생활 기록·분석 활동(언어 생활 일지), 혐오·비하·편견 표현 분석 및 대체 표현 설계 활동, '정체성 드러내기'와 '관계 형성 언어' 비교 분석 활동, 국어생활 개선 계획 수립 및 실천 점검 활동 등을 수행할 수 있습니다.

3. 교과세특 탐구주제

- 학교 내 혐오 표현 분석과 '대체 표현' 제안 활동(캠페인)
- 집단 정체성(세대·지역·직업)이 언어 선택에 미치는 영향 탐구
- 온라인 커뮤니티의 '은어'가 공동체의 소속감을 형성하는 양상 탐구
- 국어생활의 문제 유형(비하·편견·관습 표현 등) 분류 및 개선 전략 연구
- 세대 간 언어 차이(세대어)에 나타난 특정 집단의 가치관 및 문화적 배경 분석

4. 독서연계 탐구주제

■ 신지영 교수의 언어감수성 수업(신지영, 인플루엔셜, 2024)

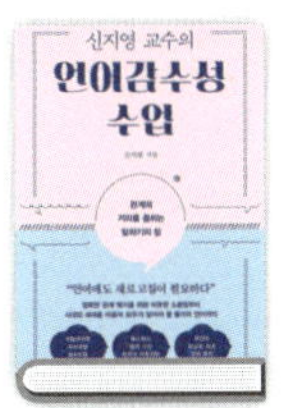

급변하는 다원화 사회에서 '말은 관계를 만들기도, 깨뜨리기도 한다'는 관점을 중심으로 현대인의 언어 습관을 분석하고, 갈등 없는 소통을 위한 '언어감수성'의 핵심 원리를 제시하는 책이다. 성·세대·계층 등 다양한 집단이 공존하는 시대에 무심한 말 한마디가 차별·혐오·고정관념을 강화할 수 있다는 점을 짚으며, 호칭의 문제, 세대 간 소통의 불일치, 불통을 낳는 언어 습관 등을 풍부한 실제 사례를 통해 탐구한다.

- ▶ '언어감수성' 결여가 갈등을 유발하는 양상 분석
- ▶ 호칭 문제를 통해 본 한국 사회의 관계 구조 탐구
- ▶ 직장 내 수평적 호칭이 조직 문화 개선에 미치는 영향 탐구

■ 차별하지 않는다는 착각(홍성수, 어크로스, 2025)

차별이 개인의 편견이나 감정의 문제가 아니라 사회적 구조 속에서 재생산되는 현상임을 밝히며, 혐오·차별·배제의 언어가 어떻게 일상에 스며들어 사회적 분열을 심화시키는지 설명하는 시민 교양서이다. 여성, 난민, 성소수자, 장애인 등 사회적 소수자들이 겪는 차별의 양상을 구체적 사례와 함께 제시하고, '나는 차별하지 않는다'는 자기 확신이 오히려 차별의 존재를 은폐하는 위험한 착각이라고 지적한다.

- ▶ '보이지 않는 차별'을 만들어내는 언어의 기호적 특성 분석
- ▶ 혐오·차별을 강화하는 표현 방식(낙인 언어)의 사회적 영향 탐구
- ▶ 차별적 언어를 예방하기 위한 학교 내 언어감수성 캠페인 제안 활동

5. 토의/토론을 위한 생각 나눔 주제

- 혐오 표현은 '표현의 자유'에 포함되는가, 공동체 보호를 위해 제한되어야 하는가?
- '대체 표현'을 사용하는 것이 '사회적 편견'을 근본적으로 해소하는데 도움이 되는가?
- 학교 내에서 은어나 줄임말을 금지하는 것은 '학생들의 집단 정체성'을 억압하는 행위인가?
- 익명성이 보장될 때의 언어가 '개인의 정체성'을 더 잘 드러내는가, '억압된 공격성'을 표출하는가?

6. 진로 희망 계열과의 연계

사회 계열	**언어가 사회 구조·관계·권력에 미치는 영향 탐구:** 정책 언어·매체 언어·공공 언어를 분석하여 언어가 사회적 문제(차별·편견·집단 갈등)에 어떤 영향을 미치는지 탐구하고 공공 언어 개선 방안을 제시한다.
인문 계열	**기호학·사회언어학 관점의 국어생활 분석 연구:** 개인의 말투·단어 선택·호칭·관계 언어·은어 사용 등을 기호학적 관점에서 분석하고 언어가 어떻게 정체성과 세계관을 반영하는지 탐구한다.
교육 계열	**학생 언어생활 문제 분석 및 개선 지도 방안 탐구:** 학생들의 언어 사용 실태(비하 표현·명령형·말 줄임 등)를 조사하고, 문제 원인·사회적 배경을 분석하여 학급 언어생활 개선 프로그램을 설계한다.

[12화언01-15] **(1)언어 공동체의 담화 관습을 이해**하고, **(2)다양성을 존중하는 의사소통 문화 형성에 기여하는 태도**를 지닌다.

1. 기본 개념

(1) 언어 공동체의 담화 관습
- 언어공동체: 특정 언어 또는 언어 변종을 공유하며 공통의 규범·관습·가치를 지니는 집단
- 담화관습: 특정 공동체 안에서 자연스럽게 받아들여지는 대화 방식, 호칭, 표현 방식 등을 의미
- 개인은 하나의 공동체가 아니라 복수의 언어 공동체에 동시에 속함(또래 언어, 학교 언어 등)

(2) 의사소통 문화 형성에 기여하는 태도
- 언어는 개인 행위이면서 동시에 사회적 문화 생산이기도 함
- 개인이 실천하는 언어 사용이 공동체 전체의 의사소통 문화를 변화시키는 핵심 요소
- 다양성을 인정하고 상대 공동체의 관습을 이해하려는 태도가 필수적

2. A등급 성취 수준의 이해

성취수준	성취기준별 성취수준
A	①개인이 다양한 언어 공동체에 속할 수 있음을 알고 ②자신이 속한 언어 공동체의 담화 관습을 심층적으로 이해할 수 있으며, ③실생활에서 다양한 문화와 관점을 존중하는 의사소통 문화 형성에 ④지속적이고 적극적으로 기여하는 태도를 지닌다.

구성 요소	핵심 의미	적용
① 언어 공동체 이해	개인이 여러 공동체에 동시에 속하며 공동체 간 언어 규범·관습이 다름을 이해함	가족·학교·또래·지역·온라인 공동체 간 언어 차이를 비교하고 분석하는 활동을 수행함
② 담화 관습의 심층적 이해	공동체별 대화 규칙·호칭·표현 방식·발화 전략을 분석함, 묵시적 규칙을 탐구함	방언·세대어·직장어·온라인 언어 등 담화 관습의 형성 과정과 의미를 분석함
③ 다양성 존중 관점 이해	다양한 문화·관습·관점을 존중해야 함을 사회언어학적으로 이해함	상대 공동체의 가치·관습을 해석하고 오해 발생 지점을 탐구함, 공감적 경청을 연습함
④ 의사소통 문화 기여하는 태도	공동체의 언어 관습을 성찰하고 포용적·배려적 언어 사용으로 공동체 의사소통 개선에 기여함	호칭·말투·표현 등을 기록·분석해 개선 영역 도출함, 대체 표현 실천, 포용 언어 캠페인 등을 기획함

▶ **[12화언-01-15]를 높은 수준으로 성취했다는 것을 증명하기 위해!**
자신이 속한 언어 공동체 특성 분석 활동(가족, 또래, 학급, 동아리 등 공동체별 대화 방식·호칭·표현법·규범을 분석), 담화 관습 비교 분석(세대·지역·직업·온라인 공동체), 언어 다양성 존중을 위한 문제 사례 분석 활동, 자기 언어생활 성찰 및 관습 개선 계획 수립 등을 수행할 수 있습니다.

3. 교과세특 탐구주제

- 세대별 언어 관습 차이 분석과 오해 발생 지점 탐구
- 온라인 커뮤니티 언어 관습의 특성과 기호학적 의미 분석
- 포용적 언어 캠페인 기획을 통한 공동체 의사소통 개선 연구
- 지역 방언의 사용이 '정체성 형성 및 소속감'에 미치는 효과 탐구
- 언어 공동체 언어적 오해 사례 탐색 및 이해를 위한 언어 전략 탐구

4. 독서연계 탐구주제

● 청소년을 위한 개념 있는 언어생활(최형규, 뜨인돌, 2021)

언론·정치·미디어가 반복적으로 사용하는 표현 속에 숨어 있는 왜곡·차별·편견의 언어를 비판적으로 분석하는 책이다. '전관예우', '가짜뉴스', '노키즈존', '불법체류자', '김여사', '미혼모', '사회배려자 전형' 등 익숙한 단어들이 실제로 어떤 담화 관습과 권력관계를 반영하는지 짚어주며, 언어의 선택이 곧 사고방식과 사회 인식을 형성한다는 점을 강조한다.

- ▶ '노키즈존' 사례로 본 연령 차별 언어의 문제점 분석
- ▶ '전관예우'와 같은 관료제 용어가 사회 인식을 왜곡하는 방식 탐구
- ▶ 스포츠 보도에서 사용되는 '전쟁 은유'(태극전사 등)의 문제점 탐구

● 이제 그런 말은 쓰지 않습니다(유달리, 포레스트북스, 2022)

우리가 일상에서 무심코 사용하는 표현 속에 숨어 있는 차별·혐오·고정관념·언어폭력을 구체적인 사례와 함께 짚어주는 언어 감수성 입문서이다. 예능 프로그램의 자막, 광고 문구, 직장인의 농담, SNS 유행어 등 일상 언어 속에서 재생산되는 사회적 편견을 분석하며, "말의 선택이 곧 나의 태도"라는 사실을 강조한다. 특히 다양한 영역의 차별 언어를 탐구하며, 포용적 의사소통의 필요성을 강조한다.

- ▶ 지역 비하 표현이 담화 공동체의 갈등에 미치는 효과 탐구
- ▶ 미디어 자막·광고 문구가 차별 언어를 재생산하는 방식 분석
- ▶ 특정 집단에 대한 혐오 표현을 줄이기 위한 '학교 언어 캠페인' 기획

5. 토의/토론을 위한 생각 나눔 주제

- 온라인 커뮤니티의 언어 규범은 새로운 문화인가, 배타적 폐쇄성의 산물인가?
- 문화적 차이를 고려한 의사소통은 필수인가, 혹은 오해를 키울 위험이 있는가?
- 혐오 표현이 포함된 '유머'를 공유하는 것은 개인의 '표현의 자유'에 속하는가?
- 다문화 배경 학습자를 위해 국가주관시험에서 다언어 시험지 제공이 필요한가?

6. 진로 희망 계열과의 연계

계열	내용
사회 계열	**이주민 집단의 언어 관습과 지역사회 통합 문제 탐구**: 지역별 사례를 분석하여 언어 차이가 통합에 어떤 긍정적·부정적 효과를 주는지 파악하고 언어 다양성을 존중하면서도 상호 협력적 관계를 구축하기 위한 지역사회 소통 전략을 탐구한다.
인문 계열	**문학 속 소수자 언어 분석**: 소수자의 목소리가 작품 속에서 어떻게 재구성되고 독자에게 어떤 감정적·사회적 인식을 전달하는지 탐구하고 언어와 정체성·권력 관계의 상관성을 인문학적 관점에서 깊이 있게 해석한다.
교육 계열	**다문화 학생을 위한 언어 지원 전략 탐구**: 실제 교육 현장에서 활용되는 언어 지원 사례를 분석하여 효과적인 요소를 도출하고 다문화 학생이 소속감을 형성하고 원활하게 의사소통할 수 있도록 돕는 포용적 언어 환경의 조건을 탐구한다.

독서와 작문

교과군	공통 과목			평가 정보		수능
국어	일반 선택	진로 선택	융합 선택	성취도	상대평가	○
	●			5단계	5등급	

1. 교과 성격

'독서와 작문' 과목은 중학교 국어와 고등학교 공통국어에서 다루는 읽기·쓰기 학습을 한 단계 더 발전시키는 수업이다. 학습자는 여러 종류의 글과 자료를 해석하고 새로 만들어 보는 과정을 통해 문어 중심의 의사소통 능력과 바람직한 태도를 기르게 된다. 읽기와 쓰기를 하나의 흐름 속에서 익히며, 스스로 의미를 구성하고 실제 언어생활에 적극적으로 활용할 수 있도록 구성된 것이 특징이다.

이 과목은 텍스트와 자료를 이해하는 활동뿐 아니라 이를 토대로 새로운 글을 생산하는 활동을 함께 다룬다. 이를 통해 학습자는 문어 표현 능력을 높이고, 다양한 분야의 지식을 배우며 이를 분석·해석·비판해 새로운 의미를 만들어낼 수 있다. 더 나아가 매체 활용 능력을 갖추어 자신의 생각을 다양한 양식으로 표현할 수 있으며, 사회·문화적 맥락 속에서 타인과 협력하며 소통하는 경험도 쌓는다.

독서와 작문은 서로를 심화시키는 상호작용적 과정으로 이해된다. 읽기가 글쓰기의 바탕이 되고, 글쓰기가 다시 읽기의 폭을 넓힌다는 관점에서 독자와 필자의 역할을 오가며 문어 의사소통 전략을 익히게 된다. 또한 현대의 매체 환경을 반영해 문자 언어뿐 아니라 시각 자료 등 다양한 표현 방식도 함께 다룬다. 여러 문서를 분석하고 통합해 의미를 재구성하며 이를 글쓰기에 활용하는 능력, 즉 다문서 기반의 독서·작문 역량을 기르는 데 중점을 둔 과목이다.

2. 교과 목표

- 문어 의사소통 행위로서의 독서와 작문의 특성과 문어 의사소통의 맥락을 이해한다.
- 문어 의사소통의 원리와 실제를 고려하여 다양한 글과 자료를 읽고 쓰는 활동에 능동적으로 참여한다.
- 평생 독자 및 평생 필자로서의 주도성과 책임감을 가지고 문어 의사소통을 실천하고, 이를 통해 바람직한 문어 의사소통 문화의 발전에 기여한다.

3. 내용 체계

핵심 아이디어	• 독서와 작문은 문자 언어를 중심으로 의미를 구성하는 사고 행위이자 사회·문화적 맥락 속에서 소통하는 문어 의사소통 행위이다. • 독자와 필자는 자신의 목적을 달성하기 위해 적절한 전략을 사용하여 다양한 분야 및 유형의 글과 자료를 읽고 쓴다. • 독자와 필자는 주도성과 책임감을 가지고 문어 의사소통을 실천함으로써 바람직한 언어 공동체의 문화와 담론을 형성하는 데 기여한다.
범주	**내용 요소**
지식·이해	• 문어 의사소통의 방법 • 문어 의사소통의 구성 요소
과정·기능	• 문어 의사소통의 목적과 맥락을 고려한 글과 자료의 탐색 및 선별하기 • 내용 확인 및 추론하기 • 평가 및 종합하기 • 내용 생성 및 조직하기 • 표현 전략을 고려한 표현과 작문 맥락을 고려한 고쳐쓰기 • 문어 의사소통 과정의 점검 및 조정하기 • 인문·예술, 사회·문화, 과학·기술의 분야별 독서와 작문 수행하기 • 정보 전달, 논증, 정서 표현 및 자기 성찰의 유형별 작문과 독서 수행하기 • 주제 통합적 독서와 학습을 위한 작문 수행하기 • 매체의 유형과 특성을 고려한 독서와 작분 수행하기
가치·태도	• 독서와 작문의 주도적 계획 및 실천 • 공동체의 소통 문화 및 담론 형성에의 참여 • 문어 의사소통 생활에 대한 성찰 및 책임감

> 의사소통, 자료 탐색 및 선별, 사실적 읽기, 추론적 읽기, 비판적 읽기, 내용 조직, 표현 전략, 고쳐쓰기,
> 독자 분석, 쓰기 윤리, 설득적 글쓰기, 정보전달, 창의적 표현, 공동체 문제해결

> [12독작01-01] **(1)독서와 작문의 의사소통 방법과 특성을 이해**하고 **(2)문어 의사소통 생활을 주도적으로 실천하고 성찰**한다.

1. 기본 개념

(1) 독서와 작문의 의사소통 방법과 특성 이해(지식·이해)
- 독서가 필자와의 간접적 소통임을 파악하기
- 작문이 독자를 설정한 의도적 소통임을 이해하기
- 문어 소통이 구어 소통과 다른 특성을 가짐을 인식하기

(2) 문어 의사소통 생활을 주도적으로 실천하고 성찰(적용)
- 일상생활에서 읽기와 쓰기를 자발적으로 실행하기
- 자신의 독서 및 작문 활동을 스스로 되돌아보고 평가하기
- 문어 소통을 통해 공동체 문제 해결에 기여하는 자세를 함양하기

2. A등급 성취 수준의 이해

성취수준	성취기준별 성취수준
A	①독서와 작문의 다양한 의사소통 방법과 ②의미 구성 행위로서의 특성을 폭넓게 이해하고, ③의사소통 맥락을 고려하여 ④문어 의사소통 생활을 주도적으로 실천하고 ⑤지속적으로 성찰할 수 있다.

구성 요소	핵심 의미	적용
① 독서와 작문의 다양한 의사소통 방법 이해	문어와 구어의 방법적 차이를 종합적이고 심층적으로 이해함	독서/작문 활동을 단순한 언어 기능이 아닌 복합적 소통 행위로 인식함
② 의미 구성 행위로서의 특성을 폭넓게 이해	독자와 작가가 글을 통해 능동적으로 지식을 창조함을 인식함	글의 내용과 형식을 통해 주체적으로 의미를 재구성하거나 표현함
③ 의사소통의 맥락 고려	목적, 독자, 매체, 상황 등 주변 환경을 분석적으로 고려함	온라인/오프라인 등 변화하는 맥락에 맞춰 전략을 탄력적으로 조절함
④ 문어 의사소통 생활을 주도적으로 실천	자신의 삶과 학습의 문제 해결에 독서/작문을 적극적으로 활용함	학습, 진로, 사회 참여 등 구체적인 목표를 위해 책임감을 갖고 수행함
⑤ 지속적인 성찰	자신의 읽기/쓰기 과정 전체를 메타인지적으로 되돌아보고 개선함	성찰의 결과를 바탕으로 다음 활동의 계획과 전략을 능동적으로 조정함

> ▶ **[12독작01-01]을 높은 수준으로 성취했다는 것을 증명하기 위해!**
> 문어 윤리 탐구(온라인상 혐오 표현의 문어적 특성 분석과 공동체적 개선 방안 제시), 주도적 성찰 탐구(진로 분야의 글을 읽고 쓰는 전략 수립 및 메타인지적 과정 성찰 보고서), 매체 소통 분석(AI 생성 글의 작가 책임성 및 독자의 신뢰도 평가 전략 비교 연구) 등을 수행할 수 있습니다.

3. 교과세특 탐구주제

- 인공지능(AI) 기반 글쓰기 환경에서의 작가 윤리 고찰
- 진로 분야 전문 글쓰기 과정의 메타인지적 성찰 연구
- 매체별 독서 경험의 의미 재구성 과정에 대한 비교 탐구
- 문어 소통의 갈등 사례를 통한 책임 있는 소통 방안 연구
- 온라인 커뮤니티의 밈(Meme) 언어 관습에 대한 비판적 분석

4. 독서연계 탐구주제

● 다시, 어떻게 읽을 것인가(나오미 배런(전병근 역), 어크로스, 2023)

이 책은 디지털 시대의 읽기 매체(종이 vs. 스크린)가 독자의 인지 능력에 미치는 영향을 심층 연구한다. 저자는 스크린 읽기가 속도와 편의를 제공하지만, 집중력, 이해도, 장기 기억 측면에서는 종이책 읽기가 여전히 유리함을 과학적으로 보여준다. 학생들에게 문어 의사소통 특성에 대한 메타인지적 성찰의 중요성을 일깨우고, 주도적이고 깊이 있는 독서 전략을 수립하는 데 실질적인 도움을 준다.

- ▶ 스크린 독서 환경에서 발생하는 자료 선별 오류 분석 및 개선 방안 고찰
- ▶ 깊이 있는 이해를 위한 매체 선택의 주도적 전략 수립 및 실천 방안 탐구
- ▶ 매체 환경에 따른 독자의 자료 선별 기준 변화와 메타인지적 성찰의 영향 연구

● 인공지능은 나의 읽기-쓰기를 어떻게 바꿀까(김성우, 유유, 2024)

이 책은 AI 기술 발달이 가져온 읽기와 쓰기 환경의 혁신을 탐구하며, 문해력의 미래를 논한다. AI가 텍스트를 생성하는 시대에 인간 작가와 독자의 역할이 어떻게 재정의되어야 하는지를 심도 있게 다룬다. 특히, AI 텍스트의 비판적 수용과 디지털 윤리를 강조하며, 학생들이 변화하는 매체 환경속에서 책임감 있는 문어 생활을 주도적으로 실천할 수 있도록 성찰과 개선 태도를 제시한다.

- ▶ 디지털 정보 과부하 시대, 주도적 탐색 전략 수립과 실천 방안 분석
- ▶ AI 생성 자료의 타당성 및 공정성 평가를 위한 비판적 선별 기준 고찰
- ▶ 작문 맥락에 맞는 AI 자료 활용 시 필자의 윤리적 책임 변화에 대한 연구

5. 토의/토론을 위한 생각 나눔 주제

- 깊이 있는 성찰을 위해 학생들에게 종이책 독서를 의무화하는 것이 타당한가?
- 디지털 환경에서 주도적이고 윤리적인 문어 생활을 위해 어떤 규범이 필요한가?
- 온라인 공동체의 바람직한 소통 문화를 위해 플랫폼이 글쓰기를 규제해야 하는가?
- AI가 작성한 글을 제출할 경우, 학생의 독서 및 작문 역량 성장을 인정할 수 있는가?

6. 진로 희망 계열과의 연계

언어·문학 계열	**문학 작품 속 문어 소통 맥락의 분석:** 고전 문학 속 편지, 기록 등 문어 자료를 분석하여 당대 독서/작문 행위가 지니는 사회적, 윤리적 의미를 탐구한다. 이를 통해 인문학적 성찰을 심화한다.
사회과학 계열	**온라인 문어 공동체의 윤리적 책임 연구:** SNS나 커뮤니티 등에서 발생하는 익명 기반 글쓰기의 양상과 문제점을 분석하고, 공동체 소통 문화 개선을 위한 필자와 독자의 윤리적 역할을 탐구한다.
컴퓨터·통신 계열	**AI 글쓰기 환경에서 인간 필자의 역할 탐색:** AI 챗봇이 생성한 텍스트의 특성을 분석하여 자동화된 작문의 의미를 이해하고, 인간만이 할 수 있는 주도적 성찰 글쓰기의 가치를 탐색한다.

> **[12독작01-02] (1) 독서의 목적과 작문의 맥락을 고려**하여 **(2)가치 있는 글이나 자료를 탐색하고 선별**한다.

1. 기본 개념

(1) 독서와 목적과 작문의 맥락 고려(지식·이해)
- 정보 획득, 심미적 감상 등 독서 목적의 종류를 이해하기
- 작문의 목적, 독자, 상황 등 맥락의 구성 요소를 파악하기
- 목적과 맥락이 찾아야 할 자료의 유형을 결정함을 인식하기

(2) 가치 있는 글이나 자료를 탐색하고 선별(적용)
- 다양한 매체를 활용하여 필요한 글을 찾아내기
- 글의 신뢰성, 타당성, 최신성 등을 기준으로 가치를 판단하기
- 탐색 목표에 가장 적합한 자료만을 선별하여 활용하기

2. A등급 성취 수준의 이해

성취수준	성취기준별 성취수준
A	①자신의 독서 목적을 정확하게 파악하고 ②작문의 상황 맥락을 고려하여 ③가치 있는 글이나 자료를 탐색하고 ④자료가 독서 목적과 작문의 상황 맥락에 부합하는지, ⑤타당성과 신뢰성, 공정성을 갖추었는지를 종합적으로 평가하여 선별할 수 있다.

구성 요소	핵심 의미	적용
① 자신의 독서 목적을 정확하게 파악	단순히 읽는 것을 넘어 정보 획득의 구체적 목표를 설정함	지식 습득, 문제 해결 등 목적의 구체성을 논리적으로 파악함
② 작문의 상황 맥락 고려	독자, 매체, 주제 등 글쓰기 환경을 분석적으로 이해함	진로/학습 등 구체적인 상황에 따라 자료의 선별 기준을 조정함
③ 가치 있는 글이나 자료 탐색	주도적인 탐색 전략을 활용하여 필요한 자료를 확보함	다양한 검색 도구와 복합 키워드를 능동적으로 활용함
④ 독서 목적과 작문 맥락에 부합하는지 평가	자료가 설정한 읽기/쓰기 목표에 실질적인 효용성이 있는지 점검함	선별된 자료가 글의 논점이나 독자의 이해에 적합한지 판단함
⑤ 타당성과 신뢰성, 공정성에 대한 종합적 평가	자료의 사실성, 논리성, 윤리성을 다각적으로 비판함	복수 출처의 자료를 비교하여 편향성을 점검하고 종합적으로 선별함

▶ **[12독작01-02]을 높은 수준으로 성취했다는 것을 증명하기 위해!**
비판적 자료 평가(동일 주제의 뉴스, 논문, 블로그 등의 타당성 및 신뢰도 분석), 주도적 탐색 전략 보고서(학습을 위한 키워드 및 검색 경로 설계, 과정의 메타인지적 성찰), 자료 통합 연구(상충되는 자료들을 자신의 관점에서 재구성하여 새로운 지식을 도출하는 보고서) 등을 수행할 수 있습니다.

3. 교과세특 탐구주제

- 동일한 주제에 대한 다매체 자료의 신뢰도 비교 분석
- 진로 분야 학습을 위한 자료 탐색 전략 및 과정 성찰 탐구
- 상충되는 정보 간의 모순 해소를 위한 자료 통합 방안 연구
- 학술 자료와 대중 매체 자료의 효용성 및 타당성 비교 고찰
- 자신의 자료 선별 과정에서 나타난 편향성 점검 및 개선점 분석

4. 독서연계 탐구주제

■ 팩트풀니스(한스 로슬링 외, 김영사, 2024)

이 책은 세상에 대한 오해를 바로잡고 객관적인 사실에 기반하여 세상을 이해하도록 돕는다. 인간이 세상을 비관적으로 보게 만드는 10가지 본능(간극, 부정, 공포, 일반화 등)을 제시하고, 각각의 본능을 극복할 수 있는 구체적인 사고의 도구를 제공한다. 독자들은 이 책을 통해 탐색한 자료의 타당성과 신뢰성을 비판적으로 평가하는 능력을 기르고, 편향되지 않은 주도적인 지식 형성을 실천할 수 있다.

- ▶ 인간의 본능에 따른 세상에 대한 편향된 인식이 매체 수용에 미치는 영향 연구
- ▶ 극단적 이분법적 사고(갭 본능)가 사회적 문제에 대한 합리적인 소통을 저해하는 방식 고찰
- ▶ 데이터 기반 사고를 활용하여 글이나 자료에서 사실과 의견을 비판적으로 구별하는 전략 분석

■ 논증의 기술(앤서니 웨스턴(이주명 역), 필맥, 2019)

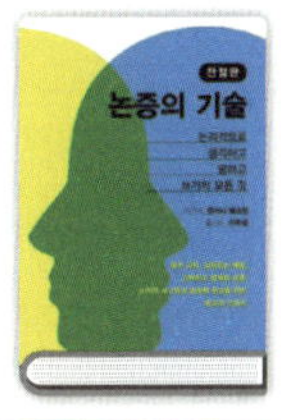

이 책은 논리적인 글쓰기와 말하기를 위한 논증을 만드는 방법을 다루는 실용적인 입문서이다. 저자는 자료와 근거를 사용하여 주장을 뒷받침하는 과정, 즉 논증의 기본 규칙과 오류를 알기 쉽게 설명한다. 이 책을 읽으면 학생들은 선별된 자료를 자신의 논리에 효과적으로 통합하는 방법을 배우게 되며, 독서와 작문의 목적에 맞는 가치 있는 정보를 활용하여 글을 쓰는 능력을 향상시킬 수 있다.

- ▶ 독서를 통해 얻은 다양한 지식을 합리적인 주장의 근거로 활용하는 방안 탐구
- ▶ 주장의 유형에 따른 논증 방식(연역, 귀납, 유비 등)이 설득력에 미치는 영향 분석
- ▶ 선별된 자료를 활용하여 논증의 기본 규칙에 맞는 설득력 있는 글쓰기 전략 연구

5. 토의/토론을 위한 생각 나눔 주제

- 정보의 신뢰도를 판단할 때, 객관적인 데이터가 직관보다 우선해야 하는가?
- 글쓰기 목적에 따라 자료의 타당성을 의도적으로 조절하는 것은 허용되는가?
- 정보의 홍수 시대에 개인의 편향된 독서 습관은 사회적 문제로 보아야 하는가?
- 상충되는 복수 출처의 자료를 만났을 때, 더 가치 있게 선별할 기준은 무엇인가?

6. 진로 희망 계열과의 연계

계열	내용
사회과학 계열	**뉴스 기사 자료의 신뢰성 및 편향 분석:** 동일 사건에 대한 복수의 언론 매체 보도를 분석하여 자료의 신뢰도와 편향성을 평가하고, 독자의 비판적 자료 선별 능력 향상 방안을 연구한다.
의료·약학 계열	**과학 논문의 타당성 평가 및 자료 통합:** 특정 질병이나 현상에 대한 최신 과학 논문과 대중 매체 정보를 비교하여 자료의 타당성을 평가하고, 연구 목적에 맞는 가치 있는 자료를 통합한다.
경영·경제 계열	**시장 보고서의 효용성 및 논증 분석:** 특정 산업 분야의 시장 보고서를 분석하여 자료의 효용성과 논리적 오류 유무를 비판적으로 평가하고, 작문의 맥락에 맞게 선별하여 활용한다.

[12독작01-03] 글에 드러난 **(1)정보를 바탕으로 글의 내용을 파악**하고 **(2)글에 드러나지 않은 정보를 추론**하며 읽는다.

1. 기본 개념

(1) 정보를 바탕으로 글의 내용 파악(지식·이해)
- 핵심 문장과 중심 내용을 파악하여 글의 전체 의미 구성하기
- 글의 구조와 전개 방식을 분석하여 정보를 효과적으로 정리하기
- 글쓴이의 주장과 관점을 명확히 확인하는 데 집중하기

(2) 글에 드러나지 않은 정보 추론(적용)
- 생략되거나 함축된 내용을 찾아내며 글의 의미를 풍부하게 만들기
- 논리적 타당성을 바탕으로 자신의 추론이 합리적인지 점검하기
- 글쓴이의 의도나 숨겨진 목적을 맥락적으로 유추하며 독해를 심화하기

2. A등급 성취 수준의 이해

성취수준	성취기준별 성취수준
A	①글에 드러난 정보를 바탕으로 ②글의 구조와 내용을 정확하게 파악하고 ③글의 주제에 부합하는 자신의 배경지식과 문맥을 통합적으로 활용하여 ④필자의 의도나 목적, ⑤글에 드러나지 않은 정보를 추론하며 읽을 수 있다.

구성 요소	핵심 의미	적용
① 글에 드러난 정보 바탕	글에 표현된 사실적 정보를 정확하고 포괄적으로 인지함	핵심 문장과 단어의 의미를 놓치지 않고 명확히 확인함
② 글의 구조와 내용을 정확하게 파악	논리적 관계와 전개 방식을 분석하여 글 전체를 재구성함	글의 주제와 논점을 구조적으로 파악하여 내용을 사실적으로 이해함
③ 주제에 부합하는 배경지식과 문맥의 통합적 활용	내용과 관련된 사전 지식 및 시대적 상황을 능동적으로 동원함	글의 내용을 자신의 지식 체계와 연결하여 의미를 통합·확장함
④ 필자의 의도나 목적 유추	글쓴이가 글을 쓴 궁극적인 동기와 숨겨진 의도를 추론함	글의 표면적 주장 이면에 있는 필자의 관점을 비판적으로 유추함
⑤ 글에 드러나지 않은 정보 추론	명시되지 않은 내용을 논리적 단서를 통해 합리적으로 도출함	글의 생략된 배경이나 함의를 논리적 비약 없이 정확히 예측함

▶ **[12독작01-03]을 높은 수준으로 성취했다는 것을 증명하기 위해!**
필자 의도 추론(글에 명시되지 않은 목적을 통합적으로 유추), 맥락적 정보 완성 보고서(정보가 부분적으로 드러난 글을 선정, 배경지식을 활용해 숨겨진 정보를 논리적으로 추론), 글의 구조 분석 및 함의 탐구(전문 분야 글의 분석 후, 내포된 사회적/철학적 함의를 추론) 등을 수행할 수 있습니다.

3. 교과세특 탐구주제

- 주제에 따른 배경지식 활성화 전략의 효용성 탐구
- 전문 분야 글의 구조 분석을 통한 내용의 함의 탐색
- 문학 작품 속 생략된 배경 정보를 추론하는 과정 연구
- 해외 뉴스 기사의 문맥적 단서를 활용한 구체적 정보의 탐색
- 고전 텍스트에 생략된 시대적 맥락을 통합적으로 추론하는 연구

4. 독서연계 탐구주제

■ 생각을 넓혀주는 독서법(모티머 J. 애들러 외(독고 앤 역), 시간과공간사, 2024)

이 책은 단순한 독서를 넘어 능동적이고 분석적인 읽기의 기술을 다룬다. 저자는 독서의 네 가지 단계(기초, 점검, 분석, 종합)를 제시하며, 독자들이 글의 구조와 내용을 정확하게 파악하도록 안내한다. 특히 책의 핵심 주제와 필자의 의도를 추론해 내는 분석적 읽기의 방법을 상세히 설명한다. 이 책을 통해 배경지식을 통합하여 글에 드러나지 않은 정보를 발견하며, 사고의 깊이를 확장할 수 있다.

- ▶ 글의 내용과 구조 파악을 통한 주도적인 의미 재구성 방법 연구
- ▶ 능동적 독서 방법(분석적, 통찰적 읽기)이 비판적 사고 능력에 미치는 영향 분석
- ▶ 독서 목적(지식 습득, 성찰)에 따라 가치 있는 글을 선별하고 활용하는 전략 고찰

■ 다시, 책으로(매리언 울프 외(전병근 역), 어크로스, 2019)

이 책은 디지털 환경이 인간의 읽는 뇌에 미치는 영향을 신경과학적 관점에서 분석한다. 저자는 깊이 있는 읽기가 추론 능력과 공감 능력을 키우는 데 필수적임을 강조하며, 스크린 읽기가 이러한 능력을 저해할 수 있음을 경고한다. 이 책을 통해 읽기 과정 자체를 메타인지적으로 성찰하게 되며, 배경지식과 문맥을 통합하여 글의 함의를 추론하는 능력이 중요함을 깨닫는다

- ▶ 효율적인 정보 획득과 비판적 사고를 위한 심층 독해 전략 고찰
- ▶ 디지털 읽기가 깊이 읽기 능력 및 장기 기억 형성에 미치는 영향 분석
- ▶ 전자책과 종이책의 매체 특성이 독서 몰입과 사유에 미치는 영향 연구

5. 토의/토론을 위한 생각 나눔 주제

- 맥락적 추론 능력을 시험 점수로 평가하는 것이 타당한가?
- 필자의 의도를 추론하는 과정에서 독자의 배경지식이 방해가 될 수 있는가?
- 모든 텍스트에서 필자의 숨겨진 목적을 비판적으로 유추해야 하는 것이 바람직한가?
- 정보가 의도적으로 생략된 글을 읽을 때, 독자는 책임감을 가지고 정보를 완성해야 하는가?

6. 진로 희망 계열과의 연계

언어·문학 계열	**고전 텍스트의 생략된 배경 정보 추론:** 과거의 문헌이나 기록을 읽을 때 시대적 배경지식을 통합하여 생략된 정보를 추론하고, 필자의 숨겨진 의도를 깊이 있게 분석한다.
법률·사회과학 계열	**정치적 담론의 필자 의도와 목적 추론:** 특정 정치적 성향의 사설이나 보도 자료를 분석하여 글에 드러나지 않은 필자의 목적을 비판적으로 유추하고 평가한다.
수리·물리 계열	**과학 논문의 논리적 비약과 함의 탐색:** 전문 과학 논문의 논리적 비약이나 생략된 전제를 추론하고, 그 내용이 기술 발전의 사회적 함의에 미치는 영향을 분석한다.

[12독작01-04] 글의 **(1)내용이나 관점, 표현 방법, 필자의 의도**나 **(2)사회 문화적 이념을 평가**하며 읽는다.

1. 기본 개념

(1) 내용이나 관점, 표현 방법, 필자의 의도 이해(지식·이해)
- 글에 명시된 정보를 바탕으로 내용과 관점을 정확하게 파악하기
- 표현 방법과 사용된 매체가 필자의 의도에 미치는 영향을 이해하기
- 글에 드러나지 않은 필자의 의도를 논리적 단서를 통해 추론하기

(2) 사회·문화적 이념 평가(적용)
- 파악한 글의 내용을 바탕으로 숨겨진 사회적 의미를 능동적으로 도출하기
- 글에 담긴 시대적 이념이나 문화적 편향성을 비판적으로 평가하기
- 평가 결과를 바탕으로 글의 가치를 판단하고 주체적으로 수용하는 태도를 지니기

2. A등급 성취 수준의 이해

성취수준	성취기준별 성취수준
A	①글의 내용이나 관점의 적절성, ②표현 방법의 효과성을 평가하고, ③필자의 의도나 사회·문화적 이념의 타당성을 ④ 다양한 관점에서 분석하여 ⑤비판적으로 평가하며 읽을 수 있다.

구성 요소	핵심 의미	적용
① 글의 내용이나 관점의 적절성 평가	글이 다루는 내용과 필자의 관점이 논리적으로 합당한지 평가함	객관적 사실과 주장의 논리성을 구분하여 비판함
② 표현 방법의 효과성 평가	글쓴이의 의도 달성을 위한 표현 전략이 적절한지 분석함	비유, 수사 등 표현 방식이 독자의 이해에 미치는 영향을 평가함
③ 필자의 의도나 사회·문화적 이념의 타당성 판단	글에 내포된 가치관과 숨겨진 목적이 윤리적으로 올바른지 판단함	시대적 한계나 문화적 편향성을 고려하여 글의 윤리적 가치를 평가함
④ 다양한 관점에서 분석	글의 이해에 복수의 시각과 배경지식을 통합적으로 적용함	특정 쟁점에 대해 찬성/반대/제3의 관점을 동원하여 다각적으로 분석함
⑤ 비판적으로 평가하며 읽기	종합적인 분석 결과를 바탕으로 글의 가치와 한계를 명확히 판단함	글의 내용 전체에 대해 자신만의 평가 기준을 제시하며 결론을 제시함

▶ **[12독작01-04]를 높은 수준으로 성취했다는 것을 증명하기 위해!**
사회·문화적 이념 평가 보고서(특정 시대 문학 작품이나 기사에 담긴 시대적 이념을 윤리적 관점에서 분석), 다각적 관점 분석 탐구 (하나의 사회 문제에 대한 상반된 관점과 표현 방법의 효과성을 비교) 미디어 윤리 평가(특정 광고의 내용과 표현 방법 분석 후 필자 의 의도 평가) 등을 수행할 수 있습니다.

3. 교과세특 탐구주제

- 특정 매체 기사에 내포된 사회·문화적 이념의 타당성 평가
- 하나의 쟁점에 대한 상반된 관점의 적절성 및 표현 효과성 분석
- 고전 문학 작품에 담긴 시대적 가치관이 현대 윤리에 미치는 영향 고찰
- 공익 광고의 내용 적절성과 필자의 숨겨진 의도를 다양한 관점에서 분석
- 다양한 복수의 자료를 통합하여 글의 가치와 한계에 대한 종합적인 연구

4. 독서연계 탐구주제

■ 정의란 무엇인가(마이클 샌델(김명철 역), 와이즈베리, 2014)

이 책은 현대 사회의 주요 딜레마를 통해 정의(正義)라는 주제를 다각도로 탐구한다. 저자는 공리주의, 자유 지상주의, 아리스토텔레스 철학 등 상충하는 관점들을 제시하고, 독자들이 옳고 그름을 판단하도록 유도한다. 다양한 사례와 논증을 비판적으로 평가하는 과정은 학생들의 글의 관점 및 내용의 적절성 평가능력을 강화한다. 또한 복잡한 사회·문화적 이념의 타당성을 분석하는 훈련을 할 수 있다.

- ▶ 글에 제시된 글쓴이의 주장과 관점의 적절성 탐구
- ▶ 소수자의 권리 보호에 대한 자유주의적 관점의 적절성 분석
- ▶ 사회적 가치 실현을 위한 공리주의적 접근과 권리 존중 간의 윤리적 충돌 연구

■ 사피엔스(유발 하라리(조현욱 역), 김영사, 2025)

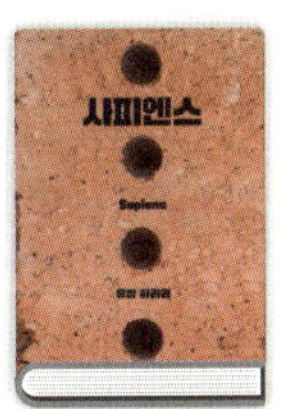

이 책은 인류의 역사를 생물학적, 역사적, 철학적 관점에서 통찰한다. 저자는 인류가 인지 혁명, 농업 혁명, 과학 혁명을 거치며 구축해 온 사회적 신화와 집단적 상상의 힘을 분석한다. 독자들은 수만 년 역사의 흐름을 통해 현재 사회에 내재된 문화적 이념과 관점이 어떻게 형성되었는지 다양한 관점에서 분석하고 평가하게 된다. 이는 글의 내용과 관점의 적절성을 폭넓게 평가하는 데 도움을 준다.

- ▶ 농업 혁명이나 과학 혁명에 대한 필자의 관점 분석
- ▶ 인류가 만들어 낸 '돈'이나 '국가' 같은 사회적 신념의 타당성 연구
- ▶ 역사적 흐름에 따른 사회·문화적 이념 변화의 타당성을 다양한 관점에서 고찰

5. 토의/토론을 위한 생각 나눔 주제

- 정보 전달을 위한 글에서 필자의 주관적 관점이 명확히 드러나도 되는가?
- 사회적 약자를 다룬 글의 '감정적 표현'이 내용의 객관성을 훼손하는가?
- 오래된 고전 작품에 담긴 성차별적 이념을 현대에도 존중해야 하는가?
- 인기 웹툰에 담긴 특정 사회 문화적 이념의 타당성을 평가해야 하는가?

6. 진로 희망 계열과의 연계

법률/사회과학 계열	정치 담론 속 이념 편향의 타당성 평가: 정치인의 연설문이나 정책 자료를 분석하여 필자의 의도와 내포된 사회적 이념의 타당성을 다양한 관점에서 비판적으로 평가한다.
인문과학/ 사회과학 계열	미디어 표현의 효과성 및 윤리적 평가: 공익 광고나 뉴스 보도의 표현 방법이 독자에게 미치는 효과를 분석하고 이를 통해 필자의 숨겨진 목적과 내용의 윤리적 적절성을 평가한다.
언어·문학/ 연극·영화 계열	대중문화 속 가치관의 비판적 분석: 웹툰, 드라마 등 대중문화 콘텐츠에 담긴 시대적 가치관과 이념이 현대 사회에 미치는 영향을 분석하고 다각적으로 평가한다.

[12독작01-05] 글을 읽으며 다양한 **(1)내용 조직 방법과 표현 전략**을 찾고 이를 **(2)글쓰기에 활용**한다.

1. 기본 개념

(1) 내용 조직 방법과 표현 전략 찾기(지식·이해)
- 논증, 설명, 묘사 등 다양한 내용 조직 방식의 특성 파악하기
- 비유, 강조, 반복 등 효과적인 표현 전략의 종류와 기능 이해하기
- 필자의 의도에 따라 조직 방식과 전략이 달라짐을 인식하기

(2) 글쓰기 전략 활용(적용)
- 잘 쓰인 글에서 배운 내용 조직 방식을 자신의 글에 구체적으로 시도하기
- 참신하고 효과적인 표현 전략을 참고하여 자신의 글을 다듬기
- 독서 지식을 작문 과정에 주도적으로 적용하고 성찰하기

2. A등급 성취 수준의 이해

성취수준	성취기준별 성취수준
A	①쓰기 맥락에 따라 적합한 내용 조직 방법과 ②표현 전략이 달라질 수 있다는 인식을 토대로 ③글에 사용된 다양한 내용 조직 방법과 ④표현 전략을 찾아 분석하고 쓰기 ⑤맥락에 맞게 효과적이고 실제적으로 활용하며 글을 쓸 수 있다.

구성 요소	핵심 의미	적용
① 쓰기 맥락에 따른 조직 방법 의 이해	목적/독자/매체 등 환경 변화에 따라 글의 구조를 유연하게 바꿈	보고서, 에세이 등 글의 유형에 맞춰 내용 배열을 능동적으로 선택함
② 쓰기 맥락에 따른 달라지는 표현 전략의 인식	필자의 의도에 따라 문체나 어휘의 수준을 조정할 수 있음을 인지함	독자의 반응을 예상하여 문장의 길이나 어조를 세밀하게 조절함
③ 글에 사용된 다양한 내용 조직 방법 찾아 분석	글의 유형에 관계없이 사용된 논리 전개 방식의 원리를 파악함	비교·대조나 문제·해결 등 복합적인 구조의 효과를 분석함
④ 글에 사용된 표현 전략을 찾아 분석	글에 사용된 효과적인 수사법이나 매체적 표현을 인지함	인상적인 비유나 참신한 어휘를 발견하고 그 효과를 설명함
⑤ 맥락에 맞게 효과적이고 실제적으로 활용	분석한 전략을 자신의 구체적인 글쓰기에 창의적으로 적용함	글쓰기 목표 달성을 위해 분석한 전략을 실제 작문에 통합하여 사용함

▶ **[12독작01-05]을 높은 수준으로 성취했다는 것을 증명하기 위해!**
독서 기반 글쓰기 전략 분석(글을 읽고 내용 조직 및 표현 전략을 비교 분석 후 활용), 작문 전략 설계(독자의 수준과 매체에 따라 설명 방법과 문체를 달리한 글쓰기), 고쳐쓰기 성찰 보고서(글에서 배운 표현/조직 전략을 자신의 글에 적용하는 보고서) 등을 수행할 수 있습니다.

3. 교과세특 탐구주제

- 쓰기 맥락에 따라 다양한 조직 방법을 적용한 글의 효과성 분석
- 성공적인 보고서의 논리 전개 방식과 표현 전략의 효과성 고찰
- 읽은 글에서 배운 참신한 표현 전략을 자신의 작문에 통합하는 연구
- 매체와 독자를 고려하여 내용 조직 방식을 달리 적용한 글쓰기 전략 연구
- 논설문과 에세이의 표현 전략을 비교 분석하고 자신의 글에 활용하는 탐구

4. 독서연계 탐구주제

■ 유혹하는 글쓰기(스티븐 킹(김진준 역), 김영사, 2021)

이 책은 스티븐 킹이 자신의 경험과 작법을 진솔하게 풀어낸 글쓰기 지침서이다. 작가는 글쓰기를 위한 기본적인 도구(어휘, 문법) 사용법부터, 독자를 사로잡는 이야기 구성과 퇴고의 노하우까지 전달한다. 독자들은 책을 통해 잘 쓰인 글의 표현 전략을 분석하고, 이를 자신의 독창적인 글쓰기에 어떻게 효과적으로 활용할지 배운다. 이는 창의적인 표현 전략과 내용 조직 방식을 실제적으로 적용하는 능력을 키워준다.

- ▶ 스티븐 킹의 글에서 발견된 효과적인 표현 전략 분석
- ▶ 글쓰기 맥락에 따른 문체와 어휘 활용 방식의 변화를 탐색하는 실천적 연구
- ▶ 소설가의 내용 조직 방식을 분석하여 자신의 보고서에 창의적으로 적용하는 방법 고찰

■ 유시민의 글쓰기 특강(유시민, 생각의길, 2021)

이 책은 논리적 설득력과 공감 능력을 갖춘 글쓰기 방법을 저자의 실제 경험을 바탕으로 제시한다. 저자는 잘 쓰인 글(독서)을 분석하여 내용 조직 방식과 표현 전략의 특성을 파악하는 것이 중요함을 강조한다. 독자들은 다양한 글의 유형에 따른 논증, 설명, 묘사 등의 내용 조직 방법을 배울 수 있다. 이는 비유, 강조 등 효과적인 표현 전략을 자신의 글에 적용하여 설득력을 높이는 데 도움을 준다.

- ▶ 논증과 설명 등 내용 조직 방법이 글의 설득력에 미치는 영향 분석
- ▶ 효과적인 표현 전략(비유, 강조)이 필자의 의도를 드러내는 방식 연구
- ▶ 잘 쓰인 글에서 파악한 표현 전략을 자신의 작문에 적용하는 과정 고찰

5. 토의/토론을 위한 생각 나눔 주제

- 광고 문구에 사용된 지나친 비유적 표현은 독자에게 혼란을 주는가?
- 성공한 작가의 글쓰기 전략을 무비판적으로 모방하는 것은 바람직한가?
- 매체 환경 변화에 따라 글쓰기의 내용 조직 방식도 혁신되어야 하는가?
- 독자의 연령을 고려하여 글의 표현 전략을 달리하는 것이 바람직한가?

6. 진로 희망 계열과의 연계

사회과학 계열	**매체별 보도 글의 전략적 표현 방식 분석**: 신문, 방송, 온라인 매체 등 매체에 따라 내용 조직과 수사적 표현이 어떻게 달라지는지 분석하고, 이를 광고 문구 작성에 활용한다.
경영·경제 계열	**성공적인 보고서의 논리 전개 방식 연구**: 투자 유치, 시장 분석 등 목적이 뚜렷한 경영 보고서를 분석하여 논리적 조직 방법을 찾고, 자신의 기획안 작성에 효과적으로 활용한다.
컴퓨터·통신/ 산업공학 계열	**사용자 맞춤형 기술 문서 작성 전략**: 제품 설명서나 사용자 인터페이스(UI) 텍스트를 분석하여 독자(사용자)의 특성에 맞는 내용 조직 및 간결한 표현 전략을 자신의 글에 적용한다.

[12독작01-06] 자신의 글을 **(1)분석적 비판적 관점으로 읽고**, **(2)내용과 형식을 효과적으로 고쳐 쓴다.**

1. 기본 개념

(1) 글을 분석적·비판적 관점으로 읽기(지식·이해)
- 글의 목적, 독자, 맥락에 비추어 내용과 형식의 적절성을 분석하기
- 논리적 오류, 불명확한 표현, 내용의 일관성 등을 비판적으로 점검하기
- 자신의 글쓰기 과정 전체를 되돌아보며 고쳐쓰기의 필요성을 인식하기

(2) 내용과 형식을 효과적으로 고쳐 쓰기(적용)
- 문장, 어휘, 맞춤법 등 표면적 오류부터 수정하여 글의 명확도 높이기
- 내용 추가/삭제, 관점 조정 등을 통해 글의 일관성과 타당성 확보하기
- 글의 유형과 맥락에 맞춰 내용 조직 방식과 표현 전략을 최적화하기

2. A등급 성취 수준의 이해

성취수준	성취기준별 성취수준
A	①자신의 글을 분석적·비판적 관점으로 평가하고 ②타인의 관점에서 해석하며 읽고, ③쓰기 맥락과 표현 의도를 고려하여 ④글의 내용과 형식을 ⑤효과적으로 고쳐 쓸 수 있다.

구성 요소	핵심 의미	적용
① 자신의 글을 분석적·비판적 관점으로 평가	자신의 주장이 논리적 오류 없이 타당한지 객관적 기준으로 점검함	글의 내용 타당성, 일관성 등을 스스로 엄격하게 판단함
② 타인의 관점에서 해석하며 읽기	예상 독자의 배경지식, 관점 등을 고려하여 이해도를 예측함	독자가 오해할 만한 부분을 미리 파악하여 표현을 명료화함
③ 쓰기 맥락과 표현 의도 고려	글쓰기 목표와 전달하고자 하는 핵심 메시지를 재확인함	고쳐쓰기가 최종 목표에 부합하도록 방향을 설정함
④ 글의 내용과 형식 점검	글의 주제와 관련된 정보의 질 및 구조적 배치를 점검함	단어, 문장 같은 표면적 요소부터 전체 구조까지 포괄적으로 점검함
⑤ 효과적으로 고쳐 쓰기	비판적 평가 결과를 바탕으로 가장 효율적인 전략을 실행함	맥락적 목표 달성을 위해 내용과 형식을 최적화함

▶ **[12독작01-06]을 높은 수준으로 성취했다는 것을 증명하기 위해!**
독자 예측을 통한 퇴고 전략(특정 독자층 설정 후, 자신의 글을 읽고 오해할 만한 내용이나 비논리적 관점을 파악하여 고쳐 쓴 과정 성찰), 맥락 변화에 따른 맞춤형 퇴고(같은 주제의 글을 보고서와 칼럼 등 다른 맥락에 맞춰 내용과 표현 방식을 최적화하는 고쳐쓰기) 등을 수행할 수 있습니다.

3. 교과세특 탐구주제

- 자신의 글에 나타난 습관적인 문법 오류 유형 분석
- 보고서와 칼럼 맥락에 맞춰 내용 조직을 달리한 고쳐쓰기의 효과 탐색
- 자신의 글쓰기 과정 전반을 성찰하고 퇴고 전략을 수립하는 주도적 연구
- 동료 평가를 수용하여 자신의 글 내용과 표현의 명료도를 개선을 위한 탐구
- 표현 의도에 맞게 문체와 어휘를 조절하여 글의 형식을 최적화하는 방안 고찰

4. 독서연계 탐구주제

● 퓰리처상 문장 수업(잭 하트(강주헌 역), 김영사, 2022)

이 책은 퓰리처상 수상작 등 수준 높은 기사를 분석하며 최고의 문장 기술을 배우는 글쓰기 지침서이다. 저자는 취재와 내용 조직, 표현 전략 등 글쓰기 전반의 기술을 분석적 관점으로 제시한다. 독자들은 훌륭한 글의 논리 전개 방식과 표현의 효과를 깊이 있게 파악한다. 이를 통해 자신의 글을 타인의 관점에서 비판적으로 읽고, 내용과 형식을 실제적으로 고쳐 쓰는 능력을 기른다.

- ▶ 단순하면서도 힘 있는 문장을 만들기 위한 간결한 표현 전략 분석 연구
- ▶ 글쓰기 과정에서 고쳐쓰기를 통한 문장의 밀도와 완성도 높이는 방안 탐구
- ▶ 비유, 묘사 등 문학적 표현 전략이 정보 전달 글의 설득력에 미치는 영향 고찰

● 고쳐쓰기, 좋은 글에서 더 나은 글로(윌리엄 제르마노(김미정 역), 지금이책, 2023)

이 책은 좋은 글을 더 나은 글로 만들기 위한 전략적 퇴고의 중요성을 강조한다. 저자는 글쓰기를 재구성하는 과정으로서의 고쳐쓰기를 체계적으로 안내한다. 독자는 자신의 글을 분석적으로 읽어 구조적 문제를 파악하고 쓰기 맥락에 맞춰 내용의 적절성을 판단한다. 이 책은 단순히 오류를 수정하는 것을 넘어 관점과 내용을 효과적으로 재조직하여 글의 완성도를 높이는 데 도움을 준다.

- ▶ 필자의 의도와 독자를 고려하여 글의 내용 조직을 재구성하는 전략 연구
- ▶ 고쳐쓰기에서 간결하고 참신한 표현 전략을 적용하여 문장의 설득력을 높이는 방안 분석
- ▶ 독서를 통해 배운 구조를 바탕으로 글의 논리적 흐름을 점검하고 완성도를 높이는 방법 고찰

5. 토의/토론을 위한 생각 나눔 주제

- 글쓰기에서 타인의 관점(독자)을 고려한 고쳐쓰기가 창의성을 저해하는가?
- AI 퇴고 기능이 제공하는 수정이 스스로 고쳐쓰는 과정보다 더 효과적인가?
- 내용의 타당성 확보를 위한 고쳐쓰기는 표현의 자유를 침해하는 행위인가?
- 맥락이 달라질 때마다 글의 내용과 형식을 전면적으로 수정해야 하는가?

6. 진로 희망 계열과의 연계

언어·문학 계열	**문학 작품 퇴고 전략 분석 및 적용:** 성공적인 작가의 퇴고 노하우를 분석하여, 자신의 창작 글을 독자의 관점에서 비판적으로 평가하고, 이를 통해 표현 의도에 맞는 내용과 형식을 효과적으로 고쳐쓴다.
사회과학 계열	**보도 자료의 맥락별 고쳐쓰기 전략:** 동일한 사건의 보도 자료를 매체 유형(신문, SNS)에 맞춰 내용 조직과 어투를 달리하여 고쳐쓴다. 쓰기 맥락에 따른 최적화된 퇴고 효과를 분석한다.
교육 계열	**학습자 글쓰기 오류 유형 분석 및 교정:** 또래 학습자의 보고서를 분석적으로 읽고 논리적 오류와 비효율적인 표현을 진단한다. 이를 바탕으로 학습자의 글쓰기 능력 향상을 위한 효과적인 교정 방안을 연구한다.

[12독작01-07] 인간과 예술을 다룬 **(1)인문 예술 분야의 글을 읽고 (2)삶과 예술에 대한 자신의 생각을 담은 글을 쓴다.**

1. 기본 개념

(1) 인문·예술 분야의 글 읽기(지식·이해)
- 인문학적 사유와 예술적 표현이 글에 반영되는 특징 파악하기
- 추상적 개념이나 함축적 의미를 내포한 표현을 해석하는 방법 익히기
- 글쓴이의 관점과 주요 논점을 분석하며 주제를 심층적으로 이해하기

(2) 삶과 예술에 대한 자신의 생각을 담은 글 쓰기(적용)
- 읽은 글의 내용을 자신의 삶의 경험이나 가치관과 연결하여 성찰하기
- 예술 작품에 대한 주체적인 해석과 평가를 논리적으로 표현하기
- 개인의 성찰을 독자가 공감할 수 있도록 문학적 표현을 활용한 글 완성하기

2. A등급 성취 수준의 이해

성취수준	성취기준별 성취수준
A	①인간과 예술을 다룬 인문·예술 분야의 글을 읽고 ②심층적인 통찰을 통해 ③인문학적 세계관을 이해하며 ④삶과 예술에 대한 인식적·윤리적·심미적 경험을 바탕으로 ⑤자신의 가치관을 개성 있게 담은 글을 쓸 수 있다.

구성 요소	핵심 의미	적용
① 인문·예술 분야의 글 읽기	인간의 본질, 가치, 미 등 추상적 주제를 다룬 글을 이해함	다양한 예술 비평이나 철학적 논의를 심층적으로 해석함
② 심층적으로 통찰	글의 표면적 내용을 넘어선 본질적 의미와 함의를 깨달음	글의 철학적 질문에 대한 자기만의 해석을 논리적으로 도출함
③ 인문학적 세계관 이해	글쓴이가 가진 인간, 역사, 사회에 대한 근본적 관점을 파악함	글에 제시된 관점을 자신의 가치 체계와 연결하여 수용하거나 비판함
④ 인식적·윤리적·심미적 경험 활용	지적 깨달음, 도덕적 성찰, 미적 감동을 글쓰기의 소재로 삼음	독서 후 느낀 다층적인 경험을 글의 논점과 표현에 깊이 있게 녹여냄
⑤ 자신의 가치관을 개성 있게 담은 글쓰기	주체적인 관점과 독창적인 문체를 활용하여 완성도 있는 글을 작성함	자신의 삶의 맥락과 독서 경험을 결합하여 명료하고 설득력 있게 표현함

▶ **[12독작01-07]을 높은 수준으로 성취했다는 것을 증명하기 위해!**
인문학적 세계관 탐구 및 에세이(철학서나 비평을 읽고 인문학적 세계관을 심층적으로 통찰하여, 자신의 삶을 주제로 개성 있는 관점을 담은 에세이 작성), 예술 작품 연계 비평(특정 예술품과 인문학적 텍스트를 연결하여 삶의 가치에 대한 주체적 해석을 담은 비평문 작성) 등을 수행할 수 있습니다.

3. 교과세특 탐구주제

- 인상 깊은 예술 작품 감상 후 나의 심미적 경험 성찰
- 철학적 논의를 통해 자신의 가치관에 대한 비판적 탐색
- 특정 철학서를 읽고 글의 함의에 대한 자신의 해석 고찰
- 인문학 도서 독서 후 삶의 가치관에 대한 자신의 인식 변화 탐구
- 인문학적 세계관을 바탕으로 현대 사회 문제의 본질에 대한 심층적 고찰

4. 독서연계 탐구주제

● 미술관 옆 인문학(박홍순, 서해문집, 2011)

이 책은 서양 미술사를 인문학적 관점으로 풀어내며 깊은 통찰을 제공하는 교양서이다. 저자는 미술 작품을 단순히 감상하는 것을 넘어, 작품이 탄생한 시대적 배경과 철학적 의미를 연결한다. 독자들은 작품에 담긴 인간의 본질과 가치에 대한 질문을 발견하고 심미적 경험을 확장한다. 이는 독서 후 예술에 대한 주체적인 해석과 삶의 가치를 연결하는 개성 있는 글쓰기에 큰 도움이 된다.

- ▶ 미술 작품에 투영된 시대적 맥락을 인문학적 지식으로 해석하는 방법 연구
- ▶ 서로 다른 매체(글, 미술) 간의 내용 조직 및 표현 전략을 비교 분석하는 전략 고찰
- ▶ 예술 작품에 대한 배경지식(인문학)이 매체 텍스트의 의미 재구성에 미치는 영향 분석

● 철학은 어떻게 삶의 무기가 되는가(야마구치 슈(김윤경 역), 다산초당, 2019)

이 책은 철학적 사유를 현대 사회와 개인의 문제 해결에 적용하는 방법을 제시하는 실용적인 철학서이다. 저자는 서양 철학사의 주요 개념들을 '무기'라는 은유를 통해 설명하며, 일상의 윤리적·인식적 딜레마에 적용할 수 있도록 돕는다. 독자들은 책을 통해 인문학적 세계관을 심층적으로 통찰하게 된다. 이는 인식적·윤리적 경험을 바탕으로 자신의 가치관을 논리적으로 정리하는 글쓰기 역량을 키워준다.

- ▶ 고전 철학의 개념을 활용하여 개인의 삶을 성찰하고 가치관을 재정립하는 방안 고찰
- ▶ 독서를 통해 얻은 철학적 통찰을 논증과 설득을 위한 논리적 근거로 활용하는 전략 분석
- ▶ 철학적 사고방식이 현대 사회 문제에 대한 합리적인 의견을 형성하는 데 미치는 영향 연구

5. 토의/토론을 위한 생각 나눔 주제

- 인문학적 성찰은 반드시 실생활의 윤리적 행동 변화를 요구하는가?
- 예술 작품에 대한 주관적인 해석은 비평의 대상이 될 수 없는가?
- 삶을 담은 성찰 글은 논리보다 개성 있는 감정적 표현이 더 중요한가?
- 인문학적 세계관을 바탕으로 타인의 삶을 평가하는 것은 과연 정당한가?

6. 진로 희망 계열과의 연계

언어·문학 계열	**현대 예술의 가치에 대한 주체적 비평:** 동시대 미술, 음악 등의 예술 비평을 읽고 심미적 경험을 확장한다. 이를 바탕으로 삶의 인식적 경험을 바탕으로 작품의 새로운 의미를 담은 비평문을 쓴다.
인문과학 계열	**인간의 본질에 대한 철학적 성찰:** 고전 철학서를 읽고 인간의 자유, 존재 이유 등 근본적인 문제에 대해 심층적으로 통찰한다. 이 내용을 자신의 가치관과 연결하여 탐구 보고서를 작성한다.
교육 계열	**문학 작품 속 윤리적 딜레마와 성찰:** 소설이나 희곡에 나타난 인간의 심리와 윤리적 갈등을 분석한다. 인문학적 세계관을 이해하고 자신의 삶의 경험을 담아 성숙한 가치관을 제시하는 글을 작성한다.

[12독작01-08] 사회적 역사적 현상이나 쟁점 등을 다룬 **(1)사회 문화 분야의 글을 읽고 (2)사회 문화적 사건이나 역사적 인물에 대한 관점을 담은 글을 쓴다.**

1. 기본 개념

(1) 사회·문화 분야의 글 읽기(지식·이해)
- 시대적 맥락과 사회적 배경이 글의 내용에 미치는 영향 파악하기
- 객관적 정보와 글쓴이의 주관적 해석을 구분하며 글 읽기
- 사회학, 역사학 등 관련 분야의 기본 개념을 이해하며 글 읽기

(2) 사회·문화적 사건이나 역사적 인물에 대한 관점을 담은 글 쓰기(적용)
- 읽은 글의 정보를 활용하여 역사적 사건을 다양하게 해석하기
- 역사적 인물의 행동에 대해 자신만의 윤리적·사회적 관점 수립하기
- 글쓰기를 통해 관점의 타당성을 논리적으로 주장하고 가치 평가하기

2. A등급 성취 수준의 이해

성취수준	성취기준별 성취수준
A	①사회적·역사적 현상이나 쟁점 등을 다룬 사회·문화 분야의 글을 읽으며 ②해당 현상이나 쟁점에 대해 자신의 관점을 세움으로써 ③판단의 근거를 체계적으로 마련하고, ④사회·문화적 사건이나 역사적 인물에 대한 깊이 있는 해석을 바탕으로 ⑤자신의 관점을 담은 글을 쓸 수 있다.

구성 요소	핵심 의미	적용
① 사회·문화 분야의 글 읽기	다양한 시대적/사회적 맥락을 가진 글을 분석적으로 이해함	글에 나타난 역사적 사실과 사회적 해석을 정확히 구분함
② 해당 현상이나 쟁점에 대한 자신의 관점	글에 제시된 정보를 바탕으로 주체적 판단 기준을 확립함	글쓴이의 관점을 수용하거나 비판하며 독자만의 입장을 명확히 설정함
③ 판단의 근거를 체계적으로 마련	관점을 뒷받침할 다양한 자료와 논리를 종합적으로 수집함	객관적 자료와 윤리적 원칙 등 다층적 근거를 제시하며 논리를 전개함
④ 사회·문화적 사건이나 역사적 인물에 대해 깊이 있는 해석	표면적 사실을 넘어선 배경, 동기, 영향 등을 심층적으로 이해함	역사적 인물의 행동을 다양한 관점에서 분석하여 새로운 의미를 부여함
⑤ 자신의 관점을 담은 글쓰기	체계적인 근거와 깊이 있는 해석을 통합하여 완성도 있게 표현함	논리적 설득력과 개성 있는 문체를 갖춘 논평이나 사론을 작성함

▶ **[12독작01-08]을 높은 수준으로 성취했다는 것을 증명하기 위해!**
역사 인물 재해석 논평(역사적 인물에 대한 평가를 비판적으로 읽고, 깊이 있는 해석을 바탕으로 판단의 근거를 제시하며 자신의 관점을 담기) 작성, 사회 쟁점 분석 보고서(사회 쟁점에 대한 글을 읽고, 근거를 마련하여 주체적 해결 관점을 제시) 작성 등을 수행할 수 있습니다.

3. 교과세특 탐구주제

- 신문에 보도된 특정 사회 쟁점에 대한 다양한 관점 비교
- 역사적 인물의 대중매체 재현과 실제 기록에 대한 비판적 분석
- 특정 역사적 인물에 대한 기존 평가와 다른 관점의 평가 타당성 연구
- 현대 사회 문제에 대한 다양한 관점을 통합하여 주체적 해결책 탐구
- 특정 사회·문화적 사건의 발생 배경과 영향을 깊이 있게 해석하는 고찰
- 역사적 자료를 바탕으로 재해석된 인물에 대한 관점을 담은 글쓰기 연구

4. 독서연계 탐구주제

● 총 균 쇠(재레드 다이아몬드(강주헌 역), 김영사, 2023)

이 책은 인류 문명의 불평등이 인종적 우월성 때문이 아님을 과학적으로 밝혀내는 명저이다. 저자는 각 대륙의 지리적, 환경적 차이가 작물화, 가축화, 전염병의 속도에 영향을 미쳤다고 주장한다. 독자들은 문명 발전의 역사적 현상에 대한 기존 관점을 깊이 있게 해석하는 훈련을 하게 된다. 이는 사회·역사적 현상에 대해 자신만의 관점을 수립하고 체계적 근거를 담은 글을 쓰는 데 핵심적인 통찰을 제공한다.

- ▶ 역사적 현상에 대한 필자의 깊이 있는 해석을 바탕으로 자신의 역사관 탐구
- ▶ 인류 문명 발전에 대한 지리적 결정론적 관점을 비판적으로 수용하는 방안 연구
- ▶ 다양한 학문 분야(역사, 생물, 지리)의 지식을 통합하여 복합적 사회 문제 분석 방법 고찰

● 선량한 차별주의자(김지혜, 창비, 2024)

이 책은 일상생활에서 무의식적으로 발생하는 '선량한' 차별의 메커니즘을 날카롭게 분석하는 사회학 저서이다. 저자는 장애, 소수자, 빈곤 등 다양한 사회적 쟁점을 다루며, 개인의 무지나 선의가 어떻게 구조적 차별을 강화하는지 보여준다. 독자들은 사회·문화적 현상에 대해 비판적인 관점을 세우고, 윤리적 문제에 대한 깊이 있는 해석을 바탕으로 주체적인 주장을 펼치는 글쓰기 능력을 키울 수 있다.

- ▶ 일상 속 '선량한 차별' 사례를 분석하고 해당 쟁점에 대한 관점 연구
- ▶ 책에 제시된 다양한 차별 유형의 해결 방안에 대한 자신의 관점 탐색
- ▶ 사회적 약자에 대한 편향된 재현을 매체 텍스트에서 분석하고 공동체 문제 해결 방안 고찰

5. 토의/토론을 위한 생각 나눔 주제

- 역사적 인물의 재평가는 시대적 관점 변화에 따라 정당화될 수 있는가?
- 사회 문제에 대한 글이 해결책보다 감정적 호소를 우선하는 것이 효과적인가?
- 하나의 사회 현상에 대한 상반된 시각의 전문가 관점은 모두 수용해야 하는가?
- 대중매체가 역사적 사실을 단순화하는 것은 필연적인 과정으로 볼 수 있는가?

6. 진로 희망 계열과의 연계

인문과학 계열	**역사적 인물에 대한 기록과 해석 비교:** 특정 역사적 인물에 대한 사료와 현대의 역사관을 비교하여 깊이 있는 해석을 시도한다. 이를 통해 인물의 행위에 대한 주체적 관점을 담은 글을 작성한다.
사회과학(정책) 계열	**사회 쟁점 해결책의 다층적 관점 분석:** 복지, 환경, 인권 등 주요 사회 쟁점에 대한 다양한 관점의 글을 읽고 체계적인 근거를 마련한다. 이를 바탕으로 정책적 대안을 담은 글을 쓴다.
사회과학(언론·미디어) 계열	**미디어 속 사회 현상 보도의 관점 분석:** 특정 사회적 사건에 대한 언론 보도의 관점과 필자의 의도를 분석한다. 다층적인 정보를 바탕으로 사건에 대한 자신만의 비평을 담은 논평을 작성한다.

02 독서와 작문

1. 기본 개념

(1) 과학·기술 분야의 글 읽기(지식·이해)
- 실험 과정, 관찰 사실, 가설, 결론 등 과학적 글의 구조 이해하기
- 도표, 그래프, 수식 등 비문자 정보를 해석하며 전문 용어 익히기
- 주장과 이를 뒷받침하는 과학적 근거의 관계를 분석하기

(2) 과학·기술의 개념이나 현상을 설명하는 글쓰기(적용)
- 복잡한 과학 개념을 독자의 수준에 맞춰 쉽게 설명하는 방법 적용하기
- 도표, 그림, 비유 등 다양한 설명 전략을 효과적으로 활용하여 글 구성하기
- 글의 내용이 객관적 사실에 부합하도록 정확성을 유지하며 글을 쓰기

2. A등급 성취 수준의 이해

성취수준	성취기준별 성취수준
A	①과학·기술의 원리나 지식을 다룬 과학·기술 분야의 글을 읽으며 ②다양한 정보와 자료를 체계적으로 분석 및 평가하여 ③글을 쓸 때 필요한 자료를 선별하고, ④선별한 자료를 활용하여 과학·기술의 개념이나 현상을 ⑤체계적이고 명료하게 설명하는 글을 쓸 수 있다.

구성 요소	핵심 의미	적용
① 과학·기술 분야의 글 읽기	전문적 지식이 담긴 글의 논리적 구조와 용어를 정확히 이해함	가설-검증-결론 등 과학적 논리의 전개 방식을 능숙하게 파악함
② 다양한 정보와 자료를 체계적으로 분석 및 평가	수치, 도표, 그래프 등 비문자 자료의 타당성과 신뢰성을 검토함	제시된 실험 결과나 통계 자료의 해석이 정확한지 비판적으로 평가함
③ 글을 쓸 때 필요한 자료를 선별	설명하려는 개념에 가장 적절하고 효과적인 보조 자료를 선택함	독자의 이해도와 글의 주제를 고려하여 예시나 시각 자료를 취사선택함
④ 선별한 자료 활용	선택한 전문 자료를 글의 내용에 오류 없이 통합하여 제시함	도표나 수식을 설명문에 삽입할 때 맥락에 맞게 정확히 인용함
⑤ 체계적이고 명료하게 설명하는 글 쓰기	복잡한 개념을 논리적 단계에 따라 쉽고 정확하게 전달함	전문 지식을 비유나 쉬운 용어로 풀어 독자의 이해를 최적화함

▶ **[12독작01-09]을 높은 수준으로 성취했다는 것을 증명하기 위해!**
과학 원리 설명서 최적화(특정 과학 개념에 대한 전문 자료와 대중 매체 자료를 비교 분석하고, 가장 명료한 도표를 선별하여 복잡한 원리를 설명하는 단계별 보고서 작성), 상반된 과학 이론 비교 설명문(과학 현상에 대한 상반된 이론을 분석하고, 차이점 설명) 작성 등을 수행할 수 있습니다.

3. 교과세특 탐구주제

- 복잡한 과학 개념을 비유 자료를 활용한 설명 방법 탐색
- 상반된 과학 이론에 대한 전문 자료를 분석하고 타당성 평가
- 독자 수준별 맞춤형 과학 정보를 선별하여 체계적으로 연구
- 과학 논문의 도표와 그래프의 적절성을 분석하고 효과성 고찰
- 과학 현상에 대한 다양한 자료를 종합 분석하여 새로운 설명 체계 연구

4. 독서연계 탐구주제

● 코스모스(칼 세이건(홍승수 역), 사이언스북스 2022)

이 책은 광대한 우주 과학의 지식과 인간의 존재 의미를 연결하는 명작이다. 저자는 천문학, 물리학, 생물학 등 다양한 과학 분야의 복잡한 개념을 쉽고 명료하게 설명하는 탁월한 능력을 보여준다. 독자는 책을 읽으며 다양한 과학적 사실을 체계적으로 이해하고 논리적 설명 방식을 배운다. 이는 방대한 과학 자료를 선별 및 활용하여 대중의 눈높이에 맞는 설명문을 작성하는 데 실질적인 도움을 준다.

- ▶ 코스모스에 나타난 과학적 현상의 설명 방식에 대한 체계적 고찰
- ▶ 다양한 천문학 자료의 선별 및 활용을 통한 과학 개념 전달의 효과 분석
- ▶ 복잡한 우주 과학 개념을 비유 자료를 활용하여 명료하게 설명하는 방법 연구

● 이기적 유전자(리처드 도킨스(홍영남 역), 을유문화사, 2023)

이 책은 생물의 행동을 유전자 중심이라는 새로운 관점으로 해석하는 혁명적인 과학서이다. 저자는 진화론에 대한 기존의 관점을 뒤집고, 이타주의나 협력 같은 현상도 유전자의 생존 전략임을 논리적으로 주장한다. 독자들은 책에 제시된 생물학적 근거와 사례들을 체계적으로 분석 및 평가하게 된다. 이는 복잡한 과학 개념을 논리적 논증 구조를 통해 체계적으로 설명하는 글쓰기 훈련에 효과적이다.

- ▶ 진화론에 대한 상반된 주장들의 근거에 대한 체계적 분석
- ▶ 독서를 통해 얻은 생물학적 지식이 사회 문제를 바라보는 관점에 미치는 영향 연구
- ▶ 과학적 주장에 대한 윤리적/철학적 비판을 자신의 글쓰기에 적용하여 논지를 확장하는 전략 탐구

5. 토의/토론을 위한 생각 나눔 주제

- 복잡한 과학 원리를 비유를 통해 단순화하는 것이 타당한 설명 방식인가?
- 과학 지식을 설명하는 글은 객관성 유지를 위해 감성적 표현을 배제해야 하는가?
- 상반된 과학 이론에 대한 전문가의 주장을 모두 동일하게 신뢰해야 하는가?
- AI를 활용한 과학 설명이 교사의 직접적인 설명보다 더 효과적인 방법인가?

6. 진로 희망 계열과의 연계

계열	내용
전기·전자/물리 계열	**최신 과학 기술 원리의 명료한 설명:** AI, 양자역학 등 최신 기술의 전문 자료를 체계적으로 분석 및 평가한다. 이를 비전공 독자에게 이해하기 쉽고 명료하게 전달하는 설명 글을 작성한다.
의료·보건 계열	**복잡한 의학 지식의 대중화 방안:** 특정 질병이나 치료 원리에 대한 논문 자료를 읽고 신뢰도를 평가한다. 이를 일반 대중이 오해 없이 받아들이도록 적절한 비유를 활용해 설명하는 글을 쓴다.
교육 계열	**과학 개념 학습을 위한 설명서 개발:** 학습자의 배경지식을 고려하여 가장 효과적인 자료(도표, 실험 사진)를 선별한다. 복잡한 과학 개념을 단계적이고 체계적인 구조로 설명하는 학습자료를 개발한다.

02 독서와 작문

1. 기본 개념

(1) 가치 있는 정보를 수집하고 효과적으로 조직하기(지식·이해)
- 자료의 출처와 내용의 객관성 등을 기준으로 정보의 가치를 평가하기
- 수집된 정보들을 주제와 논리에 따라 효율적으로 분류하고 배열하는 방법 이해하기
- 개요 작성, 마인드맵 등을 통해 정보의 위계와 관계를 시각화하는 방법 익히기

(2) 정보를 전달하는 글 쓰기(적용)
- 정보의 출처를 명확히 밝히며 윤리적 글쓰기 태도 실천하기
- 수치, 도표, 이미지 등 비문자 자료를 활용하여 정보 전달력을 높이기
- 독자의 이해 수준을 고려하여 전문 용어를 쉽게 풀어서 설명하기

2. A등급 성취 수준의 이해

성취수준	성취기준별 성취수준
A	①자신의 작문 맥락을 종합적으로 고려하여 ②자신이 글을 쓸 때에 필요한 가치 있는 정보를 타당하고 신뢰할 만한 글이나 자료에서 수집하고, ③수집한 정보를 효과적으로 재구성하여 조직하면서 ④독자의 이해를 돕는 내용과 표현으로 ⑤정보를 전달하는 글을 쓸 수 있다.

구성 요소	핵심 의미	적용
① 자신의 작문 맥락을 종합적으로 고려	글의 목적, 독자, 매체 등 쓰기 환경을 통합적으로 판단함	보고서/기사 등 글의 유형에 따른 정보 전달 전략을 설정함
② 가치 있는 정보를 타당하고 신뢰할 만한 글이나 자료에서 수집	출처의 공신력과 정보의 객관성을 종합적으로 평가하여 선별함	복수의 전문 자료를 교차 검증하여 정보의 타당성을 확보함
③ 수집한 정보를 효과적으로 재구성하여 조직	글의 논리에 맞게 정보를 분류, 배열, 요약하여 새로운 구조를 만듦	정보의 위계와 흐름을 고려하여 개요를 최적화함
④ 독자의 이해를 돕는 내용과 표현 활용하기	독자의 흥미와 지식 수준에 맞춘 설명 방식을 선택함	전문 용어 대신 쉬운 비유를 사용하거나 직관적 자료를 삽입함
⑤ 정보를 전달하는 글 쓰기	정확하고 조직된 정보를 바탕으로 목표를 달성하는 글을 완성함	정보 전달의 명료성과 신뢰도가 극대화된 글을 작성함

▶ **[12독작01-10]을 높은 수준으로 성취했다는 것을 증명하기 위해!**
독자 맞춤형 보고서 작성(주제에 적합한 자료 수집하여 독자에 맞춰 재구성하기, 비문자 자료 등을 활용하여 독자의 이해를 극대화하는 체계적인 정보 전달 글 작성), 정보 전달 방식 최적화 연(수집한 정보를 다양한 조직 방식으로 구성하고 전달 효과를 비교 분석) 등을 수행할 수 있습니다.

3. 교과세특 탐구주제

- 작문 맥락에 따른 정보 조직 방식의 효율성 분석
- 자료의 타당성 평가를 통한 가치 있는 정보 수집 전략 연구
- 수집 정보의 재구성을 통한 정보 전달 글의 명료도 향상 고찰
- 독자의 이해를 극대화하는 비문자 자료 활용 최적화 방안 탐구
- 신뢰할 만한 정보만을 선별하여 효과적인 보고서 작성 방법 연구

4. 독서연계 탐구주제

● 글쓰기의 최전선(은유, 메멘토, 2022)

이 책은 글쓰기를 통해 세상을 읽고 자신을 발견하는 실천적 방법을 제시하는 에세이집이다. 저자는 정보와 경험을 어떻게 주체적으로 해석하고 가치 있는 글로 조직할지 보여주고 있다. 독자들은 자신의 작문 맥락을 깊이 있게 성찰하며 정보 전달 글에 개인의 통찰을 효과적으로 녹여내는 방법을 배운다. 이는 정보의 단순 전달을 넘어 독자의 공감을 얻는 내용 조직 및 표현 전략을 익히는 데 도움을 준다.

- ▶ 정보 전달 글쓰기에서 독자의 공감을 얻는 표현 전략 분석
- ▶ 개인적 성찰을 담은 글쓰기의 효과적인 정보 조직 방식 고찰
- ▶ 글의 목적에 맞는 정보를 선별하고 타당성을 확보하는 과정 연구

● 덕후의 글쓰기(미야케 카호(신찬 역), 더페이지, 2025)

이 책은 자신이 깊이 아는 주제(덕질)에 대한 방대한 정보를 타인에게 명료하게 전달하는 글쓰기 방법을 다루고 있다. 저자는 전문적인 지식을 독자의 이해를 돕는 언어로 재구성하고 조직하는 과정을 구체적인 사례를 통해 설명한다. 독자들은 흥미로운 정보를 타당하고 신뢰할 만한 자료로 선별하는 능력을 키운다. 이는 정보 전달의 명료성과 재미를 동시에 추구하는 실용적인 글쓰기 능력을 배양한다.

- ▶ 전문 지식을 독자의 이해 수준에 맞춰 재구성하는 최적의 방법 연구
- ▶ 방대한 정보를 효과적으로 조직하여 명료하게 전달하는 전략 분석
- ▶ 독자의 흥미를 끄는 내용과 표현을 통해 정보 전달력을 높이는 방식 탐구

5. 토의/토론을 위한 생각 나눔 주제

- 수집한 정보를 재구성할 때 원 자료의 관점을 유지할 의무가 있는가?
- 정보 전달 글에서 독자의 흥미를 위한 비문자 자료의 과장은 허용되는가?
- 정보의 신뢰성을 판단할 때 출처의 공신력이 내용의 타당성보다 우선하는가?
- 정보 전달 시 독자 수준을 고려하여 전문 용어를 생략하는 것이 바람직한가?

6. 진로 희망 계열과의 연계

경영·경제 계열	**데이터 기반 정보의 효율적 보고서 작성:** 경제 데이터를 타당하고 신뢰할 만한 자료에서 수집하고 독자(경영진)의 이해를 돕도록 효과적인 도표를 활용하여 재구성하는 보고서 작성 전략을 연구한다
사회과학 계열	**수집 정보의 재구성을 통한 메시지 전달:** 사회적 이슈에 대한 정보를 수집하고 매체(뉴스, 광고)의 작문 맥락에 맞춰 가장 명료하고 효과적인 형태로 재조직하여 대중에게 전달하는 방법을 탐구한다.
인문과학/교육 계열	**정보 습득을 위한 자료 조직 방식의 연구:** 다양한 분야의 자료를 수집하여 정보의 위계와 관계를 고려한 최적의 조직 방식을 연구한다. 학습자가 쉽게 이해할 수 있도록 정보를 체계적으로 구성하는 학습 자료를 제작한다.

1. 기본 개념

(1) 타당한 근거를 수집(지식·이해)
- 논리적 근거(사실, 통계)와 감성적 근거(가치, 윤리)의 특성 파악하기
- 자료의 출처, 최신성, 공신력 등을 기준으로 타당성을 평가하는 방법 익히기
- 주장에 맞는 다양한 유형의 자료를 균형 있게 탐색하는 방법 이해하기

(2) 효과적인 설득 전략을 활용하여 논증하는 글쓰기(적용)
- 주장의 전개에 연역, 귀납, 유추 등 논증 방식을 효과적으로 적용하기
- 독자의 특성에 맞춰 설득 요소(이성, 감성, 인격)를 적절히 활용하기
- 주장의 타당성과 신뢰성을 높이기 위해 문장과 표현을 조정하기

2. A등급 성취 수준의 이해

성취수준	성취기준별 성취수준
A	①자신의 작문 맥락을 고려하여 ②글이나 자료에서 타당한 근거를 수집·분석·평가함으로써 ③수준 높은 논증을 구성하고 ④효과적인 설득 전략을 다양하게 활용하여 ⑤높은 설득력을 갖춘 논증하는 글을 쓸 수 있다.

구성 요소	핵심 의미	적용
① 자신의 작문 맥락 고려	글의 목적, 독자, 상황 등 모든 요소를 종합적으로 판단함	논평, 보고서 등 글의 유형에 따른 최적의 논증 전략을 설정함
② 타당한 근거를 수집·분석·평가	출처, 객관성, 최신성을 기준으로 근거의 질을 철저히 검증함	상반된 자료를 교차 분석하여 논리적 오류를 사전에 제거함
③ 수준 높은 논증 구성	주장과 근거를 연역/귀납 등 복합적인 논증 구조로 체계화함	반론을 수용하거나 반박하는 과정을 포함한 입체적 논리를 전개함
④ 효과적인 설득 전략을 다양하게 활용	독자의 특성에 맞춰 이성, 감성, 인격 등 설득 요소를 능숙하게 조정함	전문가의 인용과 공감 유발 사례를 균형 있게 배치하여 호소력을 높임
⑤ 높은 설득력을 갖춘 논증하는 글쓰기	체계적인 논증과 다양한 전략을 통해 독자의 변화를 이끌어냄	독자가 반론하기 어려운 수준의 타당성과 신뢰성을 확보한 글을 완성함

▶ **[12독작01-11]을 높은 수준으로 성취했다는 것을 증명하기 위해!**
심층적 논증 보고서 작성(특정 사회 쟁점에 대해 복수 전문가 자료를 비판적으로 수집 및 평가하여 타당성을 확보하고, 연역과 귀납 논증을 복합적으로 활용한 수준 높은 논증 구성. 독자의 특성에 맞는 다양한 설득 전략을 적용하여 높은 설득력을 갖춘 글 작성) 등을 수행할 수 있습니다.

3. 교과세특 탐구주제

- 독자의 특성을 고려한 이성적/감성적 설득 전략의 효과 탐구
- 반론을 예상하고 논증에 포함하는 수준 높은 논증 구조의 고찰
- 타당성 확보를 위한 근거 자료의 다층적 수집 및 평가 전략 분석
- 복합 논증 구조를 활용하여 사회 쟁점에 대한 설득력을 높이는 연구
- 논리적인 오류 없이 타당한 근거만을 활용하여 글을 쓰는 방안 탐색

4. 독서연계 탐구주제

● 바바라 민토, 논리의 기술(바바라 민토(이진원 역), 더난출판사, 2019)

이 책은 글이나 프레젠테이션의 논리적 구조를 체계화하는 '피라미드 원칙'을 제시한다. 저자는 주장, 근거, 사실 간의 관계를 수직적/수평적으로 연결하여 독자에게 가장 효율적으로 정보를 전달하는 방법을 설명한다. 독자들은 복잡한 내용을 수준 높은 논증으로 구성하고 글의 설득력을 논리적 구조로 확보하는 훈련을 한다. 이 원칙은 타당한 근거를 효과적으로 조직하여 명료하게 논증하는 능력을 키워준다.

- ▶ 스크린 독서 환경에서 발생하는 자료 선별 오류 분석 및 개선 방안 탐색
- ▶ 깊이 있는 이해를 위한 매체 선택의 주도적 전략 수립 및 실천 방안 탐구
- ▶ 매체 환경에 따른 독자의 자료 선별 기준 변화와 메타인지적 성찰의 영향 연구

● 데일 카네기 인간관계론(데일 카네기(강윤철 역), 스타북스, 2025)

이 책은 성공적인 사회생활과 설득을 위한 심리적, 관계적 원칙을 제시한다. 저자는 상대방의 관점을 이해하고 인정함으로써 타인에게 영향력을 미치는 효과적인 설득 전략을 소개한다. 독자들은 독자의 특성을 고려하여 이성적 논증과 함께 감성적/인격적 설득 요소를 능숙하게 조정하는 방법을 배운다. 이는 높은 설득력을 갖추기 위해 논증을 독자에게 맞추는 전략적 글쓰기에 도움을 준다.

- ▶ 논리적 설득력을 높이는 연역 및 귀납 논증의 효과적인 구성 방안 분석
- ▶ 피라미드 원칙을 활용하여 복잡한 주장과 근거를 체계적 논증하는 방안 탐색
- ▶ 논증하는 글에서 근거의 타당성과 신뢰도를 조직적으로 확보하는 방법에 대한 연구

5. 토의/토론을 위한 생각 나눔 주제

- 논증하는 글쓰기에서 독자의 감정에 호소하는 전략은 윤리적으로 타당한가?
- 반론을 제시하지 않는 논증은 높은 설득력을 갖추었다고 평가할 수 있는가?
- 주장을 뒷받침할 근거의 타당성을 확보하기 위해 필요한 최소 조건은 무엇인가?
- 자료의 출처가 분명하더라도 글쓴이가 자료를 임의로 해석하는 것은 허용되는가?

6. 진로 희망 계열과의 연계

법률 계열	**법률 제안서의 논증 구조 및 설득 전략 분석:** 실제 법률 제정 과정에서 제시된 타당한 근거들을 수집하고 연역적/귀납적 논증 구조를 분석한다. 이를 통해 높은 설득력을 갖춘 법률 제안서를 작성하는 방법을 연구한다.
사회과학 계열	**광고 캠페인의 설득 전략과 윤리성 고찰:** 소비자의 감성과 이성에 호소하는 다양한 광고 전략을 분석하고 타당한 근거 사용 여부를 평가한다. 높은 설득력과 윤리성을 갖춘 홍보 글쓰기를 탐구한다.
인문과학 계열	**주요 윤리 쟁점의 논리적 오류 및 반박 분석:** 인공지능, 생명윤리 등 주요 윤리적 쟁점에 대한 주장을 분석하고 논리적 오류를 찾아낸다. 타당한 근거를 활용하여 수준 높은 반박 논증을 구성하는 글을 작성한다.

02 독서와 작문

1. 기본 개념

(1) 정서 표현과 자기 성찰의 글 읽기(지식·이해)
- 글쓴이의 삶의 경험, 가치관 등이 글에 어떻게 반영되었는지 파악하기
- 글에 사용된 심상, 비유 등 표현 방식이 정서에 미치는 영향 이해하기
- 글쓴이의 성찰 과정을 따라가며 자신을 되돌아보는 방법 모색하기

(2) 정서를 진솔하게 표현하거나 자신의 삶을 성찰하는 글쓰기(적용)
- 자신의 감정을 정직하게 드러내기 위해 구체적인 사건 활용하기
- 경험의 의미를 깊이 있게 파고들어 삶의 태도나 가치관 되돌아보기
- 읽은 글의 표현 방식이나 성찰 구조를 참고하여 자신만의 글 구성하기

2. A등급 성취 수준의 이해

성취수준	성취기준별 성취수준
A	①정서 표현과 자기 성찰의 글을 읽으며 필자의 가치관을 분석하고 ②자신의 가치관과 비교함으로써 ③삶에 대한 교훈과 깨달음을 얻고, ④자신의 가치관을 담아 정서를 섬세하고 진솔하게 표현하거나 ⑤자신의 삶을 깊이 있게 성찰하는 글을 쓸 수 있다

구성 요소	핵심 의미	적용
① 글을 읽으며 필자의 가치관 분석	글에 나타난 필자의 삶의 태도와 가치 기준을 심층적으로 파악함	글에 숨겨진 상징이나 행동 양식을 통해 필자의 가치를 해석함
② 자신의 가치관과 비교	필자의 가치와 자신의 경험을 교차하여 인식의 변화를 확인함	필자의 관점을 수용하거나 비판하며 자아 인식의 폭을 넓힘
③ 삶에 대한 교훈과 깨달음	비교 과정을 통해 삶의 윤리적/철학적 의미를 내면화함	개인의 고통이나 딜레마에 대한 근본적인 해답을 발견함
④ 정서를 섬세하고 진솔하게 표현	내면의 미묘한 감정을 개성 있는 문체로 정직하게 드러냄	특정 사물이나 사건에 대한 다층적 감정을 감각적 언어로 표현함
⑤ 자신의 삶을 깊이 있게 성찰하는 글쓰기	깨달음을 바탕으로 삶의 문제를 근원적으로 되돌아보는 글을 완성함	과거의 경험을 현재의 가치관으로 재해석하여 새로운 의미를 부여함

▶ **[12독작01-12]을 높은 수준으로 성취했다는 것을 증명하기 위해!**
심층 성찰 에세이 작성(작가의 가치관을 자기 삶과 비교 분석하여 깨달음을 얻고, 과거 경험을 현재의 가치관으로 재해석하는 성찰 에세이 작성), 감정 표현 방식 연구(작품 속 섬세한 정서 표현 방식을 분석하여 개성 있는 감정을 진솔하게 표현하는 글쓰기 연습) 등을 수행할 수 있습니다.

3. 교과세특 탐구주제

- 문학 작품 속 작가의 가치관과 자신의 가치관 비교 분석
- 삶의 교훈과 깨달음을 얻는 깊이 있는 성찰 글쓰기 과정 연구
- 내면의 정서를 섬세하고 진솔하게 표현하는 글쓰기 전략 탐구
- 특정 경험의 의미를 현재의 가치관으로 재해석하는 글쓰기 방법 고찰
- 자전적 에세이를 읽고 작품 속에 드러난 필자의 가치관과 나의 고민 비교

4. 독서연계 탐구주제

● 나는 나로 살기로 했다(김수현, 클레이하우스, 2022)

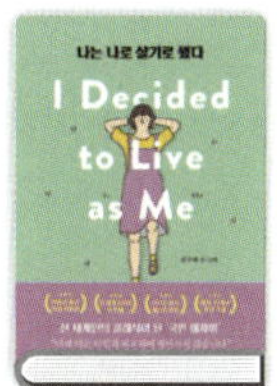

이 책은 타인의 시선에 휘둘리지 않고 주체적으로 살아가는 삶의 태도에 대해 말하고 있다. 저자는 현대 사회에서 겪는 고민과 불안에 대해 따뜻하지만 단호한 위로와 조언을 건넨다. 독자들은 자신의 내면을 들여다보며 자아존중감과 행복의 기준을 재정립하는 성찰의 시간을 가진다. 이는 자신의 가치관을 점검하고 삶의 태도를 진솔하게 표현하는 성찰 글쓰기 능력을 키워준다.

- ▶ 타인의 시선에 대한 필자의 가치관과 나의 주체적 삶 비교 분석
- ▶ 자아존중감 확립 과정에 대한 깨달음을 담은 깊이 있는 글쓰기 연구
- ▶ 개인의 감정 변화를 섬세하고 진솔하게 표현하는 글쓰기 전략 탐구

● 참을 수 없는 존재의 가벼움(밀란 쿤데라(이재룡 역), 민음사, 2018)

이 책은 사랑, 자유, 존재의 의미 등 인간의 근원적인 문제를 다루는 철학적인 소설이다. 저자는 가벼움(영원한 현재)과 무거움(반복되는 역사)이라는 대립적 개념을 통해 삶의 딜레마를 탐구한다. 독자들은 복잡하게 얽힌 인물들의 선택과 필자의 가치관을 분석하며 삶의 태도에 대한 깊은 깨달음을 얻는다. 이는 철학적 사유를 바탕으로 자신의 삶을 깊이 있게 성찰하는 글쓰기에 활용된다.

- ▶ 작품에 드러난 존재의 가벼움과 무거움이라는 철학적 대립을 분석하는 방법 연구
- ▶ 소설 속 인물의 선택과 운명에 대한 성찰을 자신의 삶에 적용하는 글쓰기 전략 고찰
- ▶ 소설적 서사가 역사적 배경(프라하의 봄)을 단순 설명이 아닌 통찰로 전달하는 방식 분석

5. 토의/토론을 위한 생각 나눔 주제

- 자기 성찰 글은 타인에게 공개될 때 진실성을 유지하기 어려운가?
- 성장 소설을 읽는 것이 삶에 대한 깊은 깨달음을 얻는 가장 좋은 방법인가?
- 필자의 가치관과 충돌하는 글을 읽는 것이 자기 성찰에 더 도움이 되는가?
- 개인의 정서를 섬세하게 표현하는 것이 삶의 교훈을 전달하는 데 필수적인가?

6. 진로 희망 계열과의 연계

언어·문학 계열	**문학 속 인간의 본질과 가치관 성찰**: 소설이나 철학 에세이를 읽고 인간의 근원적인 문제에 대한 필자의 가치관을 분석한다. 이를 통해 얻은 삶의 깨달음을 바탕으로 깊이 있는 성찰 글을 작성한다.
인문과학 계열	**정서 표현 방식 분석 및 심리 치유 연구**: 자기 성찰적 글에 나타난 정서 표현 방식이 심리적 안정에 미치는 영향을 분석한다. 자신의 경험을 섬세하고 진솔하게 표현하는 글쓰기의 치유적 효과를 탐구한다.
교육 계열	**정서 표현 글쓰기가 청소년의 자아 존중감에 미치는 영향 연구**: 정서 표현과 자기 성찰의 글을 활용한 글쓰기 활동이 청소년 학습자의 내면 이해를 돕고, 궁극적으로 자아 존중감 및 심리적 안정에 미치는 교육적 효과를 탐구한다.

02 독서와 작문

1. 기본 개념

(1) 다양한 글을 주제 통합적으로 읽기(지식·이해)
- 글마다의 공통점과 차이점을 분석하며 주제를 입체적으로 이해하기
- 글의 정보와 논리를 비교 평가하며 주제에 대한 자신의 관점 형성하기
- 읽은 글의 지식을 자신의 기존 지식과 연결하여 앎의 폭 확장하기

(2) 학습의 목적과 교과의 특성을 고려하여 학습을 위한 글쓰기(적용)
- 교과서, 강의 자료 등을 요약, 정리하여 배경 지식 심화하기
- 실험 보고서, 탐구 계획서 등 교과별 특성에 맞는 글의 양식 활용하기
- 정보 전달, 논증, 성찰 등 학습 목적에 따른 글쓰기 방식 적용하기

2. A등급 성취 수준의 이해

성취수준	성취기준별 성취수준
A	다양한 관점과 형식을 가진 ①여러 편의 글에 나타난 정보를 비판적으로 재구성하며 ②주제 통합적으로 읽고, ③학습의 목적과 교과의 특성을 고려하여 ④특정 주제나 화제에 대해 학습한 내용을 체계적으로 구조화하고 ⑤쓰기 윤리를 준수하며 학습을 위한 글을 쓸 수 있다.

구성 요소	핵심 의미	적용
① 다양한 글의 정보를 비판적으로 재구성	복수 글의 관점과 내용을 비교하며 주체적 관점으로 정보를 변형함	상반된 주장의 핵심 정보를 취합하여 자신만의 새로운 관점을 만듦
② 글을 주제 통합적으로 읽기	서로 다른 분야의 글들을 하나의 주제로 엮어 입체적 이해를 달성함	과학적/인문적 관점을 연결하여 주제의 총체적 의미를 파악함
③ 학습의 목적과 교과의 특성 고려	글의 유형과 교과목의 요구에 맞춰 내용과 형식을 결정함	수학 교과 보고서를 쓸 때 개념 정의와 수식을 반드시 포함함
④ 학습 내용을 체계적으로 구조화	복잡한 학습 내용을 논리적 위계에 따라 효율적으로 조직함	개념-원리-적용 등의 명확한 틀을 설정하여 학습 내용을 요약함
⑤ 쓰기 윤리를 준수하며 학습을 위한 글쓰기	표절 금지, 출처 명시 등 지식 생산자로서의 윤리 의식을 실천함	활용한 모든 자료의 출처를 명확한 형식에 맞춰 정확히 표기함

▶ **[12독작01-13]을 높은 수준으로 성취했다는 것을 증명하기 위해!**
교과 융합 주제 보고서(같은 주제의 인문학, 과학 등 다양한 글을 주제 통합적으로 읽고, 정보를 비판적으로 재구성하는 보고서), 주제 통합 심화 학습 노트(보고서의 내용을 체계적인 개요와 쓰기 윤리를 준수한 학습을 위한 노트) 작성 등을 수행할 수 있습니다.

3. 교과세특 탐구주제

- 학습 내용의 효과적 전달을 위한 체계적 구조화 전략 탐색
- 학습 목적에 따른 교과별 보고서 구조화 방식의 차이 분석
- 쓰기 윤리를 준수한 학술적 인용 방식의 효과적인 적용 방안 탐구
- 다양한 관점의 글을 통합하여 주제에 대한 심층적 이해를 위한 고찰
- 다양한 교과 자료를 통합하여 특정 주제를 비판적으로 재구성하는 연구

4. 독서연계 탐구주제

● 열 두 발자국(정재승, 어크로스, 2023)

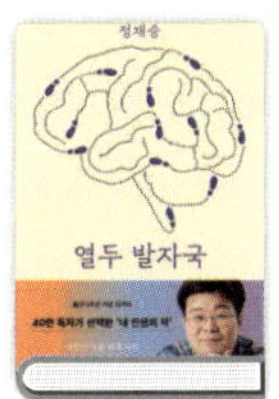

이 책은 뇌과학, 심리학, 물리학 등 첨단 과학 지식을 일상의 문제에 통합하여 설명한다. 저자는 인간의 선택, 의사 결정, 사회 현상 등을 과학적 관점에서 분석하며 새로운 통찰을 제공한다. 독자들은 다양한 분야의 정보를 비판적으로 재구성하는 방법을 배우며 주제에 대한 입체적인 이해를 시도한다. 이는 교과 융합적 주제에 대해 학습 내용을 체계적으로 구조화하는 보고서 작성 능력 향상에 큰 도움을 준다.

- ▶ 과학적 지식을 다양한 사회 문제에 적용하여 합리적인 해결책을 모색하는 방법 분석
- ▶ 과학적 배경지식을 활용하여 정보 전달 글에서 전문성과 대중성을 확보하는 전략 고찰
- ▶ 뇌 과학적 관점에서 매체 텍스트가 수용자의 주의 집중을 유도하는 표현 전략 분석 연구

● 페스트(초판본)(알베르 카뮈, 더스토리, 2025)

이 책은 전염병이라는 극한 상황을 통해 인간의 실존적 고뇌와 윤리적 선택을 다루는 철학적 소설이다. 저자는 재난 앞에서 드러나는 인간 군상의 다양한 반응과 가치관을 보여준다. 독자들은 문학과 윤리에 대한 문제를 주제 통합적으로 연결하여 인간의 존재 의미를 깊이 있게 성찰한다. 이는 학습 목적에 맞는 문학적 비평과 철학적 논증이 결합된 글쓰기를 시도하는 데 유용하다.

- ▶ 다양한 교과의 특성을 고려한 페스트의 시대적 의미에 대한 재해석 연구
- ▶ 재난 상황 속 등장인물의 윤리적 딜레마를 다양한 관점에서 주제 통합적 탐구
- ▶ 문학 작품에 나타난 인간 본질에 대한 철학적 고찰에 대한 체계적 구조화를 위한 탐색

5. 토의/토론을 위한 생각 나눔 주제

- 학습을 위한 글에서 정보의 비판적 재구성은 항상 필수적인가?
- 학습 보고서 작성 시 쓰기 윤리 준수가 내용의 타당성보다 더 중요한가?
- 학습 목표에 따라 보고서의 체계적 구조화 방식을 반드시 달리해야 하는가?
- 교과 융합 탐구가 단일 교과 심화 학습보다 항상 효율적이라고 할 수 있는가?

6. 진로 희망 계열과의 연계

계열	내용
물리/전기·전자 계열	**과학 주제에 대한 인문학적 관점 통합 학습:** <물리> 원리에 대한 과학적 정보와 철학적 논평을 통합적으로 읽는다. 실험 보고서 양식을 고려하여 학습 내용을 체계적으로 구조화하는 글을 작성한다
사회과학 계열	**정책 제안서의 교과 특성별 구조화 전략 연구:** 환경 정책에 대한 경제학적 분석과 사회학적 자료를 통합한다. 정책 제안서라는 글쓰기 목적에 맞춰 객관적인 근거를 중심으로 내용을 효율적으로 구조화한다.
교육 계열	**교수-학습 자료 개발을 위한 정보 구조화:** 특정 학습 주제에 대해 다양한 교과 자료를 비판적으로 재구성한다. 학생의 학습 목적에 맞게 개념 위계를 고려하여 가장 체계적인 교수-학습 자료를 개발하는 글을 작성한다.

[12독작01-14] **(1) 매체의 유형과 특성을 고려**하며 **(2)글이나 자료를 읽고 쓴다.**

1. 기본 개념

(1) 매체의 유형과 특성을 고려(지식·이해)
- 각 매체가 가진 정보 전달 방식과 표현 형식의 차이 이해하기
- 매체의 물리적 특성이 독자의 이해에 미치는 영향 파악하기
- 매체별로 요구되는 윤리적 책임과 글쓰기 관습 인식하기

(2) 글이나 자료를 읽고 쓰기(적용)
- 읽은 자료를 매체 특성에 맞게 재구성하거나 변형하여 글쓰기
- 매체의 시각적 요소나 레이아웃 등을 활용하여 효과적으로 내용 전달하기
- 디지털 매체 환경에서 저작권 등 쓰기 윤리를 철저히 실천하기

2. A등급 성취 수준의 이해

성취수준	성취기준별 성취수준
A	①매체의 유형과 특성을 정확하게 이해하고 ②의사소통 목적을 효율적으로 달성하기 위해 ③매체의 유형과 특성을 고려하며 ④글이나 자료를 효과적으로 읽고 ⑤쓸 수 있다.

구성 요소	핵심 의미	적용
① 매체의 유형과 특성을 정확하게 이해	인쇄/디지털 매체의 물리적/문화적 특성을 심층적으로 파악함	텍스트, 영상, 이미지 등 복합 양식의 장단점을 논리적으로 파악함
② 의사소통의 목적을 효율적으로 달성	읽기/쓰기 활동의 최종 목표를 최소의 노력으로 달성함	정보 전달을 위해 가장 적합한 매체를 선택하고 전략을 구사함
③ 매체의 유형과 특성 고려	선택한 매체의 특징을 내용 구성 및 표현에 적극 반영함	인쇄 매체의 신뢰성을 살려 비판적 시각을 명확히 드러냄
④ 글이나 자료를 효과적으로 읽기	매체의 의도와 정보 편향성을 비판적 시각으로 능동적으로 판단함	디지털 뉴스를 읽으며 하이퍼링크를 활용해 정보의 타당성을 검증함
⑤ 글이나 자료를 효과적으로 쓰기	매체의 형식적 제약을 활용하여 독자 맞춤형으로 정보를 재구성함	개방형 댓글이나 SNS를 활용하여 쌍방향 소통을 유도하는 글쓰기를 실천함

▶ **[12독작01-14]을 높은 수준으로 성취했다는 것을 증명하기 위해!**
매체 변환 보고서 작성(기존 학술 자료를 읽고 정보의 편향성을 비판적으로 판단하기, 자료의 내용을 의사소통 목적에 맞춰 숏폼 영상과 블로그 포스팅의 특성을 고려하여 내용 재구성하기, 복합 양식을 활용하여 가장 효율적으로 정보를 전달하는 글쓰기 작성) 등을 수행할 수 있습니다.

3. 교과세특 탐구주제

- 의사소통 목적 달성을 위한 매체별 최적의 읽기 전략 탐색
- 디지털 매체의 복합 양식이 정보 편향성에 미치는 영향 분석
- 인쇄 매체와 디지털 매체의 윤리적 쓰기 관습을 비교하는 탐구
- 매체 특성을 고려한 텍스트 정보의 효율적 재구성 전략 고찰
- 숏폼 영상 제작을 위한 매체 특성별 내용 구성 및 표현 방식 연구

4. 독서연계 탐구주제

● 유튜브와 K-콘텐츠 레볼루션(대중문화연구회, 북아지트, 2019)

이 책은 유튜브라는 매체 환경이 K-콘텐츠의 생산, 유통, 소비에 가져온 혁신을 분석한다. 저자는 유튜브 플랫폼의 특성이 한류 문화의 전 지구적 확산에 미친 영향을 탐구한다. 독자들은 디지털 시대의 콘텐츠 생태계 변화와 매체 환경을 이해하고 의사소통 목적에 맞는 효율적 콘텐츠 제작 전략을 배운다. 텍스트 기반 자료를 매체의 특성에 맞춰 영상으로 효과적으로 재구성하는 쓰기 능력 향상에 도움을 준다.

▶ 정보 전달을 위한 숏폼 영상 매체의 유형적 특성 및 활용 연구
▶ 유튜브 플랫폼의 특성을 고려한 텍스트 자료의 효과적인 재구성 분석
▶ 영상 매체 환경에서 의사소통 목적 달성을 위한 최적의 표현 전략 탐구

● CIA 분석가가 알려 주는 가짜 뉴스의 모든 것(신디 L. 오티스(박중서 역), 원더박스, 2023)

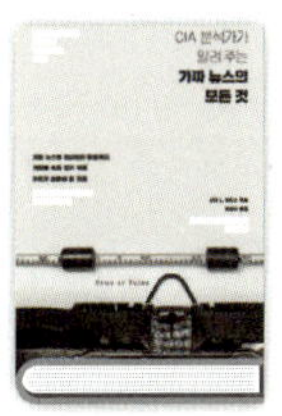

이 책은 가짜 뉴스가 생산, 유포, 확산되는 과정을 정보 분석 전문가의 관점에서 체계적으로 파헤친다. 저자는 정보의 출처, 근거, 논리적 오류 등을 비판적으로 검증하는 실제 분석 기법을 상세히 소개하고 있다. 독자들은 다양한 매체(신문, SNS 등)에 담긴 정보의 편향성을 판단하는 효과적인 읽기 전략을 수립한다. 이는 매체 윤리(쓰기 윤리)와 타당한 정보에 기반한 책임감 있는 글쓰기 능력을 키워준다.

▶ 가짜 뉴스 근절을 위한 책임감 있는 매체 활용 및 쓰기 윤리 조사
▶ CIA 분석 기법을 활용하여 디지털 매체 정보의 편향성을 평가하는 분석
▶ 매체 유형별 가짜 뉴스 확산 방식과 그 정보를 비판적으로 읽는 전략 연구

5. 토의/토론을 위한 생각 나눔 주제

- 디지털 매체의 상호작용성이 비판적 읽기 능력을 저해하는가?
- 숏폼 콘텐츠의 확산이 글쓰기 윤리에 부정적인 영향을 미치는가?
- 정보의 효율적 전달을 위해 매체 특성에 따른 내용 변형은 정당한가?
- 의사소통 목적 달성 시 매체 유형의 선택이 내용의 질보다 중요한가?

6. 진로 희망 계열과의 연계

사회과학 계열	**매체 특성을 활용한 뉴스 보도의 효과 분석:** 신문 기사와 영상 뉴스의 매체 특성을 비교한다. 동일한 정보를 의사소통 목적(신속한 전달)에 따라 어떻게 다르게 구성해야 효율적인 보도가 되는지 연구한다.
디자인·응용예술 계열	**SNS 광고의 매체 특성 활용 및 설득 전략 연구:** SNS의 상호작용성과 숏폼의 즉각성을 매체 특성으로 파악한다. 이를 활용하여 소비자를 효과적으로 설득하는 광고 콘텐츠를 기획하고 작성하는 전략을 탐구한다.
컴퓨터·통신 계열	**디지털 매체 환경에서 정보의 비판적 읽기:** 알고리즘에 의해 선별된 온라인 정보를 비판적 시각으로 읽는 전략을 개발한다. 매체 특성이 정보 편향성에 미치는 영향을 분석하고 합리적인 수용 방안을 모색한다.

[12독작01-15] **(1)독서와 작문의 관습과 소통 문화를 이해**하고 **(2)공동체의 소통 문화 및 담론 형성에 책임감 있게 참여**한다.

1. 기본 개념

(1) 독서와 작문의 관습과 소통 문화 이해(지식·이해)
- 학술적 글쓰기와 대중적 글쓰기의 공식적 관습을 구별하기
- 매체, 공동체에 따른 독서와 작문의 문화가 변화함을 인식하기
- 독자와 필자가 상호작용하는 소통 방식의 특징을 이해하기

(2) 공동체의 소통 문화 및 담론 형성에 책임감 있게 참여(적용)
- 공동체의 소통 관습을 비판적으로 인식하고 개선에 기여하기
- 공동체 담론에 타당한 근거와 윤리적 태도로 건설적으로 참여하기
- 표절, 허위 정보 유포 등 비윤리적 행위를 피하고 책임을 다하기

2. A등급 성취 수준의 이해

성취수준	성취기준별 성취수준
A	①독서와 작문의 관습과 소통 문화의 특성을 ②깊이 있게 이해하고 ③공동체의 소통 문화를 주도적으로 구성하며 ④담론을 형성하는 데에 적극적이고 능동적인 태도로 ⑤책임감 있게 참여할 수 있다.

구성 요소	핵심 의미	적용
① 독서/작문의 관습과 소통 문화 특성	매체별, 공동체별로 요구되는 윤리적/형식적 관습을 명확히 파악함	학술 공동체와 온라인 공동체의 정보 공유 방식 차이를 구별함
② 특성에 대한 깊이 있는 이해	관습과 문화가 글의 생산 및 수용에 미치는 근본적 영향을 통찰함	댓글 문화가 담론의 질을 낮추는 사회적 메커니즘을 파악함
③ 공동체의 소통 문화를 주도적으로 구성	기존의 비합리적 문화를 개선하고 새로운 합의를 이끌어냄	온라인 혐오 표현을 줄이기 위한 자율적인 가이드라인을 제안함
④ 담론을 형성하는 데 적극적이고 능동적인 태도	수동적 수용을 넘어 문제 제기와 대안 제시를 통해 담론을 이끔	공동체의 주요 쟁점에 대해 타당한 근거로 반론을 제기함
⑤ 책임감 있게 참여	정보의 정확성, 표절 방지 등 윤리적 책임을 최우선으로 실천함	자신의 주장에 대한 사실 확인 및 정확한 출처 표기를 완벽히 준수함

▶ **[12독작01-15]을 높은 수준으로 성취했다는 것을 증명하기 위해!**
디지털 시대의 독서/작문 윤리, 공동체의 책임 있는 담론 참여 방안 등 온라인 공동체의 비윤리적 담론 양상(혐오 표현 등을 깊이 있게 분석하고, 소통 문화 개선을 위한 책임감 있는 자율 규범, 쓰기 윤리 강화, 타당한 근거 제시 등)을 주도적으로 마련하여 제안하는 활동을 수행할 수 있습니다.

3. 교과세특 탐구주제

- 온라인 커뮤니티의 비윤리적 담론 문화 개선 방안 탐색
- 책임감 있는 담론 형성을 위한 쓰기 윤리 관습의 변화 고찰
- 매체별 독서/작문 관습의 특성을 비교 분석하는 심층 탐구
- 소통 문화 개선을 주도하는 능동적 참여자의 역할 분석
- 공동체의 합리적 의사 결정을 위한 담론 형성의 책임 연구

4. 독서연계 탐구주제

● 군중심리(귀스타브 르 봉(강주헌 역), 현대지성, 2021)

이 책은 익명성 속에서 이성을 잃고 비합리적으로 행동하는 군중의 심리와 특성을 분석한다. 저자는 집단이 개인의 사고방식을 압도하며 어떻게 비이성적인 행동을 하게 되는지 역사적 사례를 들어 설명한다. 독자들은 온라인 공동체에서 나타나는 여론 형성 과정을 깊이 있게 이해하고 비판적 시각을 갖게 된다. 이는 합리적인 소통 문화를 주도적으로 구성하고 책임감 있게 담론에 참여하는 글쓰기에 도움을 준다.

- ▶ 공동체의 소통 문화를 개선하기 위한 이성적 참여의 역할 고찰
- ▶ 군중의 영향력 속에서 합리적인 의견을 주도적으로 제시하는 방안 연구
- ▶ 군중심리 이론을 활용하여 온라인 공동체의 비합리적 담론 형성 과정 분석

● 미래 세대를 위한 인공지능 이야기(배성호 외, 철수와영희, 2023)

이 책은 인공지능(AI)의 윤리적 쟁점을 중심으로 미래 사회가 고민해야 할 문제들을 다루고 있다. 저자들은 AI로 인한 정보 편향성, 데이터 윤리, 기술의 책임 소재 등 다양한 주제를 균형 있게 제시한다. 독자들은 AI 시대의 독서와 작문 관습이 어떻게 변화해야 하는지 깊이 있게 이해하게 된다. 이는 AI가 생성하는 정보에 대한 비판적 태도와 책임감 있는 담론 참여 능력을 키워준다.

- ▶ 기술 윤리 쟁점에 대한 공동체의 합리적 담론 형성 방안 분석
- ▶ 과학 기술 발전이 가져 올 인간의 삶과 직업 세계 변화에 대한 합리적 예측 방안 고찰
- ▶ AI 시대에 인간이 갖추어야 할 비판적 사고 및 창의적 소통 능력을 탐구하는 글쓰기 전략

5. 토의/토론을 위한 생각 나눔 주제

- 공동체의 소통 문화를 개선하기 위한 주도적 참여는 의무인가?
- 책임감 있는 담론 형성을 위해 익명성은 완전히 금지되어야 하는가?
- 학술적 관습과 온라인 문화 중 어떤 쓰기 윤리 기준이 더 중요하다고 보는가?
- 허위 정보 유포자에 대한 처벌 강화가 담론의 건전성을 보장한다고 할 수 있는가?

6. 진로 희망 계열과의 연계

법률 계열	**책임 있는 담론을 위한 자율 규범 설계:** 혐오 표현, 허위 정보 등 비윤리적 담론 문제를 분석한다. 공동체의 건전한 소통 문화를 주도적으로 구성하기 위한 법적/윤리적 자율 규범을 제안하는 글을 작성한다.
사회과학 계열	**디지털 매체 환경에서 소통 문화 개선:** SNS 등 디지털 매체의 독서 및 작문 관습을 이해한다. 공동체의 담론이 편향성 없이 책임감 있게 형성되도록 참여하는 전략과 가이드라인을 연구한다.
인문과학·교육 계열	**공동체 참여 윤리 의식 함양 교육 방안:** 온라인 소통 문화의 문제점을 깊이 있게 이해한다. 독서와 작문의 윤리적 관습을 교육하여 학생들이 책임감 있는 태도로 민주적 담론에 능동적으로 참여하도록 돕는 방안을 설계한다.

문학

교과군	공통 과목			평가 정보		수능
	일반 선택	진로 선택	융합 선택	성취도	상대평가	
국어	●					○
				5단계	5등급	

1. 교과 성격

문학 과목은 초·중등 국어의 문학 영역을 한 단계 더 확장해, 작품을 이해하고 스스로 창작할 수 있는 능력을 기르는 데 초점을 둔다. 학습자는 다양한 텍스트를 읽고 쓰는 과정에서 문학이 인간과 사회를 바라보는 중요한 창이 됨을 깨닫고, 자신을 돌아보며 타자의 감정과 생각을 헤아리는 힘을 기르게 된다.

문학은 언어를 바탕으로 한 예술이며, 동시에 서로를 이해하고 연결하는 소통의 형식이다. 작품에는 인간의 경험, 상상, 삶의 고민이 담겨 있으며, 이를 감상하는 과정에서 언어적 감각이 넓어지고 세계를 해석하는 시각이 깊어진다. 더 나아가 상상력을 통해 현실과 다른 가능성을 그려 보고, 사회 문제를 비판적으로 바라보는 태도도 형성된다.

학습자는 작품의 미적 특성과 의미를 발견하고, 창작 활동을 통해 사고와 감정의 폭을 확장한다. 또한 우리 문학의 흐름을 살펴보고 그 안에 담긴 문화적 의미를 탐구하며, 다양한 문화권에서 나타나는 문학 현상을 비교함으로써 폭넓은 문학 경험을 쌓아 간다. 이를 통해 고전에서 현대 작품에 이르기까지 여러 매체의 문학을 향유하는 주체로 성장하게 된다.

2. 교과 목표

- 문학의 본질과 가치, 한국 문학의 성격과 역사에 대해 체계적으로 이해한다.
- 문학 작품의 수용과 생산 활동을 통해 문학 소통 능력과 창의적 사고 능력을 함양한다.
- 문학을 통해 자아를 성찰하고 타자를 이해하며 공동체의 문제에 공감하고 참여하는 태도를 기른다.

3. 내용 체계

핵심 아이디어	• 문학은 상상력과 창의성을 발휘하여 인간의 삶을 언어로 형상화하는 생산 행위이자 그 결과물을 통해 타자와 소통하고 아름다움을 향유하는 수용 행위이다. • 문학은 세계에 대한 인식과 형상화 방식에 따라 여러 갈래로 나뉘며 문학 작품의 생산과 수용에는 다양한 맥락이 작용한다. • 한국 문학은 한국인의 삶과 미의식을 반영하고 사회와 상호 작용하며 역사적으로 전개되어 왔다. • 문학 향유자는 문학을 통해 자아를 성찰하고 타자를 이해하며 공동체의 문제 해결에 참여하는 태도를 지니고 주체적으로 문학을 생활화한다.
범주	**내용 요소**
지식·이해	• 문학의 본질과 기능 • 한국 문학의 성격과 역사 • 한국 문학의 보편성과 특수성
과정·기능	• 문학의 특성 탐구하기 • 문학 작품 해석하기 • 문학 작품 감상하기 • 문학 작품 비평하기 • 문학 작품 재구성·창작하기 • 문학 소통하기
가치·태도	• 문학을 통한 자아 성찰과 타자 이해 • 문학과 공동체 참여 • 문학의 생활화

02 문학

문학의 본질, 문학의 갈래, 문학의 기능, 문학의 범위, 한국 문학, 정서적·미적 고양, 언어적 형상화, 작품 비평, 보편성, 특수성, 주체적 수용, 창의적 표현, 자아 성찰, 공동체 문제, 공감과 참여

[12문학01-01] 문학이 **(1)인간과 세계에 대한 이해를 돕고, 삶의 의미를 깨닫게 하며, (2)정서적·미적으로 삶을 고양함**을 이해한다.

1. 기본 개념

(1) 인간과 세계에 대한 이해 & 삶의 의미에 대한 깨달음(지식·이해)
 - 작품에 담긴 다양한 삶의 시각과 해석을 통해 자기 삶의 의미 성찰하는 과정
 - 작품에 반영된 사회적·역사적 배경 이해 및 세계에 대한 인식을 확장하는 과정
 - 문학 작품 속 다양한 인물과 삶의 모습을 통해 인간 본질과 가치 탐색의 기회를 제공하는 과정

(2) 정서적·미적 삶의 고양(가치·태도)
 - 문학을 통해 부정적인 감정을 순화하고 삶의 역경을 헤쳐 나갈 힘을 얻는 과정
 - 문학적 상상력과 창의적 표현을 경험하며 정서를 풍요롭게 하고 심미적 감수성을 함양한 과정
 - 문학 활동에 주체적으로 참여하여 미적 능력을 계발하고 삶에 대한 긍정적 태도를 내면화하는 과정

2. A등급 성취 수준의 이해

성취수준	성취기준별 성취수준
A	①문학이 인간과 세계에 대한 이해와 ②삶의 의미에 대한 깨달음을 돕고, ③정서적·미적으로 고양된 삶을 이끈다는 점을 ④종합적으로 고려하여 문학 작품을 감상하고 ⑤다양한 사례를 들어가며 이를 구체적으로 설명할 수 있다.

구성 요소	핵심 의미	적용
① 인간과 세계에 대한 문학의 인식적 기능	문학을 통해 인간 존재와 세계에 대한 탐색의 중요성을 깊이 있게 인식함	작품을 감상할 때 새로운 지식, 인간과 세계의 예술적 아름다움을 동시에 탐색함
② 삶의 의미를 깨닫는 문학의 윤리적 기능	문학을 통해 삶의 의미 탐색의 중요성을 깊이 있게 인식하고 이해함	작품을 감상할 때 삶의 의미를 깨닫고 작품에 반영된 윤리적 가치를 탐색함
③ 고양된 삶을 이끄는 문학의 정서적·미적 기능	문학적 체험이 삶의 질적 향상에 기여함을 체계적으로 파악함	작품의 미적 요소를 분석하여 작가의 주제 의식과 표현 전략을 파악함
④ 문학작품의 종합적 이해와 감상	문학의 다양한 요소를 통합적으로 이해함	작품을 자신의 삶의 경험과 연결하여 종합적으로 의미를 재구성하는 활동을 수행함
⑤ 다양한 사례를 통한 구체적 설명	문학 작품의 가치와 기능을 다양한 영역의 사례로 입증함	특정 작품을 읽고 깨달은 바를 일상생활의 문제나 사회 현상에 적용하여 해결책과 대안을 제시함

▶ **[12 문학01-01]을 높은 수준으로 성취했다는 것을 증명하기 위해!**
문학 작품 속에서 사회적 불평등과 같은 사회적 갈등의 서사 구조 분석 및 현실 문제 해결 방안 모색, 고전 시가와 현대시의 미적 형식 비교를 통한 독자의 정서적 카타르시스 심층 연구, 문학 작품의 윤리적 딜레마(선악 구별 등)를 비판적으로 해석, 자신의 가치관 재정립 활동 등을 수행할 수 있습니다.

3. 교과세특 탐구주제

- 고전 문학 속 인물의 삶과 현대 사회인의 가치관 비교 분석
- 문학을 통한 미적 체험이 공동체 문화 향상에 기여하는 방안 탐구
- 문학 작품 속 갈등 해소 양상이 독자에게 주는 윤리적 깨달음 분석
- 문학 작품이 개인의 정서적 안정 및 심리 치유에 미치는 영향 연구
- 특정 사회 문제(차별, 불평등 등)를 다룬 문학의 인식적 기능 심층 탐구

4. 독서연계 탐구주제

■ 문학의 쓸모(앙투안 콩파뇽, 뮤진트리, 2025)

이 책은 프랑스 작가가 디지털 시대 문학의 근본적인 이유를 탐색하는 책이다. 문학은 인간을 더 나은 존재로 만들지 않지만, 우리가 인간임을 잊지 않게 하는 힘을 가졌다고 주장한다. 실용적 쓸모를 넘어, 문학을 읽는 행위 자체가 세상의 복잡성을 이해하고 타자의 삶을 공감하는 중요한 수단임을 역설한다. 결국 문학은 스스로에게 질문을 던지게 하는 영원한 기다림의 상태로 남는다고 설명한다.

▶ 문학의 윤리적 기능이 자아 인식 및 타자 이해에 미치는 영향 연구
▶ 문학의 미적 표현이 인간의 무의식적 정서 고양에 미치는 영향 분석
▶ 문학 작품을 통한 타자성의 경험이 사회적 공감 능력 향상에 기여하는 방안 탐색

■ 불편한 편의점(김호연, 나무옆의자, 2021)

이 책은 서울역 노숙자 독고 씨가 청파동 편의점 'ALWAYS' 야간 알바로 일하며, 기억을 잃은 채 다양한 손님들과 교류하며 그들의 삶을 위로한다. 이 소설은 관계와 소통을 통해 삶의 의미와 행복을 깨닫게 하는 이야기로, 불편했던 편의점이 지친 사람들에게 위로와 희망을 충전하는 특별한 공간이 되는 과정을 그린다. 이를 통해 문학의 미적 정서를 삶의 성찰로 재해석하는 경험을 제시한다.

▶ 문학 작품을 통한 편견 해소와 인간적 가치 회복에 내한 탐구
▶ 일상 공간으로서의 편의점 재현을 통해 본 현대인의 삶과 위로의 서사 분석
▶ 문학 작품을 통한 관계와 소통이 현대인의 정서적 고양과 삶의 의미 회복에 미치는 영향 연구

5. 토의/토론을 위한 생각 나눔 주제

- 문학 작품의 감동은 오직 개인적인 영역에 머물러야 하는가?
- 문학은 현실의 문제를 해결할 수 있는 윤리적 책임이 있다고 보는가?
- 문학 작품의 미적 가치가 작품의 윤리적 문제보다 우선될 수 있는가?
- 인간의 정서적 고양을 위한 문학 교육은 필수적인 공공 서비스라고 할 수 있는가?

6. 진로 희망 계열과의 연계

인문과학 계열	**고전문학에 나타난 인간의 보편적 고뇌에 대한 현대 철학적 관점의 분석:** 작품 속 인간 존재의 의미와 가치를 탐구하고, 인간과 세계를 이해하는 문학의 역할을 철학, 역사, 언어학 등 인접 학문의 지식과 연계하여 심층적으로 탐구한다.
의료 계열	**문학 치료(Literary Therapy)의 원리 탐구:** 작품 속 인물의 질병, 고통, 치유 과정을 분석하며 공감적 읽기가 환자의 정서적 안정과 고양에 미치는 영향을 탐구하여, 인간의 삶을 근본적으로 이해하는 의료 전문성을 함양한다.
응용예술 계열	**창의적 스토리텔링의 원리 탐구:** 문학 작품의 언어적 표현 방식을 분석하여 창의적 스토리텔링의 원리를 탐구하고 문학이 시각, 청각 예술로 전환되는 과정(각색, 영상화 등)에서 미적 요소와 표현 기법을 통해 창의적 콘텐츠 제작 능력을 기른다.

02 문학

1. 기본 개념

(1) 문학의 갈래별 특성(지식·이해)
- 서정 갈래: 정서와 감정을 운율적 언어로 응축하여 표현하는 갈래적 특성을 지님
- 극 갈래: 대사와 행동을 통해 사건을 전개하며 무대 상연을 전제로 하는 특성이 있음
- 서사 갈래: 인물, 사건, 배경을 통해 개연성 있는 이야기를 구성하여 삶의 총체적 모습을 드러냄
- 교술 갈래: 사실적 바탕 위에 교훈이나 깨달음 등 주관적 인식을 직접적으로 드러내는 특성이 있음

(2) 문학의 맥락 이해(과정·기능)
- 독자 맥락: 독자의 경험, 지식, 가치관 등을 바탕으로 작품을 주체적으로 재해석하는 관점
- 작가 맥락: 작가의 생애, 사상, 창작 의도 등 작품 외부 정보를 통해 의미를 해석하는 관점
- 사회·문화적 맥락: 작품이 창작되거나 수용되는 시대적 상황, 역사적 배경 등을 고려하는 관점
- 문학사적 맥락: 작품을 문학사적 흐름 속에서 파악하고 작품 간의 영향 관계를 이해하는 관점

2. A등급 성취 수준의 이해

성취수준	성취기준별 성취수준
A	①문학의 갈래에 따른 세계 인식과 형상화의 특성을 심층적으로 파악하고, ②작가 맥락, 독자 맥락, 사회·문화적 맥락, 문학사적 맥락 등을 종합적으로 고려하여 ③작품을 비평하여 ④재창조하는 능력을 지닌다.

구성 요소	핵심 의미	적용
① 문학의 갈래별 특성 이해하고 심층적으로 파악	갈래별 언어적 형식 요소가 세계관을 형상화하는 세밀한 원리와 연관됨을 깊이 이해함	작품의 주제 의식과 미적 가치가 갈래적 형식을 통해 어떻게 표현되는지 분석하는 수준임
② 다양한 문학적 맥락을 고려하여 종합적으로 작품 해석	네 가지 맥락적 관점을 분리하지 않고 유기적 관계로 통합하는 해석적 태도를 지님	각 맥락이 작품의 의미와 가치에 복합적으로 미치는 영향을 심층적, 입체적으로 사유하는 능력임
③ 작품을 다양한 관점에서 비평하는 능력	작품의 내용, 형식, 맥락 등에 기반한 비판적이고 객관적인 가치 판단의 기준을 스스로 확립함	명확하게 확립된 비평의 기준과 작품 및 문맥적 근거로 논리적 비평문을 작성하는 능력임
④ 작품의 감상을 심화하여 재창조하는 능력	전통적 해석에 안주하지 않고 작품이 지닌 새로운 해석적 잠재성을 능동적으로 탐색함	비평적 사고를 통해 기존의 관점을 재구성하고 독창적인 해석의 준거를 창의적으로 제시함

▶ **[12문학01-02] 을 높은 수준으로 성취했다는 것을 증명하기 위해!**
문학 작품 갈래별 언어적 특성(운율, 서술 시점 등) 분석, 4가지 맥락을 활용한 종합 비평(특정 작품에 대한 시대적, 작가적, 독자적, 문학사적 해석 비교 분석), 비평적 관점을 적용한 재창작(고전 시가를 현대시로, 서사를 희곡으로 변용) 등을 수행할 수 있습니다.

3. 교과세특 탐구주제

- 갈래별 언어적 형상화 방식을 통한 주제 구현 효과 분석 연구
- 문학사적 맥락을 고려한 한국 현대시의 갈래별 변화 양상 연구
- 동일한 소재를 다룬 서정과 서사 갈래 작품의 특성 비교 분석 보고서
- 사회·문화적 맥락 반영 여부에 따른 문학 작품의 비평적 수용 자세 연구
- 원작 소설의 영화화 과정에서 나타난 갈래 변용에 따른 시각적, 언어적 표현 특성 분석

4. 독서연계 탐구주제

● 문학 '읽기'의 방법들(미하라 요시아키 외, 이음, 2024)

이 책은 1부에서 문학 이론의 기초를 '텍스트', '읽다', '언어', '욕망', '세계'라는 다섯 개의 키워드로 소개하고, 2부에서 오리엔탈리즘과 포스트콜로니얼, 포스트휴머니즘, 환경, 정신분석, 젠더와 문학의 관계 등 최신 문학 이론의 구체적 성과물을 소개한다. 작품의 본질에 접근하는 심화된 독서 전략을 통해, 작품을 다양한 맥락에서 비판적으로 읽고 해석하는 능력을 기르도록 돕는다.

- ▶ 독자 맥락을 중심으로 작품 해석의 다양성과 창조성 탐구
- ▶ 비판적 독해를 통해 작품 속에 숨겨진 생산자의 의도와 사회적 담론 탐구
- ▶ 갈래별 특성을 고려한 독서 방법이 작품의 주제 의식 해석에 미치는 영향 분석

● 아몬드(손원평, 창비, 2023)

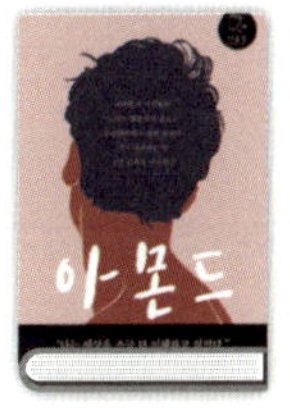

이 책은 감정 표현 불능증을 앓는 소년 윤재의 특별한 성장 서사를 담고 있는 작품으로 윤재가 주변 인물과의 관계를 통해 감정을 배우고 세계를 이해하는 과정을 밀도 있게 그린다. 독자는 이 작품을 통해 타인과의 공감과 소통의 의미를 되새기며, 사회적 약자를 포용하는 윤리적 가치를 성찰할 수 있다. 소설의 특수한 인물 설정과 문체를 통해 문학이 인간과 세계에 대한 깊은 이해를 돕는다는 점을 보여 준다.

- ▶ 사회·문화적 맥락을 중심으로 작품에 반영된 청소년 문제와 윤리적 쟁점 탐구
- ▶ 서사 갈래의 인물 설정이 독자 맥락을 통해 공감과 타자 이해에 미치는 영향 분석
- ▶ 서사 갈래의 배경(학교, 거리)이 인물의 심리와 작품의 주제에 미치는 형상화 특성 분석

5. 토의/토론을 위한 생각 나눔 주제

- 문학의 갈래 특성이 현대 사회에서도 여전히 유효한가?
- 문학 작품의 작가 맥락은 작품 해석의 자유를 제한하는가?
- 문학을 비평하는 행위는 작품의 가치를 창조하는 것인가, 발견하는 것인가?
- 작품 해석의 타당성 판단 시 독자의 감상을 작가의 창작 의도보다 우선해야 하는가?

6. 진로 희망 계열과의 연계

언어문화 계열	**문학 이론과 갈래론 연구**: 서정, 서사, 극, 교술 갈래의 본질적 특성과 형식적 진화 양상을 문학사적 맥락에서 심층 탐구하며 문학 갈래 이론의 학문적 기초가 문학 감상에 주는 효용성을 이해한다.
사회 계열 (언론,광고홍보)	**수용자 분석을 통한 콘텐츠 기획**: 독자 맥락 및 사회·문화적 맥락을 분석하여 대중의 정서와 관심사를 파악하고, 이를 바탕으로 갈래별 특성에 맞는 효과적인 미디어 콘텐츠를 기획하는 능력을 함양한다.
교육 계열	**문학 교육 프로그램 개발**: 문학적 맥락을 종합적으로 활용하여 학생들이 작품을 깊이 있게 이해하도록 돕는 교육 방법론을 연구하고, 다양한 갈래의 작품을 연계한 융합형 교육 자료를 개발한다.

> [12문학01-03] 주요 작품을 중심으로 **(1)한국 문학의 범위**와 **(2)갈래, 변화 양상을 탐구**한다.

1. 기본 개념

(1) 한국 문학의 범위(지식·이해)
- 한국문학 작품을 상호 비교하고 대조, 문학의 갈래별 특징과 시대적 흐름에 따른 변화를 구체화
- 한국문학 작품에 반영된 한국인의 보편적인 삶의 모습과 정서를 탐구하며 보편성과 특수성 이해
- 한국문학을 시대별 창작 주체의 변화에 따라 주요 표현 언어의 변천(구비, 한문, 국문) 과정을 정리

(2) 한국 문학의 갈래와 변화 양상(과정·기능)
- 각 갈래는 시간의 흐름과 사회·문화적 변화에 따라 형식적, 내용적 측면에서 끊임없이 변화함
- 한국 문학을 운문 문학(시가), 산문 문학(소설), 교술 문학(수필), 극 문학(희곡, 시나리오)로 분류함
- 변화 양상을 이해하는 것은 한국 문학의 특징과 정체성을 심층적으로 파악하는 데 필수적 요소임

2. A등급 성취 수준의 이해

성취수준	성취기준별 성취수준
A	①주요 작품을 중심으로 창작 주체, 표현 언어, 내용 등을 종합적으로 고려하여 ②한국 문학의 범위를 설명할 수 있으며 ③작품을 비교하고 대조하며 ④한국 문학의 갈래가 지니는 특징과 ⑤변화 양상을 탐구할 수 있다.

구성 요소	핵심 의미	적용
① 주요 작품을 중심으로 창작 주체, 표현 언어, 내용을 종합적으로 고려	문학 작품을 다각적이고 입체적인 관점에서 해석하는 태도임	한국 문학의 범위를 규정하는 다양한 요소를 이해하고 작품을 통해 종합적 재구성하는 수준임
② 한국 문학의 범위 설명	작품을 통해 한국 문학의 범위와 개념을 설명함	작품을 적용하여 한국문학의 다층적 범위를 통합적 사고를 통해 설명하는 수준임
② 작품을 비교하고 대조	작품 간의 유사점과 차이점을 구조적이고 심층적으로 분석하는 사고 작용임	갈래의 형식적, 내용적, 기능적 특성을 구체적인 사례를 들어 탐구함
④ 한국 문학의 갈래가 지니는 특징을 작품에 적용	작품을 통해 한국문학의 갈래의 특징을 이해함	한국문학 작품을 예로 들어 갈래를 구분하고 형식적, 내용적 특징을 탐구함
⑤ 한국 문학의 변화 양상 탐구	문학 현상을 역사적 흐름 속에서 이해하고 시대적 맥락을 읽어내는 안목임	특정 갈래의 발생, 전개, 변모 과정을 시대별 작품과 연관 지어 설명하는 능력임

> ▶ **[12문학01-03]]을 높은 수준으로 성취했다는 것을 증명하기 위해!**
> 한국 문학의 주요 작품들을 비교·대조하는 심화 탐구 수행, 고대 구비 문학부터 현대 미디어 문학까지 이어지는 각 갈래의 고유한 특징과 시대적 변화 양상 파악, 한시와 시조의 창작 주체 및 세계관 차이 분석, 고전·현대 소설의 서사 구조와 인물 형상화 변화 분석 등을 수행할 수 있습니다.

3. 교과세특 탐구주제

- 한국 문학의 갈래별 주제 의식의 시대적 변화 양상 연구
- 조선 후기 사설시조의 등장과 평민 의식 발현의 연관성 탐구
- 한시와 국문 시조에 나타난 자연관(自然觀)의 비교 분석 연구
- 설화에서 고전 소설로의 이행 과정에서 나타난 서사적 특징 연구
- 근대 신소설과 현대 소설의 인물 형상화 방식 및 언어 변화 양상 비교

4. 독서연계 탐구주제

■ 역사문학, 속(俗)과 통(通)하다(김병길, 삼인, 2013)

이 책은 한국 근현대 역사문학의 원류를 살피고, 실제 근현대의 수많은 역사문학 작품을 분석하여 그 갈래와 전개 양상을 치밀하게 탐색한다. 역사적 사실에 상상력을 더한 역사문학이 대중과 소통하며 어떻게 문학적 가치를 획득하는지에 대한 통찰을 제공한다. 특히, 역사 소설의 갈래적 특징과 변화 양상을 깊이 있게 다루고 있어 한국 문학의 갈래적 변모를 이해하는 데 유용하다.

- ▶ 한국 근현대 역사적 맥락을 반영한 한국 소설 갈래와 전개 양상 연구
- ▶ 역사 문학 작품 분석을 통한 작품의 주제 의식에 미친 시대적 영향 연구
- ▶ '역사적 사실'과 '문학적 허구' 개념의 경계에서 역사 문학이 획득하는 대중적 의미 연구

■ 매콤달콤 맛있는 우리 고전 시가(한기호, 사계절, 2017)

이 책은 '구지가'부터 향가, 고려가요, 시조에 이르기까지 고전 시가의 대표작들을 청소년의 눈높이에 맞춰 흥미롭게 소개한다. 단순한 작품 해설을 넘어, 신화, 인류학, 역사적 배경 등 인문학적 통찰을 통해 고전 시가가 만들어진 시대와 문화를 이해하도록 돕는다. 낯설고 어려운 고전 시가를 삶의 이야기로 들려줌으로써, 고대부터 조선 시대까지 이어지는 운문 문학 갈래의 변화 양상을 자연스럽게 이해하게 한다.

- ▶ 시대별 창작 주체의 변화가 운문 문학에 미친 영향 연구
- ▶ 고전 시가에 담긴 신화와 인류학 이야기를 통한 문학의 원형적 특징 탐구
- ▶ 고전 시가(향가, 고려가요, 시조) 갈래의 형식적, 내용적 변화 양상 분석 연구

5. 토의/토론을 위한 생각 나눔 주제

- 한국 문학의 범위는 국어(國語)로 쓰인 문학만으로 한정해야 하는가?
- 시조의 종장(終章) 3음절 형식이 현대시 창작의 자율성을 저해하는가?
- 현대 소설의 다매체화(多媒體化) 현상이 소설이라는 갈래의 본질을 훼손하는가?
- 갈래의 문학사적 변화를 고려했을 때, 고전 문학 교육의 비중을 축소해야 하는가?

6. 진로 희망 계열과의 연계

언어 문화계열	**한국 문학의 다양한 갈래를 표현 언어 변화의 관점에서 탐구:** 한국 문학의 다양한 갈래를 표현 언어의 변화라는 관점에서 고전과 현대를 아우르는 작품 연구를 통해 언어학적 지식을 문학 작품 해석에 적용하고, 한국어와 한국 문화의 특수성을 이해한다.
연극 영화 계열	**서사 갈래의 창작 원리 탐구:** 희곡과 시나리오 등 극 문학 갈래의 특성과 그 변화 양상을 연구하여 서사 구조, 인물 설정, 플롯 구성, 갈등해소 과정 등의 창작 원리를 탐구한다.
미술 조형 계열	**미적 가치와 세계관과 연계된 각 시대별 미술 양식 탐구:** 문학 작품에 묘사된 미적 가치와 세계관이 각 시대별 미술 양식과 어떻게 연관되는지 비교하고, 문학 작품에 반영된 심미적 특성 및 시각 예술의 형식적 특징을 이해하여 예술적 안목을 기른다.

02 문학

1. 기본 개념

(1) 한국 문학 속 시대 상황(지식·이해)
- 문학 작품이 창작되고 향유되는 당대의 사회적, 역사적, 문화적 배경
- 주제 의식, 인물의 삶과 갈등, 작가의 창작 의도 등을 다각적으로 이해하는 데 필수적인 요소
- 삼국 시대부터 현대까지 한국 사회가 겪어온 정치적, 사회적, 생활 양식의 변화가 문학에 반영된 것

(2) 문학과 역사의 상호 영향 관계(가치·태도)
- 역사는 문학의 소재, 주제, 배경 등을 제공하며 문학에 직·간접적으로 영향을 미치는 관계
- 문학 작품을 통해 역사적 사실의 이면을 입체적으로 이해하고, 역사 속 문학의 가치와 역할을 파악
- 문학은 당대 사람들의 삶을 기록하여 역사의 일면이나 특정 시대의 문제점을 비판하면서 역사 발전에 기여

2. A등급 성취 수준의 이해

성취수준	성취기준별 성취수준
A	①시대 상황이 반영된 한국 문학을 다양하게 찾아 읽으며 ②시대적 상황을 작품 이해에 효과적으로 활용하고, ③문학과 역사의 상호 영향 관계를 ④심층적으로 탐구할 수 있다.

구성 요소	핵심 의미	적용
① 시대를 반영한 다양한 작품을 읽는 주체적 독서	특정 시기나 갈래에 치우치지 않고 시대상을 담은 다양한 작품을 읽음	희곡, 평론, 수필 등 다양한 갈래와 시대별 대표 작품을 선별하며 독서 목록을 확장함
② 시대적 상황을 작품 이해에 효과적으로 활용	작품의 표면적 내용뿐 아니라 시대가 인물, 사건, 배경에 미친 영향을 깊이 있게 분석함	시대 상황(원인)이 작품 속 인물과 사건의 전개(결과)에 미친 영향을 논리적으로 파악함
③ 문학과 역사의 상호 영향 관계 이해	문학이 역사를 반영할 뿐 아니라 역사가 문학에 영향을 미치는 관계임을 인식함	문학 작품이 당시의 역사적 기록물과 비교하여 현실을 어떻게 재현하거나 비판했는지 분석함
④ 문학과 역사의 관계를 심층적으로 탐구	문학과 당대의 사회가 상호 영향을 준다는 개념을 기본으로 다각적으로 해석함	문학에 반영된 시대상을 심층적으로 비교 분석하는 탐구 활동을 수행함

▶ **[12문학01-04]를 높은 수준으로 성취했다는 것을 증명하기 위해!**
문학 작품 속 인물의 삶을 당대 역사적 맥락에서 비판적으로 분석하는 탐구, 특정 역사적 사건(광복, 6·25 전쟁)이 문학의 주제와 갈래에 미친 영향 탐구, 문학 작품에 반영된 당대의 사회적 모순이 현재 사회의 문제와 어떻게 연결되는지 탐구 등을 수행할 수 있습니다.

3. 교과세특 탐구주제

- 일제강점기 문학에 나타난 지식인의 저항 양상과 시대적 한계 분석 연구
- 한국 문학의 시가 갈래 변화를 통해 본 당대 민중의 정서 표출 방식 연구
- 문학 작품에 반영된 산업화 시대의 도시와 농촌의 공간적 의미 비교 분석
- 역사 소설 속 허구와 사실의 경계 분석을 통한 문학의 역사 기록 역할 탐구
- 6.25 전쟁 이후 분단 현실이 가족 서사 소설의 주제 의식에 미친 영향 탐구

4. 독서연계 탐구주제

■ 억압의 시대, 문학의 목소리(유왕무, 알렙, 2025)

이 책은 라틴아메리카가 겪어온 폭력과 억압의 역사를 문학이 어떻게 기록하고 증언해 왔는지 심도 있게 살핀다. 과테말라의 아스뚜리아스, 콜롬비아의 마르께스 등 여섯 작가의 작품을 중심으로 독재와 폭력의 실체를 분석하며 은폐된 진실을 폭로하는 문학의 역할을 조명한다. 시대와 장르를 달리하는 작가들이 각자의 방식으로 폭력과 독재를 기록하고 진실을 건져 올려 후세에 전했음을 분석할 수 있는 지료로 활용된다.

- ▶ 은폐된 역사적 폭력을 마술적 사실주의로 재현하는 문학적 기법의 효과 분석
- ▶ 독재자 소설에 나타난 절대 권력 형상화 방식과 당대 역사적 배경 연구 보고서
- ▶ 검열과 폭력의 시대에 연극을 통해 침묵 당한 목소리를 증언하는 문학의 역할 탐구

■ 소년이 온다(한강, 창비, 2014)

이 책은 1980년 5월 광주를 배경으로 한 장편 소설이다. 계엄군에 맞서 시민군을 도왔던 소년 동호와 주변 인물들의 경험을 다루며 국가 폭력 속에서 개인이 겪는 고통과 상처, 트라우마를 섬세하게 그려낸다. 작가는 사건 이후 남겨진 이들의 삶과 기억을 여러 화자의 시점으로 교차하며 역사가 개인의 삶을 어떻게 파괴하고 침묵하게 만드는지를 질문하고 문학과 역사의 상호 영향 관계를 탐구하도록 돕는다..

- ▶ 소설 속 상처 입은 인물들의 '침묵'에 담긴 시대적 맥락과 트라우마 연구
- ▶ 5·18 민주화운동 기록과 소설을 통해 본 국가 폭력의 문학적 재현 방식 분석
- ▶ 역사적 비극을 다룬 문학 작품이 공동체의 기억과 치유에 미치는 사회적 역할 탐구

5. 토의/토론을 위한 생각 나눔 주제

- 문학 작품 속에서 역사적 사실을 자의적으로 재해석하여 서술하는 행위는 허용되어야 하는가?
- 역사적 비극을 다룬 문학 작품이 독자에게 과거의 아픔을 상기시키는 윤리적 이유는 무엇인가?
- 문학 작품은 시대적 억압에 대해 직접적인 비판 대신 우회적인 표현을 사용하는 것이 더 효과적인가?
- 문학이 시대적 한계를 극복하는 데 기여하는 역할이 역사 기록보다 더 중요하다고 볼 수 있는가?

6. 진로 희망 계열과의 연계

인문 계열 (언어문학, 인문과학)	**문학사적 맥락과 시대 정신 탐구:** 특정 시대의 문학 작품을 중심으로 그 시대의 지식인들이 고민했던 자아와 세계 인식을 분석하고, 문학이 시대 정신을 어떻게 형성하고 반영했는지에 대한 탐구를 심화한다.
사회과학 계열 (경영·경제, 사회과학, 법률)	**사회 문제 비판과 제도 개선 연구:** 문학 작품에 반영된 당대의 사회적 모순(예: 빈곤, 차별, 불평등)을 분석하고, 해당 문제를 해결하기 위한 법률적·정책적 대안을 탐색하는 시뮬레이션 연구를 수행한다.
교육 계열	**문학 교육을 통한 역사 의식 함양 방안:** 시대 상황이 반영된 문학 작품을 교육 자료로 활용하여 학생들이 역사를 입체적으로 이해하고 비판적 역사 의식을 형성하도록 돕는 교육 프로그램 개발 및 적용 방안을 탐구한다.

02 문학

1. 기본 개념

(1) 한국 작품과 외국작품 작품 비교(지식·이해)
- 문학 작품을 읽고 두 대상 간의 공통점이나 차이점을 구체적으로 찾아보는 것
- 한국 문학과 외국 문학을 비교함으로써 한국 문학의 고유한 특성을 파악하는 데 도움을 얻는 것
- 작품의 주제, 배경, 인물의 특성, 표현 방식 등 다양한 측면에서 비교하여 작품을 깊이 있게 이해하는 것

(2) 한국 문학의 보편성과 특수성(과정·기능)
- 보편성: 인류의 정서, 가치관 등 시대와 공간을 초월하여 모든 문학 작품에 공통적으로 나타나는 특성
- 특수성: 특정 국가, 문화, 역사 등 고유의 경험과 정서가 반영되어 특별하게 나타나는 개별적인 특성
- 한국 문학 작품의 주제, 소재, 형식, 배경 등을 분석하여 작품에 담긴 보편성과 특수성을 다각도로 파악하는 것

2. A등급 성취 수준의 이해

성취수준	성취기준별 성취수준
A	①한국 작품과 외국 작품을 비교하며 읽고, ②주제나 표현 방식 등에서 보이는 ③한국 문학의 보편성과 고유한 역사적 발전에 따라 형성된 한국 문학의 특수성을 ④다양한 사례를 들어 ⑤설명할 수 있다.

구성 요소	핵심 의미	적용
① 한국 작품과 외국 작품을 비교하며 독서	비교를 통해 문학의 공통점과 차이점을 분석하는 독서 능력임	한국 작품과 외국 작품을 다양한 층위에서 비교의 기준을 설정하여 읽음
② 주제나 표현 방식 의 특징	비교를 통해 작 작품의 주제, 표현방식의 공통점과 차이점 파악함	문학을 통해 작품의 주제, 형식, 시대적 배경, 인물 특성을 파악하여 이해함
② 한국 문학의 보편성과 특수성	문학이 다루는 인류 보편의 가치와 한국적 상황에 기인한 고유성을 인지하는 태도임	사랑, 이별, 고독 등 보편적 정서와 한(恨), 풍자 등 한국적 특수성을 연결해 설명함
④ 다양한 사례 제시	작품의 분석 결과를 구체적이고 설득력 있는 예시로 입증하는 능력임	고전부터 현대 작품까지 다양한 한국 문학의 사례를 제시하여 특수성을 다각적으로 증명함
⑤ 한국문학의 보편성과 특수성 설명	분석한 내용을 논리적이고 명확한 구조로 제시하여 타인에게 전달하는 능력임	비교 분석의 과정과 결과를 체계적인 보고서나 발표 형식으로 정리하여 소통함

▶ **[12문학01-05]을 높은 수준으로 성취했다는 것을 증명하기 위해!**
한국과 서양 고전 소설 속 효 사상의 보편성과 문화적 특수성 비교 분석, 한국 문학의 '한(恨)'의 정서가 현대시에서 변용되는 양상 연구, 한국 설화 속 '도깨비'의 특수성이 판타지 작품에서 재해석되는 방식 탐구, 한류 콘텐츠에 나타난 한국적 특수성이 문화에 미치는 영향 분석 등을 수행할 수 있습니다.

3. 교과세특 탐구주제

- 한국 현대 소설 속 '도시적 삶의 고독'과 유럽 소설 속 '소외 의식'의 문학적 특수성 비교 연구
- 한국 문학의 '한(恨)의 정서'가 현대 문학에 반영되는 양상 및 세계 문학 속 '슬픔'의 정서와 비교
- '운명'이라는 주제를 다룬 한국 문학과 외국 문학 작품 비교 분석을 통한 운명관의 문화적 차이 연구
- 근대 이후 한국 시와 서양 낭만주의 시에 나타난 자유의지 표현 방식의 특수성과 보편성 비교 연구
- 한국 설화 속 '효(孝) 사상'과 서양 '오이디푸스 콤플렉스'에 나타난 부모 자식 관계의 보편성과 특수성 비교 분석 연구

4. 독서연계 탐구주제

■ 광장(최인훈, 문학과지성사, 2014)

이 책은 지식인이 남한의 '밀실'과 북한의 '광장' 중 어느 곳에서도 진정한 삶의 가치를 찾지 못하고 방황하는 모습을 그린다. 전쟁이라는 비극적 상황 속에서 이념 대립으로 인해 개인이 겪는 고독과 소외를 다루며, 개인과 사회의 바람직한 관계에 대한 근원적인 질문을 던지는 작품이다. 특히 개인의 자유가 보장되는 밀실과 인간적으로 소통하는 사회적 광장이 합일되는 이상적인 사회에 대한 작가의 염원이 담겨 있다.

- ▶ 한국 문학 속 '중립국' 선택의 의미와 서양 문학 속 방랑자의 고독에 나타난 보편성 비교
- ▶ '밀실과 광장'의 이분법적 구도를 통해 본 한국 전쟁 이후 개인의 고독과 소외의 특수성 연구
- ▶ 개인의 '실존적 고뇌'가 사회적 이념과 충돌하는 양상에 대한 한국과 서양 문학의 형상화 방식 비교

■ 이방인(알베르 카뮈, 민음사, 2019)

이 책은 어머니의 죽음에도 눈물 흘리지 않고 충동적으로 살인을 저지른 뫼르소라는 인물을 통해 인간 존재의 근원적 고독과 부조리를 그린다. 뫼르소는 사회적 관습과 규범에 얽매이지 않고 자신의 감각과 현재의 순간에 충실한 삶을 살지만, 결국 사회의 기대와는 다른 모습 때문에 이방인으로 몰려 단죄당한다. 이 작품은 사회적 관계 속에서 소외되는 개인의 모습과 인간 실존의 보편적 문제를 탐구하게 한다.

- ▶ 한국 문학 속 '사회적 이념'과 외국 문학 속 '부조리'가 개인의 고독을 심화하는 방식 비교
- ▶ 한국적 상황 속 이명준의 '방황하는 자아'와 서양적 배경 속 뫼르소의 '소외된 자아'의 특수성 비교 분석
- ▶ 개인과 사회의 관계에 대한 한국 및 외국 작품의 성찰을 바탕으로 현대인의 고독에 대한 대안 모색

5. 토의/토론을 위한 생각 나눔 주제

- 한국 문학의 보편적 가치가 특수성보다 문학의 세계화에 더 중요하다고 볼 수 있는가?
- 특정 문화의 특수성을 이해하기 위해 그 문화권의 문학 작품을 반드시 읽어야 하는가?
- 전통적인 한국 문학의 특수성(예: 한(恨)의 정서)이 현대 문학에서도 계승되어야 하는가?
- 문화적 배경 지식 없이 문학 작품을 감상하는 것이 작품의 본질을 이해하는 데 부정적인가?

6. 진로 희망 계열과의 연계

사회과학 계열	**개인 정체성과 집단 규범의 갈등 양상 분석**: 문학 작품 속 인물의 사회적 고독 사례를 분석하고, 사회학적 관점에서 개인주의의 확산과 공동체 해체 문제를 탐구하며 인간의 본질을 형상화한다.
법률 계열	**사회적 규범과 개인적 자유의 경계 탐구**: 작품 속 부조리한 단죄 사례를 분석하고, 법적 시스템이 개인의 실존적 고독을 해소하는 데 기여할 수 있는지 비판적으로 연구하고 대안적 법률을 제시한다.
의료 계열	**정신 건강과 사회적 소외의 상관관계 탐구**: 작품 속 고독한 인물의 심리 상태를 분석하고, 정신 의학적 관점에서 사회적 소외가 개인의 정신 건강에 미치는 영향을 탐구한다.

02 문학

[12문학01-06] **(1)문학 작품에서는 내용과 형식이 긴밀하게 연관**됨을 이해하며 **(2)작품을 수용**한다.

1. 기본 개념

(1) 내용과 형식의 연관성(과정·기능)
- 형식은 문학의 갈래(시, 소설, 희곡, 수필 등)에 따른 특성 및 표현상의 특징을 포함함
- 문학 고유의 언어 형식은 문화적, 관습적으로 형성되어 작품의 내용과 분리될 수 없음
- 문학 작품의 주제 의식, 사상, 감정 등 내용은 그에 맞는 형식을 통해 구현되는 관계를 의미함

(2) 작품 수용(가치·태도)
- 단순히 작품의 줄거리나 표면적 의미 파악을 넘어 작품에 담긴 의미를 비판적으로 이해함
- 작품의 내용과 형식의 유기적 관계를 이해하며 능동적이고 적극적으로 작품을 감상하는 활동임
- 작품 감상 후 자신의 삶에 비추어 성찰하거나 타인과 공유하는 소통 활동으로 이어지는 것을 의미함

2. A등급 성취 수준의 이해

성취수준	성취기준별 성취수준
A	① 작품의 주제 의식이 문화적·관습적으로 형성된 언어 형식으로 표현됨을 파악하고 ② 작품 내용과 형식적 요소의 유기적 관계를 다양한 사례를 통해 구체적으로 이해하며 ③ 작품을 주체적으로 수용하고 ④ 창의적이고 비판적인 시각으로 ⑤작품을 깊이 있게 성찰하는 태도를 지닌다.

구성 요소	핵심 의미	적용
① 작품의 주제 의식이 문화적·관습적으로 형성된 언어 형식으로 표현됨을 파악	작품 내용과 문학 언어 형식의 필연적 관계를 이해함	문학적 언어 사용의 문화적 배경과 역사적 발전 과정을 파악하는 수준임
② 작품 내용과 형식적 요소의 유기적 관계를 다양한 사례를 통해 구체적으로 이해	작품 구성 요소(시점, 문체, 이미지 등)가 주제 의식을 구현하는 구체적인 방식을 분석함	여러 작품을 비교·대조하며 내용과 형식의 상호 작용 원리를 발견하고 이해함
③ 작품을 주체적으로 수용	작품의 의미를 수동적으로 받아들이지 않고 자신의 가치관을 바탕으로 재해석하는 태도임	문학 작품을 개인적 삶의 문제와 연결하여 의미를 탐색하고 판단함
④ 창의적이고 비판적인 시각	작품에 대한 이해를 바탕으로 새로운 가치를 창출하고 비판하는 시각임	형식 분석을 통해 미적 가치를 발견하고 내용 분석을 통해 주제 의식을 비판함
⑤ 작품을 깊이 있게 성찰하는 태도	작품을 내면화하여 수용하는 태도 및 능력임	창의적, 비판적 시각을 바탕으로 깊이있는 삶의 성찰로 확장하여 표현함.

▶ **[12 문학01-06]을 높은 수준으로 성취했다는 것을 증명하기 위해!**
고전시가 형식 변화와 시대정신 상관관계 탐구, 서사 갈래의 시점과 주제 간의 유기적 관계 분석, 운문 작품의 운율적 요소와 정서 표현의 효과성 비평, 서간체 소설 형식의 사회적 소통 기능과 주제 의식 연관성 연구 등을 수행할 수 있습니다.

3. 교과세특 탐구주제

- 소설의 시점 변화가 인물 심리 묘사에 미치는 효과 분석 연구
- 고전 수필의 한문체 형식이 교훈적 주제 전달에 기여하는 방식 탐구
- 희곡의 무대 지시문 형식이 주제 의식을 강화하는 연극적 장치 기능 연구
- 현대시의 산문적 진술 형식이 일상적 현실을 반영하는 방식 분석 및 탐구
- 판소리계 소설의 운문과 산문의 혼용이 해학적 주제를 형상화하는 양상 탐구

4. 독서연계 탐구주제

● 시창작 이론과 실제(이운룡, 신아출판사, 2007)

이 책은 현대 문명 속의 인간 정서를 서정적으로 형상화하는 시적 변모를 모색하는 데 중점을 둔다. 절제와 균형이 미덕인 동양적 중용의 의미를 시의 형식 속에 어떻게 담아낼 것인지 이론적으로 탐구한다. 시는 단순한 감정의 표현이 아닌 치밀하게 구성된 언어 형식의 산물임을 강조하기에 독자는 시의 내용(정서, 사상)과 형식(운율, 이미지, 구조)의 긴밀한 연관성을 깊이 이해하게 된다.

- ▶ '서정적으로 형상화' - 현대 문명 속 정서를 전통적 시 형식에 담는 과정과 의미 연구
- ▶ '동양적 중용의 의미' - 절제와 균형의 미덕이 시의 운율과 구조에 미치는 형식적 영향 분석
- ▶ '개성적인 작품 세계 구축' - 시인의 주관적 내용이 특정 형식을 통해 객관화되는 양상 탐구

● 우리를 세상의 끝으로(강정, 문학동네, 2023)

이 책은 50명의 시인이 '시란 무엇인가'라는 질문에 답한 내용으로 시의 본질에 대한 시인들의 각기 다른 정의를 통해 시가 지향하는 다양한 가치를 조명한다. 시인들이 자신의 시 세계를 구축하며 사용하는 형식적 특징과 독특한 언어 운용 방식을 동시에 엿볼 수 있다. 다양한 시적 관점과 형식 실험을 한자리에서 비교하며 시의 내용과 형식의 변주를 깊이 있게 성찰하게 한다.

- ▶ '시란 무엇인가' - 시의 정의(내용)에 따라 시의 형식이 어떻게 변화하는지 비교 분석 연구
- ▶ '시인들의 각기 다른 정의' - 시적 사유의 다양성(내용)과 시적 문체(형식) 간의 대응 관계 탐구
- ▶ '시적 관점과 형식 실험' - 새로운 주제 의식을 담기 위해 시의 형식이 파괴되고 재구성되는 양상 연구

5. 토의/토론을 위한 생각 나눔 주제

- 시의 시각적 배열과 같은 형식적 요소가 언어적 의미보다 우선할 수 있는가?
- 문학 작품의 감상에서 작품의 내용과 형식 중 무엇을 더 중요하게 보아야 하는가?
- 작품의 형식과 주제의 연관성을 해석할 때, '작가의 의도'로 해석하는 것이 타당한가?
- 고전 소설을 현대에 맞게 재해석하는 과정에서 원작의 형식을 보존하는 것이 바람직한가?

6. 진로 희망 계열과의 연계

언어·문학 계열	**문학 작품의 내용과 형식의 유기적 관계 분석:** 갈래별 언어 형식의 특성에 대한 이해를 바탕으로 창작 활동이나 문예 편집 분야의 활동을 통해. 문학 연구원, 문학 평론가, 작가 등의 진로 분야에 필요한 작품 분석과 해석의 전문성을 확보한다.
연극·영화 계열	**소설이나 희곡 등의 문학 작품을 영상 언어로 각색:** 문학 작품의 형식적 요소를 연출 기법(카메라 워크, 편집 리듬 등)으로 전환하는 각색 능력을 발휘하여 시나리오 작가, 영화감독, 드라마 PD 등의 분야에서 필요한 스토리텔링과 미장센 구성의 기초를 다진다.
디자인 계열	**문학 작품의 주제와 정서를 시각적·공간적 형식으로 재해석:** 시의 운율이나 서사의 구조와 같은 추상적 형식을 레이아웃이나 색채, 타이포그래피에 적용하는 방법을 연구하면서 창의적 표현과 매체 특성 이해 능력을 발휘한다.

02 문학

1. 기본 개념

(1) 공감적, 비판적, 창의적으로 감상(과정·기능)
- 창의적 감상: 작품의 내용을 바탕으로 새로운 생각이나 의미를 확장하고 재구성하는 것
- 비판적 감상: 작품의 내용, 주제, 표현 방식 등에 대해 합리적이고 논리적인 판단을 내리는 것
- 공감적 감상: 작품 속 인물의 처지나 상황에 자신을 이입하여 이해하고 정서적으로 동화되는 것

(2) 다양한 방식으로 작품에 대해 비평(가치·태도)
- 비평: 작품의 가치와 의미를 분석하고, 해석하며 그에 대한 평가를 논리적으로 서술하는 활동
- 다양한 관점의 작품 해석과 심미적 요소를 비판적으로 수용하고 다양한 매체 및 방법으로 표현
- 작품 감상 후기를 쓰는 것부터 시작하여 패러디, 비평문, 영상 제작 등 여러 형태를 활용하여 비평

2. A등급 성취 수준의 이해

성취수준	성취기준별 성취수준
A	①자신의 처지와 관점에 따라 작품 속 인물의 행동이나 작품 속 현실에 공감하거나 비판적인 입장을 취하고 ②작품을 매개로 창의적인 생각을 펼침으로써 ③적극적이고 주체적 태도로 작품을 감상하며, ④여러 근거를 들어 작품에 대해 설명하고 ⑤다양한 방식으로 작품을 비평할 수 있다.

구성 요소	핵심 의미	적용
① 자신의 처지와 관점에 따라 작품 속 인물이나 현실에 공감하거나 비판적 입장	작품과 현실을 연결하여 주체적인 감상을 시작하는 능력임	개인적 경험, 사회적 가치관을 투영하여 작품의 의미를 확장하는 과정임
② 작품을 매개로 창의적인 생각을 펼침	작품의 내용을 변형, 재해석하거나 새로운 창작으로 이어가는 사고 활동임	원작의 주제를 바탕으로 다양한 매체나 형식으로 재구성하는 시도를 함
③ 적극적이고 주체적 태도로 작품 감상	수동적인 내용 이해를 넘어 능동적으로 의미를 부여하는 태도를 내면화함	작품에 대한 다양한 해석을 수용하고 자신의 관점을 굳건히 세우는 과정임
④ 여러 근거를 들어 작품에 대해 설명	비평의 타당성과 설득력을 높이기 위해 객관적인 자료를 활용하는 능력임	작품의 언어적, 형식적, 사회문화적 맥락적 요소를 분석하여 제시하는 능력임
⑤ 다양한 방식으로 작품을 비평	감상을 최종 결과물로 구체화하고 타인과 공유하는 실천적 능력임	비평문, 영상, 발표, 토론 등 다양한 매체와 형식에 적합하게 표현함

▶ **[12 문학01-07]을 높은 수준으로 성취했다는 것을 증명하기 위해!**
언어 문화 탐구(작품 속 인물의 내면 갈등을 심리학적 관점에서 분석하기), 매체 담화 분석(원작과 각색된 영상물의 현실 재현 방식을 비판적으로 비교하기), 자기성찰형 탐구(작품 비평문을 작성하고 동료 학습자와 피드백을 주고받아 글을 수정하는 활동) 등을 수행할 수 있습니다.

3. 교과세특 탐구주제

- 문학 비평문 작성을 위한 타당한 근거 제시 방법론 탐구
- 서정, 서사, 극, 교술 갈래별 작품의 현실 재현 방식 비교 연구
- 공감적 감상을 통한 타자의 고통 이해와 사회적 책임감 함양 연구
- 현대 문학의 시대 비판적 시각에 대한 창의적 재해석 및 재창작 활동
- 문학 작품 속 인물의 결정적 선택에 대한 가치 판단과 비판적 성찰 연구

4. 독서연계 탐구주제

● 우아한 거짓말(김려령, 창비, 2009)

이 책은 한 소녀가 학교 폭력에 시달리다 스스로 목숨을 끊은 후, 남겨진 엄마와 언니가 소녀의 죽음 이면에 숨겨진 진실을 찾아 나서는 이야기이다. 특히 죽은 소녀가 남긴 5개의 빨간 털실 상자에 얽힌 비밀과 소녀를 둘러싼 친구들의 복잡한 심리가 섬세하게 그려진다. 소설은 학교 폭력, 왕따, 청소년 자살과 같은 무거운 주제를 다루면서도 독자들에게 깊은 공감과 윤리적 성찰의 기회를 제공한다.

- ▶ '빨간 털실 상자'의 복합적 상징성을 분석하고 비판적 감상의 근거로 활용하는 연구
- ▶ 『우아한 거짓말』에 나타난 방관자들의 심리를 분석하고 공동체의 책임에 대한 윤리적 성찰 연구
- ▶ 소설 속 인물들의 감정 변화 곡선을 바탕으로 청소년 자살 문제의 사회적 배경에 대한 심층 연구

● 문학비평과 소설교육(김성진, 태학사, 2012)

이 책은 문학 작품을 해석하고 비평하는 다양한 방법론을 소개하고 이를 소설 교육에 적용하는 방안을 모색하는 전문 서적이다. 특히 작품의 이해를 위한 심층적인 분석 능력과 주체적 관점 확립의 중요성을 강조한다. 독서 토론과 글쓰기를 통한 문학 작품의 사회적 의미 확장, 작품의 다양한 해석 가능성을 열어주는 비평적 읽기의 중요성을 역설한다.

- ▶ 비평적 읽기 전략을 활용한 작품 비교 및 자신의 관점 정립 탐구
- ▶ 독자 반응 비평을 적용한 자아 탐색과 타자 이해가 독서 토론 참여자에게 미치는 윤리석 영양 분석
- ▶ 문학 비평의 타당성 확보 기준 탐색 및 합리적 근거로 뒷받침하는 인물의 가치 평가 글쓰기 연구

5. 토의/토론을 위한 생각 나눔 주제

- 비평의 타당성은 보편적인 근거에서 오는가, 주체적인 관점에서 오는가?
- 문학 작품에 대한 창의적 재해석은 원작의 의미를 훼손하는가, 확장하는가?
- 사회적 약자의 고통을 다룬 문학 작품은 독자의 윤리적 실천을 의무화해야 하는가?
- 문학을 통한 간접 경험이 실제 삶의 문제 해결에 실질적인 도움을 줄 수 있는가?

6. 진로 희망 계열과의 연계

계열	내용
언어문학 계열	**비평 이론과 방법론 탐구:** 문학 작품을 공감적, 비판적, 창의적으로 감상하는 과정에서 문학 비평의 원리와 타당한 근거 제시 방법을 심화 학습한다. 더불어 다양한 비평 방식을 적용하여 문학의 심미적 가치와 사회적 의미를 분석하는 역량을 키운다.
사회과학 계열 (사회학, 정치학)	**작품 속 현실에 대한 비판적 분석:** 문학 작품이 재현하는 사회적 불평등, 권력 관계, 갈등 등의 문제를 비판적으로 읽어내는 훈련을 통해 문제를 다각적으로 분석하고 사회, 정치학적 측면으로 공동체 문제 해결에 참여하는 능력을 개발한다.
연극영화 계열	**원작의 창의적 재구성 및 연출:** 문학 작품을 영상물로 각색하는 과정에서 원작의 주제 의식을 다양한 매체의 특성에 맞게 창의적으로 변형하는 방법을 연구한다. 더불어 문학 비평을 통해 서사 구조, 인물 해석 등을 깊이 있게 이해하고 영상 콘텐츠 기획에 필요한 주체적 해석 능력을 배양한다.

02 문학

1. 기본 개념

(1) 작품 재구성(지식·이해)
- 원작의 주제나 내용을 유지 또는 비판적으로 해석하여 새로운 맥락에 맞게 변형하는 것
- 원작자의 의도와 독자 자신의 해석을 결합하여 재구성 작품만의 새로운 의미를 부여하는 과정
- 웹툰, 영상, 노래 등 다른 매체로 재구성할 경우 매체의 특성을 고려한 표현 방식을 적용하는 것

(2) 주체적인 관점에서 창작(과정·기능)
- 문학 작품 수용 및 창작하는 활동에 있어 독자 및 창작자 자신의 개성과 주관을 반영하는 태도
- 작품에 담긴 가치관이나 인식을 비판적으로 성찰하여 주제나 내용을 새로운 시각으로 바라보는 것
- 작품의 내용과 형식 변형 과정에서 기존의 틀을 넘어서는 독창적이고 개성적인 사고를 표현하는 것

2. A등급 성취 수준의 이해

성취수준	성취기준별 성취수준
A	①작품을 읽고 작품에 담긴 가치관과 인식을 비판적으로 파악하여 ②주제나 내용을 종합적으로 재구성하는 과정에서 ③문학의 갈래적 특성이나 형식적 특징을 이해할 수 있고 ④자신의 생각이나 감정을 풍부하게 담은 ⑤창의적이고 개성적인 작품을 창작할 수 있다.

구성 요소	핵심 의미	적용
① 작품의 가치관과 인식을 비판적으로 파악	작품의 가치관과 인식을 다각도로 비판하는 역량임	작품의 숨겨진 의미나 사회적 맥락을 비판적으로 파악하고 해석함
② 주제나 내용의 종합적 재구성	주제 및 내용의 심층적 분석하고및 통합적으로 해석하는 능력임	비판적 수용 내용을 주제와 내용, 형식을 경합하여 재구성의 방향을 설정함
③ 갈래적/형식적 특징의 이해	원작의 장르적 관습 및 구조적 특성을 정확히 파악하는 능력임.	원작의 시어, 문체, 서사 구조 등 형식적 요소의 효과를 분석하고 재창조함
④ 생각과 감정의 풍부한 표현	자신만의 고유한 사유와 정서를 작품에 담아내어 표현하는 역량임	다양한 수사법과 문학적 기법을 활용하여 내면을 섬세하게 형상화함
⑤ 창의적이고 개성적인 작품 창작	독창적인 관점과 새로운 형식을 결합하여 기존에 없던 의미를 만들어내는 능력임	단순히 원작을 모방하는 것을 넘어 작품에 자신만의 세계관을 구현함

▶ **[12문학01-08]을 높은 수준으로 성취했다는 것을 증명하기 위해!**
원작 갈래 변환 재구성(시의 상징성을 살려 단편 소설 창작 수행). 영상 매체 활용 재해석(원작을 분석하여 새로운 관점의 웹툰, 애니메이션, 혹은 단편 영화 시나리오로 재구성). 문학적 실험 및 표현 기법 활용(다양한 수사법이나 실험적인 형식으로 개인의 정체성을 탐색하는 문학 작품 창작) 등을 수행할 수 있습니다.

3. 교과세특 탐구주제

- 특정 시기 문학 작품의 상징적 코드를 활용한 디지털 매체 시각화 연구
- '나'의 감정 상태를 반영한 시 창작 후 문학적 기법 및 형식적 특징 분석
- 문학 작품 속 비주류 인물 재해석을 통한 현대 사회 비판적 시각 연구 보고서
- 고전 소설 속 여성 인물 서사의 현대적 재구성을 통한 성 역할 고정관념 해체 연구
- 원작 소설의 서사 구조를 인과적 구성에서 액자식 구성으로 변환한 창작과 효과 분석

4. 독서연계 탐구주제

■ 타인의 삶(권행백, 아마존의 나비, 2023)

이 책은 작가의 다양한 경험과 사회적 문제의식을 바탕으로 타인의 삶을 기록하고 성찰하는 과정을 담은 수필집이다. '경계인'으로서의 시선으로 평범하지 않은 혹은 사회적으로 주목받지 못하는 사람들의 이야기를 섬세하게 관찰한다. 타인의 고통에 대한 공감과 글쓰기의 윤리적 책임을 깊이 고민하며, 기록하는 행위를 통해 상처를 치유하고 연대하려는 메시지로. 타인의 내면과 외부 세계를 연결하는 문학의 치유적 기능을 탐구하고 있다.

▶ 문학 작품 재창작 시 창작자가 지녀야 할 윤리적 태도 연구
▶ '경계인'으로서의 시선'으로 바라본 소외된 인물의 서사 재구성 방식 및 사회적 의미 탐구
▶ 작가의 경험과 사회적 문제의식으로 타인의 삶을 기록하는 타자 기록의 윤리와 책임감 분석

■ 창조가 쉬워지는 모방의 힘(김남국, 위즈덤하우스, 2012)

이 책은 모방을 단순한 베끼기가 아니라 창조의 어머니로 재해석하며, 창조적인 모방의 유형과 방법을 제시하는 자기계발서이다. 위대한 혁신은 인류가 만들어 놓은 지식과 기술의 모방 없이는 불가능하며, 진정한 창조자는 기존의 것에 더하거나 빼거나 수정하여 시대에 맞는 것을 창조해 낸다고 주장한다. 문제의식에서 출발하여 영역 구분없이 아이디어를 얻으려는 노력이 창조형 모방으로 가는 길임을 강조한다.

▶ 문학 원작의 제약적 요소를 활용하여 다양한 매체로 형상화한 작품의 형식, 구조, 수제 분석
▶ '창조형 모방으로 가는 길'의 관점에서 기존 작품의 형식을 모방하여 새로운 갈래로 창작한 사례 분석
▶ '영역 구분 없이 아이디어를 생성하는 노력'의 의미를 적용하여 다른 예술 분야의 표현 기법을 문학 재구성에 활용한 사례 탐구

5. 토의/토론을 위한 생각 나눔 주제

- 작품 재구성 시 원작의 시대적·사회적 맥락을 반드시 따라야 하는가?
- 예술적 창의성과 원작자의 저작권 중 어떤 가치가 더 우선되어야 하는가?
- AI를 활용한 문학 작품 재구성은 창의적인 예술 활동으로 인정될 수 있는가?
- 문학 작품을 재구성하는 창작 활동은 원작의 가치를 훼손하는가, 혹은 확장하는가?

6. 진로 희망 계열과의 연계

예체능 계열 (연극영화)	**매체의 변용을 활용한 창작:** 원작 희곡이나 시나리오의 인물 설정이나 사건 전개를 재구성하여 새로운 주제 의식을 담은 영상 콘텐츠 기획 및 창작하는 활동을 통해 서사 구성 및 연출 능력을 함양한다.
인문 계열 (인문과학)	**고전 작품의 현대적 의미 재해석:** 기존 문학 작품에 담긴 사회적, 철학적 가치관을 비판적으로 분석하고, 이를 현대적 관점에서 새로운 형식의 글로 재해석하여 고전의 현대적 의미를 탐구한다.
컴퓨터통신 계열 (응용예술)	**문학의 서사구조를 활용한 게임 콘텐츠 제작:** 문학 작품의 주제나 내용을 디지털 매체의 특성에 맞게 인터랙티브 웹소설, 게임 스토리, 혹은 멀티미디어 아트 등으로 재구성하는 과정을 통해 융합적 사고와 콘텐츠 기획력을 배양한다.

[12문학01-09] 다양한 매체로 구현된 작품의 **(1)창의적 표현 방법과 심미적 가치를 (2)문학적 관점에서 수용하고 소통**한다.

1. 기본 개념

(1) 창의적 표현 방법과 심미적 가치(지식·이해)
- 문학 작품과 영상물의 구현 매체에 따른 표현 방식을 이해하고 비교하는 능력
- 언어를 새롭게 조합하거나 다양한 기법을 활용해 독창적이고 인상적인 의미를 창조하는 것
- 작품의 주제를 효과적으로 드러내기 위해 매체별 특성에 맞게 새로운 방식으로 표현된 전략

(2) 문학적 관점에서의 수용과 소통(가치·태도)
- 작품을 문학의 본질을 기준으로 비평하고 해석하는 시각
- 작가의 가치관, 사회·문화적 맥락 등 외재적 요소를 활용하여 작품의 의미를 심화하는 과정
- 타인의 해석을 존중하고, 자신의 관점을 비판적으로 성찰하며 공동의 담론을 형성하는 태도

2. A등급 성취 수준의 이해

성취수준	성취기준별 성취수준
A	①작품이 구현된 다양한 매체의 특성을 이해하여 ②구현 매체에 따른 작품의 창의적 표현 방법과 ③심미적 가치를 ④문학적 관점에서 비평적으로 수용하고 ⑤능동적인 태도로 소통할 수 있다.

구성 요소	핵심 의미	적용
① 작품이 구현된 매체의 특성 이해	작품이 구현된 다양한 매체의 특성을 심층적으로 파악함	구현 매체별(영화, 웹툰 등) 언어적, 시청각적 요소의 결합 방식을 구체적으로 분석함
② 구현 매체에 따른 작품의 창의적 표현 방법	작품의 창의성을 매체 특성에 기반하여 문학 이론 용어로 설명함	작품에 드러나는 창의적 표현과 내용을 구현 매체의 특징을 반영하여 설명함
③ 구현 매체에 따른 작품의 심미적 가치	작품의 아름다움을 매체 특성에 기반하여 비평 용어로 설명함	작품의 심미적 경험을 문학적 지식을 활용하여 논리적 비평문으로 작성함
④ 문학적 관점에서 비평적으로 수용	문학의 내재적, 외재적 관점을 적용하여 작품 비평 후 내면화함	내재적, 외재적 관점으로 작품을 분석하고 자신을 성찰하는 경험을 나눔
⑤ 능동적인 태도로 소통	자신의 비평 결과를 다매체를 활용해 타인과 공유하고 논의를 주도함	타인의 다양한 해석을 경청하고 자신의 비평에 대해 재검토하며, 매체 소통의 윤리를 실천함

▶ **[12 문학01-09]을 높은 수준으로 성취했다는 것을 증명하기 위해!**
매체별 표현 방식 분석(시의 이미지와 영화의 미장센 비교 분석), 매체 비평 활동(웹툰의 시각적 서사 방식과 문학의 서술 방식 비교 연구), 심미적 가치 탐구(현대 시각 예술 작품에서 문학적 감동의 요소 탐구), 창의적 재해석(고전 소설을 웹드라마로 각색하는 과정 분석) 등을 수행할 수 있습니다.

3. 교과세특 탐구주제

- 미디어 리터러시 관점에서 본 웹드라마의 언어적·시각적 표현 전략 연구
- 고전 시가의 운율적 특성이 현대 음악(K-POP)의 리듬에 재현되는 양상 탐구
- 인공지능(AI)이 창작한 시의 창의적 표현과 인간 창작물의 심미적 가치 비교 연구
- 문학 작품의 심미적 가치를 영화의 미장센(mise-en-scène)으로 해석하는 비평적 접근
- 디지털 환경에서 발생하는 문학 작품의 변용(패러디, 팬픽 등) 양상과 윤리적 책임 탐구

4. 독서연계 탐구주제

■ 신과 함께(주호민, 문학동네, 2020)

이 책은 한국의 전통 신화와 불교 세계관을 바탕으로 한 웹툰으로, 주인공 김자홍이 소시민의 죽음과 그 이후의 이야기를 통해 한국적 저승관을 현대적으로 재해석하고 있다. 웹툰이라는 매체의 특성을 활용하여 심판 과정과 지옥의 모습을 시각적, 창의적으로 그려내어 인간의 윤리적 삶에 대해 성찰하게 하는 심미적 가치를 제공한다. 죽음과 심판이라는 보편적 주제를 다루며 한국 사회의 문제점까지 은유적으로 담아낸다.

▶ '인간의 삶은 찰나이다'를 웹툰이 시각적으로 형상화하는 방식과 윤리적 성찰 유도 방식 연구
▶ 웹툰『신과 함께』가 영화로 구현되는 과정에서 서사적 생략이 창의적 표현, 심미적 가치에 미치는 영향 분석
▶ 한국 신화라는 원천 콘텐츠가 웹툰, 영화 등 다양한 매체에서 재해석되는 창의적 변용 양상 탐구

■ 그리스인 조르바(니코스 카잔차키스, 열린책들, 2009)

이 책은 지식인 '나'와 자유로운 영혼의 소유자 '조르바'의 만남과 경험을 통해 지성과 본능, 이성과 감성의 대립 및 조화를 탐색한다. 삶의 진정한 의미와 자유로운 인간 정신의 심미적 가치에 대한 깊은 질문을 던지며, 독자들에게 인생을 대하는 근본적인 태도에 대해 성찰하게 한다. 이 작품은 1964년 영화화되어 문학의 서사적 가치가 영상 매체로 어떻게 창의적으로 확장될 수 있는지 보여준 고전으로 평가된다.

▶ 자유인 조르바의 태도가 영상에서 카메라 워크나 배경 음악을 통해 창의적으로 표현되는 방식 연구
▶ 조르바와 '나'의 대조인 심미적 가치를 현대 사회의 가치관과 연결하여 비평적으로 소통하는 방안 모색
▶ 『그리스인 조르바』의 철학적 깊이가 영화에서 시각적 상징을 통해 재해석될 때의 심미적 가치 변화 연구

5. 토의/토론을 위한 생각 나눔 주제

- 창의적 표현의 자유와 매체 소통의 윤리적 책임 중 무엇이 우선되어야 하는가?
- 문학 작품을 영상물로 각색할 때, 원작의 심미적 가치 훼손은 불가피한 것인가?
- 매체 자료를 비평할 때, 개인의 해석적 자유와 보편적 문학적 관점 중 어느 것에 더 중요한가?
- 인공지능(AI)이 창작한 매체 자료에 대해 인간과 동등한 수준의 심미적 가치를 부여할 수 있는가?

6. 진로 희망 계열과의 연계

언어문화 계열	**문학 작품의 매체 간 변용 연구**: 문학 작품이 영화, 웹툰 등 다른 매체로 구현되는 과정에서 서사 구조나 주제 의식이 어떻게 변형되는지 심층적으로 비교 분석하여 탐구한다.
디자인 계열	**시각적 언어와 문학적 상징의 결합**: 시나 소설의 주요 이미지가 포스터, 광고, 영상 디자인 등 시각 매체에서 어떤 창의적 표현 방법으로 재현되는지 탐구하고 포트폴리오를 제작한다.
연극영화 계열	**영상 연출 기법과 문학적 표현의 상관관계 분석**: 영화의 미장센, 카메라 워크, 편집 등 연출 기법이 문학 작품의 비유, 상징, 서술 기법과 어떤 유사점과 차이점을 가지는지 분석하고 영상 비평문을 작성한다.

> [12문학01-10] 문학을 통하여 **(1)자아를 성찰**하고, **(2)타자를 이해**하며 상호 소통한다.

1. 기본 개념

(1) 자아 성찰(가치·태도)
 - 문학을 통해 자신의 삶의 의미를 재발견하고 주체적인 삶을 살기 위한 방향을 탐색하기
 - 문학 작품 속의 인물, 화자, 작가의 생각이나 태도를 자신의 삶과 경험에 비추어 돌아보기
 - 작품을 읽으며 자신이 평소 인식하지 못했던 내면의 모습이나 가치관을 발견하고 반성하기

(2) 타자 이해(과정·기능)
 - 자신과 다른 타인의 경험, 가치관, 세계관 등을 이해하고 그들의 아픔과 고통에 공감하기
 - 문학 작품의 인물이나 화자가 처한 상황, 심리, 태도 등을 독자의 관점에서 깊이 있게 헤아리기
 - 타자를 다층적으로 이해함으로써 공동체 구성원으로서 더불어 살아가는 삶의 태도를 내면화하기

2. A등급 성취 수준의 이해

성취수준	성취기준별 성취수준
A	① 작품에 반영된 작가의 가치관, ②작품 속 인물 및 화자의 성격과 태도 등을 ③자신의 다양한 경험이나 가치와 연계하여 파악할 수 있으며, ④이를 통해 자아를 깊이 있게 성찰하고 타자를 다층적으로 이해하며 ⑤삶과 작품에 대해 상호 소통할 수 있다.

구성 요소	핵심 의미	적용
① 작품에 반영된 작가의 가치관	작품 속 작가가 의도한 주제 의식을 파악하는 능력임	독자가 사건의 전개, 갈등 해소 과정을 분석하며 작가의 세계관을 해석함
② 작품 속 인물 및 화자의 성격과 태도	작품 속 서술자의 성격 및 세상을 대하는 태도를 파악하는 능력임	인물의 행동과 심리, 화자의 감정과 대응 방식을 통해 작품의 인물과 화자의 성격 및 태도를 파악함
③ 자신의 다양한 경험이나 가치와 연계하여 파악	작품 세계의 의미를 다층적 관점에서 파악하는 능력임	작품의 내적 요소와 독자의 외적 경험을 심층적으로 결합하여 해석함
④ 깊이 있는 자아 성찰 및 타자를 다중적으로 이해	문학의 윤리적 기능을 주체적으로 내면화하려는 태도임	단순한 공감을 넘어, 인간 존재의 근원적 문제를 반성적으로 탐구함
⑤ 삶과 작품에 대해 상호 소통	문학적 경험을 사회적 실천으로 확장하려는 의지임	독서 토론, 비평문 작성 등 다양한 매체를 통해 타인과 적극적으로 의견을 교류함

▶ **[12 문학01-10]을 높은 수준으로 성취했다는 것을 증명하기 위해!**
작품에 대한 공감적 읽기(인물의 행동과 내면 심리 분석), 비판적 읽기(작품에 담긴 작가의 가치관 비평), 창의적 읽기(작품 속 상황을 자신의 경험에 투영하여 성찰), 소통적 활동(독서 토론, 비평문 공유 등)을 수행할 수 있습니다.

3. 교과세특 탐구주제

- 사회적 편견에 맞선 문학 작품의 타자 재현 방식 분석 연구
- 공감과 이해를 통한 타자 치유의 서사 전략에 관한 분석 및 탐구
- 현대 사회의 공동체적 삶의 위기 진단과 문학의 역할에 관한 연구
- 문학 작품에 나타난 혐오 표현의 재현 방식 분석 및 사회적 의미 연구
- 문학 작품 속 인물과 나의 갈등 상황 비교 분석을 통한 자아 성찰 보고서 작성

4. 독서연계 탐구주제

■ 시간 불평등(가이 스탠딩, 창비, 2024)

이 책은 신자유주의 체제하에서 발생하는 시간의 불평등 문제를 심층적으로 다룬다. 프레카리아트 (precariat)로 명명되는 불안정한 노동 계층이 어떻게 경제적 시간 압박과 노동 시간의 통제력 상실에 시달리는지 분석한다. 시간 빈곤이 사회적 계층과 불안을 심화시키는 주된 원인임을 강조하며, 시간 주권을 확보하기 위한 사회적 대안과 윤리적 성찰을 촉구하는 사회과학 저서이다.

- ▶ '프레카리아트의 불안'에 대한 문학적 재현과 공감의 윤리적 의미 탐구
- ▶ '시간 주권의 결핍'이 문학 작품 속 인물의 삶에 미치는 심리적 영향 연구
- ▶ '압축 성장 시대의 시간 압박'이 한국 현대 문학 속 가족 관계에 미친 영향 분석

■ 쇼코의 미소(최은영, 문학동네, 2016)

이 책은 상실과 슬픔의 감정을 깊이 있게 다루면서도, 결국 서로를 이해하고 공감하려는 인간적인 노력의 소중한 가치를 발견하게 한다. 서로 다른 국적과 언어를 가진 두 인물이 만나 성장의 문턱을 통과해가는 과정을 그려낸 표제작 『쇼코의 미소』, 베트남전쟁으로 가까운 사람이 죽어나가는 것을 그저 바라봐야만 했던 응웬 아줌마와 '나'와 엄마의 이야기를 그린 『씬짜오, 씬짜오』 등 담담하게 이어지는 소설들을 만나볼 수 있다.

- ▶ '슬픔의 서사'를 통한 개인적 트라우마의 극복 과정과 자아 회복의 의미 분석
- ▶ '타인의 고통에 응답하는 화자의 태도'를 중심으로 한 문학적 공감의 윤리 탐구
- ▶ '관계의 상실'이 문학 작품 속 인물에게 가져오는 심리적 고독과 자아 분열 양상 연구

5. 토의/토론을 위한 생각 나눔 주제

- 공동체의 문제에 무관심한 인물을 비판적으로만 수용해야 하는가?
- 작품 속 가치관이 독자의 삶에 직접적인 영향을 미친다고 볼 수 있는가?
- 문학 작품을 읽는 것이 타인에 대한 공감 능력을 향상 시키는 데 가장 효과적인 방법인가?
- 문학 작품을 통해 자아 성찰을 하는 것은 자기 계발의 과정인가, 문학의 윤리적 책임의 과정인가?

6. 진로 희망 계열과의 연계

인문 계열	**타인의 삶에 대한 해석과 성찰:** 문학 작품 속 인물의 심리와 가치관을 철학적으로 분석하고, 이를 바탕으로 인간 존재의 본질과 윤리적 책임에 관한 다양한 형식의 글쓰기를 수행한다.
사회 계열	**사회적 약자에 대한 공감과 문제 해결:** 문학 작품에 나타난 차별이나 불평등 등의 사회 문제를 사회학적 관점에서 분석하고, 공동체의 건강한 소통 문화를 위한 정책적 대안을 탐구하여 제시한다.
의학 계열	**문학을 통한 환자와 의료인의 상호 이해 증진 방법 탐구:** 작품 속 환자나 의료인의 내면 심리와 소통 방식을 분석하여 공감을 바탕으로 한 바람직한 의료 관계를 탐색하고, 공감 능력 향상을 위한 문학 치료의 가능성을 모색한다.

02 문학

[12문학01-11] 문학을 통해 **(1)공동체가 처한 여러 문제들을 이해**하고 **(2)문제 해결에 참여하는 태도**를 지닌다.

1. 기본 개념

(1) 공동체가 처한 여러 문제 이해(과정·기능)
- 문학 작품에 반영된 생태적 위기, 사회적 불평등 및 차별 등의 문제를 인식하기
- 작품 속 문제 상황을 사회·문화적 맥락에서 깊이 있게 이해하고 구조적 원인을 파악하기
- 문제에 대한 다양한 관점을 수용하고 비판적 시각으로 작품을 해석하는 것을 목표로 하기

(2) 문제 해결에 참여하는 태도(가치·태도)
- 문학적 성찰을 사회적 실천으로 연결하려는 능동적인 참여 태도를 내면화하기
- 문학을 통해 얻은 공동체 문제에 대한 인식을 바탕으로 주체적으로 해결 방안을 모색하기
- 다양성에 대한 존중을 바탕으로 소통의 과정에 적극적으로 참여하는 민주적 시민 의식을 함양하기

2. A등급 성취 수준의 이해

성취수준	성취기준별 성취수준
A	①생태적 위기, 사회적 불평등 및 차별의 문제 등을 다루는 문학 작품을 통해 ②공동체의 여러 문제를 이해하여 분석하고 ③다양성에 대한 존중을 바탕으로 문제를 해결하기 위한 ④소통의 과정에 적극적으로 참여한다.

구성 요소	핵심 의미	적용
① 생태적 위기, 사회적 불평등 및 차별의 문제 등을 다루는 문학 작품	공동체 문제의 쟁점 영역을 주요 소재로 인식함	기후 변화, 젠더 불평등, 인권 문제 등 구체적인 사회적 현안을 문학 작품으로 경험함
② 공동체의 여러 문제를 이해하여 분석	작품의 사회적 기능을 비판적으로 활용하는 능력임	생태, 노동, 젠더, 인권 등 구체적인 사회적 쟁점을 문학적으로 심층 분석함
③ 다양성에 대한 존중을 바탕으로 문제 해결	포용적인 태도와 열린 자세를 가지고 실천하려는 의지임	문화 다양성을 이해하고, 차이에 대한 편견을 극복하며 공존의 해법을 탐색함
④ 소통의 과정에 적극적 참여	문학적 성찰을 실천적 소통으로 확장하는 태도임	다양한 관점의 이해를 기반으로 토론, 캠페인 등 능동적인 사회적 참여를 실천함

▶ **[12 문학01-11]을 높은 수준으로 성취했다는 것을 증명하기 위해!**
공동체 문제에 대한 문학 작품의 재현 방식 분석(사실성, 편향성 평가), 다양한 대안을 모색하는 토론이나 협의 참여, 문제 해결 방안을 제시하는 글쓰기(비평문, 논술문), 공동체 참여 활동(캠페인, 사회적 담론 생성) 등을 수행할 수 있습니다

3. 교과세특 탐구주제

- 문학 작품에 나타난 소수자에 대한 차별과 배제의 언어적 표현 분석
- 기후 위기에 대한 문학적 재현 양상 분석과 생태 윤리 확립 방안 연구
- 사회적 불평등을 다룬 현대 소설 분석을 통한 분배 정의 실현 방안 탐구
- 젠더 갈등을 소재로 한 미디어 콘텐츠와 문학 작품의 재현 방식 비교 연구
- 노동 소외를 겪는 문학 작품 속 인물에 대한 공감과 협력적 해결 방안 모색

4. 독서연계 탐구주제

■ 창백한 지구를 위한 시(이문재 외, 마음의숲, 2025)

이 책은 기후 위기와 생태 환경 문제를 주제로 한국의 주요 시인들이 쓴 생태 시 모음집이다. 시인들은 인간 중심적 사고가 파괴한 지구의 고통과 자연의 상실을 서정적인 언어로 표현하고 있다. 미래 세대를 위한 생명의 가치와 공존의 필요성을 강조하며, 독자들에게 일상 속의 작은 실천을 통한 윤리적 성찰을 촉구한다. 시라는 압축된 형식으로 위기의 시대를 성찰하는 깊은 울림을 전한다.

- ▶ '창백한 지구'의 시적 상징성 분석을 통한 인간과 비인간의 관계 재정립 연구
- ▶ 생태 위기를 다룬 시의 정서적 환기 효과와 대중의 인식 개선에 미치는 영향 분석
- ▶ 시어에 반영된 생명 경시와 자연과의 화해의 메시지를 중심으로 한 생태 감수성 탐구

■ 동물농장(조지 오웰, 더스토리, 2020)

이 책은 권력의 부패와 전체주의의 폭력성을 동물들의 이야기라는 우화적 형식으로 비판한 작품이다. 농장 동물들이 인간 주인을 몰아내고 평등한 사회를 건설하려 하지만, 돼지들이 점차 권력을 독점하며 새로운 지배층으로 변해가는 과정을 보여준다. "모든 동물은 평등하다. 그러나 어떤 동물은 다른 동물보다 더 평등하다."라는 유명한 구절을 통해 사회적 불평등의 구조적 모순과 역사적 진실을 날카롭게 풍자한다.

- ▶ '모든 동물은 평등하다'라는 이념이 권력에 의해 변질되는 과정 분석
- ▶ 동물농장 속 계층 간의 정보 불균형이 사회적 불평등을 심화시키는 양상 연구
- ▶ '네 다리는 좋고, 두 다리는 나쁘다'와 같은 구호가 대중을 통제하는 화법 전략 분석

5. 토의/토론을 위한 생각 나눔 주제

- 공동체의 차별 문제를 다루는 문학 작품의 윤리적 한계는 어디까지인가?
- 생태적 위기와 사회적 불평등 중 문학이 더 중요하게 다루어야 할 주제는 무엇인가?
- 문학 작품을 읽은 후 공동체의 문제 해결을 위한 소통에 적극적으로 참여해야 하는가?
- 문학 작품 속 환경 문제에 대한 비판이 공동체의 실질적인 변화를 이끌어낼 수 있는가?

6. 진로 희망 계열과의 연계

사회 계열	**사회 문제의 구조적 이해와 대안 탐구**: 문학 작품을 통해 사회적 불평등과 차별의 복잡한 양상을 이해하고, 이를 사회학 및 정치학적 관점으로 분석하여 공동체 문제를 해결하기 위한 정책적 해법을 설계한다.
생물·화학·환경 계열	**기후 위기와 생태 윤리 인식 확산**: 문학 작품에 반영된 생태계 파괴와 환경오염 문제를 분석하고, 생명 존중 의식 및 지속 가능한 발전을 위한 창의적 실천 방안을 모색한다.
교육 계열	**다양성 존중과 윤리 교육 프로그램 설계**: 문학 작품을 활용하여 학생들이 공동체의 다양성을 이해하고 타자를 존중하는 태도를 기르도록 돕는 인성 및 윤리 교육 학습 자료를 개발함.

1. 기본 개념

(1) 주체적인 문학 활동을 생활화(지식·이해)
- 자신의 흥미와 관심사에 따라 읽고 싶은 다양한 문학 작품을 스스로 선택하여 읽기
- 문학을 단순한 학습 대상이 아닌 삶의 일부로 받아들이고 스스로 즐기려는 태도를 가짐
- 작품의 내용을 수용하고 재구성하거나 새로운 문학 작품을 창작하는 능동적인 활동을 하기

(2) 지속적으로 문학을 즐기는 태도(가치·태도)
- 문학을 향유하며 삶을 풍요롭게 만들고 주도적인 학습자로서의 역량을 강화하기
- 작품을 읽고 쓰는 과정에서 자아를 성찰하고 경험의 영역을 확장하는 것에 가치를 두기
- 독서 동아리나 문학 관련 모임 등에 참여하여 문학적 소통의 기회를 지속적으로 확장하기

2. A등급 성취 수준의 이해

성취수준	성취기준별 성취수준
A	① 자신의 흥미와 관심사에 따라 ②주체적으로 다양한 문학 작품을 찾아 읽거나 쓰는 과정에서 ② 경험의 영역을 확장할 수 있고 ③ 일상생활에서 지속적으로 다양한 문학 활동에 참여하며 ④ 문학을 향유할 수 있다.

구성 요소	핵심 의미	적용
① 자신의 흥미와 관심사에 따라	문학 활동 시 자기 결정권을 발휘하는 능력임	취향과 목표에 따라 갈래와 주제를 자율적으로 선택하고 독서와 창작을 실행함
② 주체적으로 다양한 문학 작품을 찾아 읽거나 쓰는 과정	문학 독서 활동에서 주체적 독자 또는 창작자임	자신의 시각에 따라 다양한 장르와 주제의 작품을 직접 선택하여 창의적으로 표현함
③ 경험의 영역을 확장	문학을 통해 간접 경험을 내면화하는 확장적 사고임	타자의 삶과 미지의 세계에 대한 이해를 높여 세계관과 가치관을 폭넓게 형성함
④ 일상생활에서 지속적으로 다양한 문학 활동에 참여	문학을 삶의 일부로 습관화하는 실천적 태도임	독서 일지 작성, 문학 행사 참여, 작품 낭독 등 일상적인 문학 향유를 지속함
⑤ 문학을 향유	문학 활동에서 기쁨과 가치를 느끼는 긍정적 정서임	문학을 통해 심미적 만족을 얻고 삶의 의미를 발견하며 삶의 질을 높임

▶ **[12 문학01-12]을 높은 수준으로 성취했다는 것을 증명하기 위해!**
자신만의 독서 목록을 선정하고 주기적인 독서 기록(독서 일기, 독서 마라톤 등)을 남기며, 문학 작품을 패러디하거나 재창작하는 활동, 자신의 경험을 확대하여 문학 관련 발표회나 공모전에 능동적으로 참여하는 실천 활동 등을 수행할 수 있습니다.

3. 교과세특 탐구주제

- 일상생활의 경험을 소설 또는 시로 창작하고 창작 과정 성찰 보고서 작성
- SNS를 활용한 문학 작품 릴레이 필사 또는 낭독 활동 참여 및 효과 분석
- AI 창작 문학과 인간 창작 문학의 가치 비교를 통한 문학 향유의 미래 탐색
- 문학 장르의 경계를 넘나드는 하이브리드 작품 탐구를 통한 미적 확장성 연구
- 개인의 관심사를 반영한 주제별 문학 작품 독서 목록 선정 및 비평 보고서 작성

4. 독서연계 탐구주제

■ 이어령, 스피치 스피치(이어령, 열림원, 2025)

이 책은 故 이어령 선생이 남긴 강연과 대화의 기록을 엮어 말의 힘과 소통의 지혜를 통찰하는 교양서이다. 저자는 말이 단순히 정보 전달을 넘어 문화를 만들고 세상을 변화시키는 힘을 가졌음을 강조한다. 문학적 표현과 사유가 어떻게 탁월한 스피치로 구현되는지 보여주며, 말하는 행위 자체를 주체적인 창조 활동으로 성찰하게 한다. 문학 향유를 삶의 언어로 확장하는 방법을 배울 수 있다.

- ▶ '창조적 말하기'와 '문학적 글쓰기'의 상호 연관성 연구 보고서
- ▶ 이어령의 강연에 나타난 문학 작품 및 문학적 비유의 활용 전략 분석
- ▶ 일상생활 속 대화를 주체적 문학 활동으로 전환하기 위한 화법 디자인 연구

■ 모든 단어에는 이야기가 있다(이진민, 동양북스, 2024)

이 책은 우리가 일상에서 사용하는 수많은 단어의 어원과 숨겨진 역사적 배경을 탐구하는 인문 교양서이다. 저자는 하나의 단어가 탄생하고 변화하는 과정 자체가 인류의 삶과 역사를 담고 있는 이야기임을 흥미롭게 풀어낸다. 독자들은 단어를 문학적 상상력의 근원으로 인식하고, 어휘력과 함께 세계를 이해하는 경험의 영역을 확장할 수 있다. 주체적 문학 활동의 기초인 언어 감수성을 기르는 데 도움을 준다.

- ▶ 단어의 어원 탐구를 통한 특정 시대의 문화적 가치관 변화 연구
- ▶ '단어의 서사성' 분석을 통한 일상 언어의 문학적 재해석 및 시 창작 활동
- ▶ 문학 작품 속 핵심 단어의 역사적 배경 분석을 통한 작품 이해의 확장 보고서

5. 토의/토론을 위한 생각 나눔 주제

- AI가 창작한 문학 작품도 인간의 삶에 경험의 확장이라는 가치를 줄 수 있는가?
- 일상생활에서 문학 활동을 지속하려면 개인의 노력과 사회적 환경 중 무엇이 더 중요한가?
- 학교의 문학 교육이 학생들의 문학 향유 태도를 긍정적으로 이끄는가, 부정적으로 이끄는가?
- 문학 작품을 의무적으로 읽는 것과 주체적으로 즐기는 것 중 문학의 가치를 더 잘 실현하는 방법은 무엇인가?

6. 진로 희망 계열과의 연계

계열	내용
언어·문화 계열	**문학 콘텐츠의 주체적 기획 및 창작:** 다양한 문학 작품을 능동적으로 탐독하고, 이를 바탕으로 독자의 흥미를 유발하는 새로운 문학 콘텐츠(웹소설, 평론, 영상 등)를 창작하고 기획하는 능력을 함양한다.
디자인·응용예술 계열	**문학적 감수성을 활용한 시각 예술 연계:** 문학 작품의 주제, 분위기, 상징 등을 주체적으로 해석하여 그림, 포스터, 미디어 아트 등 예술 작품의 시각적 모티프로 활용하는 능력을 기른다.
교육 계열	**자기 주도 학습 기반 문학 교육 프로그램 설계:** 학생들의 흥미와 관심사를 반영하여 주체적으로 문학을 즐길 수 있는 독서 및 창작 교육 프로그램을 기획하고 운영하는 역량을 강화함.

PART

3

진로 선택 과목

주제 탐구 독서

교과군	공통 과목			평가 정보		수능
국어	일반 선택	진로 선택	융합 선택	성취도	상대평가	×
		●		5단계	5등급	

1. 교과 성격

'주제 탐구 독서'는 초등·중등 국어과에서 다루는 읽기 활동을 확장해 고등학교 공통국어Ⅰ·Ⅱ로 이어지는 심화형 읽기 과목이다. 학습자는 스스로 관심을 가진 주제를 출발점으로 삼아 다양한 자료를 비판적으로 검토하고, 읽은 내용을 바탕으로 자신만의 시각과 이해 체계를 만들어 가는 것을 핵심 목표로 한다. 이 과정에서 궁금한 점을 스스로 설정하고, 관련 자료를 비교·분석하며 사고를 넓히는 학습 경험을 쌓게 된다.

인문과 예술, 사회와 문화, 과학과 기술 등 여러 분야의 자료를 자유롭게 탐색하며 주제 중심의 독서를 심화한다. 예를 들어 환경 문제를 탐구하고 싶은 학생이라면 친환경 기술, 지속가능성, 관련 산업의 변화 양상 등을 다루는 자료들을 찾아 읽고, 시대적 배경과 논쟁점을 파악하며 진로까지 연결해 볼 수 있다. 더 나아가 기업 사례나 제품 분석을 통해 자신의 의견을 정교화할 수도 있다.

이 과목은 학습자가 주제를 선택하고 자료를 선별하며 관점을 발전시키는 과정을 스스로 설계하는 '주도적 독서'를 중시한다. 또한 탐구 과정에서 얻은 결과를 글쓰기, 발표, 디지털 콘텐츠 등 여러 매체로 표현하도록 하여, 깊이 있는 독서 경험을 확장하고 공유하는 능력을 기를 수 있도록 돕는다.

2. 교과 목표

- 다양한 분야에서 관심 있는 주제와 관련된 책과 자료를 찾아 비판적·창의적으로 읽으며 주제를 깊이 있게 탐구한다.
- 주제를 선정하여 책과 자료를 통합적으로 읽고 자신의 관점과 견해를 형성한다.
- 주제를 탐구하는 독서를 통해 학업과 진로를 적극적으로 탐색하며 자신의 삶을 성찰하고 계발한다.

3. 내용 체계

핵심 아이디어	• 주제 탐구 독서는 관심 분야의 책과 자료를 통합적으로 읽으며 주제를 주체적으로 탐구하는 행위이다. • 정보를 비판적·창의적으로 읽으면서 주제에 관한 자신의 관점과 견해를 형성한다. • 관심 분야와 주제를 정해 주도적으로 독서하고 탐구하면서 삶을 성찰하고 계발한다.
범주	**내용 요소**
지식·이해	• 주제 탐구 독서의 의미 • 분야에 따른 책과 자료의 특성
과정·기능	• 주제 탐구를 위한 독서 목적 설정하기 • 탐구할 주제를 선정하고 상세화하기 • 주제와 관련된 책과 자료를 다양하게 탐색하며 읽을 내용 선정하기 • 주제와 관련된 책과 자료의 이해·분석·평가·종합하기 • 주제에 대한 관점과 견해 형성하기 • 매체를 포함한 다양한 방법으로 주제 탐구의 과정이나 결과를 공유하고 소통하기 • 관심 분야의 특성을 고려하여 주제 탐구 독서 수행하기
가치·태도	• 주제 탐구를 위한 주도적 독서 계획의 수립과 실천 • 주제 탐구 독서를 통한 삶에 대한 성찰과 계발

주제 중심 심층 독서, 문제 해결 독서, 비판적 사고, 통합적 사고, 융합적 탐구, 탐구 구조화,
학문적 탐색 태도, 관점 비교·분석, 자료 수집·해석, 자료의 신뢰성 평가, 독서 기반 탐구 글쓰기

[12주탐01-01] **(1)주제 탐구 독서의 의미를 이해**하고 관심 있는 분야에서 **(2)탐구할 주제를 탐색**한다.

1. 기본 개념

(1) 주제 탐구 독서의 의미(지식·이해)
- 독서 활동을 통해 문제를 발견하고 스스로 탐구 주제를 설정하는 고차적 읽기 활동
- 단순한 독서가 아니라, 현상 → 문제의식 → 탐구 질문 생성 → 주제 도출의 과정을 중시
- 개인의 관심사·경험·지적 호기심이 반영된 자기주도적 탐구 기반 독서

(2) 능동적 탐구 주제 탐색(적용)
- 흥미 기반 탐색: 개인의 관심 분야, 진로, 일상의 문제 등에서 출발
- 문제의식 기반 탐색: 사회적 논쟁, 지식의 공백, 현상 뒤의 구조적 원인 찾기
- 지식 연계 기반 탐색: 한 책·한 개념에서 출발해 새로운 질문을 확장하는 방식

2. A등급 성취 수준의 이해

성취수준	성취기준별 성취수준
A	①주제 탐구 독서의 의미와 ②주제 탐색 방법을 정확하게 이해하고, ③자신의 관심 분야에 대해 상세하게 분석하고 ④ 깊이 있게 성찰하여 적절한 탐구 주제를 ⑤능동적으로 탐색할 수 있다.

구성 요소	핵심 의미	적용
① 주제 탐구 독서 개념 이해	단순 정보 탐색 독서가 아닌 '문제 발견–질문–주제화'의 구조를 명확히 이해함	한 권의 책에서 사회적 이슈나 지식 공백을 찾아 탐구 주제 후보를 생성함
② 주제 탐색 방법 이해	관심 분석, 질문 생성, 범위 조절, 자료접근성 평가 등을 체계적으로 적용함	'환경'이라는 큰 관심사 → 세부 주제 분화 → 탐구 가능한 질문으로 정교화 순으로 주제 탐색을 수행함
③ 관심 분야 분석	자신의 경험·관심·진로·가치관을 바탕으로 탐구 동기를 구체화함	"AI에 관심 있음 → AI 윤리 → 알고리즘 편향 → 교육적 의미"로 관심 분야를 분석함
④ 성찰적 탐색 능력	주제의 필요성·의미·한계를 스스로 점검하고 적합한 주제를 선택함	주제의 확장성·자료 접근성·사회적 의미를 비교 분석하여 최종 선택함
⑤ 능동적 주제 탐색	다양한 자료를 활용해 자신의 탐구 주제를 주도적으로 결정함	책·논문·기사·강연 등을 비교하며 주제 타당성을 검증하고 스스로 결정함

▶ **[12주탐01-01]을 높은 수준으로 성취했다는 것을 증명하기 위해!**
주제 탐구 독서와 일반 독서의 차이를 스스로 정리하고 설명, 주제 생성 탐구(다양한 관심사에서 범위를 조절해 최종 1개 주제 선정),
문제의식 탐구(책의 핵심 문제의식을 재구성하고 그 문제를 확장한 나만의 탐구 주제 도출) 등을 수행할 수 있습니다.

3. 교과세특 탐구주제

- 관심 분야를 기반으로 한 '개인화된 탐구 질문' 생성 전략 탐색
- 관심 인물을 선정하여 주제 탐구 독서를 실시한 후 보고서 제출
- 각 교과별 관심 분야 기반 탐구 질문을 만들고 주제 탐구 독서 실시 후 보고서 제출
- 인문·예술, 사회·문화, 과학·기술 분야 중 선정하여 주제 탐구 독서 실시 후 보고서 제출
- 주제 탐구 독서의 모범 사례를 조사하고 이를 기반으로 효과적인 주제 탐구 독서의 방법 탐색

4. 독서연계 탐구주제

▪ 청춘의 독서(유시민, 웅진지식하우스, 2025)

저자 유시민이 청년 시절 읽었던 고전 15권을 다시 읽으며, 각 책이 제기하는 사회·정치·경제·윤리·역사적 질문을 오늘의 시각에서 재해석한 작품이다. 『죄와 벌』, 『공산당 선언』, 『인구론』, 『역사란 무엇인가』, 『자유론』 등 인문·사회 고전을 현재의 삶과 연결해 사유하는 경험을 제공하며, "왜 우리는 책을 읽는가?", "사람은 어떻게 살아야 하는가?"라는 보편적 질문을 던진다.

- ▶ 저자의 '독서법' 분석 및 개인 독서전략 수립
- ▶ 사회 불평등을 바라보는 고전 사상가들의 관점 비교 탐구
- ▶ 『종의 기원』을 중심으로 인간 이기성/이타성에 대한 과학적 탐구

▪ 다시, 책은 도끼다(박웅현, 북하우스, 2016)

광고인 박웅현이 진행한 인문학 강독회의 내용을 바탕으로, 우리 시대 고전들을 새롭게 해석하고 깊이 있게 읽어내는 과정을 기록한 책이다. 전작 『책은 도끼다』가 삶과 태도, 인문적 감수성에 대한 이야기를 중심으로 구성되었다면, 이 책은 '텍스트를 어떻게 들여다볼 것인가'에 초점을 두어 문장의 구조·맥락·저자의 의도를 세밀하게 분석한다. 다양한 장르의 책을 특유의 관찰과 사유의 방식으로 풀어낸다.

- ▶ 예술·문학·철학 간 인문학적 통합 읽기 방법 탐색
- ▶ '들여다보기' 독법이 제시하는 새로운 독서 방식 탐구
- ▶ 프루스트가 말한 '독서의 목적'과 현대적 독서의 의미 비교 탐구

5. 토의/토론을 위한 생각 나눔 주제

- 주제 탐색 과정에서 AI의 도움은 창의성을 약화시키는가, 강화시키는가?
- 주제 탐구 독서는 정답이 필요 없는 활동인가, 타당한 기준이 존재하는가?
- '문제 발견'이 가능한 학생과 그렇지 않은 학생의 차이는 어디에서 비롯되는가?
- 독서 전의 '배경 지식'이 '능동적 탐구 주제 탐색'의 방해 요소로 작용할 가능성은 없는가?

6. 진로 희망 계열과의 연계

언어·문학 계열	**문학 작품 속 문제의식을 분석하여 주제 탐구 질문 설계**: 작가의 관점, 텍스트의 서사 구조, 주제의 철학적 의미 등을 기반으로 주제를 설정하고 탐구가 가능한 질문을 던진다.
사회과학 계열	**사회 이슈를 다룬 다중 자료 활용 주제 탐구 독서**: 사회·미디어 관련 도서를 중심으로 사회적 쟁점을 추출하고 관련 기사·통계 자료를 함께 분석하여 핵심 쟁점을 구조화한 뒤 탐구 질문을 도출하는 활동을 한다.
컴퓨터·통신 계열	**기술·AI 쟁점 분석 기반 주제 탐구 독서**: 기술·AI 관련 도서를 읽고 기술 원리와 윤리적·사회적 쟁점을 정리한 뒤 추가 자료를 수집하여 탐구 가능한 질문을 구체화하는 활동을 한다.

[12주탐01-02] **(1)학업과 진로 탐색**을 위해 주제 탐구의 독서 **(2)목적을 수립하고 주제를 선정**한다.

1. 기본 개념

(1) 학업·진로 탐구형 독서의 의미
- 학업 역량·진로 목표·흥미·전공분야와 연결하여 스스로 성장 방향을 설계하는 독서 방식
- 어떤 공부를 하고 싶은지, 어떤 분야에서 성장하고 싶은지를 명확히 하기 위한 조사·탐색형 독서
- 탐구 독서는 '왜 읽는지'를 설정하고 '무엇을 읽을지'를 결정하는 독서

(2) 독서 목적 수립과 탐구 주제 선정
- 독서 목적은 [학업적 필요, 진로적 필요, 탐구 필요] 고려
- 주제는 학생의 학업적 지향 + 진로적 지향 + 문제의식이 교차하는 지점에서 탄생함.
- 좋은 주제의 조건: 탐구 가능성, 확장 가능성, 의미·가치, 진로·학업 연계성

2. A등급 성취 수준의 이해

성취수준	성취기준별 성취수준
A	①학업과 진로 탐색을 위한 독서의 필요성을 정확하게 이해하고 ②주제 탐구의 독서 목적을 주도적으로 수립하며 ③구체적이고 창의적인 주제를 ④능동적으로 선정할 수 있다.

구성 요소	핵심 의미	적용
① 학업·진로 독서의 필요성	독서를 통해 학업 성취도 향상·진로 탐색·전문성 형성이 가능함을 이해함	전공 분야 배경지식 독서, 직업 세계 탐구 독서 등
② 독서 목적 수립 능력	독서 목적을 학업·전공·진로·흥미 기반으로 구체적이고 명확하게 구성함	예: 컴퓨터 진로 희망 → AI 윤리 문제 → 데이터 편향 해소 방법 탐색을 목적으로 독서를 수행함
③ 창의적 주제 선정 능력	의미·가능성·연계성을 고려해 탐구할 가치가 있는 주제를 구체적이고 창의적으로 결정함	동일한 주제도 '변수·현상·대상'을 조정하여 차별화된 탐구 주제로 발전시킴
④ 능동적 주제 탐색 능력	외부 자료·강연·기사 등 다양한 정보원을 활용하여 주제를 스스로 찾음	논문·책·인터뷰 자료를 활용해 주제의 타당성을 검증함

▶ **[12주탐-01-02]를 높은 수준으로 성취했다는 것을 증명하기 위해!**
학업·진로 독서 목적 설계서 작성, 관심 분야 분석 및 주제 후보 10개 생성 활동, 진로 분야 기반 주제 정교화 활동, 자료 접근성·확장성·의미성 평가표 작성, 독서 자료 조사 및 주제 타당성 검증 활동, 교과 융합 심화 주제 설정 활동 등을 수행할 수 있습니다.

3. 교과세특 탐구주제

- 진로 관심 기반 독서 목적 수립과 주제 정교화 활동
- 책에서 학업·진로 관련 주제를 추출하는 다양한 방법 탐색
- 자료 접근성·확장성 판단 기준을 통한 탐구 주제 검증 활동
- 진로 분야 핵심 과목과 연계하여 학업을 위한 주제 탐구 독서 실시
- 내가 탐구하고 싶은 분야는 무엇인가?-관심 키워드 기반 주제 생성 탐색

4. 독서연계 탐구주제

■ 왜 일하는가(이나모리 가즈오, 다산북스, 2021)

동양의 '경영의 신'으로 불리는 이나모리 가즈오가 평범한 청년에서 세계적인 전자부품 기업의 창업자로 성장하기까지 60여 년 동안 축적한 일과 삶에 대한 성찰을 담은 책이다. 삼성이 신입사원에게 10년간 단 한 권 추천한 책으로도 잘 알려진 이 책은 '당신은 왜 그 일을 하는가?'라는 근본적인 질문을 던지며 일의 의미, 태도, 목표, 지속, 창조성 등 직업적 성장을 이루기 위한 핵심 원리를 제시한다.

- ▶ 직업 가치관이 진로 선택에 미치는 영향 분석
- ▶ 환경·조건·자원 부족 상황에서의 진로장벽 극복 전략 탐색
- ▶ 저자의 일철학(성실·헌신·절실함·창조성)을 바탕으로 나만의 진로 철학 구성 활동

■ 공부머리를 역전하는 7가지 진로 공부법(앤디 림 외 1인, 온더페이지, 2025)

진로 교육 전문가 앤디 림·윤규훈이 강연·컨설팅·현장 사례를 바탕으로 집약한 실천 중심의 진로 설계서이다. 이 책은 AI 시대에 필요한 핵심 역량은 성적이 아니라 '나에 대한 정확한 이해'와 '진로 목적을 바탕으로 한 구체적 전략'이라고 강조하며, 청소년이 스스로 "왜 공부하는가, 무엇을 위해 살아가는가"라는 근본적 질문을 처음으로 정면에서 마주하도록 돕는다.

- ▶ AI 로봇 경제 시대 진로 핵심 역량 변화 탐구
- ▶ 성적 중심 진로 결정 방식의 한계와 대안 모색
- ▶ 저출산·고령화가 진로 선택에 미치는 영향 분석

5. 토의/토론을 위한 생각 나눔 주제

- AI시대에 직업적 성공을 위해 우선하는 역량은 '지식'인가, '태도'인가?
- 미래 직업 변화 속도가 빠른 시대에서도 '전통적인 직업관'이 여전히 의미 있는가?
- AI가 주제 선정을 대행할 수 있는 시대에 인간만의 경쟁력은 무엇이라고 볼 수 있는가?
- 학생이 스스로 만든 질문과 교사가 제시한 질문 중 어느 것이 더 높은 탐구 효과를 내는가?

6. 진로 희망 계열과의 연계

언어·문학 계열	**문학 작품 속 문제의식을 기반으로 탐구 주제 선정**: 문학 작품에서 드러나는 문제의식을 분석하고, 이를 바탕으로 "이 작품이 던지는 핵심 질문은?", "이 문제의식이 오늘날 어떤 의미를 갖는가?"와 같은 탐구 질문을 구성하고 주제를 선정한다.
법률 계열	**법·정책 사례 분석을 통한 탐구 주제 선정**: 법학·정치학 관련 도서를 읽고 판례·정책 사례를 조사하여 규범적 가치(공정성, 정의, 권리 등)와 제도적 현실의 충돌 지점을 파악하고 주제를 선정한다.
경영·경제 계열	**경제 현상 비교·분석 기반 탐구 주제 선정**: 경제·경영 도서에서 개념(수요·공급, 인플레이션, 조직문화 등)을 정리한 뒤, 국내외 사례나 최신 시장 데이터와 연결하여 현상의 원인을 분석하고 주제를 선정한다.

[12주탐01-03] 관심 분야의 **(1)책과 자료가 지닌 특성**을 파악하며 **(2)주제 탐구 독서**를 한다.

1. 기본 개념

(1) 자료 유형별 특성
- 학술서·전문서: 개념·이론·연구 결과 중심, 깊은 분석 가능, 전문어 다수
- 교양서: 대중적 설명, 사례 중심, 흥미 기반 이해, 개념 기초 형성에 유리
- 논문·보고서: 실제 연구 데이터 제공, 논증 구조 명확, 근거 기반 탐구에 적합
- 칼럼·시사자료: 최신 이슈 반영, 다양한 관점 제시, 문제의식 자극

(2) 다양한 독서 방법
- 개념 중심 독서: 핵심 개념을 정리하고 개념 간 관계를 구조화
- 질문 생성 독서: 읽는 과정에서 탐구 질문을 지속적으로 생성
- 비교 독서: 서로 다른 자료의 관점·논점·해결 방식을 비교
- 융합 독서: 인문·과학·사회 등 다양한 분야의 책을 연결하며 주제 확장

2. A등급 성취 수준의 이해

성취수준	성취기준별 성취수준
A	관심 분야의 책과 자료가 지닌 ①내용과 ②형식의 특성을 구체적으로 파악하고 이를 고려한 ③다양한 독서 방법을 적극적으로 활용하며 ④자기 주도적으로 주제 탐구 독서를 효과적으로 수행할 수 있다.

구성 요소	핵심 의미	적용
① 자료의 내용적 특성 파악	자료에서 다루는 주제·문제의식·관점·핵심 개념 등 내용적 특성을 정확히 파악함	책의 내용 구조 분석, 핵심 개념 정리표 작성, 문제 상황의 원인·결과 도식화
② 자료의 형식적 특성 분석	학술서·교양서·논문·칼럼·통계 등 형식적 차이를 파악하여 적합한 독서 전략을 선택함	논문은 '연구 목적–방법–결과–논의' 중심으로 읽고, 칼럼은 관점·근거 평가 중심 읽기
③ 다양한 독서 방법 활용 능력	개념 중심·질문 중심·비교 독서 등 전략을 목적에 따라 다르게 적용함	같은 주제의 두 자료를 비교하여 관점 차이를 분석하고 질문을 확장함
④ 자기 주도적으로 독서	자기주도적이고 능동적인 태오로 독서하고 자료를 분석하며 탐구의 흐름을 조절함	스스로 도서 목록 작성 → 읽기 우선순위 선정 → 주제 탐구 독서 순으로 수행함

▶ **[12주탐-01-03]를 높은 수준으로 성취했다는 것을 증명하기 위해!**
관심 분야 독서 자료군 구성 활동, 자료의 형식 분석을 통한 독서 전략 설계 활동, 자료 간 비교·대조 기반 탐구 활동, 핵심 개념 네트워크(개념망) 제작 활동, 탐구 주제와 자료의 연결성 분석 활동 등을 수행할 수 있습니다.

3. 교과세특 탐구주제

- 질문 중심 독서를 통한 탐구 주제 확장 프로젝트
- 자료 형식별 특성이 탐구 결과에 미치는 영향 분석
- 관점 충돌 자료 비교를 통한 핵심 개념 재정의 활동
- 관심 분야 핵심 개념망(Concept Network) 구축 연구
- 자료의 내용·형식 특성에 따른 '최적 독서 전략' 설계 연구

4. 독서연계 탐구주제

■ 교사와 학생이 함께 만드는 주제탐구독서 수업(권이은 외 10인, 역락, 2024)

청소년들이 능동적 독자로 성장하기 위해 필요한 핵심 독서 역량을 실천적으로 안내하는 책이다. 학생 스스로 주제를 설정하고, 다양한 자료를 선별·종합·비교하며, 여러 관점의 텍스트를 엮어 읽는 주제탐구독서의 실제 수업 과정을 구체적으로 제시한다. 과학·사회·예술 영역별로 학생들이 흥미를 느낄 수 있는 7개의 탐구 주제를 예시로 구성해, 바로 적용할 수 있는 수업 절차와 학생 참여 활동을 함께 제공한다.

▶ 탐구 주제별 텍스트 선정 기준 탐구
▶ 생성형 AI를 활용한 주제탐구독서 수업의 가능성 탐구
▶ 능동적 독자의 조건 탐구—'주제탐구독서'가 필요한 이유 분석

■ 나는 연구하고 실험하고 개발하는 과학자입니다(정종수, 플루토, 2022)

한국과학기술연구원에서 37년간 실험·연구·기술개발·창업까지 전 과정을 수행해 온 '현장형 과학자' 정종수 박사가 들려주는 과학 연구의 실제 모습을 담은 책이다. 흰 가운을 입고 실험하는 익숙한 이미지에서 벗어나 과학자가 하는 일의 본질—문제 발견, 연구 질문 설정, 가설 수립, 실험 설계, 해석—을 현실적 사례와 연구 에피소드로 보여준다.

▶ 과학 연구의 증거 기반 논증 구조 분석
▶ 좋은 연구 질문이 갖추어야 할 조건에 대한 사례 기반 탐구
▶ 책의 연구 주제 선정 기준(의미, 가능성, 범위 조절)이 작동한 사례 탐색

5. 토의/토론을 위한 생각 나눔 주제

- 자료의 형식이 다른 경우, 관점 차이는 필연적으로 발생하는가?
- '전문성 높은 자료'가 고등학생에게 꼭 필요한가, 접근성의 장벽이 되는가?
- 자료의 형식이 내용보다 더 강력하게 독자의 사고에 영향을 줄 수 있는가?
- 비교 독서는 '비슷함'을 찾는 활동인가, '차이'를 찾는 활동인가, 아니면 전혀 다른 활동인가?

6. 진로 희망 계열과의 연계

계열	내용
자연 계열	**전문 자료와 대중 자료의 특징 분석과 비교:** 과학 교양서와 연구 보고서를 함께 읽으며 개념·모델·실험 과정이 어떻게 서술되는지 분석한다. 모델 단순화, 데이터 제시 방식, 가설 검증 구조 등을 비교한다.
의약 계열	**의학적 근거 텍스트와 대중 건강 정보 비교 검토 활동:** 의학 연구 논문과 건강 관련 교양서를 함께 읽으며 자료의 신뢰도·타당성·형식 차이를 분석한다. 대중 매체 자료에서는 개념 단순화·사례 중심 설명 방식을 비판적으로 검토한다.
컴퓨터·통신 계열	**알고리즘·AI 관련 자료 형식 비교 활동:** 기술 칼럼·학술 논문·기업 기술 보고서를 비교하여 형식적 특성을 분석한다. 기술 설명 자료와 사회적 쟁점을 다루는 자료가 어떤 관점과 정보를 중심으로 구성되는지 파악한다.

[12주탐01-04] 주제와 관련된 책이나 자료를 탐색하면서 **(1)신뢰할 수 있고 (2)가치 있는 정보**를 선정하여 분석하며 읽는다.

1. 기본 개념

(1) 신뢰성 판단 기준
- 출처의 전문성(저자·기관의 신뢰성), 자료의 목적(정보 제공 vs 광고·선전), 허위·과장 여부
- 근거의 제시 방식(자료·통계의 출처 명확성), 자료의 최신성(특히 과학·기술·사회 현상)
- 편향 여부(특정 집단·이념 중심인가?), 비교 가능한 다른 자료와의 일치 여부

(2) 가치 있는 정보 선정
- 탐구 주제와 핵심어를 공유하면서 관련 이론과 정보, 다양한 사례를 다루고 있는가?
- 정보의 깊이와 타당성이 충분하며, 탐구 질문을 해결하는 데 직접 기여하는 자료인가?
- 탐구 질문에 대한 논증 또는 결론 도출 과정에 사용할 수 있는가?

2. A등급 성취 수준의 이해

성취수준	성취기준별 성취수준
A	①주제와 관련된 책이나 자료의 특성과 ②탐색 방법을 이해하고 책이나 자료를 능동적으로 탐색하며, 탐색한 내용을 적절한 기준에 따라 평가하여 ③신뢰할 수 있고 ④가치 있는 정보를 선정하여 적극적인 태도로 ⑤체계적으로 분석할 수 있다.

구성 요소	핵심 의미	적용
① 자료의 특성 이해	책이나 자료의 내용·형식·목적·신뢰성·논조 등의 특성을 세밀하게 분석함	기사 vs 논문 vs 보고서의 구성 차이를 분석하고 탐구 목적에 맞게 선택함
② 탐색 방법 이해	키워드 설정·출처 분류·우선순위 설정 등 탐색 방법을 이해하고 전략을 적극적으로 사용함	학술DB(KISS, RISS) → 정부 통계 → 도서관 → 전문가 강연 순으로 자료를 탐색함
③ 신뢰성 평가	자료의 객관성·전문성·근거 제시 방식·출처 등을 기반으로 신뢰성을 평가함	'출처·목적·근거·자료성·편향' 등신뢰성 평가 기준표를 만들고 자료의 신뢰성을 평가함
④ 가치 있는 정보 선정	탐구 주제와 핵심어를 공유하면서 탐구 문제 해결에 직접 기여하는 핵심 자료를 선별함	여러 자료 중 탐구 질문에 가장 적합한 자료군(핵심1차 자료)을 선정함
⑤ 체계적 분석	선정 자료를 논리적으로 구조화하여 탐구에 활용함	개념 정리·쟁점 분석·비교표 제작·요약집 작성 등 조직적 분석을 수행함

▶ **[12주탐-01-04]를 높은 수준으로 성취했다는 것을 증명하기 위해!**
자료 탐색 계획 및 전략 수립(자료 탐색 계획서 작성), 자료의 형식·구조 분석 및 활용 계획 수립, 자료 신뢰성 검증을 위한 평가표 제작, 서로 다른 자료의 관점·근거·결론을 비교하여 공통점·차이점·모순 지점 정리 등을 수행할 수 있습니다.

3. 교과세특 탐구주제

- 자료의 '통계 활용 방식' 타당성 검증 연구
- 알고리즘 기반 추천 정보의 신뢰성 문제 탐구
- 자료 신뢰성 판단을 위한 '출처 검증 매뉴얼' 개발
- 다양한 자료 유형(논문·기사·교양서)의 신뢰성 판단 기준 비교
- 탐구 질문 해결에 가장 '가치 있는 정보'를 선별하는 기준 설계

4. 독서연계 탐구주제

■ 가짜뉴스 무엇이 문제일까(이재국, 동아엠앤비, 2024)

거짓 정보가 넘쳐나는 시대에 가짜뉴스가 어떻게 만들어지고, 왜 확산되며, 어떤 방식으로 사회적 피해를 유발하는지를 체계적으로 분석한 미디어 리터러시 안내서이다. 책은 가짜뉴스의 7가지 유형, 확산 메커니즘, 심리적 요인, 기술 발전과의 연관성 등 가짜뉴스 구조를 설명하며, 혐오·차별 조장, 갈등 격화, 선거 왜곡, 사회 불신 확대 등 거짓 정보의 심각한 파급 효과를 다양한 실제 사례와 함께 제시한다.

▶ 개인이 실천할 수 있는 비판적 읽기 전략 탐구
▶ 플랫폼 기업의 알고리즘과 가짜뉴스 확산의 상관관계 탐구
▶ 확증편향, 감정 자극, 집단 동일시 등 가짜뉴스 확산의 심리적 요인 탐구

■ 요약이 힘이다(사이토 다카시, 포레스트북스, 2023)

넘쳐나는 정보 속에서 핵심을 선별하고 구조화하는 능력이 미래 사회의 경쟁력이 되는 시대에, 요약을 단순한 기술이 아니라 일·공부·관계·사고의 효율을 극대화하는 사고법으로 제시하는 책이다. 저자 사이토 다카시는 요약이란 단순히 내용을 줄이는 과정이 아니라 의도와 맥락을 빠르게 파악하고, 정보의 중요도를 판단하며, 핵심만을 선명하게 추출해 새로운 의미 구조를 만들어내는 고차적 사고라고 강조한다.

▶ 책의 4단계 요약법 적용 사례 분석과 실습
▶ 서사를 구성하는 핵심 요소와 이야기 요약의 구조적 원리 탐구
▶ 텍스트 요약에 필요한 정보 선별 기준(의도, 맥락, 중요도, 근거) 탐색

5. 토의/토론을 위한 생각 나눔 주제

- 전문성이 높은 자료가 오히려 탐구를 왜곡할 가능성은 없는가?
- 자료의 가치 판단은 독자의 지식 수준에 따라 뒤집힐 수 있는가?
- 통계는 객관적 사실인가, 해석에 따라 다른 결론을 도출할 수 있는 기호인가?
- 모든 자료에는 편향이 존재한다면, '완전히 신뢰할 수 있는 정보'는 존재할 수 있는가?

6. 진로 희망 계열과의 연계

사회과학 계열	**사회 데이터·정책 자료의 신뢰성 검증 활동:** 사회 문제와 관련된 정부 통계, 여론조사 보고서, 연구 논문, 기사 자료를 함께 수집하여 정보의 출처·방법론·표본의 적절성을 분석한다.
자연 계열	**연구 논문·실험 보고서의 타당성 및 재현성 평가 활동:** 과학 논문이나 실험 보고서를 중심으로 근거의 신뢰성을 검증한다. '이 자료는 과학적으로 재현 가능한가?'라는 기준으로 가치 있는 정보를 선별한다.
공학 계열	**기술 보고서·산업 자료의 신뢰성 분석 활동:** 기술 백서, 기업 보고서, 특허 자료 등을 탐색하며 자료의 목적(홍보 vs 기술 정보 제공)을 구분한다. 근거의 객관성과 측정 방식의 타당성을 평가한다.

> [12주탐01-05]주제에 관련된 책과 자료를 **(1)종합하여 읽으며 (2)자신의 관점과 견해를 형성**한다.

1. 기본 개념

(1) 종합적 읽기의 의미
- 서로 다른 자료들의 관점·근거·해석 방식·문제의식 등을 연결·비교·대조·재구성하여 통합적 분석
- 다양한 자료 속에서 공통의 핵심 쟁점과 차이점을 발견하고, 주제의 입체적 이해를 돕는 독서
- 종합 독서는 전체 구조와 핵심 쟁점을 파악해 자신만의 관점을 세우는 과정

(2) 자신의 관점과 견해 형성
- 견해는 감정적인 '의견'이 아니라 근거 기반의 해석과 판단이 축적된 결과물
- 자료 비교, 관점 차이 분석, 가치 판단 기준 설정, 자신의 해석 체계 정립의 과정을 거침
- 비판적 사고를 바탕으로 자료를 객관적으로 분석하고, 일관되고 논리적인 자기 입장을 구축

2. A등급 성취 수준의 이해

성취수준	성취기준별 성취수준
A	주제에 관련된 ①책과 자료를 비교·②분석·③재구성하며 ④종합적으로 읽고, 다양한 정보를 통합하여 ⑤자신의 관점과 견해를 주체적으로 형성할 수 있다.

구성 요소	핵심 의미	적용
① 비교	여러 자료의 관점·근거·서술 방식·문제의식을 비교함	동일 현상에 대한 서로 다른 해석을 비교하여 관점 차이 도표 작성을 수행함
② 분석	각 자료에서 핵심 개념·근거·논리 구조를 분석함	논증 구조 분석, 개념 정리, 사례-해석-결론 구조 파악
③ 재구성	자료의 내용을 삭제·요약·재배열·통합하여 재구성함	자료A+B+C에서 공통 개념 추출 → 새로운 분석틀 구성
④ 종합적 읽기	각 자료의 구조와 내용을 파악하고 균형 있게 통합해 자신의 관점으로 정리함	여러 자료를 종합해 연결·비교·분석·재구성하여 더 높은 수준의 관점과 견해를 생성함
⑤ 주체적 관점 형성	자신의 가치관·근거·해석을 바탕으로 견해를 확립함	자료들에 대한 비판적 태도 기반 주체적 견해를 형성함

▶ **[12주탐-01-05]를 높은 수준으로 성취했다는 것을 증명하기 위해!**
자료별 관점(설명 방식, 가치 판단, 근거 유형)을 분류하여 비교표 제작, 핵심 개념 통합 개념망 구성, 자료 재구성 활동, 상반된 견해 조정·융합 활동, 자신의 관점 정리 보고서 작성·발표 등을 수행할 수 있습니다.

3. 교과세특 탐구주제

- 상반된 관점을 지닌 자료를 종합하여 '나만의 결론' 도출하기
- '가치 갈등' 자료를 조절·융합해 종합적 판단 기준 세우기 활동
- 다양한 분야(과학·철학·사회)의 자료를 융합한 다학제적 관점 형성 활동
- 동일 주제를 다룬 교양서 vs 학술논문 vs 보고서 간 결론 차이 분석 및 종합
- 동일한 사건(예: 교육 불평등, 청소년 스마트폰 중독)을 다룬 자료들의 관점 차이 비교

4. 독서연계 탐구주제

▪ 고유지능(앵거스 플레처, 인플루엔셜, 2025)

AI가 압도적인 분석 능력을 가진 시대에, 인간만이 지닌 직관·상상력·감정·상식이라는 네 가지 원초적 사고 능력이 왜 더 중요해지는지를 인지과학과 실제 훈련 사례를 통해 밝히는 책이다. 인지과학자 앵거스 플레처는 미 육군 특수부대, 외과의사, 전투기 조종사, NASA 우주비행사, 기업 리더 등과 수년간 협력하며 인간의 고유지능을 훈련하는 프로그램을 개발했고, 그 효과를 검증했다.

- ▶ 불확실한 상황에서의 의사결정 전략 비교 탐구
- ▶ 역사·생물학·뇌과학 자료를 종합하여 인간 지능의 진화적 기원 탐구
- ▶ AI 사고와 인간 사고의 차이를 분석·종합하고 AI 시대 필요한 인간 지능에 대해 탐구

▪ 중등 필독 신문(이현옥 외 1인, 체인지업, 2024)

빠르게 변화하는 사회 속에서 청소년에게 가장 필요한 능력인 비판적 사고력·문해력·정보 분별력을 실제 신문 기사 기반 학습으로 길러주는 실전 사고력 훈련서이다. SNS 알고리즘, 필터 버블, 편향된 정보 환경 속에서 10대의 판단력 저하가 염려되고 있다. 이 책은 교육·문화·사회·과학·환경·경제 6개 분야의 핵심 이슈 기사를 엄선하여 여러 시각과 관점을 비교·해석하도록 구성되었다.

- ▶ 동일 주제를 다룬 서로 다른 관점의 기사 비교 분석
- ▶ 사회적 갈등 이슈(사형제, 표현의 자유, 인권)의 관점 지도 만들기
- ▶ 과학 기사들을 종합해 윤리적 딜레마 분석하고 자신의 견해를 정리

5. 토의/토론을 위한 생각 나눔 주제

- 상반된 자료 속에서 '중립적 관점'을 형성하는 것이 가능한가?
- 모든 자료는 특정 관점을 반영하는가, 객관적 자료가 존재하는가?
- 여러 자료를 종합할 때, 독자는 자신의 선입견을 완전히 배제할 수 있는가?
- 자료의 관점을 종합하는 과정에서 '저자의 의도'와 '독자의 해석' 중 어느 쪽이 더 우선인가?

6. 진로 희망 계열과의 연계

인문 계열	**철학·문학·시사 자료의 관점 종합 활동:** 철학적 개념을 다룬 학술 자료와 문학 작품, 시사 칼럼 등 서로 다른 장르 자료를 비교하며 표현 방식과 관점 차이를 분석한 후 '나만의 관점'을 세우는 종합 읽기를 수행한다.
사회 계열	**사회 현상에 대한 다중 관점 자료 종합 활동:** 동일 사회 문제를 다룬 정책 보고서, 신문 기사, 연구 논문을 함께 읽으며 관점·이해관계·근거 제시 방식의 차이를 분석, 어떤 해석이 가장 타당한지 판단 기준을 설정해 종합적 관점을 정립한다.
예체능 계열	**작품 비평·창작 인터뷰·해설 자료를 종합한 미적 관점 형성 활동:** 비평문, 작가 인터뷰, 예술·체육학 연구 자료를 비교하며 상반된 해석이 존재할 경우 근거 제시 방식의 타당성을 평가해 자신의 해석 기준을 설정한다.

03 주제 탐구 독서

[12주탐01-06] **(1)매체를 포함한 다양한 방법**으로 주제 탐구 **(2)독서의 과정이나 결과를 사회적으로 공유**하고 소통한다.

1. 기본 개념

(1) 매체 포함 소통의 필요성
- 효과적인 매체의 선택과 활용은 전달력, 설득력, 그리고 사회적 확산력을 극대화하는 핵심 요소
- 다양한 매체는 공감과 참여를 이끌어내 사회적 영향력을 확대하는 통로
- 매체: 인쇄, 통신, 방송, 영상, 프레젠테이션, 카드뉴스·인포그래픽, 보고서, 온라인 커뮤니티 등

(2) 사회적 공유의 의미
- 독서의 과정과 결과의 공유는 사회와 지식을 나누고 새로운 논의·질문·가치를 생산
- 독서의 과정(문제 발견-자료 탐색-분석-종합)을 설명하면서 탐구 과정의 논리성을 사회와 공유
- 독서의 결과(자신의 관점-해석-대안 제시)공유는 사회적 소통을 통한 지식 공동체 형성에 기여

2. A등급 성취 수준의 이해

성취수준	성취기준별 성취수준
A	①매체의 특성을 고려한 다양한 방법을 적극적으로 활용하여 ②주제 탐구 독서의 과정과 결과를 효과적으로 전달하기 위해 내용을 구성하고 ③사회적 영향력을 고려하여 타인과 공유하며 ④주도적으로 소통에 참여할 수 있다.

구성 요소	핵심 의미	적용
① 매체 특성 이해	인쇄매체, 방송매체, 통신매체 등 매체별 장단점·표현 방식·전달 방식을 정확히 이해함	주제탐구독서의 결과 공유시 가장 적절한 매체를 선택하여 그 매체의 장점을 활용함
② 탐구 과정·결과의 전달	과정·배경·분석·결과를 체계적으로 정리, 같은 내용이라도 매체 특성에 따라 다르게 표현함	문제 발견–자료 분석–결론–제안을 다양한 매체를 통해 다양한 형식으로 공유함
③ 사회적 공유	다양한 플랫폼과 매체를 활용해 사회적으로 공유함	PPT 발표, SNS 카드뉴스 시리즈 제작, 영상 업로드, 보고서, 온라인 커뮤니티 공유 등
④ 주도적 소통 능력	타인의 반응을 수용하고 상호작용하며 논의를 확장함	상호소통 방법 마련, 질문 답변, 토론 유도, 반론 수용·재설명 등을 수행함

▶ **[12주탐-01-06]를 높은 수준으로 성취했다는 것을 증명하기 위해!**
매체 특성을 고려한 콘텐츠 제작 전략 수립, 탐구 과정 시각화 자료 제작(타임라인·마인드맵·플로우차트 등), 사회적 공유 프로젝트 진행(동아리·학급·온라인 플랫폼 등), 소통구조 마련 후 피드백을 반영해 수정판 발표물 제작 등을 수행할 수 있습니다.

3. 교과세특 탐구주제

- 사회적 공유를 통한 탐구 주제 발전 과정 분석
- 사회적 논의 확산을 위한 온라인 커뮤니티 공유 실험
- 탐구 과정 시각화를 위한 카드뉴스형 연구보고서 제작
- 매체별(영상·보고서·SNS) 탐구 결과 전달 방식의 차이 분석
- 탐구 과정 시각화 전략(도식화·스토리보드·개념망) 비교 연구

4. 독서연계 탐구주제

■ 청소년을 위한 매체 이야기(김봉섭 외 7인, 한울, 2020)

디지털 시대를 살아가는 청소년이 매체의 구조·특성·위험·가능성을 균형 있게 이해하고 비판적으로 활용할 수 있도록 설계된 종합 미디어 리터러시 교과서이다. 유튜브, SNS, 온라인 뉴스, 게임, 영화 등 청소년이 실제로 매일 접하는 매체를 중심으로 매체의 개념·역사·유형부터 뉴스 프레임, 알고리즘, 가짜 뉴스, 정체성 형성, 매체 윤리까지 다각도의 관점에서 분석할 수 있도록 구성되어 있다.

- ▶ '학생의 올바른 매체 이용 가이드' 제작 프로젝트
- ▶ 나만의 '뉴스 프레임 분석 프로젝트' 설계 및 발표하기
- ▶ 가짜 뉴스 판별 기준 탐구 조별 활동 기획 및 운영하기

■ 청소년을 위한 나의 첫 토론 수업(홍진아, 슬로디미디어, 2024)

학생들이 자신의 의견을 명확하게 말하고, 논리적으로 주장하고, 상대와 설득력 있게 소통하는 능력을 기를 수 있도록 돕는 토론 실전 안내서이다. 이 책은 촉법소년, 사형제, 노키즈존, 지하철 시위, 여성 군대 의무화, 흑인 인어공주 논란 등 청소년들이 실제 사회에서 마주하는 대표적 논쟁 13가지를 토론 주제로 선정해 현실적 사례와 논거를 바탕으로 찬반을 분석하도록 구성되어 있다.

- ▶ 사회 이슈 기반 토론 자료 분석하기—뉴스·칼럼·인터뷰 종합 탐구
- ▶ 토론 주제의 '의제 설정' 과정 탐구—여론은 어떻게 만들어지는가?
- ▶ 칼 포퍼 형식, CEDA 형식, 린컨–더글러스식 등 여러 토론 형식 비교 연구 발표

5. 토의/토론을 위한 생각 나눔 주제

- 신뢰성은 왜 매체에 따라 달라지는가?
- 매체 선택에 따라 '나의 견해'가 달라질 수 있는가?
- 탐구 결과를 공개했을 때 오히려 탐구의 깊이가 더 얕아질 위험은 없는가?
- 매체의 표현 방식이 탐구자의 의도보다 더 큰 힘을 가지는 순간이 있는가?

6. 진로 희망 계열과의 연계

인문 계열	**문학 해석 관점 공유 카드뉴스 제작 및 담론 소통 활동:** 문학 작품 해석을 정리해 카드뉴스 형태로 재구성한 후 각 단계별 해석 과정을 설명하면서 타인의 질문과 반론을 받아 자신의 관점을 더 정교하게 다듬는다.
사회 계열	**사회 이슈 분석 영상 제작 및 온라인 의견 교류 활동:** 사회 문제를 탐구한 뒤, 핵심 원인과 해결 대안을 3~5분 분량의 영상으로 구성한 후 공유한다. 댓글·토론을 통해 다양한 의견을 접하며 자신의 해석 기준을 조정하거나 보완한다.
자연 계열	**실험·연구 비교 결과를 인포그래픽으로 정리해 발표하는 활동:** 특정 과학 현상을 다룬 연구 결과를 인포그래픽으로 재구성하여 발표한다. 그 후 질의응답 과정을 거치며 과학적 근거의 타당성을 사회적 시각으로 점검한다.

03 주제 탐구 독서

1. 기본 개념

(1) 주제 탐구 독서의 생활화
- 주제 탐구 독서의 생활화란 삶을 탐구적 관점으로 바라보고, 독서를 통해 지속적으로 성장하는 것
- 읽은 내용을 자신의 가치관·선택·행동으로 연결하고 독서를 삶 속 문제 해결 방법으로 활용
- 지식 습득→성찰→실천의 선순환 구조 형성, 지식이 삶에 어떤 의미가 있는지 지속적으로 점검

(2) 삶의 성찰과 계발
- 주제 탐구 독서는 자신을 객관적으로 바라보는 성찰 능력을 강화
- 주제 탐구 독서는 진로선택·대인관계·의사결정·가치관형성·정서조절 등 삶을 발전시키는 원동력
- 주제 탐구 독서는 독서-성찰-실천의 반복을 통해 장기적 성장 모델 형성

2. A등급 성취 수준의 이해

성취수준	성취기준별 성취수준
A	①주제 탐구 독서의 생활화를 깊이 이해하고, ②이를 주체적이고 능동적으로 실천하며 생활화하여 ③주도적으로 삶을 성찰하고 ④적극적으로 계발하는 태도를 지닌다.

구성 요소	핵심 의미	적용
① 주제 탐구 독서 생활화의 의미 이해	독서를 일상의 사고·성찰·행동과 연결시키고 문제해결방법으로 활용하는 것이 독서의 생활화	삶의 문제를 독서로 해결, 독서 루틴을 만들고 실천, 독서의 과정과 결과를 점검함
② 자기주도 독서 실천	능동적인 태도로 스스로 독서 계획을 세우고 이를 실천·관리하며 지속적으로 점검함	월 단위 독서 테마 설정 → 탐색 → 분석 → 독서 일지 작성
③ 삶을 성찰하는 태도	독서 경험을 통해 자신을 돌아보고 삶의 의미를 탐구함	가치관·정서·관계·목표에 대한 자기 성찰 일지를 작성함
④ 적극적으로 계발하는 태도	독서 내용을 실제 삶·행동·선택과 연결하여 개선하고, 지속 가능한 습관으로 생활화함	독서 목표 조정, 습관 변화, 관계 방식 개선 등을 실천. 독서 루틴·성찰 루틴을 만들고 유지함

▶ **[12주탐-01-07]를 높은 수준으로 성취했다는 것을 증명하기 위해!**
개인별 '주제 기반 독서 루틴 설계서' 작성, '삶의 문제 해결 독서 노트' 작성, '나의 관점 진화 기록지' 제작, '프로젝트형 독서' 실행(스트레스 요인 분석 프로젝트, 진로 분야 1년 탐구 프로젝트, 관계 개선을 위한 대화 전략 실험 프로젝트 등)을 수행할 수 있습니다.

3. 교과세특 탐구주제

- 정서적 성장과 독서의 상관성 탐구
- '나의 삶의 문제'를 중심으로 독서-성찰-실천 루틴 구축
- 독서 기반 자기성찰 도구(저널링·성찰일지·마인드맵) 비교
- 대인관계 문제 해결을 위한 주제 탐구 독서와 행동 실험 연구
- 감정 조절을 위한 심리학 관련 주제 탐구 독서 및 실천 프로젝트

4. 독서연계 탐구주제

■ 단 한 번의 삶(김영하, 복복서가, 2025)

김영하가 6년 만에 펴낸 산문집으로, 작가로서가 아니라 하나의 삶을 가진 인간 김영하가 자신의 기억·관계·상실·선택을 담담하게 되짚으며 '나는 어떻게 지금의 내가 되었는가'라는 질문을 깊이 사유한 책이다. 유료 뉴스레터 '영하의 날씨' 연재글을 바탕으로 새롭게 다듬은 이 산문들은 어머니의 빈소에서 시작해 유년기, 가족사, 성장 과정, 삶의 선택들까지 개인적이고 내밀한 이야기들을 차근히 풀어낸다.

- ▶ '나는 어떻게 지금의 내가 되었는가?' 자기 생애서 쓰기
- ▶ 자신의 진로 희망에 영향을 미친 사건과 인물 탐색하기
- ▶ 나만의 '인생 그래프' 만들기―정서·경험의 흐름 시각화 탐구

■ 덕후와 철학자들(차민주, 자음과모음, 2021)

일상적이고 친숙한 덕질 문화를 철학적 개념과 연결하여, 철학을 어려운 학문이 아니라 왜?라는 질문을 던지는 생활의 기술로 재해석하는 유쾌한 철학 입문서이다. 사르트르·라캉·후설·소쉬르·퍼스·바르트·헤겔 등 28인의 철학자와 이론가의 핵심 개념을 케이팝 굿즈, 덕통사고, 떡밥, 일코, 현타 등 청소년에게 익숙한 덕후 문화 사례로 풀어내어 철학이 삶과 얼마나 가까운 학문인지 생생하게 느끼게 한다.

- ▶ 나의 독서 취향을 철학적 개념으로 분석하고 발표하기
- ▶ 기호의 세계 탐구―내가 사용하는 언어와 상징의 철학적 해석 탐구
- ▶ 무의식의 신호 탐구―프로이트·융·라캉의 이론을 적용한 자아 개념 탐구

5. 토의/토론을 위한 생각 나눔 주제

- 독서 생활화는 개인 의지에 달렸는가, 사회·환경적 요소가 더 큰가?
- 독서를 생활화했을 때, 오히려 삶이 텍스트 중심으로 왜곡될 위험은 없는가?
- 독서를 통한 관점 형성은 객관성을 강화하는가, 개인적 편향을 심화시키는가?
- 실천이 없는 성찰은 불완전한가? 그렇다면 '생각만 하는 독서'의 가치는 무엇인가?

6. 진로 희망 계열과의 연계

인문 계열	**삶의 문제를 주제로 한 철학·문학 기반 성찰 루틴 구축 활동:** 철학·문학 작품을 중심으로 '왜 이런 선택을 하는가', '나의 가치 판단 기준은 무엇인가'라는 질문을 던지며 독서와 성찰을 결합하고 성찰일지를 작성한다.
교육 계열	**학습 이론 독서를 기반으로 자신의 학습 방식을 성찰·개선하는 활동:** 학습 이론, 동기 이론 등을 다룬 도서를 꾸준히 읽으며 자신의 학습 태도와 학습 방식을 분석한다. 이후 독서 내용을 반영해 피드백하며 성찰을 확장한다.
의약 계열	**생활습관 관련 독서 기반 자기 관리 루틴 확립 활동:** 스트레스·정서·건강·뇌 과학 관련 책을 꾸준히 읽으며 자신의 생활습관을 분석한다. 독서 내용을 바탕으로 식습관·수면·운동·심리 조절 전략을 실천하고 그 효과를 측정한다.

주제 탐구 독서

문학과 영상

교과군	공통 과목			평가 정보		수능
국어	일반 선택	진로 선택	융합 선택	성취도	상대평가	×
		●		5단계	5등급	

1. 교과 성격

　'문학과 영상' 과목은 초·중등 국어에서 다루는 문학과 매체 학습을 한 단계 넓혀, 문학 작품과 영상물을 이해하고 만들어 내는 역량을 기르는 데 초점을 둔다. 이를 통해 교육·창작·문화 분야로 진학하거나 활동할 때 필요한 문화적 감수성을 키우는 것을 목표로 한다.

　이 교과에서는 문학과 영상이 각각 어떤 방식으로 형상화되고 서로 어떻게 영향을 주고받는지를 살펴보며, 작품을 읽고 보는 능력뿐 아니라 이를 비판적으로 해석하는 능력도 함께 기른다. 나아가 학습자는 자신의 경험과 상상을 두 매체에 맞는 방식으로 표현하고, 이를 다른 사람과 공유하는 활동 속에서 소통 능력을 확장한다. 또한 문학과 영상이 사회에 미치는 영향과 제작자·수용자가 지녀야 할 윤리적 책임을 인식하며, 이를 바탕으로 스스로 판단하고 창작하는 태도를 기른다.

　학습자는 다양한 작품을 감상하고 직접 표현해 보는 경험을 통해 진로 탐색에 필요한 역량을 쌓는다. 동시에 관심 있는 문학·영상 작품을 깊이 탐구하고, 매체의 특성을 고려한 창의적 표현을 시도함으로써 심미적 감성과 문화적 참여 능력을 갖추게 된다.

2. 교과 목표

> • 문학과 영상 간의 영향 관계와 상호 작용을 탐구하며 문학과 영상의 특성과 관계를 이해한다.
> • 문학 작품과 영상물의 수용과 생산 활동을 통해 비판적 수용 능력과 창의적 사고 능력을 함양한다.
> • 문학과 영상을 통해 자신을 성찰하고 세계와 소통하는 태도를 기르며 관련 분야의 학업과 진로에 필요한 문화적 소양을 갖춘다.

3. 내용 체계

핵심 아이디어	• 문학은 다양한 형상화 방법을 가진 언어 예술인 동시에 다른 예술 분야에 영감을 주는 상상력의 원천이다. • 영상은 시각적 요소와 청각적 요소의 결합을 통해 현실 세계와 상상의 세계를 효과적으로 구현한다. • 문학과 영상은 긴밀한 연관 관계 속에서 발전해 왔으며 상호 작용을 통해 서로 변용과 창조의 계기가 된다.
범주	**내용 요소**
지식·이해	• 문학의 형상화 방법 • 영상의 형상화 방법 • 문학과 영상 관련 문화적 소양
과정·기능	• 단일양식과 복합양식의 특성과 효과 고려하여 수용하기 • 인쇄물과 디지털 매체를 통한 공유의 특성과 효과 고려하여 수용하기 • 문학과 영상의 영향 관계와 상호 작용의 효과 파악하기 • 문학 창작의 요소와 기법에 유의하여 수용·생산하기 • 영상 창작의 요소와 기법에 유의하여 수용·생산하기 • 유사한 소재를 중심으로 통합적으로 수용하기 • 적절하고 효과적인 경로로 창작물 공유하기
가치·태도	• 비판적 수용과 성찰 • 창의적 사고와 적극적 소통 • 윤리적 책임 인식과 능동적 참여

03 문학과 영상

문학, 영상, 매체, 양식, 언어 예술, 표현 기법, 감상, 비교 분석, 형상화, 서사, 수용, 생산,
해석, 비평, 영향 관계, 상호 작용, 변용, 창의적 사고, 소통, 플랫폼, 진로 탐색, 성찰, 윤리적 책임

[12문영01-01] **(1)문학과 영상의 형상화 방법**과 그 **(2)특성을 이해**한다.

1. 기본 개념

(1) 문학과 영상의 형상화 방법(지식·이해)
- 문학의 형상화: 서술, 묘사, 비유 등 언어 기법으로 인물의 내면과 추상적 관념을 표현하는 것
- 영상의 시각적 형상화: 구도, 조명, 동작 등 시각 이미지로 의미와 분위기를 전달하는 것
- 영상의 청각적 형상화: 대사, 음향 효과, 배경 음악 등으로 극적 긴장감과 감정을 표현하는 것

(2) 문학과 영상의 특성 이해(지식·이해)
- 문학 매체의 특성: 문자 기반으로 독자의 상상과 해석이 개입하며, 인물의 내면 서술에 용이
- 영상 매체의 특성: 시청각 이미지 기반으로 정보를 현장감 있게 전달하며, 정서적 영향력이 큼
- 수용 방식의 차이: 문학은 능동적 상상을, 영상은 감각적 몰입을 중심으로 수용자에게 영향을 줌

2. A등급 성취 수준의 이해

성취수준	성취기준별 성취수준
A	①문학 작품의 갈래에 따른 언어적 형상화 방법과 ②영상물의 장르에 따른 시청각적 요소의 결합과 배치를 비교하여 탐구함으로써 ③문학 작품과 영상물의 ④형상화 방법과 특성에 대해 이해하고, ⑤공통점과 차이점을 파악할 수 있다.

구성 요소	핵심 의미	적용
① 문학 작품의 갈래에 따른 언어적 형상화 방법 이해	문학 갈래별 형상화 방식(서정·서사·극)의 차이를 파악함	시·소설·희곡 등 갈래에 따라 인물, 정서, 사건이 어떻게 언어로 표현되는지 비교
② 영상물이 장르에 따른 시청각적 요소의 결합과 배치를 비교하여 탐구	영상의 형상화 방식을 이해하고, 시각·청각 요소가 의미 형성에 미치는 영향을 분석함	영상의 구성 요소가 주제와 정서를 드러내는 원리를 탐색하고, 장면의 배치와 표현 기법이 주는 영향 탐구
③ 문학과 영상의 비교 감상	동일한 주제나 이야기를 문학과 영상에서 비교하여 형상화 방식의 차이를 탐색함	문학 작품 원작과 영상화된 작품을 나란히 감상하고, 표현 방식의 변화와 차이를 정리
④ 형상화 방법과 특성에 대해 이해	두 매체의 형상화 방법을 비판적으로 비교하여 공통점과 차이점을 파악함	문학은 언어적 상징성을, 영상은 시각적 구체성을 통해 감동을 전달함을 인식하고 정리
⑤ 공통점과 차이점 파악	비교·탐구 결과를 자신의 언어와 방식으로 창의적으로 표현함	표현 방식의 차이가 수용자의 감정과 이해에 미치는 영향을 분석

▶ **[12문영01-01]을 높은 수준으로 성취했다는 것을 증명하기 위해!**
매체 비교 분석(원작 소설과 각색 영화의 인물 형상화 방식 비교 연구), 변용 사례 연구(시가 뮤직비디오나 광고로 변용되는 과정에서의 시각적 형상화 전략 분석), 수용자 인식 탐구(동일 서사를 문학과 웹툰으로 접할 때의 수용자 몰입도 차이 연구) 등을 수행할 수 있습니다.

3. 교과세특 탐구주제

- 소설의 언어적 묘사와 영화의 시각적 이미지 구현 방식 비교 연구
- 영화 속 인물 성격 형상화를 위한 미장센(의상, 소품, 조명)의 기능 탐구
- 동일 장면을 문학과 영상 매체로 감상할 때의 수용자 감상 차이 비교 분석
- 시(詩)의 함축적 '은유'가 광고 영상의 '상징적 이미지'로 형상화되는 방식 연구
- 소설의 '1인칭 서술'이 영화의 '시각 언어(카메라 워크)'로 변용되는 형상화 전략 탐구

4. 독서연계 탐구주제

■ 문학과 영상예술의 이해(김려실 외, 부산대학교출판부, 2021)

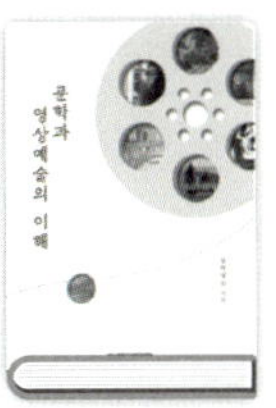

이 책은 문학과 영상예술의 관계를 학문적으로 조망하며, 두 매체가 인간의 경험과 감정을 어떻게 표현하는지를 탐구한다. 언어 예술로서의 문학이 지닌 상징성과 영상예술의 시각적·청각적 표현이 만날 때 생기는 의미의 확장을 다루며 문학 텍스트의 영상화 과정에서 일어나는 서사 구조의 변화, 인물의 재해석, 감상 방식의 전환을 구체적으로 설명한다.

- ▶ 언어적 형상화와 시청각적 형상화의 공통점과 차이 탐구
- ▶ 문학 작품이 영상화될 때 발생하는 서사적 변형의 원인 분석
- ▶ 매체 간 변환이 감상자의 해석과 정서 경험에 미치는 영향 연구

■ 영상문학의 스토리텔링(이다운, 역락, 2024)

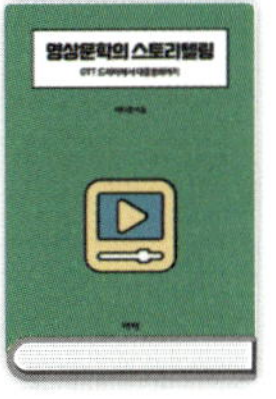

영상문학의 서사 구조와 표현 전략을 중심으로, 이야기의 형상화가 매체에 따라 어떻게 달라지는지를 분석한다. 특히 영화와 드라마, 웹콘텐츠 속 문학적 요소를 통해 언어 예술이 시청각 언어로 확장되는 과정을 설명한다. 저자는 영상의 구성 원리를 '문학적 서사'와 연결하여, 스토리텔링의 본질이 매체의 형식과 감각에 따라 달라지는 것과 이야기의 전달 방식과 매체의 속성이 연결되는 방식의 이해를 돕는다.

- ▶ 문학적 상상력이 영상적 표현으로 확장되는 과정 연구
- ▶ 영상문학의 서사 구조와 문학적 이야기의 공통 원리 탐구
- ▶ 매체별 형상화 방식이 의미와 감정 전달에 미치는 영향 분석

5. 토의/토론을 위한 생각 나눔 주제

- 영화는 문학의 감동을 완전히 재현할 수 있을까?
- 영상(영화)은 원작(문학)이 제공하는 독자의 '상상력'을 제한한다고 볼 수 있는가?
- AI가 문학 작품을 시나리오로 자동 각색하는 시대, '창의적 형상화'의 영역은 어디까지인가?
- 인물의 복잡한 내면 심리 묘사는 문학과 영상 중 어느 쪽이 더 강력하게 전달할 수 있는가?

6. 진로 희망 계열과의 연계

언어·문학 계열	**문학 텍스트의 영상적 변용 기획:** 문학 작품 속 '서술자'의 시선이나 '내면 독백'을 영상 매체에서 '카메라 워크'나 '내레이션', '음향 효과' 등으로 형상화하는 방안을 기획하고 그 효과를 분석한다.
인문과학 계열	**매체 변용의 문화적 맥락 분석:** 동일한 원작(예: 춘향전, 햄릿)이 시대별 또는 국가별로 어떻게 다르게 영상화되었는지 비교 탐구한다. 매체의 형상화 방식이 당대의 사회·문화적 가치관을 어떻게 반영하는지 분석한다.
연극·영화 계열	**스토리보드(콘티) 작성:** 문학 텍스트(시나리오 또는 소설)의 특정 장면을 선정하여 '콘티'로 재창작한다. 텍스트의 '묘사'를 미장센(구도, 조명, 소품)과 카메라 워크 등 시각 언어로 형상화하는 과정을 구체적으로 설계한다.

[12문영01-02] **(1)양식과 매체에 따른 특성과 효과를 고려**하여 문학 작품과 영상물을 **(2)해석하고 비평**한다.

1. 기본 개념

(1) 양식과 매체의 특성에 따른 해석(지식·이해)
- 문학의 해석: 시의 함축성, 소설의 서사성 등 갈래별 양식 특성을 고려하여 의미를 추론하는 것
- 영상의 해석: 카메라 앵글, 편집 등 영상 언어의 함축적 의미와 감독의 연출 의도를 파악하는 것
- 매체별 효과 고려: 매체의 각종 장치가 주제 전달, 정서적 반응에 기여하는 방식을 분석하는 것

(2) 비평의 관점과 방법(지식·이해)
- 다양한 비평 관점: 반영론, 표현론, 효용론, 절대론 등 다각도로 가치를 평가
- 타당한 근거 마련: 주관적 인상을 넘어 내적 구조나 외적 맥락을 근거로 논리적으로 판단
- 비평의 사회적 기능: 비평을 통해 사회적 의미를 공론화하고 타인과 소통하며 문화 발전에 기여

2. A등급 성취 수준의 이해

성취수준	성취기준별 성취수준
A	①양식과 매체에 따른 다양한 특성과 효과를 종합적으로 분석하여 ②문학 작품과 영상물을 자신의 관점에서 주체적으로 해석하고 ③구체적인 근거를 갖추어 타당하게 비평한 후 ④타인과 공유하여 ⑤성찰할 수 있다.

구성 요소	핵심 의미	적용
① 다양한 특성과 효과를 종합적으로 분석	매체별 고유한 표현 방식(문학의 문체, 영상의 몽타주 등)이 주제 형성에 미치는 영향을 입체적으로 파악함	롱테이크 기법이 인물의 고독한 심리를 드러내거나 사실감을 높이는 효과를 구체적으로 분석함
② 자신의 관점에서 주체적으로 해석	기존의 해석을 답습하지 않고, 자신의 가치관과 경험을 바탕으로 작품의 의미를 능동적으로 재구성함	작품 속 소재나 배경이 지닌 상징적 의미를 파악하여, 이를 주제 의식이나 사회적 맥락과 연결하여 해석함
③ 구체적인 근거를 갖추어 타당하게 비평	주관적 감상이 아닌 작품 내적 요소나 외적 요소를 근거로 논리적인 가치 판단을 내림	구체적인 장면이나 대사를 인용하여 자신의 비평적 주장을 뒷받침하고 설득력을 높임
④ 타인과 공유	자신의 비평을 비평문, 카드뉴스, 영상 등 다양한 형태로 표현하여 독자(관객)와 소통함	작성한 비평문을 학급 게시판이나 온라인 플랫폼에 올리고 친구들과 의견을 나눔
⑤ 공유를 통한 성찰	타인의 피드백을 수용하여 자신의 관점을 점검하고, 비평 활동이 지닌 사회적 의미를 성찰	다른 친구의 비평을 읽고 자신의 생각과 비교하며, 편협한 시각은 없었는지 스스로 점검함

▶ **[12문영01-02]를 높은 수준으로 성취했다는 것을 증명하기 위해!**
비평문 작성(사회적 쟁점을 다룬 소설과 영화의 현실 반영 양상 비교 비평문 쓰기), 매체 리뷰 분석(전문 평론가의 비평 언어와 대중의 관람평에 나타난 관점 차이 비교), 비평의 윤리 탐구(영화 요약 채널의 결말 포함 콘텐츠가 수용자에게 미치는 영향 비판) 등을 수행할 수 있습니다.

3. 교과세특 탐구주제

- 인상 비평(감상)과 분석 비평(논리)의 차이를 드러내는 비교 글쓰기 수행
- 사회적 쟁점을 다룬 작품에 대한 국내외 비평 반응의 차이와 문화적 맥락 분석
- 특정 작가나 감독의 작품 세계를 관통하는 주제 의식과 스타일(작가주의) 탐구
- 웹툰의 드라마화 과정에서 발생한 캐릭터 성격 변화에 대한 호평과 혹평의 원인 분석
- 미디어 비평의 관점에서 '가짜 뉴스'나 '자극적 썸네일'이 소비되는 방식에 대한 비판적 고찰

4. 독서연계 탐구주제

■ 묘사하는 마음(김혜리, 마음산책, 2022)

이 책은 스쳐 지나가는 영화의 장면을 정확한 언어로 포착해내는 '묘사'의 힘을 보여주고 있다. 저자는 영화의 시각적 이미지를 섬세한 문장으로 옮기는 과정 자체가 얼마나 훌륭한 '해석'이자 '비평'이 될 수 있는지 증명한다. 난해한 이론 대신 구체적인 장면 묘사에서 시작하는 글쓰기 방식을 통해, 학생들이 막연하게 느끼는 비평을 자신의 언어로 구체화할 수 있도록 돕는 가장 탁월한 안내서이다.

▶ 배우의 연기와 신체를 통한 영화 속 인물 형상화 방식 분석
▶ 시각적 이미지의 언어적 재구성을 통한 의미 확장 양상 탐구
▶ 영화적 이미지의 정교한 언어적 묘사를 통한 비평적 해석 연구

■ 영화는 두 번 시작된다(이동진, 위즈덤하우스, 2019)

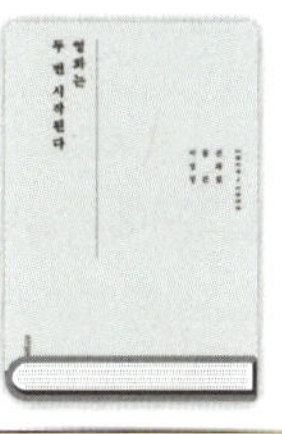

저자가 20년 간 기록한 방대한 영화 비평을 정리한 책으로 "영화는 극장 안에서 한 번, 극장 밖에서 글을 통해 다시 시작된다"는 저자의 철학은 감상을 넘어선 '해석'과 '비평'이 어떻게 영화 관람을 진정으로 완성시키는지 잘 보여준다. 대중영화부터 예술영화까지 아우르는 폭넓은 리뷰를 통해, 학생들은 비평의 다양한 관점과 분석적 글쓰기의 모범을 생생하게 배울 수 있다.

▶ 단순 감상이 분석적 해석과 비평으로 심화되는 과정 연구
▶ 단평의 함축적 의미와 장문 비평의 논리적 구조 차이 비교 분석
▶ 창작자의 의도와 수용자의 감상을 잇는 비평의 소통적 기능 탐구

5. 토의/토론을 위한 생각 나눔 주제

- ★ 비평은 창작의 기생충인가, 아니면 창작을 완성하는 동반자인가?
- ★ 전문 평론가의 비평과 대중의 별점 평가 중 무엇이 작품 선택에 더 유효한가?
- ★ 영화의 '스포일러'를 포함한 요약 영상은 정당한 비평인가, 저작권의 침해인가?
- ★ 예술성이 뛰어나지만 윤리적으로 논란이 있는 작품을 어떻게 평가해야 하는가?

6. 진로 희망 계열과의 연계

인문과학 계열	**비평의 시대적 변화 탐구:** 고전 문학 작품과 이를 현대적으로 각색한 영상물을 비교하여, 시대의 철학적·윤리적 가치관 변화에 따라 작품을 해석하고 비평하는 기준이 어떻게 달라졌는지 분석한다.
사회과학 계열	**미디어 프레이밍 비평:** 특정 사회 문제(예: 빈부격차)가 문학에서 영상으로 각색될 때 사건을 재현하는 '프레임'이 어떻게 변화하는지 분석하고, 영상 매체의 파급력이 대중의 사회적 인식 형성에 미치는 영향을 탐구한다.
연극·영화 계열	**비평적 시각을 담은 리메이크 기획:** 기존 작품의 연출적 한계(개연성 부족, 진부한 표현 등)를 비평적 관점에서 분석하고, 이를 보완하여 완성도를 높인 '리메이크 연출 기획안'을 작성한다.

문학과 영상

[12문영01-03] **(1)문학 작품과 영상물 간의 영향 관계**와 **(2)상호 작용의 효과를 파악**한다.

1. 기본 개념

(1) 문학과 영상의 영향 관계(지식·이해)
- 상호 텍스트성: 작품이 독립적이지 않고 다른 텍스트와 상호 참조하며 의미를 형성하는 성질
- 매체 간 전이: 문학 서사와 영상 문법이 서로에게 영감을 주며 표현 방식에 영향을 미치는 현상
- 트랜스미디어: 세계관을 공유하며 여러 매체가 각기 다른 이야기를 전개하여 통합적 경험 제공

(2) 상호 작용의 효과 분석(적용)
- 변용 전략 파악: 매체 전환 시 삭제, 확장, 변형된 요소를 찾아내고 그 의도와 효과를 분석
- 문화적 가치 평가: 콘텐츠의 재생산과 상호 참조가 가져오는 문화적 풍요와 상업적 획일성 평가
- 창의적 재구성: 원작의 모티프를 수용하여 패러디, 스핀오프 등 새로운 가치를 지닌 콘텐츠 창작

2. A등급 성취 수준의 이해

성취수준	성취기준별 성취수준
A	①영향 관계가 있거나 유의미한 비교가 가능한 문학 작품과 영상물을 찾아 ②유사점과 차이점을 다양한 층위에서 분석하고, ③문학 작품과 영상물의 영향 관계와 ④상호 작용의 효과와 ⑤의의를 이해할 수 있다.

구성 요소	핵심 의미	적용
① 영향 관계가 있거나 유의미한 비교가 가능한 작품 선정	비교 분석의 가치가 있는 원작과 각색물 또는 상호 참조된 텍스트를 적절히 선택함	원작 소설과 이를 각색한 영화를 선정하거나, 특정 모티프를 공유하는 작품 쌍을 찾음
② 유사점과 차이점을 다양한 층위에서 분석	서사, 인물 등 내용적 층위와 시점, 문체, 영상 기법 등 형식적 층위를 입체적으로 비교함	두 작품의 인물 성격 변화나 결말 처리 방식의 차이를 비교하고 그 이유를 분석함
③ 문학 작품과 영상물의 영향 관계 이해	한 매체가 다른 매체의 창작에 미친 영감이나 형식적 영향력을 파악함	문학의 서술 방식이 영상 연출에 미친 영향이나, 영상미가 문학적 묘사에 준 영향을 설명함
④ 상호 작용의 효과 파악	매체 간 상호 작용이 서사의 확장과 수용자의 감상 경험에 미치는 긍정적 효과를 파악함	트랜스미디어 스토리텔링이 세계관을 확장하고 수용자의 몰입을 유도하는 효과를 분석함
⑤ 상호 작용의 의의 이해	융합 콘텐츠 시대에 매체 간 공존과 상호 발전이 갖는 문화적 가치를 인식함	다양한 매체로의 변주가 원천 콘텐츠의 생명력을 연장하고 문화적 다양성에 기여함을 이해함

▶ **[12문영01-03]을 높은 수준으로 성취했다는 것을 증명하기 위해!**
트랜스미디어 분석(하나의 IP가 웹소설, 웹툰, 드라마로 확장될 때 스토리텔링 전략의 차이와 연결성 분석), 상호 텍스트성 탐구(특정 영화 속에 숨겨진 문학적 오마주나 모티프 의미 해석하기), 세계관 기획(기존 문학 작품의 세계관을 바탕으로 '스핀오프' 스토리 기획안 작성) 등을 수행할 수 있습니다.

3. 교과세특 탐구주제

- 영상이 문학에서 가져온 핵심 모티프와 변용된 설정 비교 분석
- 영화 속에 인용된 문학 작품이 서사의 전개와 주제 의식 형성에 미치는 영향 분석
- 영상 매체의 시각적 연출 기법을 문학적 묘사에 적용하는 글쓰기 실험 및 효과 분석
- 웹툰이 드라마나 애니메이션으로 제작되었을 때, 원작 팬들의 반응 차이와 흥행 요인 조사
- 영상과 텍스트가 세계관을 공동으로 구축하는 트랜스미디어 스토리텔링의 서사 연결 방식 탐구

4. 독서연계 탐구주제

■ 문화콘텐츠 스토리텔링(정창권, 북코리아, 2022)

문학, 만화, 영화 등 다양한 매체를 넘나드는 스토리텔링의 원리를 체계적으로 정리한 책이다. 'OSMU(원 소스 멀티 유즈)'를 넘어 '트랜스미디어'로 진화하는 콘텐츠 시장의 흐름과 원천 소스인 이야기(문학)가 어떻게 다양한 매체(영상)로 확장되는지 구체적인 사례와 함께 설명한다. 2022년 전면 개정판으로 최신 트렌드를 반영하여, 학생들이 매체 간 상호 작용의 원리를 충실히 설명하고 있다.

▶ OSMU와 트랜스미디어 스토리텔링 전략의 구조적 차이 비교 분석
▶ 원천 소스(문학)의 매체 변용 시 고려해야 할 서사적, 기술적 요소 탐구
▶ 매체 확장에 따른 향유자(팬덤)의 참여 양상과 콘텐츠 생명력 연장 효과 연구

■ 시네마토피아(강유정, 민음사, 2021)

문학과 영화가 우리 시대의 사회적 쟁점을 어떻게 비추는지 예리하게 포착한 책으로, 텍스트(문학)에 뿌리를 둔 저자의 시선이 영상 매체로 확장되며, 두 매체가 서로 영향을 주고받으며 사회를 해석하는 도구가 됨을 보여준다. 팬데믹, 페미니즘 등 동시대 이슈를 다룬 영화와 문학 작품을 연결 지어 설명하고 있어, 매체 간의 영향 관계를 사회적 맥락에서 이해하는 도움을 준다.

▶ 동시대 사회 문제를 다루는 문학과 영화의 상호 보완적 관계 연구
▶ 영상 매체가 문학 텍스트를 호명하고 재해석하는 방식과 의도 탐구
▶ 문학적 상상력이 영상적 리얼리즘으로 전환될 때의 사회적 효과 분석

5. 토의/토론을 위한 생각 나눔 주제

- 패러디물은 원작의 권위를 훼손하는가, 아니면 생명력을 연장하는 오마주인가?
- 거대한 세계관을 공유하는 시리즈 콘텐츠는 예술적 시도인가, 정교한 상술인가?
- 영상 매체의 확산에 따른 독서 능력의 저하는 필연적 현상인가, 적응의 과정인가?
- 원작보다 영상물을 먼저 감상하는 것은 원작의 온전한 이해와 상상을 방해하는가?

6. 진로 희망 계열과의 연계

언어.문학 계열	**비교 문학적 매체 연구:** 동일한 신화나 전설(예: 그리스 로마 신화)이 고전 문학, 현대 소설, 할리우드 영화, 게임 등 다양한 매체에서 변용되는 양상을 비교하고, 시대별 상호 작용의 흐름을 통시적으로 탐구한다.
사회과학 계열	**팬덤 문화와 참여적 수행:** 문학/영상 콘텐츠가 상호 작용하는 과정에서 '팬덤'이 2차 창작(팬픽, 해석 영상)을 통해 서사에 개입하고 영향력을 행사하는 현상을 미디어 사회학적 관점에서 분석한다.
응용예술 계열	**트랜스미디어 비주얼 기획:** 문학 작품의 텍스트 묘사(분위기, 색채)를 영상이나 미디어 아트로 구현할 때의 '비주얼 스토리텔링' 전략을 분석하고, 이를 바탕으로 작품의 세계관을 확장하는 세계관 가이드북이나 콘셉트 아트 북을 기획한다.

03 문학과 영상

1. 기본 개념

(1) 문학 창작과 영상 창작의 요소와 기법(지식·이해)
- 문학 창작의 요소: 주제, 구성, 인물, 배경, 문체 등 이야기를 형상화하는 문학적 재료를 이해함
- 매체 간 전이: 문학 서사와 영상 문법이 서로에게 영감을 주며 표현 방식에 영향을 미치는 현상
- 트랜스미디어: 세계관을 공유하며 여러 매체가 각기 다른 이야기를 전개하여 통합적 경험 제공

(2) 상호 작용의 효과 분석(적용)
- 변용 전략 파악: 매체 전환 시 삭제, 확장, 변형된 요소를 찾아내고 그 의도와 효과를 분석
- 문화적 가치 평가: 콘텐츠의 재생산과 상호 참조가 가져오는 문화적 풍요와 상업적 획일성 평가
- 창의적 재구성: 원작의 모티프를 수용하여 패러디, 스핀오프 등 새로운 가치를 지닌 콘텐츠 창작

2. A등급 성취 수준의 이해

성취수준	성취기준별 성취수준
A	①문학과 영상의 창작 요소를 중심으로 다양한 기법의 특성과 효과에 대해 이해하고 ②다양한 문학적 표현과 연출 기법이 사용된 문학 작품과 영상물을 ③적극적으로 수용하고 ④⑤창의적으로 생산할 수 있다.

구성 요소	핵심 의미	적용
① 창작 요소 중심의 기법 특성과 효과 이해	주제, 인물, 구성 등 창작 요소가 문학적 묘사나 영상으로 구현될 때의 효과를 파악함	인물의 심리를 드러내기 위해 클로즈업이나 내면 독백을 사용할 때의 효과를 설명함
② 다양한 문학적 표현과 연출 기법 파악	작품 속에 사용된 비유, 상징, 반어와 미장센, 조명, 편집 리듬을 구체적으로 식별함	소설의 '액자식 구성'과 영화의 '플래시백' 편집이 과거 사건을 재현하는 방식의 차이를 분석함
③ 문학 작품과 영상물의 적극적 수용	작품의 표면적 의미 파악을 넘어, 사용되 기법의 의도를 해석하고 비평적으로 감상함	감독이 의도적으로 사용한 롱테이크 기법이 관객의 몰입도와 사실감에 미친 영향을 주체적으로 평가함
④ 창의적 생산(기획 및 설계)	수용 과정에서 얻은 영감을 바탕으로, 아이디어를 콘티 등 구체적 계획으로 발전시킴	사회적 이슈를 주제로 한 시나리오를 기획하고, 시각화하기 위한 촬영 구성안을 작성함.
⑤ 창의적 생산(구현 및 공유)	매체의 특성에 맞는 기법을 실제로 적용하여 독창적인 작품을 완성하고 타인과 공유. 소통함	문학적 메시지를 담은 숏폼 영상을 제작하거나, 시나리오를 바탕으로 단편 영상을 촬영·편집하여 완성함

▶ **[12문영01-04]을 높은 수준으로 성취했다는 것을 증명하기 위해!**
영상 기획안 작성(경험이나 사회적 이슈를 소재로 단편 영화 또는 다큐멘터리 기획안과 시놉시스 작성), 스토리보드 제작(문학 작품의 주요 장면을 선정하여 영상 연출을 위한 콘티 작성 및 촬영 계획 수립), 숏폼 콘텐츠 제작(문학적 메시지를 시각화하는 짧은 영상 제작) 등을 수행할 수 있습니다.

3. 교과세특 탐구주제

- 문학적 서사를 영상 문법으로 변환할 때 고려해야 할 시나리오의 구조적 특징 연구
- 단편 영화 제작 과정을 통해 알아보는 프리 프로덕션(기획) 단계의 중요성과 역할 탐구
- 유튜브 등 뉴미디어 플랫폼의 영상 문법(자막, 컷 편집)이 전통적 서사 구조에 미친 영향 탐구
- 영상의 미장센(화면 구성)이 스토리텔링과 인물의 심리 묘사에 기여하는 방식에 관한 제작 실습
- 동일한 주제를 소설(텍스트)과 영상(이미지)으로 각각 표현해보고 매체별 전달 효과의 차이 분석

4. 독서연계 탐구주제

● 로버트 맥키의 스토리(로버트 맥키, 민음인, 2024)

전 세계 시나리오 작가들의 바이블로 불리는 이 책은 단순히 글쓰기 기술을 넘어, 사람의 마음을 움직이는 '이야기'의 본질과 원칙을 다룬다. 주인공의 욕망, 갈등의 고조, 클라이맥스의 반전 등 서사를 구축하는 핵심 요소들을 체계적으로 설명하여, 학생들이 막연한 아이디어를 탄탄한 구조를 갖춘 시나리오나 소설로 확장하고 발전시키는 데 결정적인 도움을 줄 수 있다.

- ▶ 관객의 정서적 몰입을 이끌어내는 스토리텔링의 설계 방식 분석
- ▶ 캐릭터의 욕망과 갈등 구조가 서사의 추진력에 미치는 영향 탐구
- ▶ 이야기 구조의 원칙을 적용한 자신의 시놉시스 분석 및 보완 연구

● 필름메이커의 눈(구스타보 메르카도, 비즈앤비즈, 2011)

영화를 찍는다는 것은 곧 '무엇을 보여주고 무엇을 보여주지 않을지' 결정하는 것이다. 이 책은 롱 숏, 클로즈업, 오버 더 숄더 등 다양한 숏(Shot)의 종류와 구도가 가지는 심리적, 서사적 효과를 풍부한 영화 스틸컷과 함께 설명하고 있다. 학생들이 카메라를 들기 전에 '왜 이 장면을 이렇게 찍어야 하는가'에 대한 연출적 근거를 마련해 주는 실전적인 영상 제작 입문서이다.

- ▶ 다양한 숏(Shot)의 종류와 구도가 관객의 심리에 미치는 효과 분석
- ▶ 영화적 화면 구성(미장센)이 서사 전달과 분위기 조성에 기여하는 기능 탐구
- ▶ 시나리오 지문을 실제 촬영을 위한 숏 리스트와 콘티로 시각화하는 과정 연구

5. 토의/토론을 위한 생각 나눔 주제

- 좋은 시나리오는 화려한 대사보다 치밀한 구조에서 나온다는 주장에 동의하는가?
- 감독의 연출 의도와 관객의 해석이 다를 때, 그 작품의 진정한 의미는 어디에 있는가?
- 문학적 묘사의 빈틈을 영상이 구체적으로 채워주는 것은 상상력의 제한인가, 확장인가?
- AI기반 영상 제작 기술의 발전은 누구나 예술가가 될 수 있는 기회인가, 창작의 평준화인가?

6. 진로 희망 계열과의 연계

인문과학 계열	**스토리텔링 기획자:** 인문학적 소양을 바탕으로 사회적 메시지를 담은 콘텐츠 기획안을 작성한다. 고전이나 역사적 사실을 현대적 감각의 시나리오나 웹소설 소재로 발굴하고 구체화하는 기획서를 만든다.
사회과학 계열	**단편 영화 연출 및 제작:** 직접 쓴 시나리오를 바탕으로 콘티를 작성하고 촬영, 편집 과정을 거쳐 단편 영상을 완성한다. 조명, 음향, 카메라 워크 등 영상 언어를 활용하여 자신의 연출 의도를 구현한다.
응용예술 계열	**비주얼 스토리텔링 및 굿즈 디자인:** 문학 작품의 핵심 이미지나 분위기를 시각화하여 포스터, 앨범 커버, 캐릭터 상품 등으로 디자인한다. 텍스트의 감동을 시각 디자인 영역으로 확장하는 콘텐츠 굿즈를 기획한다.

> [12문영01-05] **(1)소재가 유사한 문학 작품과 영상물을 비교**하면서 **(2)통합적으로 수용**한다.

1. 기본 개념

(1) 소재의 유사성과 관점의 차이 비교(지식·이해)
- 소재와 주제: 동일 소재라도 작가와 감독의 관점에 따라 주제가 다르게 구현됨을 파악함
- 형상화 방식: 문학(서술·묘사)과 영상(연출·편집)이 소재를 구체화하는 방식의 차이를 비교함
- 매체 간 보완: 각 매체의 특성이 상호 보완하여 의미를 확장하는 양상을 분석함

(2) 합리적 근거에 따른 통합적 수용(적용)
- 비판적 비교: 매체의 우열을 떠나 미학적 성취와 한계를 타당한 근거로 평가함
- 입체적 감상: 문학의 깊이와 영상의 감각을 종합하여 작품 의미를 입체적으로 재구성함
- 주체적 재해석: 비교 분석을 바탕으로 자신만의 관점에서 작품 가치를 새롭게 규정함

2. A등급 성취 수준의 이해

성취수준	성취기준별 성취수준
A	①유사한 소재를 서로 다른 관점과 형식으로 형상화한 문학 작품과 영상물을 다양하게 찾아 ②소재에 대한 관점을 비교하고 ③형상화 방식 등을 비교하여, ④합리적이고 타당한 근거를 바탕으로 ⑤통합적으로 수용할 수 있다.

구성 요소	핵심 의미	적용
① 유사한 소재를 형상화한 작품을 다양하게 탐색	동일한 사건, 인물, 제재를 다룬 다양한 매체의 텍스트를 주도적으로 수집하고 선정함	'재난'을 소재로 한 소설, 영화, 다큐멘터리를 찾아 목록화하고 비교 대상을 선정함
② 소재에 대한 관점 비교	작가와 감독이 대상을 바라보는 태도(비판/옹호/관조)의 차이를 대조함	'전쟁'을 다룰 때 소설과 영화가 집중하는 관점 차이를 비교함
③ 형상화 방식 등 비교	주제를 드러내기 위해 사용된 매체별 표현 기법(서술 vs 연출)의 차이를 분석함	소설의 '1인칭 주인공 시점'과 영화의 '핸드헬드 카메라'가 주는 현장감의 차이를 기술적으로 비교함
④ 합리적이고 타당한 근거 제	막연한 감상이 아닌, 작품 내적 장치(시점, 미장센)와 외적 맥락(시대 배경)을 근거로 제시함	두 작품의 다른 결말을 시대적 상황과 매체의 상업적 특성을 근거로 논리적으로 비교.분석함
⑤ 통합적으로 수용	매체의 차이를 '틀림'이 아닌 '다름'으로 인식하고, 상호 보완적으로 의미를 종합·내면화함	문학의 깊은 사유와 영상의 감각적 충격을 종합하여, 해당 소재에 대한 자신만의 확장된 시각을 정립함

▶ **[12문영01-05]을 높은 수준으로 성취했다는 것을 증명하기 위해!**
소재 비교 분석(특정 소재를 다룬 소설과 영화를 선정하여 주제 구현 방식 비교.분석), 통합적 비평문 쓰기(동일한 원작을 둔 영화와 드라마를 비교하며 매체별 각색 전략과 미학적 성취를 평가), 매체 재구성 기획(소설의 특정 장면을 영상화하거나 영화의 한 장면을 소설로 개작) 등을 수행할 수 있습니다

3. 교과세특 탐구주제

- 동일 소재를 다룬 소설과 영화의 서사 전개 방식과 결말의 차이 분석
- 성장 소설과 청춘 영화에 나타난 '자아 정체성' 탐색 과정의 형상화 방식 비교
- 역사적 사건을 재현하는 문학의 기억 방식과 영상의 기록 방식에 대한 비교 연구
- SF 소설과 영화에서 '인공지능(AI)'을 바라보는 관점의 차이와 기술에 대한 철학적 사유 비교
- 고전 문학의 '권선징악' 주제가 현대 영화에서 어떻게 비틀어지거나 계승되는지 통합적으로 고찰

4. 독서연계 탐구주제

■ 문학과 영화의 상상력 이해(신기용, 이바구, 2022)

문학과 영화가 상상력을 발휘하여 이야기를 형상화하는 방식을 비교 분석한 이론서이다. 특히 <춘향전>, <장화홍련전> 등 우리에게 익숙한 고전 서사가 현대 영화로 변용될 때 소재와 주제가 어떻게 재해석되는지 구체적인 사례를 통해 설명한다. '상상력'이라는 키워드를 중심으로 두 매체의 공통 분모와 차이점을 명쾌하게 짚어주어 통합적 수용의 기초를 다지기에 적합한 책이다.

- ▶ 동일 소재의 매체 간 변용이 대중의 가치관 변화에 미치는 영향 연구
- ▶ 고전 서사의 현대적 영상화 과정에서 나타나는 소재의 재해석 양상 탐구
- ▶ 문학적 상상력(텍스트)과 영화적 상상력(이미지)의 형상화 원리 비교 분석

■ 문학과 영화로 인성을 디자인하다(안영희, 계명대학교출판부, 2021)

<나미야 잡화점의 기적>, <82년생 김지영>, <기생충> 등 대중적인 소설과 영화 15편을 선정하여, '치유', '자존감', '공동체 윤리' 등의 테마로 비교 분석한 책이다. 유사한 소재를 다룬 텍스트와 영상이 독자와 관객에게 어떤 위로와 성찰을 주는지 인문학적 관점에서 통합적으로 고찰한다. 학생들이 친숙한 작품을 통해 매체 간의 관점 차이를 이해하고 삶의 태도를 성찰하는 데 도움을 주는 책이다.

- ▶ 작품 속 인물의 선택을 통해 본 삶의 태도와 가치관의 통합적 수용 및 성찰
- ▶ 동일 소재를 다룬 문학과 영화가 인물의 내면 상처를 형상화하는 방식 비교
- ▶ 사회적 쟁점(차별, 빈부격차)을 다루는 소설과 영화의 주제 의식 전달 효과 분석

5. 토의/토론을 위한 생각 나눔 주제

- 역사적 사실을 소재로 한 작품에서 '상상력(허구)'의 허용 범위는 어디까지인가?
- 영상 매체의 구체성은 문학적 상상력을 제한하는가, 아니면 구체화하여 돕는가?
- 감독의 재해석이 원작자의 의도와 상충될 때, 이를 창조적 변용으로 볼 수 있는가?
- 동일 사건을 다룰 때, 문학의 '서술'과 영상의 '보여주기' 중 더 적합한 방식은 무엇인가?

6. 진로 희망 계열과의 연계

인문과학 계열	**비교 문학 연구:** '죽음'이나 '사랑' 등 보편적 소재가 시대와 매체(고전 소설 vs 현대 영화)에 따라 어떻게 다르게 형상화되는지 비교하고, 그 이면에 담긴 시대정신의 변화를 탐구한다.
연극·영화 계열	**각색과 연출 분석:** 원작 소설의 특정 장면을 선정하여 영화, 드라마, 연극 등 다양한 매체에서 어떻게 연출(미장센, 조명, 연기)되었는지 비교 분석하고, 매체별 연출 의도의 차이를 비평한다.
응용예술 계열	**소재의 시각적 재해석:** 문학 작품 속 핵심 소재(예: 별, 꽃)가 영상에서 시각적으로 구현되는 방식을 분석하고, 이를 바탕으로 해당 소재를 현대적 감각의 일러스트나 엠블럼으로 디자인한다.

[12문영01-06] **(1)문학 작품과 영상물을 효과적으로 전달할 수 있는 경로와 매체를 (2)선택하여 공유**한다.

1. 기본 개념

(1) 경로와 매체의 특성 이해(지식·이해)
- 플랫폼의 특성: 유튜브, 블로그 등 각 매체의 주 이용자층과 콘텐츠 전달 방식의 차이를 파악함
- 알고리즘과 확산: 콘텐츠가 추천되고 확산되는 디지털 매체의 기술적 원리와 파급력을 이해함
- 타겟 오디언스: 작품의 주제와 성격에 가장 적합한 수용자 집단을 설정하고 접근성을 고려함

(2) 능동적 선택과 소통 전략(적용)
- 최적의 경로 선택: 작품의 특성과 기획 의도에 가장 부합하는 최적의 플랫폼을 선정함
- 상호 소통: 댓글이나 라이브 방송 등을 통해 수용자와 쌍방향으로 의견을 교환하며 소통함
- 정보 선별과 정체성: 소개글 등을 전략적으로 구성하여 매체의 고유한 정체성을 확립함

2. A등급 성취 수준의 이해

성취수준	성취기준별 성취수준
A	①문학과 영상의 특성, 경로와 매체의 영향력을 고려하며 ②문학 작품과 영상물을 효과적으로 전달할 수 있는 경로와 매체를 능동적으로 선택하고 ③공유하며 ④적극적으로 소통하는 태도를 지닐 수 있다.

구성 요소	핵심 의미	적용
① 특성, 경로와 매체의 영향력을 고려	작품의 형식과 매체에 따른 플랫폼별 파급력과 수용자 반응의 차이를 분석함	긴 호흡의 소설은 텍스트 기반 플랫폼이, 짧은 영상은 숏폼 영상 플랫폼이 효과적임을 파악함
② 전달 경로와 매체를 능동적으로 선택	자신의 기획 의도와 예상 수용자에게 가장 적합한 유통 채널을 결정함	10대 독자를 겨냥한 웹소설을 연재하기 위해 모바일 접근성이 높은 특정 웹소설 플랫폼을 선택함
③ 효과적으로 공유	선택한 플랫폼의 문법(해시태그, 썸네일, 업로드 시간 등)을 활용하여 도달률과 가시성을 높임	영상의 핵심 메시지를 담은 강렬한 썸네일과 검색 키워드를 활용하여 잠재 관객의 클릭을 유도함
④ 적극적으로 소통	단순히 게시하는 것에 그치지 않고, 수용자의 피드백에 반응하며 관계를 형성하고 작품을 발전시킴	독자의 댓글에 답글을 달거나, 영상을 제작하여 창작 의도를 설명하고 독자의 해석을 경청함
⑤ 소통하는 태도 형성	공유와 소통을 일회성 이벤트가 아닌 지속적인 문화 활동으로 인식하고 책임감 있게 참여함	정기적인 업로드 일정을 지키고, 건전한 비판을 수용하며 건강한 소통의 장을 만듦

▶ **[12문영01-06]을 높은 수준으로 성취했다는 것을 증명하기 위해!**
채널 운영 기획(자신의 창작물을 연재할 가상의 채널을 설정하고, 플랫폼 특성에 맞춘 정체성 확립 및 운영 전략 수립), 플랫폼 비교 분석(동일 콘텐츠가 다양한 플랫폼에서 소비되는 양상과 반응의 차이 연구), 작품 추천 활동(문학 작품이나 영상을 특정 주제로 묶어 소개 및 공유) 등을 수행할 수 있습니다.

3. 교과세특 탐구주제

- 플랫폼별 알고리즘 특성에 따른 콘텐츠 도달률과 확산 전략 비교 연구
- 텍스트 기반 플랫폼과 영상 기반 플랫폼의 정보 전달 방식과 수용자 반응 비교
- 숏폼 콘텐츠의 유행이 문학 작품이나 영화의 홍보 마케팅 전략에 미친 변화 탐구
- '북튜버'나 '영화 리뷰어'의 콘텐츠 전달 전략이 원작 판매 및 관람에 미치는 상관관계 조사
- 웹툰이나 웹소설의 플랫폼별 연재 방식(유료/무료 등)이 작품의 흥행과 수용에 미치는 효과 연구

4. 독서연계 탐구주제

▪ 플랫폼의 생각법(이승훈, 한스미디어, 2022)

구글, 애플, 유튜브 등 거대 플랫폼 기업들이 어떻게 시장을 지배하고 소통의 방식을 변화시켰는지 분석한 책이다. 플랫폼의 본질이 '양면 시장'을 연결하는 데 있음을 밝히며, 창작자가 플랫폼을 단순한 도구가 아닌 생태계로 이해해야 함을 역설한다. 개정판을 통해 최신 트렌드와 알고리즘의 원리까지 다루고 있어, 학생들이 공유의 공간인 '플랫폼'을 전략적으로 이해하는 데 도움을 주는 책이다.

- ▶ 플랫폼의 양면 시장 구조와 창작자-수용자 간의 연결 메커니즘 분석
- ▶ 알고리즘의 원리가 콘텐츠의 노출과 확산에 미치는 영향 및 대응 전략 탐구
- ▶ 성공한 플랫폼의 공통된 소통 방식과 이를 활용한 개인 채널 운영 전략 수립

▪ 콘텐츠가 전부다 2(노가영, 미래의창, 2021)

콘텐츠 미디어 산업 전문가가 넷플릭스, 유튜브, 디즈니 등 글로벌 미디어 기업들의 콘텐츠 전략을 분석한 책이으로 플랫폼 전쟁 시대에 결국 승리하는 것은 '매력적인 스토리'와 '확실한 IP(지식재산)'임을 강조한다. 문학이나 영상 작품이 어떤 경로를 통해 유통되고, 어떻게 대중의 시간을 점유하는지 산업적 관점에서 통찰하게 해주며 콘텐츠 공유 전략을 고민하고 계획하는 데 도움을 줄 수 있다.

- ▶ 글로벌 OTT 플랫폼의 오리지널 콘텐츠 전략과 문학 IP의 영상화 관계 연구
- ▶ 플랫폼별 주 이용자층의 특성에 따른 맞춤형 콘텐츠 기획 및 유통 전략 분석
- ▶ 슈퍼 IP(지식재산)가 다양한 플랫폼을 넘나들며 세계관을 확장하는 방식 탐구

5. 토의/토론을 위한 생각 나눔 주제

- 알고리즘에 의한 콘텐츠 추천은 편리함인가, 취향의 통제인가?
- 조회수를 높이기 위한 자극적인 썸네일은 허용 가능한 전략인가?
- 온라인 플랫폼의 '좋아요'와 '구독' 수는 작품의 예술적 가치를 대변하는가?
- 창작물에 대한 악성 댓글 차단 기능은 표현의 자유 침해인가, 창작자 보호인가?

6. 진로 희망 계열과의 연계

언어·문학 계열	**북 큐레이션 및 에디팅:** 문학 작품의 감동을 효과적으로 전달하기 위해 카드뉴스, 북트레일러, 뉴스레터 등 다양한 매체로 재가공하여 공유하고, 독자 반응을 분석하여 출판 마케팅 전략을 연구한다.
컴퓨터·통신 계열	**플랫폼 알고리즘 분석:** 영상 공유 플랫폼이나 OTT의 추천 알고리즘 원리를 탐구하고, 사용자에게 양질의 문학·영상 콘텐츠를 효과적으로 연결해 줄 수 있는 새로운 추천 알고리즘 모델을 제안한다.
연극·영화 계열	**콘텐츠 배급 및 프로그래밍:** 단편 영화나 영상물을 상영할 수 있는 온·오프라인 플랫폼(영화제, OTT, 영상 공유 사이트 등)을 조사하고, 타겟 관객층에 맞춰 가장 효과적인 배급 경로와 홍보 전략을 기획한다.

[12문영01-07] (1)문학과 영상에 관련된 진로와 분야에서 (2)요구하는 문화적 소양에 대해 탐구한다.

1. 기본 개념

(1) 진로와 분야의 다양성(지식·이해)
- 창작 및 제작 분야: 시나리오 작가, 감독, 웹툰 작가 등 콘텐츠를 직접 생산하는 직군
- 비평 및 매개 분야: 평론가, 기자, 편집자 등 작품을 해석하고 대중에게 전달하는 직군
- 기술 및 융합 분야: VFX 전문가, 무대 디자이너 등 기술과 예술, 법률이 융합된 직군

(2) 요구되는 문화적 소양(지식·이해)
- 인문학적 상상력: 인간과 사회에 대한 깊은 이해를 바탕으로 독창적인 이야기를 만드는 능력
- 소통과 협업 능력: 다수가 모여 일하는 환경에서 타인을 존중하고 의견을 조율하는 태도
- 트렌드와 통찰력: 미디어 환경과 대중의 기호를 읽고 콘텐츠의 사회적 가치를 판단하는 안목

2. A등급 성취 수준의 이해

성취수준	성취기준별 성취수준
A	①문학과 영상에 관련된 진로와 분야를 다양하게 ②능동적으로 탐색하고, ③진로와 분야에서 요구하는 문화적 소양을 ④종합적으로 살피면서 ⑤진로 탐구에 주체적으로 참여하는 태도를 지닐 수 있다.

구성 요소	핵심 의미	적용
① 문학과 영상에 관련된 진로와 분야를 다양하게 탐색	문학과 영상이 결합된 다양한 직업군의 정보와 현황을 폭넓게 수집함	드라마 작가뿐만 아니라 OTT 자막 번역가, 웹소설 MD 등 세분화된 직업의 세계를 조사함
② 능동적으로 탐색	정보 탐색은 물론 현직자 인터뷰나 직업 체험 등을 통해 해당 분야를 깊이 있게 파고듦	현직자 인터뷰를 분석하거나 직무 체험 과정에 참여하여 현장의 실체를 구체적으로 파악함
③ 요구하는 문화적 소양 탐구	해당 직업인이 갖추어야 할 핵심 역량이 무엇인지 탐구함	희망하는 직무를 수행하기 위해 필수적인 핵심 역량이 무엇인지 명확히 이해함
④ 종합적으로 고려	직업적 기술뿐만 아니라 직업 윤리, 소통 능력 등 인성적·태도적 자질까지 입체적으로 고려함	직업적 기능뿐만 아니라 직업 윤리, 협업 능력, 리더십 등 해당 분야에서 요구되는 자질을 입체적으로 파악함
⑤ 주체적으로 참여	탐색한 내용을 바탕으로 자신의 진로 로드맵을 설계하고, 필요한 역량을 기르기 위해 스스로 노력함	자신의 롤모델을 정해 구체적인 노력 과정을 계획하고, 관련 동아리 활동을 통해 실질적인 경험을 쌓음

▶ **[12문영01-07]을 높은 수준으로 성취했다는 것을 증명하기 위해!**
진로 로드맵 설계(희망 진로를 구체화하여 필요한 학업 계획을 담은 장기적 성장 계획표 작성), 가상 인터뷰 진행(희망 분야 전문가 가상 질문지와 답변을 구성해보며 직업 이해도 높이기), 포트폴리오 제작(수업 중 창작한 시놉시스, 비평문, 기획안을 모아 포트폴리오 만들기) 등을 수행할 수 있습니다.

3. 교과세특 탐구주제

- 문학과 영상 분야 유망 직종의 직무 특성과 필요 역량 조사
- 문학적 소양이 영상 콘텐츠 제작의 완성도에 기여하는 구체적인 사례 연구
- 감독이나 작가의 생애와 작품 활동을 통해 본 예술가로서의 직업의식과 태도 탐구
- 인공지능 기술 발달이 시나리오 작가나 영상 편집자의 직무와 미래 전망에 미치는 영향 분석
- 콘텐츠 산업 현장에서 요구되는 협업의 중요성과 의사소통 갈등 해결 사례에 관한 보고서 작성

4. 독서연계 탐구주제

■ 10대와 통하는 영화 이야기(이지현, 철수와영희, 2023)

청소년을 위해 영화의 역사부터 제작 과정, 그리고 영화와 관련된 다양한 직업(감독, 시나리오 작가, 배우, 촬영 감독 등)을 알기 쉽게 소개한 책이다. 영화가 단순히 오락물이 아니라 인문학적 소양과 사회적 시선을 담아내는 매체임을 강조하며, 영화인이 되기 위해 갖추어야 할 태도와 가치관을 안내한다. 진로를 고민하는 학생들이 영화 분야의 직업 세계를 전반적으로 조망하기에 좋은 입문서이다.

▶ 영화 제작 과정에 참여하는 다양한 직업군의 역할과 협업 구조 분석
▶ 영화인이 되기 위해 필요한 인문학적 소양과 사회를 바라보는 관점 탐구
▶ 자신의 흥미와 적성을 고려하여 영화 관련 세부 진로를 탐색하고 로드맵 설계

■ 드라마 만드는 사람(송진선, 알에이치코리아, 2025)

화려해 보이는 드라마 산업의 이면에서 실제로 드라마를 만드는 사람들의 치열한 현장 이야기를 담은 책이다. 프로듀서, 작가, 감독 등 드라마 제작의 핵심 주체들이 어떤 고민을 하며 일하는지, 하나의 작품이 탄생하기까지 어떤 과정과 노력이 필요한지를 생생하게 보여준다. 막연하게 방송 분야를 꿈꾸는 학생들에게 구체적인 직무 정보와 현장의 실제를 소개하는 안내서이다.

▶ 드라마 제작 PD와 작가의 직무 차이 및 상호 협력 관계 탐구
▶ 콘텐츠 산업의 변화에 따른 드라마 제작 환경의 변화와 미래 직업 전망 조사
▶ 성공적인 드라마를 만들기 위해 제작진에게 요구되는 기획력과 위기 관리 능력 분석

5. 토의/토론을 위한 생각 나눔 주제

- 예술가에게 재능과 노력 중 무엇이 더 중요한 성공 요인인가?
- 미래 사회에 AI가 대체할 수 없는 문학·영상 분야의 인간 고유 영역은 무엇인가?
- 콘텐츠 창작자는 대중의 기호에 영합해야 하는가, 자신의 예술혼을 고집해야 하는가?
- 자신이 좋아하지 않는 장르의 작품도 제작해야 하는 직업적 상황을 어떻게 받아들일 것인가?

6. 진로 희망 계열과의 연계

언어·문학 계열	**출판 및 미디어 기획:** 문학 전공 지식을 살려 소설을 원작으로 한 영상화 기획안을 작성하거나, 웹소설/웹툰 플랫폼의 편집자(PD)가 되어 작품을 발굴하고 큐레이션 하는 직무를 모의 체험한다.
사회과학 계열	**미디어 저널리스트 연구:** 사회 현상을 심층 취재하여 다큐멘터리나 르포르타주로 제작하는 저널리스트의 역할을 탐구하고, 사회적 쟁점을 다루는 영상 제작자에게 필요한 윤리 의식과 사회적 책무를 분석한다.
연극·영화 계열	**아티스트 및 스태프 연구:** 영화감독, 촬영감독, 조명감독 등 세부 전공 분야의 역할을 심층 조사하고, 해당 분야의 거장(Master)들이 추구했던 예술 철학을 분석하여 자신의 예술관을 정립한다.

[12문영01-08] **(1)문학 작품과 영상물을 비판적으로 수용**하며 **(2)자신의 삶을 성찰**한다.

1. 기본 개념

(1) 비판적 수용(지식·이해)
 - 사회문화적 맥락: 작품 창작 당대의 시대적 배경과 사회적 통념의 영향을 분석함
 - 주체적 관점: 자신의 가치관과 경험을 근거로 작품의 의미를 주체적으로 재구성함
 - 이데올로기 비판: 작품 속에 내재된 편견, 권력 관계, 지배적 가치관을 비판적으로 해석함

(2) 삶의 성찰(적용)
 - 자아 성찰: 인물의 삶을 거울삼아 자신의 내면을 성찰하고 삶의 태도를 점검함
 - 타자 이해: 타인의 고통과 삶에 공감하며 인식의 지평을 공동체로 확장함
 - 가치의 내면화: 작품의 가치를 자신의 삶에 적용하여 실천적인 변화를 모색함

2. A등급 성취 수준의 이해

성취수준	성취기준별 성취수준
A	①사회문화적 맥락을 고려하여 문학 작품과 영상물을 ②주체적인 관점에서 ③비판적으로 수용하며 ④공동체 속 자신의 삶을 ⑤성찰할 수 있다.

구성 요소	핵심 의미	적용
① 사회문화적 맥락 고려	텍스트가 생산된 시대적 상황과 사회적 통념이 작품에 어떻게 반영되었는지 파악함	산업화 시기의 소설과 현대 영화를 비교하며 시대에 따른 가치의 변화를 맥락적으로 이해함
② 주체적 관점 형성	비평가나 대중의 평가에 휘둘리지 않고, 스스로 질문을 던지며 작품의 가치를 판단함	대중적으로 흥행한 영화라도 자신의 윤리적 기준이나 가치관에 비추어 주체적으로 재평가함
③ 비판적 수용	작품 내적 미학과 외적 이데올로기를 날카롭게 분석하여 수용 여부를 결정함	영상의 화려한 연출 이면에 숨겨진 상업주의나 특정 계층에 대한 차별적 시선을 비판적으로 가려냄
④ 공동체 속 자신의 삶 인식	개인적 감상을 넘어, 작품 속 문제가 내가 속한 공동체와 어떤 관련이 있는지 확장함	다큐멘터리를 보고, 개인의 주장이 공동체의 지속 가능성을 해치지 않는지 고민함
⑤ 성찰하기	작품을 통해 얻은 깨달음을 바탕으로 자신의 생각과 행동을 수정하고 성숙한 삶을 지향	인물의 도덕적 딜레마를 통해 나를 돌아보고, 성장을 위한 구체적인 다짐을 기록함

▶ **[12문영01-08]을 높은 수준으로 성취했다는 것을 증명하기 위해!**
자아 성찰 에세이 쓰기(인물의 갈등을 자신의 경험과 연결하여 가치관을 점검하는 글 작성), 비판적 리뷰 영상 제작(사회적 통념을 다룬 작품을 선정하여 비판적 시각에서 논평), 가치 사전 만들기(작품 속 핵심 키워드를 자신의 언어로 재정의하여 포트폴리오 제작) 등을 수행할 수 있습니다.

3. 교과세특 탐구주제

- 디스토피아 SF 작품들을 통해 본 기술 만능주의 경계와 인간 소외 문제 성찰
- 성장 서사 작품에 나타난 주인공의 시련 극복 과정과 나의 진로 태도 비교 성찰
- 다큐멘터리 영화가 사회적 약자를 재현하는 방식 비판과 공동체적 연대 의식 고찰
- 특정 시기의 문학과 영화에 나타난 청년 세대의 고민과 사회적 현실의 상관관계 분석
- 고전 소설 속 인물의 삶을 현대적 관점에서 재해석하고 시대를 초월하는 보편적 가치 탐구

4. 독서연계 탐구주제

■ 영화와 함께하는 현대 사회(차경호 외, 해냄에듀, 2025)

현직 역사·사회 교사들이 모여 인권, 노동, 차별, 혐오 등 현대 사회의 뜨거운 쟁점을 영화를 통해 읽어낸 책이다. <1917>, <미안해요, 리키>, <그린 북> 등 12편의 영화를 통해 텍스트 이면에 숨겨진 사회문화적 맥락을 분석하고 공동체 시민으로서 갖추어야 할 비판적 안목을 기르도록 돕는다. 영화라는 친숙한 매체를 통해 복잡한 사회 문제를 쉽고 깊이 있게 이해하도록 돕는 책이다.

- ▶ 영화 속 사회적 갈등 상황을 현실의 문제와 연결하여 비판적으로 분석하기
- ▶ 작품을 통해 공동체의 가치와 정의에 대해 질문하고 자신의 시민 의식 점검
- ▶ 미디어가 특정 계층이나 사회 문제를 재현하는 방식에 대한 비평적 에세이 작성

■ 영화가 너의 고민을 들어줄 거야(이다혜, 가나출판사, 2016)

현<씨네21> 기자인 작가가 청소년들의 진로, 관계, 자존감 등 30가지 고민에 대해 영화 속 이야기로 답하는 책이다. 영화 속 주인공들이 겪는 시련과 성장의 과정을 통해, 학생들은 자신의 삶을 객관적으로 바라보고 스스로 해답을 찾는 성찰의 힘을 얻을 수 있다. 영상을 비판적으로 수용하고 자신의 삶에 적용하는 구체적인 방법을 안내하는 훌륭한 멘토의 역할을 담당할 책이다.

- ▶ 영화 속 등장인물의 딜레마 상황과 나의 고민을 연결하여 해결 방안 모색
- ▶ 성장 영화에 나타난 주인공의 자아 정체성 확립 과정과 나의 진로 태도 비교
- ▶ 영화를 통해 사회적 편견과 차별을 인식하고 이를 개선하기 위한 실천적 태도 함양

5. 토의/토론을 위한 생각 나눔 주제

- 문학 작품과 영화는 반드시 도덕적이고 교훈적이어야 하는가?
- 과거의 명작이라도 현대의 인권 감수성에 맞지 않는다면 비판받아야 하는가?
- 타인의 고통을 다룬 예술 작품을 감상하는 것은 공감인가, 불행의 소비인가?
- 공동체의 이익과 개인의 자유가 충돌하는 서사에서 나는 어떤 선택을 할 것인가?

6. 진로 희망 계열과의 연계

인문과학 계열	**인문학적 비평과 성찰:** 문학 작품이 다루는 인간의 본원적 고뇌(죽음, 사랑, 이별)를 철학적 관점에서 비평하고, 이것이 현대인의 삶에 어떤 위로와 통찰을 주는지 분석하는 에세이를 작성한다.
사회과학 계열	**사회 문제와 공동체 윤리:** 빈부격차, 환경 파괴 등 사회적 문제를 다룬 영상물을 분석하여 미디어가 대중의 시민 의식 형성에 미치는 영향을 탐구하고, 공동체의 변화를 위한 캠페인을 기획한다.
중등교육 계열	**가치 교육 프로그램 개발:** 문학이나 영화를 활용하여 청소년들이 올바른 가치관을 형성하고 자아를 성찰할 수 있도록 돕는 도덕/윤리 교육 수업 지도안이나 활동지를 구안한다.

[12문영01-09] **(1)문학 작품과 영상물을 통해 창의적 사고를 표현**하고 **(2)세계와 적극적으로 소통**하는 태도를 가진다.

1. 기본 개념

(1) 창의적 사고와 표현(지식·이해)
- 창의적 발상: 기존 관습을 비틀거나 낯설게 하기 기법을 활용하여 독창적인 시각을 도출함
- 매체 융합 표현: 다양한 매체 언어를 복합적으로 활용하여 주제를 형상화함
- 심미적 구현: 내용의 독창성을 넘어 형식적 아름다움과 완성도를 갖춘 예술적 결과물을 제작함

(2) 세계와의 소통과 태도(적용)
- 소통의 확장: 개인적 감상을 넘어 작품을 매개로 타인, 사회, 세계와 관계를 맺고 의미를 나눔
- 사회적 참여: 콘텐츠를 통해 공동체의 문제에 대해 발언하고 해결책을 모색하는 실천적 태도
- 공감과 연대: 타인과 사회의 이야기에 귀 기울이고 콘텐츠를 통해 정서적 연대를 형성함

2. A등급 성취 수준의 이해

성취수준	성취기준별 성취수준
A	①문학 작품과 영상물을 창작하면서 창의적 사고를 능동적으로 표현하고 ②독자 및 시청자와 적극적으로 소통하며 ③ 공동체의 문제에 ④주체적으로 참여하는 ⑤태도를 지닌다.

구성 요소	핵심 의미	적용
① 창의적 사고를 능동적으로 표현	추상적인 아이디어를 매체 특성에 맞게 독창적인 결과물로 형상화함	평범한 일상을 '브이로그'나 '에세이'로 표현하되, 독특한 시점이나 편집으로 낯선 의미를 부여함
② 독자 및 시청자와 적극적으로 소통	창작물을 공유하여 타인의 반응을 이끌어내고 대화를 시도함	창작물을 SNS에 올리고 '챌린지'를 기획하거나 댓글을 통해 수용자와 상호 소통함
③ 공동체의 문제에 관심을 가지고 인식	개인적 유희를 넘어 사회적 이슈나 공동체의 갈등을 소재로 삼아 긍정적인 변화를 촉구함	환경 오염이나 학교 폭력 등 공동체가 직면한 문제를 다루는 콘텐츠를 기획함
④ 주체적으로 참여	미디어를 통해 세상에 선한 영향력을 행사하려는 책임감과 의지를 가지고 실천함	소외 계층의 이야기를 다룬 콘텐츠를 제작하여 펀딩을 유도하거나 인식 개선에 앞장섬
⑤ 태도 형성	창작과 소통의 과정에서 발생하는 윤리적 책임을 다하며, 지속적으로 소통하려는 자세를 갖춤	꾸준히 사회적 목소리를 내는 콘텐츠 크리에이터로서의 정체성을 확립함

▶ **[12문영01-09]을 높은 수준으로 성취했다는 것을 증명하기 위해!**
소셜 캠페인 기획(사회적 문제 해결을 위한 콘텐츠를 제작하고 SNS 확산 전략 수립), 멀티미디어 에세이(자신의 철학을 텍스트와 영상이 결합된 복합 양식으로 표현하여 발표), 참여형 콘텐츠 제작(독자나 관객의 선택에 따라 결말이 달라지는 인터랙티브 스토리텔링 창작) 등을 수행할 수 있습니다.

3. 교과세특 탐구주제

- 텍스트와 이미지의 결합이 수용자의 정서적 공감에 미치는 효과 분석
- 디지털 매체를 활용한 청소년들의 사회 참여 양상과 그 파급력에 대한 조사
- 인터랙티브 스토리텔링에서 수용자의 참여가 서사 완성에 미치는 역할 탐구
- 일상적 소재를 낯설게 바라보고 영상 언어로 재해석하는 창의적 발상 훈련 및 제작
- 사회적 메시지를 담은 '공익광고'나 '캠페인 영상'의 스토리텔링 전략과 설득 효과 연구

4. 독서연계 탐구주제

● 이야기의 탄생(윌 스토, 흐름출판, 2020)

기자이자 소설가인 저자가 뇌과학과 심리학을 바탕으로 사람을 매혹하는 '이야기'의 비밀을 파헤친 책이다. 창의적인 사고란 무엇이며, 어떻게 하면 나의 이야기를 타인에게 효과적으로 전달하여 소통할 수 있는지 과학적인 근거를 들어 설명한다. 단순히 글쓰기 기술이 아니라, 인간의 본성을 꿰뚫는 스토리텔링의 원리를 통해 세상과 소통하는 법을 이해하기 쉽게 풀어내고 있다.

- ▶ 자신의 결핍과 욕망을 투영한 캐릭터 구축 및 서사 창작 실습
- ▶ 뇌과학적 관점에서 본 스토리텔링의 몰입 원리와 창의적 구성 전략 연구
- ▶ 타인의 공감을 이끌어내는 이야기의 구조적 특징과 소통의 메커니즘 분석

● 표현의 기술(유시민, 생각의길, 2016)

언론인이자 정치평론가인 작가가 글쓰기와 말하기를 통해 자신의 생각을 표현하고 타인과 소통하는 법을 담은 책이다. 온·오프라인을 넘나들며 독자의 공감을 얻고 세상을 설득하는 표현의 기술을 구체적으로 안내한다. 문학적 글쓰기뿐만 아니라 영상을 포함한 다양한 매체에서 자신의 창의적 사고를 논리적이고 감성적으로 전달하고자 하는 이들에게 실질적인 도움을 줄 수 있는 책이다.

- ▶ 대중과 소통하며 공감을 이끌어내는 표현 방식과 진정성의 힘 분석
- ▶ 자신의 생각을 독창적이고 명확하게 표현하는 글쓰기와 말하기 전략 탐구
- ▶ 사회적 이슈에 대해 자신의 관점을 담아 세상을 설득하는 논평 콘텐츠 기획

5. 토의/토론을 위한 생각 나눔 주제

- 예술가는 사회적 문제에 대해 작품으로 참여해야 할 의무가 있는가?
- 디지털 공간의 '해시태그 운동'은 실질적인 세상을 변화시킬 수 있는가?
- 대중성을 고려하지 않은 난해한 창작물도 진정한 소통이라 할 수 있는가?
- 나를 표현하는 것과 타인을 배려하는 것 중 창작 윤리의 우선순위는 무엇인가?

6. 진로 희망 계열과의 연계

언어·문학 계열	**스토리텔링 마케터:** 문학적 감수성을 바탕으로 브랜드나 상품에 고유한 서사를 부여하는 '브랜드 스토리텔링'을 기획하고, 소비자와 정서적으로 소통하는 카피라이팅을 창작한다.
사회과학 계열	**공공 캠페인 기획자:** 학교 폭력, 환경 오염 등 해결하고 싶은 사회 문제를 선정하여, 이를 대중에게 알리고 행동 변화를 유도할 수 있는 영상 캠페인이나 슬로건을 기획한다.
연극·영화 계열	**소셜 다큐멘터리 감독:** 우리 주변의 소외된 이웃이나 잊혀가는 공간을 소재로 한 단편 다큐멘터리를 기획·제작하여, 영상을 통해 공동체의 기억을 보존하고 소통하는 역할을 수행한다.

[12문영01-10] **(1)문학 작품과 영상물의 수용과 생산 활동에 따르는 윤리적 책임을 인식**하면서 **(2)주체적이고 능동적으로 참여**한다.

1. 기본 개념

(1) 사회적 영향력과 윤리적 책임(지식·이해)
- 사회적 파급력: 콘텐츠가 대중의 가치관과 사회적 의제 설정에 미치는 막대한 힘을 이해함
- 윤리적 책임: 저작권, 초상권 등 생산자가 지켜야 할 법적·도덕적 규범을 준수함
- 디지털 시민성: 온라인 공간에서 타인을 존중하며 건전한 소통 문화를 만드는 태도를 갖춤

(2) 세계와의 소통과 태도(적용)
- 매체 환경 인식: 급변하는 미디어 환경의 특성과 문제점을 파악하고 비판적으로 대응함
- 비판적 생산: 왜곡된 정보를 재생산하지 않고 사회에 기여하는 신뢰할 수 있는 콘텐츠를 기획함
- 능동적 연대: 미디어를 통해 사회적 문제 해결에 동참하고 긍정적 변화를 위한 활동에 참여함

2. A등급 성취 수준의 이해

성취수준	성취기준별 성취수준
A	①문학 작품과 영상물의 사회적 영향력을 적극적으로 의식하고 ②수용과 생산 활동에 따른 윤리적 책임을 능동적으로 인식하며 ③매체 환경의 변화를 고려한 ④수용과 생산에 ⑤주체적으로 참여할 수 있다.

구성 요소	핵심 의미	적용
① 사회적 영향력을 적극적으로 의식	콘텐츠가 개인의 정서를 넘어 여론 형성에 미치는 힘을 깨닫고 분석함	특정 영화가 사회적 약자에 대한 관심을 이끌어내어 법 개정으로 이어진 사례를 통해 영향력을 설명함
② 윤리적 책임을 능동적으로 인식	창작자로서 가져야 할 도덕적 의무감을 스스로 고민함	영상 제작 시 타인의 창작물 인용 규정을 준수하고, 출연자의 권리 보호를 최우선으로 고려함
③ 매체 환경의 변화를 고려	AI, 1인 미디어 등 기술 변화가 가져온 새로운 윤리적 쟁점을 파악함	생성형 AI가 만든 결과물의 저작권 문제나 딥페이크의 위험성을 인지하고 비판적으로 접근함
④ 수용과 생산 활동 수행	비판적 소비자이자 책임감 있는 생산자로서 균형 잡힌 시각을 유지함	가짜 뉴스나 자극적인 콘텐츠를 걸러내고, 사실에 기반한 유익한 정보를 생산하여 공유함
⑤ 주체적으로 참여	미디어를 사회 발전을 위한 소통.참여의 도구로 적극 활용함	지역 사회 문제를 다룬 캠페인 영상을 제작하거나, 미디어를 활용하여 정책을 제안함

▶ **[12문영01-10]을 높은 수준으로 성취했다는 것을 증명하기 위해!**
소미디어 윤리 강령 제정(창작자가 지켜야 할 윤리 기준을 토론하여 선언문 작성), 사회적 영향력 분석(특정 작품이 사회적 편견을 개선하거나 강화한 사례를 심층 분석), 공익 캠페인 기획(공동체 문제 해결을 위해 문학적 감수성과 영상 파급력을 결합한 소셜 캠페인 기획) 등을 수행할 수 있습니다.

3. 교과세특 탐구주제

- 알고리즘에 의한 확증 편향이 민주적 의사 결정에 미치는 영향 탐구
- 문학 및 영상 콘텐츠가 특정 사회적 이슈(환경, 인권)의 여론 형성에 미친 사례 분석
- 생성형 AI 활용 창작 과정에서 발생하는 저작권 및 창작 윤리 쟁점에 대한 찬반 토론
- 유튜브 등 뉴미디어 플랫폼의 조회수 중심주의 폐해와 이를 극복할 윤리적 대안 모색
- 혐오 표현이나 차별적 언어가 포함된 미디어 콘텐츠 모니터링 및 순화 활동 보고서 작성

4. 독서연계 탐구주제

● 미디어 리터러시 수업(김미옥 외, 학교도서관저널, 2021)

현직 교사들이 학교 현장에서 학생들과 함께 실천한 미디어 리터러시 수업 사례를 담은 책이다. 가짜 뉴스 판별, 뒷광고, 사이버 폭력 등 청소년들이 디지털 환경에서 마주하는 실제적인 윤리적 쟁점들을 구체적으로 다루고 있다. 미디어를 비판적으로 해석하고 윤리적으로 생산하며 사회와 소통하는 '디지털 시민'이자 '건강한 창작자'로 성장할 수 있도록 방향과 방법을 제시하는 책이다.

- ▶ 허위 조작 정보(가짜 뉴스)의 확산 구조 분석과 팩트 체크 실습
- ▶ 미디어 생산자로서 지켜야 할 저작권 및 초상권 가이드라인 제작
- ▶ 디지털 공간에서의 사이버 폭력 유형 분석과 건강한 소통 문화 캠페인 기획

● 미디어 리터러시 쫌 아는 10대(금준경, 풀빛, 2020)

미디어 전문 기자가 10대들의 눈높이에 맞춰 미디어의 본질과 올바른 사용법을 안내하는 책이다. 유튜브 알고리즘의 비밀, 확증 편향, 혐오 표현 등 디지털 미디어 환경의 핵심 이슈를 명쾌하게 설명한다. 단순히 미디어를 소비하는 것을 넘어, 비판적 사고를 갖춘 주체적인 사용자가 되기 위해 필요한 핵심 역량을 길러주고, 건강한 미디어 생활을 위한 구체적인 실천 지침을 제안하고 있다.

- ▶ 나를 보호하고 타인을 존중하는 슬기로운 미디어 생활 수칙 제정
- ▶ 미디어 속 혐오 표현과 차별적 시선을 찾아내고 비판적으로 분석하기
- ▶ 알고리즘 추천 시스템의 원리와 그것이 정보 편식에 미치는 영향 탐구

5. 토의/토론을 위한 생각 나눔 주제

- "악플도 관심이다"라는 말에 담긴 미디어 문화의 문제점은 무엇인가?
- 공익적 목적의 고발 영상이라도 당사자 동의 없는 촬영은 정당화될 수 있는가?
- 알고리즘이 추천하는 정보만 편식하는 것은 개인의 자유인가, 인식의 왜곡인가?
- 창작물의 표현의 자유는 어디까지 허용되어야 하며, 그 윤리적 한계는 무엇인가?

6. 진로 희망 계열과의 연계

계열	내용
인문과학 계열	**미디어 비평과 윤리:** 문학 작품의 영상화 과정에서 발생하는 원작 왜곡 논란이나 윤리적 쟁점을 비평하고, 올바른 각색의 방향과 창작 윤리에 대한 철학적 에세이를 작성한다.
사회과학 계열	**미디어 정책 및 법규 연구:** 딥페이크, 가짜 뉴스 등 신기술의 부작용을 규제하기 위한 법적 장치를 조사하고, 표현의 자유와 사회적 책임 사이의 균형을 맞추는 정책을 제안한다.
연극·영화 계열	**배리어 프리(Barrier-free) 콘텐츠 연출:** 시청각 장애인도 문학·영상 콘텐츠를 향유할 수 있도록 화면 해설이나 수어 통역이 포함된 연출 기획안을 작성하고, 모두를 위한 콘텐츠의 윤리적 가치를 탐구한다.

직무 의사소통

교과군	공통 과목			평가 정보		수능
국어	일반 선택	진로 선택	융합 선택	성취도	상대평가	✕
		●		5단계	5등급	

1. 교과 성격

'직무 의사소통' 과목은 초·중학교 국어와 고등학교 공통국어에서 다루던 내용을 바탕으로, 실제 직무 상황에서 필요한 소통 능력을 강화하도록 설계된 심화 교과이다. 듣기, 말하기, 읽기, 쓰기뿐 아니라 문법·문학·매체의 학습 요소를 직무 맥락과 연결해, 진로 탐색이나 취업을 준비하는 학습자가 현실적인 의사소통 능력을 기를 수 있도록 한다. 이를 통해 학습자는 직장 생활에서 능동적으로 참여하고 협력할 수 있는 구성원으로 성장하도록 지원받는다.

이 과목에서는 다양한 직무 환경과 공동체 문화 속에서 이루어지는 의사소통 방식을 이해하고, 상황에 맞는 정확한 표현 능력과 원활한 대인 관계 능력을 키운다. 또한 변화하는 직무 구조와 유연한 근무 형태에 대응하여 상호 존중, 의견 조율, 매체 활용 역량을 중시한다. 특히 디지털 기반 소통과 정보 처리의 중요성을 강조하며, 진로 탐색, 직무 관련 소통, 협력적 문제 해결, 자기 성장 등을 핵심 영역으로 다룬다.

2. 교과 목표

- 직무 공동체의 다양한 소통 문화와 직무 환경의 변화 양상을 이해한다.
- 직무 소통 문화와 직무 환경을 고려하여 효과적으로 직무를 수행하는 의사소통을 한다.
- 직무 환경 변화에 대응하여 지속적으로 자기를 계발하고 직무 공동체의 성장을 촉진하며 직무의사소통에 능동적·협력적으로 참여한다.

3. 내용 체계

핵심 아이디어	• 직무 의사소통은 다양한 직무 환경에서 직무 수행에 필요한 의사소통 행위이다. • 효과적인 직무 의사소통을 위해서는 목적과 맥락, 참여자 특성을 고려하여 의사소통 과정에 참여하여야 한다. • 능동적이고 협력적인 직무 의사소통은 자신과 직무 공동체의 성장과 발전의 토대가 된다.
범주	**내용 요소**
지식·이해	• 직무 의사소통의 맥락 • 목적, 맥락, 참여자 특성에 적합한 소통 • 직무 의사소통과 매체
과정·기능	• 직무에 적합하게 자기를 소개하고 면접에 참여하기 • 진로와 직무 탐색을 위해 정보를 이해하고 평가하기 • 직무 정보를 체계적으로 관리하고 활용하기 • 직무 정보를 효과적으로 조직하고 표현하기 • 대화와 협의를 통해 직무 의사소통 문제와 갈등 조정하기 • 직무 공동체의 문제에 대한 대안을 탐색하고 해결하기 • 다양한 매체를 활용해 직무 공동체 구성원과 협력 기반의 소통하기
가치·태도	• 직무 의사소통에서의 개인 권리 및 보안에 대한 책무 • 직무 환경의 변화에 대응하는 지속적인 자기 성찰 및 계발 • 직무 의사소통에의 능동적이고 협력적인 참여

직무 환경 변화, 갈등 조정 및 해결, 자기 계발과 성찰, 대인 관계 역량, 협력적 참여,
디지털 매체 활용, 정보 관리와 활용, 개인 권리 및 정보 보안 책무, 자기소개서 및 면접

[12직의01-01] 직무 의사소통의 **(1)목적과 맥락, 매체, 참여자 특성을 이해**하고 **(2)적절한 표현을 사용하여 능동적으로 소통**한다.

1. 기본 개념

(1) 직무 의사소통의 다양한 요소(지식·이해)
- 목적과 맥락: 업무 내용/지침 전달, 문제 해결을 위한 협의, 업무 지시 및 요청을 고려
- 매체: 유형별(대면, 음성, 문자, 디지털 협업 등) 특성을 알고 이에 부합하는 방식으로 소통
- 참여자 특성: 직무 소통에 참여하는 사람들의 배경, 역할, 관계를 분석하여 효과적인 관계 형성

(2) 적절한 표현과 능동적 소통(적용)
- 직무 상황과 소통 목적에 적합한 공적인 어휘 및 언어 예절을 사용하여 직무 관계를 형성함
- 내용과 의견을 체계적으로 조직하고 다양한 직무 상황에 적합하게 표현하여 효율성을 높임
- 의미 전달의 오류를 방지하기 위해 어법에 맞고 정확한 문장을 구상하여 명확하게 소통함

2. A등급 성취 수준의 이해

성취수준	성취기준별 성취수준
A	①직무 의사소통의 목적, 상황 및 맥락, 매체, 참여자 특성에 대한 이해를 바탕으로, ②어법에 맞고 정확하며 ③직무 상황에 적절한 표현을 사용하여 ④다양하고 역동적인 직무 상황에서 ⑤능동적인 태도로 효과적으로 소통할 수 있다.

구성 요소	핵심 의미	적용
① 직무 의사소통의 목적, 상황 및 맥락, 매체, 참여자 특성에 대한 이해	성공적인 직무 소통의 기반이 될 배경을 이해하는 역량	4요소(목적, 매체, 맥락, 참여자 특성)를 분석하여 의사소통 전략을 수립함
② 어법에 맞고 정확하며	직무 정보 전달 및 업무 수행 과정에서 오류 방지	대화 참여자간 오해가 발생하지않도록 명료하고 정확한 문장을 구사함
③ 직무 상황에 적절한 표현을 사용	직무 맥락, 업무에 대한 인지, 공적 관계에 대한 이해	직급, 상황, 목적 등 여러 요소를 고려해 적절하고 공적인 어휘 및 표현을 선택하여 소통함
④ 다양하고 역동적인 직무 상황	직무 상황이 다변화하는 환경 속에서 문제에 대처하는 능력	직업 유형, 직무 형태 등 다양한 상황에서도 소통 방식을 조정하며 대응함
⑤ 능동적인 태도로 효과적으로 소통	직무 공동체 성과 달성에 적극적으로 기여하는 태도	직무 소통에 주도적이고 협력적으로 참여하여 소통 목적을 효율적으로 달성함

▶ **[12직의01-01]을 높은 수준으로 성취했다는 것을 증명하기 위해!**
가상의 (혹은 실제 관심 직무의) 상황을 설정하고 이에 맞는 프레젠테이션 구상-기획-발표-성찰하기, 직무 서류(기획안 및 보고서 등) 작성하기, 평소 과제 수행을 위해 주도적으로 의견을 제시하고 문제 해결을 위해 공동으로 노력했던 과정을 기록하고 성찰하기 등을 수행할 수 있습니다.

3. 교과세특 탐구주제

- 직무 소통 과정에서 관행적으로 사용되는 잘못된 언어 표현의 사례 분석
- 협력적 직무 의사결정을 위한 협의 과정에서 '능동적 의견 제시' 전략 탐구
- 기업 유형(대기업, 스타트업, 외국계) 별 직무 공동체의 소통 문화 및 언어적 특징 분석
- 원격근무 확대 추세에 따른 직무 의사소통의 양상 변화 분석 및 효과적인 소통 방식 탐구
- 다양한 직무 공동체의 구성원을 유형별로 분류하고, 각각의 언어 습관과 소통 방식 차이 분석

4. 독서연계 탐구주제

■ 인간관계론(데일 카네기, 현대지성, 2019)

이 책은 직무 의사소통 과목의 핵심 목표 중 하나인 공동체 역량, 대인관계 역량을 기르는데 필요한 실질적인 지침을 제공한다. 특히, 상대방의 관점과 심리를 이해하고 비판 대신 격려를 통해 긍정적인 반응을 유도해 관계를 주도적으로 형성하여 협력을 이끌어내는 방법을 제시한다. 인간적인 유대와 신뢰를 바탕으로 한 효과적인 직무 소통 능력을 함양하도록 돕는다.

- ▶ 직장 내 대화 참여자 특성을 알고 대응하기' - 타인의 관점을 이해하고 상호 존중하는 사례 탐구
- ▶ 직장 내에서 능동적인 소통 전략' - 주도적으로 관계를 형성하고 상대방의 협력 이끌어내기
- ▶ 대화의 기술 습득' - 비난 대신 격려를 통해 감정적 갈등을 줄이는 공적인 대화 기술 습득하기

■ 로지컬 라이팅(데루야 하나코, 비즈니스북스, 2019)

이 책은 정확하고 효율적인 직무 표현을 실전적으로 강화하는 책이다. 글쓰기가 말하기보다 더 높은 정확성을 요구하는 직무 맥락을 분석하며, 어법에 맞고 의미가 정확한 문장으로 문서를 구성하는 방법을 제시한다. 또한, 참여자 특성을 고려하여 내용을 논리적으로 조직함으로써, 자신의 주장과 근거를 명확히 제시하고 능동적으로 원하는 업무 결과를 이끌어내는 공적인 소통 역량을 기를 수 있다.

- ▶ 비즈니스 환경에 맞는 글쓰기' - 메시지의 오해를 차단하고 정교한 글쓰기로 역량 발휘하기
- ▶ '맥킨지식 피라미드 구조 이해' - 주요한 메시지를 가장 빠르고 효과적으로 전달하는 보고서 쓰기
- ▶ '글쓰기 능력으로 인정받기' - 논리적 사고 기반의 효율적 의사 결정을 유도하며 성과 드러내기

5. 토의/토론을 위한 생각 나눔 주제

- 능동적인 소통을 활성화하기 위해 직무 공동체 내 수평적인 호칭을 의무화해야 하는가?
- 재택근무 환경에서 동료 간의 '정보 격차' 해소 및 능동적 정보 공유 시스템 구축 방안은?
- 직무 공동체의 빠른 문제 해결을 위해 '비판적 사고'보다 '긍정적 수용 태도'가 더 중요한가?
- 공식적인 업무 지시 외의 '격려'나 '사적인 대화'를 시도하는 것은 능동적 소통을 방해하는가?

6. 진로 희망 계열과의 연계

의료, 간호, 치료·보건 계열	**'긴급 상황' 시 소통의 명확성 확보 방안 탐구:** 발생 가능한 긴급 상황을 설정하고 상황의 목적, 맥락 분석을 바탕으로 의료진 간 효율적인 소통을 통해 오해 없이 조치할 수 있는 전략을 구상한다.
경영·경제, 사회과학 계열	**문화적 맥락을 고려한 소통 방안 탐구:** 다양한 문화적 배경을 가진 구성원들과의 협업에서 발생하는 어려움을 극복하고, 상호 존중을 바탕으로 공동체의 성과를 촉진할 수 있는 '다문화 직무 소통 가이드라인'을 제시한다.
디자인, 광고·홍보 계열	**클라이언트 피드백 전달 시 갈등을 줄이는 표현 전략:** 진로 계열과 관련된 상황(디자인 수정 요청 등)을 설정하고, 피드백을 주고받는 과정에서 발생할 수 있는 감정적 갈등을 최소화하는 효율적이고 공적인 소통 전략을 연구

> [12직의01-02] **(1)직무 공동체의 다양한 소통 문화와 직무 환경 변화**에 적합하게 **(2)자기를 소개하고 면접에 참여**한다.

1. 기본 개념

(1) 소통 문화와 직무 환경 변화 파악하기(지식·이해)
- 직무 공동체 소통 문화: 수직적/수평적 문화, 효율 중심/관계 중심 문화 등
- 직무 공동체의 환경 변화: 유연 근무제, 재택근무, 비대면 의사소통 업무방식 일상화 등
- 소통 문화를 분석하고 환경 변화를 이해한 것을 토대로 적합한 방식으로 의사소통에 참여하기

(2) 자기소개 및 면접(적용)
- 자기소개서 작성: 자신의 경험을 재구성하여 자신이 해당 직무에 적합함을 드러내는 글을 쓰기
- 면접 유형: 대면 면접, 비대면 면접, 개인 면접, 집단 면접, 토론 면접, 프레젠테이션 면접 등
- 면접 답변 전략: 질문 의도 파악, 구체적 경험 제시, 직무에 적합한 어휘 사용, 태도·복장·시선

2. A등급 성취 수준의 이해

성취수준	성취기준별 성취수준
A	①직무 공동체의 다양한 소통 문화에 적합하게 적응하고, ②빠른 속도의 직업 변화와 직무 환경의 많은 변화에 지속적으로 대응하면서 ③적극적이고 능동적인 태도로 자기를 능숙하게 소개하고, ④면접 답변 전략을 능숙하게 수립하여 ⑤ 적극적이고 능동적인 태도로 면접에 참여할 수 있다.

구성 요소	핵심 의미	적용
① 직무 공동체의 다양한 소통 문화에 적합하게 적응	조직의 문화를 분석하고, 이에 맞는 소통 방식, 가치관, 태도를 갖춤	지원 조직의 소통 방식 및 가치관을 분석, 이에 맞는 자기 경험을 스토리텔링으로 풀어냄
② 빠른 속도의 직업 변화와 직무 환경의 많은 변화에 지속적으로 대응	기술 발전과 환경 변화로 인한 역동적인 근무 환경에 적응하고 지속적으로 자신의 역량을 계발	직무 환경 변화 대응을 위해 새로운 기술 학습, 자격 취득 등의 노력을 구체적으로 제시함
③ 적극적이고 능동적인 태도로 자기를 능숙하게 소개	자신감 있는 태도로 강점과 직무 적합성을 명확히 전달하여 긍정적 반응을 끌어냄	직무가 요구하는 핵심 역량을 선정하고 경험을 구체적 결과로 제시해 자신의 능숙함을 증명함
④ 면접 답변 전략을 능숙하게 수립	면접 질문의 의도를 명확히 파악하고, 정확한 언어를 활용해 답변을 체계적으로 구성함	예상 면접 질문에 대한 의도를 파악하고 논리적 구조에 따라 명확한 답변을 조직함
⑤ 적극적이고 능동적인 태도로 면접에 참여	면접 질문에 대응하고, 면접관과 긍정적인 관계를 형성함으로써 성공적인 면접을 수행함	면접관에 대해 경청하는 태도를 유지하고 주도적인 자세로 자신이 직무에 적합함을 드러냄

▶ **[12직의01-02]을 높은 수준으로 성취했다는 것을 증명하기 위해!**
관심 직무군을 선정해 해당 직무의 소통 문화 및 최근 직무 환경 변화를 분석한 보고서 작성하기, 해당 직무가 요구하는 핵심 역량에 맞춰 자기소개서(혹은 직무 에세이) 작성하기, 해당 직무 면접에서 자주 출제되는 면접 문항에 대해 체계적으로 구조화한 면접 스크립트 작성 등을 수행할 수 있습니다.

3. 교과세특 탐구주제

- 희망 직무 분야의 최근 3년 내 주요 변화를 분석하고, 향후 직무 적합성 향상 방안 탐구
- 관심 기업을 선정해 소통 문화 및 핵심 가치를 탐구하고, 해당 기업에 적합한 인재상 분석
- 면접에서의 압박 및 돌발 질문 사례 선정 후, 이에 대응할 수 있는 능동적 면접 답변 전략 탐구
- 모의 면접 활동을 통해 개개인의 면접 상황 속 장단점 분석을 통해 면접 대응 방안 분석
- 직무 관련 종합 포트폴리오(직무 분석, 역량 재구성, 면접 스크립트, 자기 성찰 등) 작성

4. 독서연계 탐구주제

■ 트렌드 코리아 2026(김난도 외, 미래의창, 2025)

이 책은 '직무 환경 변화 이해'를 위해 가장 최신의 국내외 트렌드를 소개한 책이다. AI대전환이라는 거대한 환경 변화를 분석하고 이에 대응하기 위해 인간 고유의 역량을 기술과 결합하는 방향을 제시한다. 이러한 개념을 독서 활동을 통해 이해하고 자신만의 경쟁력을 갖추기 위한 방안을 독서 활동을 통해 모색하며, 트렌드에 맞는 지속적인 자기 계발의 의지와 방향에 대해 도움이 될 것이다.

▶ '직무 환경 변화 탐구하기' - 2026 소비/기술 트렌드를 이해하는 통찰 제시
▶ 새로운 시대의 조직과 소통 문화 탐구 – 인공지능의 진화가 불러온 효율적 조직 운영
▶ 불확실한 미래에 대비하는 '지속 가능한 자기 계발' - 레디코어 트렌드 탐구

■ 채용담당자가 공개하는 취업면접 합격 기술(설민준, 시대고시기획, 2025)

이 책은 '자기를 능숙하게 소개하고 면접에 참여하는 실행력'을 집중적으로 강화하는 실전 가이드이다. 특히, 면접관을 움직이는 기술, 면접 키포인트, AI면접과 PT면접의 전략적 접근법을 제시한다. 핵심 면접 질문에 대한 최적화된 답변 구상 방안을 통해 다양한 직무 상황을 시뮬레이션하고, 전략적 답변을 수립하여 능동적인 태도로 면접에 참여할 수 있는 실용적이고 기술적인 역량 함양에 초점을 두고 있다.

▶ 채용 담당자의 시선에서 본 면접 – 직무 상황에 적절한 공적 기술, 평가 기준 파악
▶ 합격을 위한 면접 키 포인트 – 복장, 태도 등 면접에 필요한 여러 요소를 통한 적극적 자기 표현
▶ 변화하는 직무 환경에 적합한 면접 유형, 매체별 전략 습득 – AI면접과 PT면접 등

5. 토의/토론을 위한 생각 나눔 주제

- 직무 환경이 변화하더라도, 변하지 않을 중요하고 핵심적인 직무 역량은?
- '직무 경험 부족'이라는 약점을 '능동적인 학습 의지'로 전환할 수 있는 전략은?
- 지원자의 '직무 적합성'과 '문화 적합성' 중 무엇이 더 우선시되어야 하는가?
- 자신의 약점을 의도적으로 숨기거나 왜곡하는 것은 직무 윤리에 어긋나는 행동인가?

6. 진로 희망 계열과의 연계

계열	내용
공학 계열	**직무 환경 변화(AI/자동화)에 따른 역량 재구성 방안 탐구:** 희망 직무의 변화 추세를 분석하고 자동화될 수 없는 인간 고유의 역할에 관해 탐구하고 이를 토대로, 미래형 인재로 성장하기 위한 자신의 역량 계발 방향을 설계한다.
경영·경제 계열	**전략적 설득 구조 탐구 및 적용하기:** 가상의 투자 유치(IR) 상황을 설정하고, 논리적 구조에 따른 설득 전략을 수립한다. 능숙한 비언어적 소통을 통해 신뢰감을 주는 발표를 수행하고 그 결과를 정리한 포트폴리오를 작성한다.
교육, 행정, 법률 계열	**능동적 참여 태도를 담아 자기소개하기:** 국가 기관 및 공공 기관의 보수적, 안정 지향적 경향과 공익성을 추구하는 직무 특성을 분석하고, 이러한 환경에서 자신이 기존의 관행에 안주하지 않고 능동적으로 조직 발전에 기여할 수 있음을 주장한다.

[12직의01-03] **(1)효과적인 진로 탐색 및 직무 수행**을 위해 **(2)다양한 방법으로 정보를 수집하고 분석하여 내용을 이해하고 평가**한다.

1. 기본 개념

(1) 효과적인 진로 탐색 및 직무 수행(지식·이해)
- 진로 탐색: 자신의 만족도와 시장 적합성이 높은 진로를 설정하고, 구체적인 행동 계획을 도출
- 직무 수행: 타당하고 정확한 정보를 바탕으로 업무 효율을 높여 조직 목표 달성에 기여
- 비판적, 전략적으로 정보를 활용하여 개인과 조직의 가치를 증대시키는 일련의 지적 활동

(2) 정보 획득과 처리(적용)
- 정보 수집: 자신에게 필요한 정보를 단일 출처, 특정 매체가 아닌 객관성/신뢰성 높은 자료 수집
- 정보 분석: 수집된 정보의 핵심 내용과 구조를 파악해 정보 간의 관계를 해석하는 지적 과정
- 이해와 평가: 수집/분석된 정보의 가치와 유용성을 판단하고 실제 문제에 적용하는 비판적 사고

2. A등급 성취 수준의 이해

성취수준	성취기준별 성취수준
A	①정보를 수집하는 다양한 방법에 대한 지식을 바탕으로 ②진로 탐색 및 직무 수행에 필요한 정보를 적극적으로 조사·수집하고, 이를 ③목적에 맞게 능동적으로 선별·분석하여 핵심 내용을 이해하며, ④정보에 담긴 의도를 추론하고 내용을 비판적으로 평가하여 이를 ⑤창의적이며 적절하게 사용할 수 있다.

구성 요소	핵심 의미	적용
① 정보를 수집하는 다양한 방법에 대한 지식	직무·진로탐색에 필요한 정보의 출처와 유형을 이해, 신뢰도 높은 방법을 인지	인터뷰, 실험, 통계, 보고서 등 믿을만한 출처의 자료를 선별하고, 유형별 장단점을 제시함
② 진로 탐색 및 직무 수행에 필요한 정보를 적극적으로 조사·수집	목적 달성에 필요한 정보를 주도적이고 효율적으로 찾아 확보할 수 있는 역량	상이한 출처(매체)에서 자신에게 필요한 정보를 선별하여 활용도 높은 정보를 수집함
③ 목적에 맞게 능동적으로 선별·분석하여 핵심 내용을 이해	수집한 방대한 정보를 중요도에 따라 선별하여 직무·진로 목표와의 연관성과 결부 지어 해석	수집된 정보를 핵심 내용 중심으로 요약하고, 차트/표를 활용하여 인과관계·경향성 등을 분석함
④ 정보에 담긴 의도를 추론하고 내용을 비판적으로 평가	도출한 정보의 객관성, 신뢰도, 편향성을 검증하고, 정보 제공자의 의도와 맥락을 추론	정보의 출처·시점을 명시, 반대 관점의 정보와 비교, 객관도 및 신뢰도를 종합적으로 평가함
⑤ 창의적이며 적절하게 사용	비판적으로 검증된 정보를 창의적 아이디어나 대안으로 연결, 진로/직무 문제 해결에 활용	분석된 정보를 활용해 미래 진로 발전 전략 혹은 직무상 문제 해결 방안을 창의적으로 제시함

▶ **[12직의01-03]을 높은 수준으로 성취했다는 것을 증명하기 위해!**
관심 진로 또는 직무와 관련된 구체적인 문제를 선정하고 다양한 방법으로 자료를 수집한 후, 목적에 맞게 정보를 분류하고 정보의 편향성과 신뢰도를 비판적으로 평가하는 과정을 통해 최종적으로 자신이 선정한 문제의 해결 방안 및 진로 전략을 제시하는 '나만의 창의적 보고서'를 작성할 수 있습니다.

3. 교과세특 탐구주제

- 정보 출처에 따른 신뢰성, 편향성, 객관성 비교, 분석 후 비판적으로 고찰
- 인공지능 기술 도입으로 인한 정보 수집 과정에서의 강점과 약점 심층 탐구
- 데이터 기반의 문제 해결안 만들기: 학교 및 지역사회의 현안 분석 후 개선안 제안
- 기술 보고서와 시장 트렌드를 종합적으로 분석하여, 직무 희망 분야에 대한 新 역량 탐구
- 인구 통계청 자료 및 복지/산업 동향 보고서를 토대로 새로운 사회 서비스 혹은 직무 모델 제안

4. 독서연계 탐구주제

● 넥서스(유발하라리, 김영사, 2024)

이 책은 인공지능이 새로운 정보 네트워크의 구성원이 되는 시대에 정보의 본질, 흐름, 구조를 역사적 관점에서 분석한다. 이 책을 단순히 정보를 모으는 것을 넘어 정보에 담긴 의도와 정보 네트워크의 편향성 및 윤리적 위험성을 비판적으로 평가하는 통찰력을 기를 수 있다. 궁극적으로 AI와 빅데이터 시대의 직무 환경 변화에 대응하여 데이터 기반의 사유 능력을 함양하게 한다.

- ▶ 정보 네트워크의 구조 분석 – 민주주의와 전체주의 사회의 정보 시스템 차이 이해
- ▶ 비인간 지능과 인류의 미래 – AI 혁명 속 정보 활용의 위험성 추론 및 대안 탐구
- ▶ 데이터 편향성 극복하기 – 직무 수행과 의사결정 과정에서의 비판적 데이터 해석 능력 강화

● 데이터 리터러시(강양석, 이콘, 2021)

이 책은 정보가 넘쳐나는 시대에 데이터를 올바르게 읽고, 해석하며, 비판적으로 활용하는 능력의 중요성을 강조한다. 데이터를 통해 세상을 이해하고 의사결정을 내리는 사고의 전환을 제시한다. 책은 일상 속 데이터의 함정과 왜곡 사례를 통해 비판적 사고의 필요성을 일깨우며, 객관적 근거에 기반한 판단이 개인의 학습, 진로, 사회 참여에서 어떻게 작동하는지를 구체적으로 보여준다.

- ▶ 정보의 바다에서 길을 찾다 – 비판적 사고로 세상을 분석하는 방법 알기
- ▶ 데이터를 읽는 힘 – 숫자 속에 숨은 진실을 해석하기
- ▶ 기술을 넘어 통찰로 나아가는 새로운 역량 갖추기 – 미래 사회의 중요 역량, 데이터 리터러시

5. 토의/토론을 위한 생각 나눔 주제

- 유튜브, SNS를 통해 얻은 직무 정보의 신뢰도와 편향성을 검증하기 위한 방안은?
- 인공지능을 활용하여 직무 정보를 수집, 분석할 때, 인공지능의 개입 정도를 명시해야 하는가?
- 직무 수행 능률 향상을 위해 개인 성향 정보를 빅데이터로 수집하는 것이 허용되어야 하는가?
- 알고리즘이 제공하는 맞춤형 정보가 다소 편향적일지라도 정보 탐색의 효율성을 위해 필요한가?

6. 진로 희망 계열과의 연계

계열	내용
공학 계열	**빅테크 기업의 직무 역량 요구 조건 및 타당성 검증**: 채용 공고, 직무 설명회 영상, 재직자 인터뷰 등을 수집하여 기업이 요구하는 역량 정보의 최신성 및 타당성을 비판적으로 검증, 평가한다.
경영, 경제 계열	**특정 소비 트렌드의 언론 보도와 실질 판매 데이터 양상 비교 분석**: 언론을 통해 화제가 된 소비 경향(친환경 소비, 공정무역 등)이 공신력 있는 시장 통계(KOSIS 등)와 비교해 언론 정보의 과장, 편향성에 대해 비판적으로 고찰한다.
예술, 디자인 계열	**트렌드 예측 정보의 과거 적중률 분석 및 새로운 활용 모델 제시**: 과거 3~5년 전의 트렌드 예측 자료와 실제 시장 변화를 비교 분석하여 정보의 타당성을 검증한다, 이를 토대로 트렌드 예측 정보의 적확한 활용 방안에 대해 탐구한다.

[12직의01-04] **(1)적절한 매체를 사용**하여 **(2)직무에 필요한 정보를 체계적으로 관리하고 활용**한다.

1. 기본 개념

(1) 직무 수행을 위한 매체 유형(지식·이해)
- 전통적 매체: 정보의 물리적, 영구적 보존과 공식적인 증빙 기록으로 여전히 중요하게 활용
- 업무 환경 변화에 따른 매체 다변화: 원격 근무, 협업 중요성 증대, 데이터 보안 요구 강화 등
- 신 매체 유형: 클라우드 기반 협업 툴(구글, MS 등), 프로젝트 관리 시스템, 보안 플랫폼 등

(2) 직무에 필요한 정보 관리 및 활용(적용)
- '공유, 접근성' 중심의 매체 다변화는 직무 수행의 효율을 높이지만, 정보 보안의 책임을 요구함.
- 체계적인 정보 관리 방안: 일관된 기준으로 정보 분류, 파일 명명 규칙을 설정해 표준화 등
- 정보 관리의 3원칙: 목적성(사용 목적 설정), 용이성(쉽게 작업 가능), 유용성(즉시 사용 가능)

2. A등급 성취 수준의 이해

성취수준	성취기준별 성취수준
A	①직무 상황에 필요한 정보와 ②매체 사용 방법에 대한 이해를 바탕으로 ③적절한 매체를 다양하게 사용하여 ④직무 관련 정보를 체계적·효율적으로 관리하고, ⑤정보를 직무 의사소통 맥락에 맞게 체계적으로 활용할 수 있다.

구성 요소	핵심 의미	적용
① 직무 상황에 필요한 정보 파악	어떤 정보(데이터, 문서, 자료 등)가 직무 수행에 필요한지, 관리 대상이 되어야 할지 식별	가상의 직무를 설정, 해당 직무에서 다루는 문서를 관리 우선 순위 등 특정 기준에 따라 분류
② 매체 사용 방법에 대한 이해	정보 유형 및 목적에 따라 다양한 매체의 기능, 장단점, 보안 환경 등을 정확히 인지함	특정 민감 정보를 공유할 때, 상이한 여러 매체 간의 장단점과 보안 적절성 비교, 분석하기
③ 적절한 매체를 다양하게 사용	정보와 매체 활용에 대한 지식을 토대로 주어진 직무 상황에서 효율적인 매체를 선택, 활용	가상의 팀 프로젝트 상황에서 직무의 성격에 따라 매체 활용 방안에 대한 시뮬레이션 시행
④ 직무 관련 정보를 체계적·효율적으로 관리	정보 관리의 3원칙에 따라 규칙 기반의 정보 관리 시스템을 구축하고 유지하는 역량	직무 정보 관리를 위한 최적의 명명 규칙, 백업 일정 등을 포함해 정보 관리 매뉴얼 작성
⑤ 직무 의사소통 맥락에 맞게 체계적으로 활용	정보 보안 수칙을 준수하며 직무 의사소통 맥락과 목적에 맞게 활용할 수 있는 실무 능력	체계적으로 관리된 데이터를 추출해 직무 요구에 맞는 형태로 가공하여 보고서를 작성

▶ **[12직의01-04]을 높은 수준으로 성취했다는 것을 증명하기 위해!**
직무 수행을 위한 정보 처리 및 활용의 모든 과정을 수행할 수 있어야 합니다. 정보 유형 분류, 매체 적절성 판단, 체계적인 정보 관리 표준안 수립부터 시작해 관리 시스템에서 필요한 정보를 신속하게 검색, 추출하여 특정 직무 상황에 맞게 효율적인 방식으로 정보를 활용한 결과물을 도출할 수 있습니다.

3. 교과세특 탐구주제

- 인공지능 기반 정보 자동 분류 시스템의 직무 적용 타당성에 대한 고찰
- 직무 정보의 체계적 관리를 위한 '파일 명명 표준(안)'과 '키워드 분류 방안' 연구
- 정보의 핵심도와 정확도를 살려, 정보 손실을 최소화하는 최적의 텍스트 압축 전략 탐구
- 클라우드 기반 협업 문서(MS Teams, Google Docs 등)의 '공동 작업 언어'의 효율성 평가
- 디지털 기록 환경에서의 체계적 관리, 보존 전략 탐구: 최적의 아카이빙 매체 및 형식 제언

4. 독서연계 탐구주제

● 일의 미래(딜로이트 컨설팅, 원앤원북스, 2018)

이 책은 4차 산업혁명과 디지털 전환이 '일의 방식'과 '조직 구조'를 어떻게 변화시키는지를 다루며, 클라우드와 AI 기반 도구 등 새로운 기술이 협업과 의사결정 구조에 미치는 영향을 폭넓게 분석한다. 이를 통해 개인과 조직이 변화하는 업무 환경 속에서 유연하게 대응하고, 효율적 협업과 지속 가능한 성과를 이끌어내는 전략적 역량을 모색할 수 있어 미래 직무에 종사할 이들에게 유용한 점이 많다.

- ▶ 4차 산업혁명과 일의 재구성 – 디지털 기술, AI가 불러온 업무 방식과 역할 구조의 근본적 변화
- ▶ 지속가능한 성과를 위한 조직의 적응 전략 – 조직과 개인이 유연하게 협업하며 새로운 기술 활용
- ▶ 전략적 사고와 디지털 리터러시 – 변화하는 일터에서의 정보 관리, 협업 역량이 곧 경쟁력

● 처음이지만 프로처럼 쓰는 노션(박한용, 디지털북스, 2025)

이 책은 직무 수행에 필요한 정보를 효율적으로 관리하고 체계적으로 활용하는 역량을 기르는 데 최적화된 실무형 도서이다. 메모, 일정관리 수준을 넘어 데이터베이스 설계, 자동화 템플릿 구축 등 정보의 구조화와 협업 기반 운영 방식을 단계적으로 안내한다. 업무 흐름을 분석해 생산성을 높이는 구체적인 활용 전략을 제시함으로써 실제 직무 상황에서 노션을 정보 관리 플랫폼으로 활용할 수 있도록 돕는다.

- ▶ 흩어진 데이터를 체계로 바꾸자 – 업무 정보의 효율적 분류, 연결을 통한 직무 생산성 향상
- ▶ 디지털 워크스페이스 설계 – 팀 단위의 정보 공유와 협업 체계 구축하기
- ▶ 디지털 리터러시 실천 – 단순 저장을 넘어 의사결정에 활용할 수 있는 정보 관리 역량 갖기

5. 토의/토론을 위한 생각 나눔 주제

- 협업 문서의 명명 규칙, 폴더 분류 기준을 어떻게 통일해야 정보 검색 효율을 극대화할까?
- 기업 내부 직원의 데이터 보안 의식을 높이기 위한 가장 효율적인 교육 방법이나 직무 지침은?
- 신속한 직무 의사소통 및 의사결정을 위해 모든 공식 결재사항을 메신저로 대체할 수 있는가?
- 정보보안을 지키기 위해 기업은 직원들의 모든 직무 관련 디지털 활동을 모니터링해야 할까?

6. 진로 희망 계열과의 연계

공학 계열	**클라우드 기반 협업 도구의 버전관리 시스템 연구:** 소프트웨어 개발을 비롯한 현대의 직무 환경에서 필수적인 도구인 버전 관리 시스템을 중심으로 정보를 체계적으로 관리하고 효율적인 협업을 위한 핵심 도구의 활용 방안을 탐구한다.
공학, 경영, 경제, 법 계열	**데이터 유출 사례 분석을 통한 기업 정보보안 수칙의 실효성 평가:** 과거부터 최근까지 꾸준히 발생하고 있는 기업의 정보 유출 사례를 분석하고 법적 의무 사항과 매체별 취약점을 비교하여 직업인으로서의 정보 보안 윤리를 이해한다.
공학, 교육, 사회과학 계열	**학교 환경에서 교사-학생 간 자료 공유 매체의 효율성 및 보안성 평가:** 특정 학내 플랫폼(구글 클래스룸, EBS 온라인클래스, 리로스쿨 등)의 장단점을 정보의 성격에 따라 분석하고 교육 환경에 최적화된 활용 방안을 제안한다.

> [12직의01-05] **(1)정보를 효과적으로 조직**하여 **(2)직무의 목적 대상 상황에 적합하게 표현**한다.

1. 기본 개념

(1) 정보의 조직(지식·이해)
- 정보의 조직: 정보의 위계, 비중, 순서 등을 고려하여 주어진 정보를 목적에 맞게 배열하는 것
- 조직 유형: 결론 중심 조직(두괄식), 시간 순서·과정 중심 조직(연대기적), 비교·대조 중심 조직
- 조직 절차: 목적 분석 > 핵심 메시지 확정 및 정보 선별 > 조직 유형 선택 > 배열 및 시각화

(2) 정보의 표현(적용)
- 정보의 표현: 효과적으로 조직된 정보를 목적·대상·상황을 고려하여 설득력 있고 명료하게 전달
- 표현 수단과 매체: 발표(말)/보고서(글), 대면/비대면, 매체 유형(그림, 도표, 사진, 동영상 등)
- 표현의 적합성 판단 기준: 직무 목적·전달 대상·상황의 3요소를 고려하여 최적의 전달 전략 수립

2. A등급 성취 수준의 이해

성취수준	성취기준별 성취수준
A	①다양한 정보의 조직 방법과 ②효과적인 표현 전략에 대한 이해를 바탕으로 ③목적·대상·상황에 적합하게 ④정보를 효과적으로 조직하고, ⑤전략적·창의적으로 표현할 수 있다.

구성 요소	핵심 의미	적용
① 정보의 조직 방법 이해	정보의 유형에 따라 두괄식, 인과, 시간 순서 등 적절한 논리 구조를 선택할 수 있음	특정 주제의 보고서에 대해 여러 조직 유형을 검토한 후 각각의 장단점을 분석할 수 있음
② 효과적인 표현 전략 이해	텍스트, 시각 자료(차트, 그래프 등), 매체 유형 등 다양한 표현 수단이 미치는 영향을 인지함	동일 정보를 PPT 슬라이드와 텍스트 보고서로 표현할 때 표현 전략의 차이점을 도출함
③ 목적·대상·상황 적합성 판단	3가지 핵심 요소를 종합적으로 고려해 최적의 정보 조직 방안 및 표현 전략을 기획함	가상의 직무 정보에 대해 직무 소통 상황에 따라 정보의 구성 및 표현을 달리할 수 있음
④ 정보의 효과적 조직	정보 조직 유형과 전략적 판단에 따라 선별된 정보를 위계, 논리에 맞게 효과적으로 배열함	정보 수집 후, 핵심 메시지가 잘 드러나고 논리적 오류 없이 보고서의 목차, 개요를 완성함
⑤ 전략적, 창의적 표현	단순 정보 전달을 넘어 차별화된 방식을 통해 정보를 가장 강력하고 기억에 남도록 전달함	최종 보고서의 핵심 데이터를 인포그래픽, 시각적 스토리텔링 등 창의적인 표현물을 창안함

▶ **[12직의01-05]을 높은 수준으로 성취했다는 것을 증명하기 위해!**
실제 혹은 가상의 특정 직무 상황(마케팅 기획 등)을 설정하고 특정 대상과 상황을 고려한 전략적 정보 전달 프로젝트를 수행할 수 있습니다. 수집된 자료를 바탕으로 논리 구조를 설계하여 다양한 매체를 활용해 창의적인 표현 전략을 담아 완성함으로써 통합적인 실무 역량을 입증할 수 있습니다.

3. 교과세특 탐구주제

- 정보의 위계를 강조하여 정보의 이해와 검색 효율성을 중심으로 디지털 텍스트 조직 전략 연구
- 동일 내용에 대해 다른 정보 조직 방식과 표현 전략이 청중(독자)의 이해도에 미치는 영향 분석
- 직무 보고서의 여러 유형(경영·연구 보고서, 실무 제안서 등)을 수집해 각각의 논리적 구조 분석
- 보고서(발표)의 '서두(도입부)'의 조직 방식이 정보 수용 태도 및 몰입도에 미치는 영향 분석
- 모호한 표현이 보고서(발표) 신뢰성에 미치는 영향 분석 후 명확한 문장 구조 확보 전략 제언

4. 독서연계 탐구주제

● 실무에 바로 쓰는 일잘러의 보고서 작성법(김마라, 제이펍, 2020)

이 책은 직장 내 문서 의사소통의 실제를 통해 정보의 조직과 표현의 원리를 자연스럽게 익힐 수 있는 실무형 도서이다. 업무 목적에 따라 정보를 선별하고 핵심 메시지를 도출하며, 이를 설득력 있게 배열, 시각화하는 과정을 단계별로 제시한다. '누구에게, 무엇을, 어떻게 전달할 것인가'라는 커뮤니케이션 핵심 질문에 대한 답을 중심으로, 향후 직무 현장에서 요구되는 보고서 작성 역량을 체득할 수 있다.

- ▶ 기획에서 실행까지, 글이 일의 방향을 만든다 – 실무 커뮤니케이션의 실전 교재 제작
- ▶ 일의 흐름을 설계하는 언어 – 직무 의사소통의 핵심, 논리적 문서 구성력 기르기
- ▶ 말보다 문서로 설득하기 – 직장인의 커뮤니케이션을 바꾸는 보고서의 기술 이해

● 생각이 글이 되기까지(김남미, 마리북스, 2021)

이 책은 글쓰기를 '생각의 조직화 과정'으로 바라보게 한다. 막연한 생각이나 흩어진 정보를 어떻게 구조화하고, 목적과 대상에 맞게 표현할 수 있는지를 단계별로 안내한다. 특히, 글을 쓰기 전 핵심 메시지와 정보의 조직 방안을 설계한 뒤, 효과적으로 독자에게 전달하기 위한 표현 방식을 고민하도록 이끈다. 사고를 정리하고 논리를 세우는 훈련서로서, 실제 글쓰기와 보고서 작성에 자연스럽게 적용하도록 돕는다.

- ▶ 생각을 구조로 세우다 – 흩어진 정보를 질서 있게 조직하는 글쓰기 실천
- ▶ 정보에서 메시지로 – 목적에 맞게 선별하고 배열하는 사고의 기술 연구
- ▶ 생각이 정보를 만나 문장이 되다 – 조직과 표현으로 완성되는 글쓰기 훈련

5. 토의/토론을 위한 생각 나눔 주제

- 협업 환경에서 보고서의 논리적 일관성을 유지하기 위한 '정보 처리 및 조직' 방법은?
- 인포그래픽 등 창의적 표현을 사용할 때 정보의 정확성 저하를 방지하기 위한 대안은?
- 경영진의 신속한 의사결정을 위해, 보고서는 항상 '결론 중심 조직(두괄식)'을 사용해야 하는가?
- 홍보(목적)를 위한'발표 자료에서 데이터 일부를 생략하는 것은 전략적 표현으로 허용되는가?

6. 진로 희망 계열과의 연계

계열	내용
컴퓨터, 공학 계열	**복잡한 알고리즘 결과를 비전공자에게 효과적으로 설명하는 시각화 전략 연구:** 청중(독자)이 이해하도록 어떻게 정보를 단순화, 계층화해야 하는지를 분석하고 청중(독자)친화적이면서도 창의적 표현 전략을 설계합니다.
경영, 경제 마케팅 계열	**소비자 연령대별 맞춤형 광고 문구의 정보 조직 및 표현 방식 비교:** 특정 연령층을 대상으로 하는 광고 카피를 수집, 분석해 대상에 따라 핵심 정보를 조직, 표현하는 방식의 차이를 분석함. 각 대상의 특성에 맞는 표현 전략의 영향력을 탐구합니다.
사회과학, 언론 계열	**공식 보도자료와 언론 보도문의 조직 및 표현 전략 비교:** 기업 혹은 기관의 보도자료와 이를 토대로 작성된 언론사의 보도 기사를 수집, 비교합니다. 조직 순서, 표현 방식 등이 달라지는 양상을 분석해 핵심 요소에 따른 표현 차이를 이해합니다.

[12직의01-06] 직무 수행 과정에서 발생하는 **(1)의사소통 문제와 대인 관계 갈등**에 대해 **(2)대화와 협의로 대처하고 조정**한다.

1. 기본 개념

(1) 문제 및 갈등 인식(지식·이해)
- 개인의 감정 조절을 넘어 조직 전체의 목표 달성을 저해하는 갈등 요소 제거, 관계 재정립
- 의사소통 문제: 경청 부족, 비언어적 오해, 정보 왜곡 등 정보 교환을 넘어 의도, 감정 이해
- 대인관계 갈등: 업무 방식, 가치관, 역할 분담 차이로 발생, 은폐/회피가 아닌 문제 본질 직면

(2) 대화와 협의로 갈등 대처 및 조정(적용)
- 대화: 상호 이해를 목적으로 하는 경청, 공감, 감정 조절 등의 기능 수행
- 협의: 공동의 목표 하에 대안을 탐색하고 상호 만족할 수 있는 해결책을 도출하는 과정
- 조정: 갈등 후, 업무 절차, 역할, 관계 설정을 합리적으로 수정하고 합의 사항을 이행하는 능력

2. A등급 성취 수준의 이해

성취수준	성취기준별 성취수준
A	의사소통 문제와 대인 관계 갈등에서 ①의사소통을 방해하는 요소나 갈등의 핵심을 파악하고, ②상대방의 상황과 처지를 이해하여 ③지속적인 대화와 협의로 문제와 갈등을 합리적으로 조정하며, ④모두 만족할 수 있는 대안을 적극적으로 마련하면서 ⑤자신의 직무 의사소통 태도를 반성적으로 점검할 수 있다.

구성 요소	핵심 의미	적용
① 의사소통 방해 요소, 갈등의 핵심 파악	표면적인 감정 충돌을 넘어 갈등을 유발한 근본적인 핵심 원인을 객관적으로 분석, 식별함	여러 갈등 원인(의사소통 오류, 역할 불만, 대인관계 충돌 등) 중 핵심 원인 명확히 분석하기
② 상대방의 상황과 처지 이해	갈등 상황에서 상대방의 입장, 감정, 업무 부담 등을 적극적으로 경청하고 이해하려는 태도	갈등 당사자 양 측의 입장을 각각 나 전달법을 사용하여 정리, 상호 이해의 시점 확보하기
③ 지속적인 대화와 협의로 문제와 갈등을 합리적으로 조정	감정적 대응을 지양, 객관적 정보를 바탕으로 문제 해결과 관계 회복을 대화로써 도모함	갈등 상황에서 비난 없는 대화 규칙을 설정, 문제 해결을 위한 단계적 합의 과정을 수행함
④ 모두 만족할 수 있는 대안을 적극적으로 마련	일방적 희생이 아닌, 당사자 모두의 핵심 요구 사항을 충족할 수 있도록 해결책을 제안함	갈등 당사자의 최소 요구 조건을 파악하고, 이를 모두 충족하는 제3의 대안을 구체화함
⑤ 자신의 직무 의사소통 태도를 반성적으로 점검	갈등 후, 자신의 소통 방식, 문제 제기 방식, 감정 반응 등에 대해 성찰하고 개선점을 발견함	갈등 상황에서 자신의 언행, 태도를 구체적으로 성찰 일지에 기록하여 개선 목표, 방향 설정

▶ **[12직의01-06]을 높은 수준으로 성취했다는 것을 증명하기 위해!**
가상의 갈등 상황을 설정하고, 문제 해결 과정을 체계적으로 정리해 자기 성찰을 포함하는 활동을 수행할 수 있습니다. 단순히 갈등을 해결하는 것을 넘어 상대방의 감정을 공감하고, 모두가 만족하는 대안을 도출한 후, 자신의 소통 태도를 성찰하는 모든 과정을 보여주어야 합니다.

3. 교과세특 탐구주제

- 비언어적 의사소통 태도 및 오류가 직무 오해에 미치는 영향 분석
- 직무 역할 불명확성이 팀 내 과업 갈등, 성과 목표 달성률 등에 대한 상관관계 분석
- '나 전달법(i-message)' 등의 공감적 대화 방식이 관계 형성과 갈등 해소에 미치는 효과 탐구
- 직무 갈등 상황에서 '모두 만족하는 대안(Win-win)' 도출을 위한 협의 전략 및 프로세스 탐구
- 갈등 해결 후, 구체적인 업무 프로세스 조정을 통해 유사 갈등의 재발을 막는 조치 방안 제언

4. 독서연계 탐구주제

● 갈등을 관리하는 방법(피터 T 콜먼, 로버트 퍼거슨, 마리북스, 2024)

이 책은 직무 수행 과정에서 발생하는 의사소통 문제와 대인 관계 갈등에 대해 대화와 협의로 대처하고 조정하는데 효과적이다. 갈등의 본질을 권력, 감정, 관계의 역동성으로 분석하며, 표면적 충돌을 넘어 갈등의 핵심 원인을 파악하는 통찰력을 제공한다. 실용적 자비 전략, 지지 구축 전략 등을 통해 대화와 협의의 구체적인 방법을 제시하고, 실무 역량을 통합적으로 증명하는데 효과적인 토대를 마련해준다.

- ▶ 권력을 넘어서는 통찰 – 갈등의 본질을 파고드는 지혜 활용
- ▶ 전략의 힘, 행동의 기술 – 7가지 대응 전략과 70가지 전술로 일상의 마찰을 설계
- ▶ 갈등의 시대를 이끄는 무기 – 개인과 조직 모두에게 던지는 현명한 해결책 제안

● 비폭력대화(마셜 로젠버그, 한국NVC센터, 2024)

이 책은 일상 속 의사소통 문제와 대인 관계 갈등을 대화와 협의로 해결할 수 있도록 돕는 실용적 가이드이다. 감정과 욕구를 명확히 인식하고 표현하는 법을 배우며, 상대방을 판단하지 않고 공감하는 태도를 익히도록 구성되어 있다. 또한, 자신의 필요를 존중하며 상대의 관점을 고려하는 요청 중심의 대화 방식을 소개해 갈등 상황에서도 긍정적으로 유지하며 조정할 수 있는 전략을 제공한다.

- ▶ 공감의 힘으로 풀디 – 갈등과 오해를 대화로 바꾸는 비폭력대화 방안 탐구
- ▶ 부탁의 기술 – 명령 대신 협력과 선택을 이끌어내는 대화 실천
- ▶ 대화로 세상을 바꾸다 – 개인과 조직 모두에게 적용 가능한 관계 조정

5. 토의/토론을 위한 생각 나눔 주제

- 상대방의 감정을 상하게 하지 않으면서, 과업 갈등을 해소하기 위한 공감적 대화 전략은?
- 세대 차이로 인한 대인 관계 갈등 해소를 위해 대화 주제 선정 방안 및 경청 기술은?
- 직무 갈등 상황에서 의사소통 태도 성찰과 문제 해결을 위한 대안 제시 중 더 중요시할 것은?
- 대화/협의를 통한 Win-Win 대안이 불가하면, 타협안을 강제하는 것이 조직을 위해 바람직한가?

6. 진로 희망 계열과의 연계

IT, 공학 계열	**개발자-비개발자 간의 기술적 정보 격차로 인한 의사소통 문제 해결 방안 연구**: 전문 용어 사용으로 인해 마케팅, 경영 등의 비개발 직군과의 정보 전달 오류 사례를 분석하고 상대방의 수준을 고려한 기술 번역 가이드라인을 개발한다.
경영, 경제, 마케팅 계열	**B2B 영업 환경에서 발생하는 가격 협상 갈등의 조정 기법 분석**: 영업자와 고객 간의 가격 협상 등 갈등 상황 시 상대방의 상황과 핵심 요구사항을 파악하여 최적의 타협안을 도출하는 협상 시나리오 작성, 분석한다.
사회과학 계열	**정책 수립 과정에서 발생하는 이해관계자 간의 가치관 충돌 및 갈등 조정 연구**: 특정 정책에 대해 상반된 입장을 가진 두 이해관계자(기업, 시민단체 등)를 설정하고, 공공의 이익을 목표로 공정하게 조정하는 중재 보고서를 작성한다.

[12직의01-07] 직무 공동체의 **(1)의사 결정 과정에 적극적으로 참여**하여 **(2)대안을 탐색하고 합리적으로 문제를 해결**한다.

1. 기본 개념

(1) 능동적 참여(지식·이해)
- 부서, T/F 등 공동의 목표를 가진 직무 조직은 집단 목표 달성을 위해 적극적으로 임해야 함
- 의사결정 과정: 문제 인식 → 정보 수집 및 분석 → 대안 탐색 → 대안 평가/선택 → 실행/평가
- 능동적·적극적 참여: 비판적 사고를 통해 문제의 본질을 꿰뚫고 건설적인 대안을 제시해야 함

(2) 대안 탐색과 합리적 문제 해결(적용)
- 대안 탐색: 기존 방식에 안주하지 않고, 창의적이고 다양한 관점에서 탐색, 비교, 분석해야 함
- 합리적 문제 해결: 객관적 기준에 따라 대안들을 평가하고 최대의 효과를 가져오는 방안 선택
- 객관적 기준(비용-효익 분석, 실현 가능성, 데이터 등)과 위험 분석, 지속 가능성 등을 고려함

2. A등급 성취 수준의 이해

성취수준	성취기준별 성취수준
A	①직무 공동체의 문제를 명확히 인식하여 ②문제 해결 과정에 적극적이며 협력적으로 참여하는 태도를 갖고, ③문제 해결 과정을 능숙하게 익혀서 ④문제 해결 방안을 능동적·협력적으로 마련하고, ⑤다양한 대안을 탐색하여 합리적으로 문제를 해결할 수 있다.

구성 요소	핵심 의미	적용
① 직무 공동체의 문제 인식	표면적인 현상이 아닌, 직무 공동체의 목표 달성을 저해하는 문제를 객관적 지표로 식별함	가상의 직무 문제에 대해 '문제의 현상'과 '근본 원인'을 분리하고, 기대 효과를 명확하게 제시
② 문제 해결 과정에 적극적, 협력적으로 참여	공동의 문제 해결 과정에 긍정적이고 건설적인 자세로 참여하여 팀워크와 시너지를 창출함	문제 해결을 위한 회의/논의에서 자신의 의견, 질문, 참여 수준을 기록, 참여한 바를 명시함
③ 문제 해결 과정을 능숙히 익힘	합리적 의사 결정 절차를 이해하고, 오류나 착오 없이 능숙히 해결 과정에 임하는 태도, 역량	특정 문제에 대해 합리적 의사 결정 절차를 설정 후, 각 단계별 실행 방안을 모색 후 이행함
④ 문제 해결 방안을 능동적·협력적으로 마련	협력적 논의를 통해 실행 가능성이 높은 구체적인 프로젝트 계획 및 세부 방안을 만들어냄	도출된 해결 방안을 바탕으로 역할 분담, 일정, 예상 결과를 포함해 실행 계획을 수립함
⑤ 다양한 대안을 탐색하여 합리적으로 문제 해결	객관적 기준을 설정하여 여러 대안을 비교·평가하고, 가장 합리적이고 타당한 대안을 선택함	여러 대안에 대해 객관적 기준 설정 후 분석을 통해 최종 대안을 논리적 근거와 함께 선정함

▶ **[12직의01-07]을 높은 수준으로 성취했다는 것을 증명하기 위해!**
단순히 문제 해결책을 찾는 것을 넘어, 학생들은 직무 공동체의 문제 해결 전 과정을 능숙하게 수행하고 그 논리적 근거를 명확히 제시할 수 있습니다. 특히, 공동체에 능동적으로 참여하는 태도와 함께 합리적인 판단력을 발휘하여 최적의 대안을 선택하고 평가하는 통합적인 역량을 입증합니다.

3. 교과세특 탐구주제

- 직무 공동체 내에서 나타나는 만성적인 비효율의 근본 원인 진단 연구
- 다양한 직무 문제 해결을 위한 브레인스토밍 기법의 효율성 비교 분석
- 합리적 문제 해결을 위한 개인의 비판적 사고의 능동적 적용 방안 탐구
- 팀원들의 적극적이고 협력적인 의사 결정을 유도(퍼실리테이션)하는 전략 연구
- 직무 문제 해결을 위한 대안 평가 매트릭스 설계 및 합리성 검증 분석 방안 탐구

4. 독서연계 탐구주제

■ 한 권으로 끝내는 퍼실리테이션 테크닉(멜리사 말다나 외, 유엑스리뷰, 2024)

이 책은 독자를 하나의 워크숍 참여자로 이끌며, 직접 활동하며 소통의 기술을 체득하도록 설계된 실용 가이드이다. 수평적 조직 문화와 집단 지성을 강화하고자 다양한 퍼실리테이션 스킬을 다루고, 조직 내 의견 조율과 갈등 해결을 위한 구체적인 해결 전략을 제시한다. 실제 회의에서 바로 활용할 수 있어 모두가 조정자로 성장하도록 돕는 등 서로의 생각을 경청하고 조율하는 역량을 기를 수 있다.

- ▶ 창의적 공감의 촉진자 – 집단 지성을 이끌어내는 퍼실리테이션의 모든 것
- ▶ 갈등을 대화로 전환하다 – 의견 충돌을 창의적 협력으로 바꾸는 실전 기술
- ▶ 함께 만드는 변화의 힘 – 구성원 모두가 참여하고 발전하는 조직 문화 만들어가기

■ 한석준의 대화의 기술(한석준, 인플루엔셜, 2024)

이 책은 25년 경력의 베테랑 아나운서가 자신의 시행착오와 경험을 바탕으로 쌍방향 소통의 정수를 전하는 책이다. 단순히 말하는 기술이 아닌, 상대 중심의 대화를 설계하는 방법을 알려주며, 일상에서 흔히 겪는 긴장 상황이나 어색한 대화에서도 신뢰를 쌓는 법을 다룬다. 말버릇 고치기, 스몰토크 발전, 경청과 공감 표현 등 실용적인 전략을 통해 학생들이 소통 역량 체계를 체계적으로 향상시킬 수 있는 책이다.

- ▶ 상대의 무게중심으로 말하다 — 대화의 본질을 바꾸는 공감 중심 커뮤니케이션
- ▶ 소통의 달인이 되는 법 — 비언어, 말버릇, 스몰토크까지 아우르는 통찰의 기술
- ▶ 불편한 대화를 넘어 우정으로 — 갈등과 긴장 속에서도 신뢰를 쌓는 진정한 소통 전략

5. 토의/토론을 위한 생각 나눔 주제

- 소극적인 팀원들의 능동적이고 협력적인 참여를 유도하기 위한 구체적인 회의 진행 전략은?
- 창의적이지만 현실성이 낮은 것과 현실적이지만 평범한 것 중 '최적안'을 선택하는 기준은?
- 능동적이고 적극적인 참여를 하지 않는 팀원의 의견은 의사 결정 과정에서 배제할 수 있는가?
- 합리적 문제 해결을 위해, 시간과 비용의 효율성이 윤리적/사회적 가치보다 우선되어야 하는가?

6. 진로 희망 계열과의 연계

IT(데이터 분석), 공학 계열	**애자일(Agile) 프로젝트 팀의 효율성을 높이는 능동적 의사 결정 참여 방식 분석:** 스크럼 회의 등 IT 공동체의 의사 결정 과정에서 팀원들이 능동적으로 의견을 제시하고 합의에 도달하는 퍼실리테이션 기법을 연구 및 적용한다.
의료, 보건, 간호 계열	**의료 윤리적 딜레마 상황에서 합리적 대안 선택을 위한 평가 모델 탐구:** 연명 치료 결정 등 윤리적 딜레마 상황을 설정하고, 윤리적 원칙, 환자 의사, 의학적 타당성을 기준으로 설정하여 합리적인 최적 대안을 도출하는 과정을 분석한다.
교육 계열	**학교 공동체(교사, 학생, 학부모) 문제 해결을 위한 협력적 의사결정 모델:** 학칙 변경과 같은 문제 상황을 설정 후, 학교 공동체 구성원이 능동적이고 협력적으로 참여하여 모두가 수용 가능한 합리적 대안을 마련하는 과정을 연구한다.

> [12직의01-08] 직무 상황에서 구성원들과 **(1)다양한 매체를 활용**하여 **(2)적극적으로 협업하고 언어 예절을 갖추어 소통**한다.

1. 기본 개념

(1) 매체별 특성(지식·이해)
- 전통적 매체: 문서, 인쇄물 등 공식적 기록과 물리적 전달이 필요한 상황에 적합한 매체
- 디지털 매체: 이메일, 메신저 등 신속/협업 용이성, 공간 제약 해소 등 현대 직무 환경에 활용
- 매체 선택 기준: 정보의 목적 및 성격, 시간 및 즉시성, 대상 및 관계, 피드백 및 협업 용이성

(2) 협업 및 언어 예절(적용)
- 협업에 주도적으로 참여하는 자세, 상호 존중을 바탕으로 언어 예절을 준수해 신뢰 관계를 구축
- 적극적 협업: 목표 달성에 능동적으로 기여하기 위해 정보 공유, 질문 제기 등 능동적 참여 태도
- 언어 예절(관계 기반 존중): 직무 상황에 맞는 언어 표현, 경어 사용 등 상호 신뢰를 위한 윤리

2. A등급 성취 수준의 이해

성취수준	성취기준별 성취수준
A	직무 상황에서 구성원들과 함께 ①매체들이 가진 특성과 이용 방법 및 유의점을 파악하고, ②직무 의사소통에 적절한 매체를 선정하여 ③적절한 소통의 도구로 활용해 ④능동적·적극적으로 협업하고, ⑤올바른 직장 언어 예절을 능숙하게 익혀 소통할 수 있다.

구성 요소	핵심 의미	적용
① 매체 특성, 이용 방법, 유의점 파악	소통 매체의 장단점, 적합성, 보안 등 활용 시 발생할 수 있는 문제점을 깊이 이해함	주요 디지털 매체 별 사용 기준, 보안 유의사항, 금지 표현 등의 직무 가이드라인 작성
② 직무 의사소통에 적절한 매체 선정	정보의 공식성, 시급성, 복잡성, 대상과의 관계를 고려해 소통 효율을 극대화하는 매체 선택	다양한 직무 실제 혹은 가상의 직무 상황에서 최적의 매체와 선정 근거를 논리적으로 제시
③ 적절한 소통의 도구로 활용	해당 매체에 특화된 기능을 활용하여 정보 전달의 명확성과 협업의 효율을 높이는 역량	이메일의 참조(숨은 참조)를 비롯한 직무 활용 매체의 핵심 기능을 인지하고 적극 활용
④ 능동적·적극적으로 협업	팀의 목표 달성을 위해 자발적, 주도적으로 기여하는 직업인으로서의 건설적인 태도	직무 프로젝트에서 문제 제기, 대안 제시, 자료 수집 및 개발 참여를 통해 조직에 기여함
⑤ 올바른 직장 언어 예절을 능숙하게 익혀 소통	상사, 동료, 고객 등 대상과의 관계를 고려해 경어, 존칭, 완곡어법 등 직장 언어 예절을 구사	고객 응대 등 까다로운 직무 의사소통 상황에서 언어 예절을 준수하며 소통하려는 태도

> ▶ **[12직의01-08]을 높은 수준으로 성취했다는 것을 증명하기 위해!**
> 매체를 사용하고, 언어 예절을 준수하는 것을 넘어 상황과 언어 예절에 맞는 최적의 소통 방법 및 전략을 설계하고, 능동적으로 협업하는 과정에서 직무에 대한 전문성을 확보하는 등 실전 직무 의사소통 역량, 매체 활용 역량, 협업 태도를 보이는 활동을 수행할 수 있습니다.

3. 교과세특 탐구주제

- 직무 정보의 시급성 및 공식성에 따른 디지털 매체 선정의 합리성 분석
- 직무 갈등 상황에서 언어 예절을 준수한 소통이 관계 회복에 미치는 영향 연구
- 직장 내 수직적 관계에서 능동적·적극적 협업을 촉진하는 언어 예절의 역할 탐구
- 다중 매체 환경에서 발생하는 정보 누락 및 혼선을 방지하는 통합 관리 전략 연구
- 직무 상황에 맞는 적절한 매체 선택 및 예절 준수가 조직 신뢰도에 미치는 영향 분석

4. 독서연계 탐구주제

■ 슬기롭게 협업하고 효과적으로 소통하는 Microsoft Teams(정홍주 외, 시대인, 2020)

이 책은 변화하는 디지털 업무 환경 속에서 팀원 간의 원활한 의사소통과 협업을 돕는 MS Teams의 핵심 기능과 활용 노하우를 폭넓게 안내한다. 채팅, 파일 공유, 실시간 문서 공동 편집, 일정 조율, 온라인 화상 회의 등 다양한 협업 시나리오를 다루는 것은 물론, 사용자와 관리자 관점에서의 실무 적용 방안까지 상세히 제시해 직무 의사소통 과목의 실용적 연계 도서로 매우 적합합니다.

- ▶ 디지털 협업의 모든 것 – Teams로 완성하는 새로운 시대의 직무 의사소통
- ▶ 팀워크를 기술로 완성하다 – 현장 중심으로 배우는 협업, 소통의 실전 가이드북
- ▶ 회의, 문서, 대화 일체화 협업 툴 – 하루를 더 스마트하게 만드는 올인원 업무 플랫폼

■ 일 잘하는 사람의 커뮤니케이션(윌리엄 창, 쌤앤파커스, 2008)

이 책은 직장 내에서 필수적인 대화, 보고, 회의, 협상, 영업, 프레젠테이션 등 여섯 가지 상황별 커뮤니케이션 전략을 구체적이고 실용적으로 제시한 책이다. 다양한 실전 경험을 바탕으로 커뮤니케이션의 기본 원칙뿐 아니라 실제 적용 가능한 기술까지 체계적으로 정리했다. '말을 못해서 손해 본다'는 고민을 가진 사람이나, 더 설득력 있고 자신감 있게 소통하고 싶은 직장인에게 매우 유익한 가이드가 되어 준다.

- ▶ 말의 힘으로 성과를 설계하라 – 전략적 커뮤니케이션으로 관계와 결과를 동시에 잡는 법
- ▶ 상황을 읽는 언어의 기술 – 대화부터 프레젠테이션까지, 6가지 비즈니스 시나리오 이해
- ▶ 말 한마디로 커리어가 바뀐다 – 업무 현장에서 통하는 커뮤니케이션 전략

5. 토의/토론을 위한 생각 나눔 주제

- 비대면 환경에서 팀원들의 적극적인 협업을 촉진하기 위해, 협업 툴의 기능 활용 방안은?
- 메신저(비공식적)에서 사용되는 줄임말이나 이모티콘의 허용 범위를 어디까지로 설정해야 할까?
- 언어 예절을 간소화하여 수평적인 소통을 활성화하는 것이 적극적인 협업에 더 효과적인가?
- 직무 이메일의 '숨은 참조' 기능은 정보 공유의 투명성을 해치므로, 사용을 금지해야 하는가?

6. 진로 희망 계열과의 연계

계열	내용
자연과학 계열	**국제 연구 협력팀의 데이터 공유를 위한 클라우드 매체 활용 전략 분석:** 시급성과 정확성이 요구되는 연구 데이터의 특성을 분석하고, 이메일과 클라우드 협업 툴의 장단점을 비교하여 최적의 프로토콜을 설계 및 제시한다.
예술, 미디어, 디자인 계열	**온라인 포트폴리오 리뷰 환경에서 관람자와 창작자의 능동적인 소통 유도 방안 분석:** 댓글, Q&A 게시판 등 비대면 환경에서 창작자가 능동적으로 소통하고, 피드백을 효율적으로 취합하여 작품 개선에 활용하는 전략을 제시한다.
교육, 인문, 상담심리 계열	**내담자와의 관계 구축을 위한 비언어적 요소(매체) 활용의 중요성 분석:** 상담 과정에서 목소리 톤, 태도, 경청 자세 등 비언어적 매체의 특성을 파악하고, 내담자와 협력하여 문제 해결에 참여하도록 돕는 관계 기반 소통 전략을 탐구한다.

03 직무 의사소통

1. 기본 개념

(1) 개인의 권리 인식(지식·이해)
- 인격권 및 명예 존중: 타인의 인격권을 침해하는 비하, 명예 훼손, 따돌림 등의 언행 금지
- 저작권 인식: 타인이 창작한 문서, 이미지, 코드, 디자인, 음원 등 저작물을 무단으로 사용 금지
- 초상권 인식: 타인의 모습(사진, 영상 등)이 담긴 자료를 본인 동의 없이 촬영, 배포, 공개 금지

(2) 정보 보안에 대한 책무 인식(적용)
- 조직의 자산과 기밀을 보호하기 위한 법적, 기술적 책임을 인식하고 이행하는 것을 의미
- 기밀 유지 의무: 기술 정보, 영업 전략, 재무 자료, 고객 리스트 등 기밀에 해당하는 정보 보호
- 보안 수칙 및 법규 준수: 조직이 정한 수칙과 개인정보보호법 등의 법규를 숙지하고 소통하기

2. A등급 성취 수준의 이해

성취수준	성취기준별 성취수준
A	①개인 권리 보호 및 ②정보 보안의 중요성과 책무성을 인식하면서 ③개인 권리 보호 및 정보 보안을 지속적으로 실천하고, ④개인의 권리와 정보 보안이 지켜지지 않았을 때의 문제 상황에 따른 ⑤대응 방법을 능숙하게 익혀서 직무 의사소통에 능동적이고 적극적인 태도로 참여할 수 있다.

구성 요소	핵심 의미	적용
① 개인의 권리 보호 중요성과 책무성 인식	사생활 보호, 인격권, 저작권, 초상권 등 타인의 권리에 대한 법적, 윤리적 책임을 깊이 인식	출처 명시, 라이선스 확인, 초상권 동의 등 개인 권리 침해 방지를 위한 프로토콜 제작, 활용
② 정보 보안의 중요성과 책무성 인식	조직의 영업 기밀, 고객 정보 등 민감 정보가 조직의 자산임을 인식하고 책임을 다함	조직 보안 정책과 보안 수칙의 내용을 알고 이를 준수하며 직무 의사소통에 참여함
③ 개인 권리 보호 및 정보 보안의 지속적인 실천	직무 의사소통 간에 보안 수칙, 권리 존중 원칙 준수가 습관이 되어 늘상 적용하는 행동 능력	중요 정보의 암호화, 개인 정보에 대한 마스킹 처리 등 보안 의식을 갖고 직무 수행에 임함
④ 개인의 권리와 정보 보안이 지켜지지 않았을 때의 문제 상황 인지	권리 침해와 보안 사고 발생 시 상황의 심각성과 파급 효과를 정확하게 판단, 분석하는 역량	정보 유출이나 저작권 침해 사례를 선정해 해당 사건이 조직과 개인에게 미친 피해 분석
⑤ 문제 상황에 따른 대응 방법의 능숙한 숙지	상황 발생 시 책임 회피 없이 정해진 대응 절차대로 신속, 정확하게 수행할 수 있는 능력	가상의 문제 상황에 대한 단계별 보고 조치(보안 부서 통보, 삭제 요청 등) 매뉴얼 숙지

▶ **[12직의01-09]을 높은 수준으로 성취했다는 것을 증명하기 위해!**
가상의 직무 수행 과정에서 나타날 수 있는 개인 권리 침해 요소 진단하기, 직무 소통 매체 활용 시 발생 가능한 정보 유출 시나리오 및 파급 효과 분석, 직장 내에서 존중과 예의를 지킨 대화 방식의 준수가 집단 문화 형성 및 직무 집단 역량 강화에 미치는 영향 탐구 등을 수행할 수 있습니다.

3. 교과세특 탐구주제

- 디지털 환경에서 혐오 표현을 통한 인격권 침해 사례 분석 및 완화 방안 연구
- 직무 소통 시 '개인정보 보호법' 위반 사례를 통한 직업인의 언어적 책무성 탐구
- 문학 작품 속 '감시와 통제'의 서사를 통해 본 개인 정보와 권리 보호의 중요성 연구
- 온라인 메신저 기반 직무 소통에서 나타나는 무단 캡처 및 전파 행위의 윤리적 문제점 탐구
- 온라인 커뮤니티에서 사용되는 저작물 무단 사용 실태 및 저작권 존중을 위한 작문 윤리 분석

4. 독서연계 탐구주제

● 디지털 프라이버시(김상현, 커뮤니케이션북스, 2022)

이 책은 빅데이터, 사물인터넷, 스마트폰, 바이오매트릭스, 클라우드 등 현대 기술이 우리의 프라이버시를 어떻게 침해하고 재정의하는지를 깊이 있게 탐구하는 책이다. 정보공개 및 개인정보보호 전문가로서 디지털 시대에 프라이버시가 단순한 선택이 아닌, 중요한 사회적 권리가 되었는지를 설명하며, 기술 발전과 개인의 사생활 사이의 균형을 어떻게 맞춰야 할지 질문을 던지며 성찰하도록 유도한다.

- ▶ 프라이버시의 종말과 새로운 시작 – 디지털 시대의 사생활과 권리 재정의
- ▶ 보이지 않는 감시의 시대 – 빅데이터, 클라우드 등이 인간을 감시하는 시대 분석
- ▶ 감시사회 속 개인의 목소리 – 디지털 기술 아래서도 지켜야 할 인간의 자유와 존엄성

● 오피스 문해력(백승권, EBS BOOKS, 2023)

이 책은 직장생활에서 필수적인 업무인 글쓰기 능력, 즉 문해력의 핵심을 집중적으로 다룬 실용서이다. 미팅, 회의, 보고서, 기획서, 보도자료 등 다양한 직장 상황별로 어떤 방식으로 글을 써야 효과적인 커뮤니케이션이 되는지를 구체적으로 안내한다. 글쓰기의 구조, 스토리텔링 등 여러 유형의 핵심 포인트를 정리해 빠르고 설득력 있는 문서를 작성하고 소통할 수 있도록 도와준다.

- ▶ 당신의 커리어를 결정하는 문해력 – 비즈니스 문해력으로 설득과 신뢰를 얻는 법 탐구
- ▶ 읽히는 문서가 강한 영향력을 만든다 – 논리와 스토리텔링으로 완성하는 업무용 커뮤니케이션 이해
- ▶ 문해력, 실력의 또 다른 얼굴 – 짧고 명확하게 말할 줄 아는 직장인의 직무 의사소통 바이블

5. 토의/토론을 위한 생각 나눔 주제

- 조직의 정보 보안 감사를 위해 직원의 개인 휴대전화까지 검사하는 것은 타당한 방법인가?
- 보안 사고 발생 시, 피해 최소화를 위해 가장 신속하게 보고 및 조치해야 할 구체적인 단계는?
- 초상권 침해 우려가 있더라도, 학생들의 얼굴이 담긴 행사 사진을 활용하는 것이 적절한가?
- 조직의 정보 보안을 위해, 직원의 정보 매체를 상시 모니터링하는 것이 정당화될 수 있는가?

6. 진로 희망 계열과의 연계

법학, 언론, 사회과학 계열	**'기밀' 분류 기준에 대한 연구를 통한 직업인의 언어적 보안 책무 탐구:** 조직의 기밀로 분류되는 정보(기술, 재무 등)를 무단으로 유출했을 때 발생하는 법적 책임을 조사하고, 보안 등급 설정, 유출 금지 문구 등 대응 방안을 연구한다.
IT, 공학, 컴퓨터, 통신 계열	**디지털 콘텐츠 제작 시 발생하는 이미지/폰트 저작권 문제 사례 분석 및 작문 윤리 연구:** 저작권이 있는 자료를 무단으로 사용한 사례를 분석하고, CCL 등 합법적인 이용 조건을 파악하여 출처를 명확히 명시하는 작문 규칙을 제시한다.
인문, 교육 계열	**인용 및 각주 처리의 윤리적 문제점 탐구 및 올바른 인용 작문 방식 연구:** 표절, 출처 미표기 등 저작권 침해 사례를 분석, APA, MLA 등 표준 인용 방식을 적용하여 지식인의 책무를 다하는 학술 보고서 작성법 탐구

직무 의사소통

03 직무 의사소통

1. 기본 개념

(1) 직무 환경 변화에 대응(지식·이해)
- 기술적 변화: 디지털 전환 및 자동화, 클라우드 기반의 협업 환경 보편화
- 글로벌 시장의 변화: 급변하는 시장 트렌드와 불확실성 증가, 글로벌 협업 및 다양성 증대
- 조직 문화의 변화: 유연 근무제 및 원격(재택) 근무 확산, 경험 기반에서 역량 기반의 평가

(2) 지속적으로 자기를 계발(적용)
- 기술적 변화 대응: 디지털 툴(Teams, RPA) 숙련, 데이터 분석 기초 학습, AI 관련 역량 강화
- 글로벌 시장의 변화 대응: 문화 간 커뮤니케이션 역량 강화, 최신 산업 트렌드의 지속적인 분석
- 조직 문화의 변화 대응: 비대면 소통 기술 숙지, 셀프 리더십 및 직무 관련 장기 플랜 수립·이행

2. A등급 성취 수준의 이해

성취수준	성취기준별 성취수준
A	①목표와 전략을 수립하여 ②지속적으로 자기를 계발하여 ③직무 환경의 변화에 유연하게 대응하고, ④적극적 자세를 지니고 직무 의사소통에 능동적으로 참여하며, ⑤공동의 목표를 고려하여 협력적으로 의사소통하려는 태도를 지닌다.

구성 요소	핵심 의미	적용
① 목표와 전략 수립	자신의 현재 역량을 분석하고 직무 전문가로 성장하기 위한 중장기 목표와 계획을 설계함	목표 설정, 각 시기 별 세부 수행 과제 등을 타임라인으로 시각화한 커리어 로드맵 작성
② 지속적인 자기 계발	수립된 전략에 따라 꾸준히 학습, 훈련하여 실질적인 직무 전문성을 축적하며 성장함.	관련 분야의 강의 수강, 독서 기록, 자격증 취득 등을 담은 자기 계발 포트폴리오를 누적함
③ 직무 환경 변화에 유연하게 대응	새로운 기술, 제도, 트렌드 등 환경 변화를 거부감 없이 받아들이고 탄력적으로 변화에 임함	AI를 비롯한 신기술을 직무에 우선 적용해보고, 변화 양상을 팀에 공유하며 혁신을 주도함
④ 적극적 자세로 직무 의사소통에 참여	아이디어를 제안, 건설적인 의견을 개진하는 등 업무에 대해 주도적이고 선제적으로 대응함	공동의 목표 달성을 위해 비효율적, 장애 요소를 먼저 분석한 후 개선 방향을 기획, 제안함
⑤ 공동의 목표를 고려해 협력적으로 의사소통함	개인의 성과보다는 조직 전체의 목표 달성을 위해 최우선으로 노력, 소통하는 역량을 갖춤	팀 내부 의견 충돌 시, 공동의 목표를 상기하고, 서로 간의 의견을 조율하며 타협점을 찾아냄

▶ **[12직의01-10]을 높은 수준으로 성취했다는 것을 증명하기 위해!**
직무 환경 변화를 분석하여 구체적인 성장 로드맵을 수립하고, 이를 실천한 자기 계발 포트폴리오를 구축할 수 있습니다. 또한, 습득한 신기술과 지식을 활용해 팀의 업무 효율을 높일 수 있는 창의적 대안을 능동적으로 제안하여 변화를 끌어내며, 이 과정에서 성숙한 소통 태도를 입증할 수 있습니다.

3. 교과세특 탐구주제

- 세대 간 기술 격차 해소를 위한 '리버스 멘토링' 소통 전략 연구
- 디지털 협업 도구 도입을 통한 팀 커뮤니케이션 효율화 방안 연구
- 데이터 리터러시 역량을 활용한 객관적 문제 해결 및 제안 방식 탐구
- 비대면 근무 확산에 따른 '자기 주도적 성과 관리'의 중요성과 소통 방식의 변화 탐구
- 생성형 AI 시대의 직무 작문 양상 변화 분석과 이에 대응하는 작문 역량 계발 전략 연구

4. 독서연계 탐구주제

▪ 듀얼 브레인(이선 몰릭, 상상스퀘어, 2025)

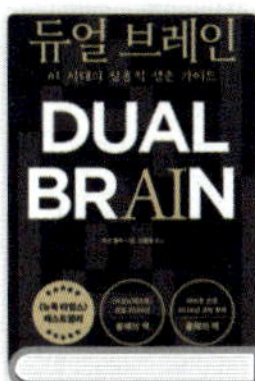

이 책은 AI가 단순한 도구가 아니라 '공동 지능'의 파트너로 바라보며 인간과 인공지능이 어떻게 함께 사고하고 일할 수 있는지에 대해 깊이 있고 실용적인 통찰을 제공하는 책이다. 저자는 인공지능의 강점과 한계를 명확히 분석하고 분업형 협업과 통합형 협업이라는 두 가지 모델을 통해 인간과 인공지능의 관계를 전략적으로 설계하는 방안을 제시하는 등 실제 업무와 창작, 학습에 적용하기 위한 방안을 안내한다.

- ▶ AI와 손잡고 사고하라 – 공동지능으로 여는 새로운 시대의 두 번째 뇌
- ▶ 불안 대신 가능성을 설계하자 – AI시대를 살아남는 실용적 전략과 태도
- ▶ 미래는 이해가 아닌 공존 – 인공지능과 함께 사고하며 성장하는 '공생 지능'의 시대

▪ 프롬프트 텔링(김다솔, 필름, 2025)

이 책은 AI시대에 '프롬프트'란 단순한 명령어가 아니라 나와 AI가 맥락을 공유하고 서로의 언어로 소통하는 이야기의 구조임을 강조한 실용서이다. 저자는 자신의 경험을 바탕으로 '맥락 설명 > 역할 부여 > 목표 명확화'라는 프롬프트 설계의 핵심 공식을 제시하면서, 프리랜서, 크리에이터, 마케터 등 다양한 직무에 맞춘 프롬프트 예시와 체크리스트를 제공하는 등 나만의 세계관과 프롬프트를 형성하기 위한 책이다.

- ▶ AI와 대화하는 기술, 다른 차원의 질무 - 프롬프트로 그려내는 나만의 AI 세계관
- ▶ AI 활용 능력의 격차는 질문에서 시작된다 - 생각을 설계하고 소통을 설계하는 새로운 사고 방식
- ▶ 명령이 아닌 스토리로 AI에 말하라 - 맥락·역할·목표를 담은 프롬프트의 힘

5. 토의/토론을 위한 생각 나눔 주제

- 개인이 습득한 최신 트렌드나 신기술을 팀 전체의 자산으로 만들기 위한 지식 공유 문화는?
- 인공지능이 단순 반복 업무를 대체하는 환경에서, 인간만이 가질 수 있는 차별화된 역량은?
- 빠르게 변화하는 직무 환경에서 '스페셜리스트'와 '제너럴리스트' 중 어느 쪽이 더 유리한가?
- 생성형 인공지능에 의존한 직무 수행은 장기적으로 직무 역량 계발을 저해한다고 볼 수 있는가?

6. 진로 희망 계열과의 연계

IT, 컴퓨터공학, 소프트웨어 계열	**생성형 인공지능 도입에 따른 개발자 직무 변화 분석:** AI가 코드를 작성하는 직무 환경 변화 속에서 개발자의 역할이 작성자에서 '설계 및 검증자'로 변화함을 분석함. 이에 따라, 코드 리뷰 역량 및 상호 검증을 통한 협업 능력의 필요성을 제시함
미디어, 디자인, 예술 계열	**AI 창작 도구의 발전이 디자이너 역할에 미치는 영향 분석:** 미드저니 등 AI 도구가 디자인 기술적 장벽을 낮추는 환경 변화를 분석하고, 디자이너의 경쟁력이 '기획'과 '프롬프트 엔지니어링'에 있다는 점을 제시하는 등 변화된 직무 환경을 분석함
교육 계열	**에듀테크 환경에서의 교사 역량 변화 및 탐구:** 태블릿 PC 보급 등 디지털 교육 환경 변화에 맞춰 다양한 플랫폼 및 도구 활용법을 익히며, 변화된 교육 환경에 맞는 자기 계발 계획을 수립하고, 개별화된 학습이 이뤄질 수 있는 방안을 연구함

PART

4

융합 선택 과목

독서 토론과 글쓰기

교과군	공통 과목			평가 정보		수능
국어	일반 선택	진로 선택	융합 선택	성취도	상대평가	×
			●	5단계	5등급	

1. 교과 성격

'독서 토론과 글쓰기' 과목은 초등부터 고등학교 공통국어에 걸쳐 다루는 읽기·말하기·쓰기 활동을 한 단계 확장해 다루는 선택형 융합 과목이다. 이 과목에서 학생들은 스스로 관심 있는 책을 고르고, 이를 바탕으로 토의·토론과 글쓰기 활동을 경험한다. 이러한 과정은 비판적 사고력과 창의적 문제 해결력, 그리고 타인과 소통하는 능력을 기르는 데 초점을 둔다. 다양한 주제의 책을 접하며 생각을 나누고 글로 정리하는 경험을 통해, 학습자는 자신의 삶과 사회를 폭넓게 바라보는 관점을 갖추게 된다. 또한 서로의 견해를 존중하며 협력하는 태도를 익혀 민주적 시민성도 함께 성장시킨다.

아울러 학생들은 독서·토론·글쓰기를 결합한 프로젝트형 학습 속에서 개별 관심사를 탐색하고, 실제 사회 문제를 주제로 삼아 해결 방향을 고민한다. 스스로 학습 계획을 세우고 진행하며 결과를 공유하는 활동을 통해 학습 주체로서의 역량을 강화한다. 이러한 협력적 탐구 경험은 언어 공동체의 구성원으로서 필요한 소양을 기르고, 생각을 다양한 방식으로 표현·정교화하는 능력을 높여 공동체 발전에 기여하는 힘을 키우도록 돕는다.

2. 교과 목표

- 책에 담긴 의미를 깊이 있게 해석하고 공동체 구성원과 공유하며 자신의 생각을 비판적·창의적으로 표현한다.
- 서로 다른 생각과 관점을 존중하며 공동체 구성원과 협력적으로 의사소통한다.
- 책을 바탕으로 삶을 탐구하고 성찰하며 자신과 공동체의 문제를 적극적으로 해결한다.

3. 내용 체계

핵심 아이디어	• 독서 토론과 글쓰기는 주체적이고 협력적으로 의미를 발견하고 구성하는 행위이자 사회적인 소통 행위이다. • 다양한 분야의 책을 읽고 독서 토론하며 글을 쓰는 활동은 개인과 공동체의 삶의 문제를 심층적으로 탐색하고 해결하는 과정이다. • 독서 토론과 글쓰기를 효과적으로 수행하기 위해서는 능동적이고 협력적인 참여, 서로 다른 생각과 관점을 존중하는 유연한 자세가 필요하다.
범주	내용 요소
지식·이해	• 독서 토론과 글쓰기의 특성 • 독서 토론과 글쓰기의 맥락
과정·기능	• 개인이나 공동체의 관심사를 고려하여 읽을 책을 탐색하고 선정하기 • 질문을 생성하며 주체적으로 해석하기 • 대화, 토의, 토론 등을 활용하여 독서 토론하기 • 쓰기 목적, 독자, 매체를 고려하여 글을 쓰고 공유하기 • 자아를 탐색하고 타자와 세계를 이해하기 • 지식을 확장하고 교양을 함양하기 • 공동체의 문제를 해결하고 사회적 담론에 참여하기
가치·태도	• 능동적이고 협력적인 참여 • 서로 다른 생각과 관점에 대한 존중

04 독서 토론과 글쓰기

[12독토01-01] **(1)개인이나 공동체의 관심사를 고려하여 읽을 책을 선정**한 후 **(2)질문을 생성하고 주체적으로 해석하며 책을 읽는다.**

1. 기본 개념

(1) 개인이나 공동체의 관심사를 바탕으로 읽을 책 선정(지식·이해)
- 자신의 진로, 흥미, 가치관 등 개인적 관심사에 부합하는 독서 목표를 설정하기
- 사회적 현안, 공동체 문제 등 함께 고민할 주제를 바탕으로 탐구 독서의 영역을 확장하기
- 책의 내용, 저자, 출판 배경 등을 다양하게 탐색하여 독서 목적에 가장 적절한 책을 선별하기

(2) 질문을 생성하고 주체적으로 깊이 있게 해석하며 책을 읽기(과정·기능)
- 질문을 통해 독해의 깊이를 더하고, 책의 내용을 삶의 문제와 연결하여 성찰하기
- 배경지식, 경험, 비판적 관점 등을 통합하여 책의 주제와 의미를 다층적으로 재해석하기
- 책의 핵심 내용을 파악하고 책이 다루지 않은 부분에 대해 유의미한 질문을 능동적으로 만들기

2. A등급 성취 수준의 이해

성취수준	성취기준별 성취수준
A	①개인이나 공동체의 관심사 및 사회적 현안을 바탕으로 ②읽을 책을 다양하게 탐색하고 적절하게 선정한 후, ③독서 과정에서 유의미하며 깊이 있는 질문을 생성하고 ④주체적으로 깊이 있게 해석하며 ⑤책을 읽을 수 있다.

구성 요소	핵심 의미	적용
① 개인이나 공동체의 관심사 및 사회적 현안	독서 탐색 전 공동의 현안에 대한 공감대를 형성함	사회 문제, 인권 문제, 역사 문제 등의 현안을 찾고 다양한 해결방법과 실천 방법을 고민함
② 읽을 책을 다양하게 탐색하고 적절하게 선정	공동의 현안을 바탕으로 독서 목표의 주체성과 탐색 과정의 체계성을 확보함	광범위한 도서와 사회적 이슈를 연결하여 독서의 필요성과 방향을 명확히 설정함
② 독서 과정에서 유의미하며 깊이 있는 질문 생성	피상적 이해를 넘어 본질에 다가가는 비판적 질문 능력임	'왜', '만약', '어떻게' 등의 질문을 통해 책의 숨겨진 전제와 미래적 함의를 끌어냄
③ 주체적으로 깊이 있게 해석	책의 내용과 자신의 지식 체계를 융합하여 독창적인 관점을 확립함	자신의 경험, 가치관, 타 학문의 관점을 동원하여 저자의 주장을 재구성하고 평가함
④ 책을 읽기	독서를 통해 자아 성장과 공동체 기여를 실현하는 실천적 태도를 내면화함	생성된 질문과 해석을 바탕으로 글쓰기, 토론, 실천 활동 등 다음 단계로 나아갈 준비를 함

▶ **[12독토01-01]을 높은 수준으로 성취했다는 것을 증명하기 위해!**
사회적 현안(AI 윤리, 기후 위기)을 중심으로 주제별 독서 목록을 선정하고, 각 책을 읽으며 질문 노트를 작성하여 사고의 흐름을 기록함. 이후 핵심 질문을 바탕으로 비평문이나 탐구 보고서를 작성하여 주체적 해석의 결과를 제시하는 등의 활동을 수행 할 수 있습니다.

3. 교과세특 탐구주제

- 질문을 통한 독서가 인지적 편향을 극복하는 데 미치는 영향 연구
- 개인의 진로 계열 관련 필독서 선정 및 질문 생성을 통한 주체적 지식 탐구
- AI 시대의 윤리 문제를 다룬 도서를 읽고 핵심 질문을 생성하여 대안적 관점 탐구
- 사회적 현안(양극화)에 대한 다양한 주장을 담은 대립 도서 선정 및 비교 분석 연구
- 공동체의 갈등 문제를 중심으로 해결에 필요한 인문학 도서 선정 및 해결방법 심층 탐구

4. 독서연계 탐구주제

● 질문의 격(유선경, 앤의서재, 2025)

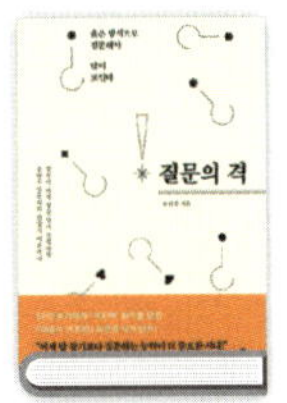

이 책은 AI 시대에 질문하는 능력이 중요해졌음을 강조하며, '질문의 격'이 사고력, 문해력, 어휘력을 결정한다고 주장한다. 독자는 '옳은 방식으로 질문하는 법'을 구체적으로 익혀 비판적 사고를 키우고, 패러다임을 전환시키는 질문의 사례를 통해 독서 과정에서 깊이 있는 질문을 주체적으로 생성하는 방법을 배울 수 있다. 특히 '왜' 대신 '어떻게 하면' 질문법을 제시하여, 능동적인 독자의 자세를 갖추게 한다.

- ▶ AI 시대의 질문법(프롬프트 작성법 등)을 책에 질문을 던지는 능동적 독해 전략으로 전환하여 탐구
- ▶ 유선경 작가의 질문법을 활용하여 개인의 관심사와 진로 관련 전문 서적을 읽고 심화 질문 노트 작성
- ▶ 독서 과정에서 '옳은 방식'의 질문을 생성하는 것이 책의 내용을 주체적으로 해석하는 데 미치는 영향 연구

● 공동 뇌 프로젝트(김재인, 동아시아, 2025)

이 책은 개인 뇌의 한계를 극복하고 융합과 창의성을 발현하는 장소로 '공동 뇌(co-brain)'라는 개념을 제시한다. 공동 뇌는 역사적으로 누적된 인류 전체의 기억이자 개인 뇌들의 만남의 장소로서, 협력적인 사유와 확장된 언어력의 중요성을 역설한다. 이 책은 공동체의 관심사를 중심으로 책을 선정하고 함께 읽는 독서의 사회적 역할과 공동 지능을 통해 창의적 해석을 끌어내는 독서의 가치를 탐구하게 한다.

- ▶ 공동 작업의 산물로서의 창의성이 독서와 토론을 통해 누적되고 발현되는 과정 분석
- ▶ '공동 뇌' 개념을 적용하여 사회적 현안을 다룬 책을 공동으로 해석하고 탐구 질문을 생성하는 과정 연구
- ▶ 김재인 교수의 관점에서 AI 시대에 인간이 생존하기 위해 '공동 뇌'를 보존하고 성장시키는 독서의 역할 탐구

5. 토의/토론을 위한 생각 나눔 주제

- 독서 중 생성된 질문을 타인과 공유하는 것이 주체적 해석에 도움이 되는가?
- 책의 내용을 비판적으로 재해석하는 것이 저자의 의도를 왜곡하는 행위가 될 수 있는가?
- 청소년이 사회적 현안을 다룬 책을 선정할 때 가장 중요하게 고려해야 할 기준은 무엇인가?
- 개인의 흥미를 충족시키는 독서와 사회적 현안을 탐구하는 독서 중 더 필요한 독서는 무엇인가?

6. 진로 희망 계열과의 연계

인문과학 계열	**질문 기반 심층 탐구 및 고전 독해:** 철학, 역사 등 인문학 분야의 핵심 질문을 바탕으로 고전을 선정하고 깊이 있게 해석하여 인간과 세계에 대한 주체적인 통찰을 길러낸다.
자연 계열	**과학적 질문 및 데이터 기반 해석:** 자연 현상이나 실험 결과를 다룬 도서를 선정하고 가설을 검증하는 비판적 질문을 생성한다. 이를통해 데이터와 이론을 주체적으로 융합 해석하는 탐구 능력을 배양할 수 있다.
공학 계열	**문제 해결 질문 및 기술 윤리 성찰:** 기술 혁신과 관련된 책을 읽고 '어떻게 하면' 질문을 통해 공학적 문제 해결을 위한 창의적 아이디어를 구상하고, 기술의 공동체적 영향에 대한 윤리적 질문을 생성하여 책임감 있는 엔지니어의 자질 함양한다.

> [12독토01-02] **(1)대화, 토의, 토론 등 적절한 방법을 활용**하여, **(2)서로 다른 생각과 관점을 존중하며 독서 토론**을 한다.

1. 기본 개념

(1) 대화, 토의, 토론 등 적절한 방법을 활용(지식·이해)
- 책의 주장, 근거, 숨겨진 전제 등 본질적인 내용을 심층적으로 분석하여 파악하기
- 찬반이 대립되거나 다양한 의견이 나올 수 있는 논쟁적 주제(논제)를 명확한 형태로 결정하기
- 단순한 감상 공유를 넘어 비판적 사고를 촉진하고 해석의 깊이를 더 할수 있는 방법 선정하기

(2) 서로 다른 생각과 관점을 존중하며 독서 토론(과정·기능)
- 상대방의 주장과 근거를 경청하고 존중하며 논리적으로 반론하는 토론 윤리를 실천하기
- 대화, 토의, 토론 과정을 통해 개인의 사고를 확장하고 공동체의 문제 해결 능력을 함양하기
- 다양한 관점을 편견 없이 수용하고, 갈등을 협력적으로 해결하여 통합적인 발전적 대안을 도출하기

2. A등급 성취 수준의 이해

성취수준	성취기준별 성취수준
A	① 책의 본질적인 내용을 깊이 이해하고, ②이해를 심화할 수 있는 주제를 결정한 후, ③ 대화·토의·토론 등 효과적인 방법을 활용하여 독서 토론을 하며, ④상대의 관점을 수용하고 ⑤발전적인 대안을 모색할 수 있다.

구성 요소	핵심 의미	적용
① 책의 본질적인 내용을 깊이 이해	내용 분석 능력을 기반으로 책의 본질을 이해함	책의 철학적, 사회적, 역사적, 맥락적 함의를 끌어내는 과정을 수행함
② 이해를 심화할 수 있는 주제결정	이해를 기반으로 탐구적 논제를 체계적으로 도출함	분석한 책의 의미를 기반으로 토론의 주제와 방향성을 깊이 있게 설정함
③ 대화·토의·토론 등 효과적인 방법을 활용하여 독서 토론	주제나 의도에 맞는 효율적이고 민주적인 의사소통 전략을 구사함	논리적 논증, 교차 질문, 시간 준수 등 대화, 토의, 토론의 규칙과 기술을 능숙하게 활용함
④ 상대의 관점을 수용	다양성을 존중하는 협력적 태도로 공동체적 이해를 함양함	상대방의 논리와 감정을 공감적으로 이해하고 발언에 예의를 갖추어 응답함
⑤ 발전적인 대안을 모색	대화, 토의, 토론을 문제 해결의 도구로 활용하여 창의적 해결책을 제시함	다양한 의견의 핵심을 통합하여 모두가 동의할 수 있는 실천적이고 구체적인 합의를 이끌어 냄

▶ **[12독토01-02]을 높은 수준으로 성취했다는 것을 증명하기 위해!**
대화, 토의, 토론 도서에 대한 본질적 해석을 담은 논제 발제문 작성, 대화, 토의, 토론 과정에서 상대방의 의견을 요약하고 재구성하여 반론하는 협력적 토론 자세 시연, 대화, 토의, 토론 결과를 바탕으로 문제 해결을 위한 구체적인 실천 계획이 담긴 결과 보고서를 작성하는 활동을 수행할 수 있습니다.

3. 교과세특 탐구주제

- 책의 미해결 문제를 논제로 결정하여 발전적인 대안을 모색
- 논리적 논증과 공감적 표현의 균형이 독서 토론의 합의 도출에 미치는 영향 분석
- 하브루타 및 디베이트 방식의 독서 토론 비교 분석을 통한 최적의 토론 방법 연구
- 독서 토론을 통한 타인의 관점 수용이 개인의 인지적 편향 극복에 미치는 영향 연구
- 온라인 독서 토론과 오프라인 독서 토론의 소통 효율성 및 관점 수용 양상 비교 연구

4. 독서연계 탐구주제

● 관계도시(박희찬, 돌베개, 2024)

이 책은 덴마크의 도시 건축과 주거 문화를 통해 그들의 공동체 의식과 높은 행복지수의 비결을 탐구한다. 고층 아파트 대신 저층형 공동주택이 주를 이루고 '휘게' 문화가 건축에 투영된 사례를 보여주며, 도시 설계가 개인과 집단의 관계 맺기에 미치는 본질적인 영향을 조명한다. 토론을 통해 한국 사회의 도시와 주거 문제에 대한 다양한 관점을 수용하고, 공동체적 삶을 위한 발전적인 대안을 모색해 본다.

- ▶ 덴마크의 '저층형 공동주택' 사례 분석을 통해 한국의 주거 문제에 대한 발전적인 대안 연구
- ▶ 코펜하겐의 친환경 도시 계획을 중심으로 서울의 교통 문제에 대한 발전적 대안 모색 및 탐구
- ▶ 도시 건축에 투영된 '휘게'와 '집단주의' 개념을 주제로 문화적 관점의 차이를 수용하는 방식 분석

● 토론의 힘, 생각의 격(허원순, 한국경제신문, 2022)

이 책은 현대 사회의 첨예한 경제·사회 이슈 70가지를 '찬성-반대-생각하기'의 3단계 형식으로 제시하며, 독자들이 서로 다른 관점을 객관적으로 평가하고 논리적 사고력을 키울 수 있도록 돕는다. 노인 무임승차, 주 4일 근로제, 안락사 허용 등 가치가 충돌하는 주제들을 다루면서, 편견에 빠지지 않고 이슈의 본질을 들여다보는 것이 토론의 힘임을 강조한다.

- ▶ 책에 제시된 특정 논제를 토론 주제로 결정하고, 찬반 양측 근거의 논리적, 비판적으로 분석
- ▶ 첨예한 사회 이슈에 대한 가치 충돌 양상을 민주적 합의로 도출하는 토론 문화의 긍정성 탐구
- ▶ '찬성-반대-생각하기' 3단계 토론 방식이 상대방 관점 수용 및 발전적 대안 모색에 미치는 효과 연구

5. 토의/토론을 위한 생각 나눔 주제

- 결말에 대한 다양한 해석은 사회 문제 해결에 도움이 되는가?
- 발전적인 대안을 모색하기 위한 토의에서 찬반 대립의 토론은 필요한가?
- 책에 제시된 사회적 약자에 대한 차별은 '개인의 책임'인가, 아니면 '구조적인 문제'인가?
- 내가 주인공과 같은 상황에 놓인다면, 주인공과 '동일한 선택'을 할 것인가, '다른 선택'을 할 것인가?

6. 진로 희망 계열과의 연계

자연계열	**이론 및 연구 방법론에 대한 비판적 토론:** 과학 이론이나 실험 결과를 다룬 도서를 읽고 가설, 결론 등에 대한 논리적 논쟁을 벌여 지식을 심화하고 협력을 통한 새로운 가설을 모색한다.
공학계열	**기술 윤리 및 문제 해결 토의:** 공학 기술의 사회적 영향을 다룬 책을 읽고, 기술의 윤리적 문제에 대한 다양한 관점을 존중하며 기술과 공동체가 공존할 수 있는 발전적인 대안을 토의한다.
법률 계열	**법 해석 및 판례에 대한 논쟁 토론:** 법철학이나 판례를 다룬 도서를 읽고 특정 법규의 본질적 해석에 대해 찬반 논증을 벌여 논리적 사고를 단련하고 정의 실현을 위한 최선의 대안을 모색한다.

[12독토01-03] 독서 토론의 내용을 바탕으로 **(1)쓰기 목적, 독자, 매체를 고려**하여 **(2)글을 쓰고 공유**한다.

1. 기본 개념

(1) 쓰기 목적, 독자, 매체를 고려(지식·이해)
- 독자의 배경지식, 관심사, 기대 등을 고려하여 내용과 표현 방식을 결정하기
- 글의 유형(비평문, 보고서, 설명문, 논설문 등)을 쓰기 목적에 따라 적합하게 선택하기
- 매체(종이, 블로그, SNS, 프레젠테이션 등)의 특성을 이해하고 글의 형식과 길이를 조절하기

(2) 독서 토론의 내용을 바탕으로 완결된 글을 작성하고 공유(가치·태도)
- 독서 토론을 통해 얻은 핵심 주장, 근거, 발전적 대안 등을 쓰기 자료로 활용하기
- 토론 내용을 선택, 변형, 추가하여 새로운 관점을 담은 완결된 한 편의 글로 재구성하기
- 작성된 글을 적절한 매체를 통해 공유하고, 독자의 피드백을 수용하며 의미를 확장하기

2. A등급 성취 수준의 이해

성취수준	성취기준별 성취수준
A	① 쓰기 목적에 적합한 ②글의 유형, 매체, 독자의 특성을 정확하게 이해하고, ③독서 토론의 내용을 바탕으로 적절한 내용을 선택하여 변형하고 내용을 추가하여 ④쓰기 맥락에 부합하는 한 편의 완결된 글을 작성하고 ⑤독자와 소통할 수 있다.

구성 요소	핵심 의미	적용
① 쓰기 목적에 적합	글쓰기 전략 수립의 효율성과 맥락 이해의 정확성을 확보함	'무엇을 위해 쓰는가'에 대한 생각을 정립하고 전략을 수립함
② 글의 유형, 매체, 독자의 특성을 정확하게 이해	쓰기 목적을 고려하여 글의 유형, 매체, 독자의 특성을 파악함	글 유형, 매체, 독자의 흥미에 맞게 설득적, 설명적, 문학적 글 유형으로 전환하는 계획을 수립함
③ 독서 토론의 내용을 바탕으로 적절한 내용을 선택하여 변형하고 내용 추가	독서 토론의 지식을 재구성하고 창의적으로 발전시키는 능력임	토론에서 생략된 배경 정보를 추가하거나 반대 의견을 변형하여 자신의 주장을 강화함
④ 쓰기 맥락에 부합하는 한 편의 완결된 글을 작성	글의 구조, 표현, 논리 등 글쓰기 규범에 따라 체계적으로 완성함	도입-전개-정리의 구조, 객관적 근거, 일관된 논조를 유지하며 목표 독자에게 적합한 글을 산출함
⑤ 독자와 소통	글쓰기를 일방적 전달이 아닌 상호작용의 공론장으로 활용함	작성된 글을 온라인 플랫폼에 공유하고 댓글, 질문 등에 책임감 있게 응답하여 담론을 확산함

▶ **[12독토01-03]을 높은 수준으로 성취했다는 것을 증명하기 위해!**
독서 토론의 논제를 쓰기 목적(설득, 설명, 정서 표현 등)에 맞게 형식을 재구성하고, 독자의 특성(연령, 취미, 가치관, 상황 등)을 고려하여 다양한 매체에 맞는 시각 자료를 추가하여 공유합니다. 이후 독자의 반응을 분석하고 자신의 주장을 수정하는 피드백 보고서를 작성하는 활동을 수행할 수 있습니다.

3. 교과세특 탐구주제

- 독서 토론에서 발전된 대안을 바탕으로 학교 정책 제안서 작성 연구
- 독서 후 감상을 독자를 고려하여 카드 뉴스로 변형하여 공유하는 과정과 효과 탐구
- 토론 과정에서 논증된 결론을 쓰기 목적에 맞게 다양한 유형의 매체로 작성한 효과 탐구
- 매체(블로그 vs 유튜브 스크립트)의 특성이 독서 토론 내용의 전달 방식에 미치는 영향 분석
- 독자의 댓글 피드백을 수용한 원고 수정 과정 분석을 통한 쓰기의 주체적 성찰의 필요성 탐구

4. 독서연계 탐구주제

● 쓰기의 미래(강원국, 메디치미디어, 2024)

이 책은 AI 시대에 인간의 쓰기가 갖는 고유한 가치와 미래를 탐구하며, 진정한 글이란 무엇인지 쓰기의 본질을 되묻는다. AI가 대필할 수 없는 인간의 정체성, 경험, 철학을 담아내는 글쓰기의 중요성을 역설한다. 독서 토론을 통해 주제를 심화하고 내면화한 내용을 쓰기 목적에 맞춰 진정성을 담아내는 글쓰기 과정에 대한 깊은 성찰을 제공한다. 독자에게 자신만의 관점을 담은 완결된 글을 제시하는 주체적 쓰기의 자세를 함양하게 한다.

- ▶ 독서 토론의 결론을 바탕으로 AI가 모방할 수 없는 인간의 경험과 철학을 담은 에세이 작성
- ▶ 인공지능을 쓰기 도구로 활용할 때 글쓰기 주체의 윤리적 책임 및 독자와의 소통에 미치는 영향 탐구
- ▶ '미래의 쓰기'와 '말하는 능력'의 융합 양상에 대한 토론 내용을 바탕으로 프레젠테이션 스크립트 작성 및 공유

● 페이크와 팩트(김수연, 시공사, 2024)

이 책은 정보의 홍수 속에서 가짜 뉴스(Fake)를 팩트(Fact)로 구별해내는 비판적 사고와 정보 리터러시의 중요성을 강조한다. 미디어의 프레이밍, 논리적 오류, 감정적 조작 등 정보 왜곡의 메커니즘을 구체적으로 분석하며, 정보의 출처와 신뢰도를 객관적으로 평가하는 방법을 제시한다. 독서 토론에서 다룬 주장과 근거의 사실성을 검증하고, 정확성을 갖춘 완결된 글을 작성하는 쓰기 윤리를 확립하는 데 도움을 준다.

- ▶ 가짜 뉴스의 감정적 언어 사용 방식 분석 및 논설문 작성 시 독자를 설득하는 글쓰기 전략 연구
- ▶ 독서 토론에서 미디어 정보의 신뢰도를 '페이크와 팩트'의 기준에 따라 비판적으로 평가하는 방법 연구
- ▶ SNS에서 가짜 뉴스에 대응하는 팩트 체크 콘텐츠를 쓰기 목적에 맞게 재구성하여 작성하고 분석

5. 토의/토론을 위한 생각 나눔 주제

- 정부의 플랫폼 규제는 어디까지 허용되어야 하는가?
- 팩트 체크의 주체는 누가 되어야 하는가? 개인의 신념과 팩트의 경계는?
- 글쓰기의 쓰기 목적, 독자, 매체 중 글의 내용을 변형하는 데 가장 큰 영향을 미치는 것은 무엇인가?
- 독자와 소통하기 위해 글을 공유하는 행위가 개인의 주관적 해석을 대중적 담론으로 오도할 수 있는가?

6. 진로 희망 계열과의 연계

언론·미디어 계열	**매체 맞춤형 콘텐츠 기획 및 작성:** 독서 토론 내용을 바탕으로 뉴스 기사, 칼럼, 영상 스크립트 등 다양한 매체의 특성을 살린 글쓰기 유형을 선택하여 독자와 효과적으로 소통하는 능력을 배양한다.
공학 계열	**기술 보고서 작성 및 대중 소통:** 기술과 사회의 관계를 다룬 독서 토론 내용을 일반 독자를 고려하여 기술 동향 보고서나 대중 설명문으로 재구성하여 작성하는 실습을 통해 소통 능력을 강화한다.
사회과학 계열	**토론 기반 정책 제안서 작성:** 사회 현안에 대한 독서 토론 결과를 바탕으로 정치, 행정 분야의 정책 제안이라는 쓰기 목적에 맞는 논설문 또는 보고서를 작성하여 실용적 글쓰기 능력을 함양함.

04 독서 토론과 글쓰기

1. 기본 개념

(1) 다양한 삶의 방식과 가치 이해(지식·이해)
- 책에 담긴 시대적 배경이나 사회적 문제를 통해 타자와 세계가 처한 복합적인 상황을 파악하기
- 삶과 존재에 대한 다양한 해석이 담긴 책을 읽고, 자신의 관점과 비교하며 폭넓은 시각을 확보하기
- 주인공이나 작품 속 인물의 선택, 가치관, 고뇌 등을 통해 다원적인 삶의 방식을 객관적으로 이해하기

(2) 독서 토론과 글쓰기를 통한 자아 탐색 및 공감(가치·태도)
- 주제 심화 및 관점 확대를 통해 개인을 넘어선 인류 보편적 문제에 대한 이해를 높이기
- 독서 토론을 통해 타인의 경험과 해석을 공유하며 자아 정체성을 능동적으로 성찰하기
- 글쓰기를 통해 책의 내용, 토론 결과, 성찰을 통합하여 내면화하고 주체적인 삶의 의미를 발견하기

2. A등급 성취 수준의 이해

성취수준	성취기준별 성취수준
A	①인간의 삶에 대한 다양한 시각과 해석이 담긴 책을 읽고 ②자신의 관점과 비교하여 다양한 삶의 방식을 이해할 수 있으며, ③독서 토론하고 글을 쓰면서 더불어 살아가는 삶의 가치를 인식하고 ④자아를 능동적으로 탐색하며 ⑤타자와 세계를 이해하고 공감할 수 있다.

구성 요소	핵심 의미	적용
① 인간의 삶에 대한 다양한 시각과 해석이 담긴 책 읽기	간접 경험을 통해 시야를 넓히고, 이를 바탕으로 나와 세계를 깊이 있게 돌아보는 과정임	인간의 삶에 대한 다양한 장르와 상반된 관점을 가진 도서를 의도적으로 선정하여 독서함
② 자신의 관점과 비교하여 다양한 삶의 방식 이해	타인의 삶을 단순히 인지하는 것을 넘어 자기 성찰의 매개로 활용함	작품 속 인물의 선택을 나의 가치관과 대조하며 삶의 대안적 가능성을 심층적으로 탐색함
③ 독서 토론하고 글을 쓰면서 더불어 살아가는 삶의 가치 인식	독서 후 활동을 통해 개인을 공동체로 확장시키는 윤리적 인식을 함양함	타인의 의견을 경청하고 내면화하여, 협력과 존중이 인간의 책임 있는 삶에 필수적임을 깨달음
④ 자아를 능동적으로 탐색	외적 탐색을 내면의 정체성 확립으로 연결하는 주체적 성찰 능력을 발휘함	책과 토론의 질문에 스스로 답하며, 흔들림 없는 자기 결정의 가치와 책임을 인식함
⑤ 타자와 세계를 이해하고 공감	경험과 관점의 차이를 넘어서는 보편적 인간애를 체득함	작품 속 인물이나 토론 참여자에게 감정적, 인지적으로 동화되어 세계와의 연대감을 형성함

▶ **[12독토01-04]을 높은 수준으로 성취했다는 것을 증명하기 위해!**

실존주의 문학을 읽고 자아와 타자의 관계에 대한 심층적 독서 토론을 진행한 후, 토론에서 발전시킨 관점을 바탕으로 '타인과의 연대'를 주제로 한 철학적 성찰 에세이를 작성하여 자아 탐색의 깊이와 타자 이해의 공감 능력을 입증하는 활동을 수행할 수 있습니다.

3. 교과세특 탐구주제

- 고전 문학에 나타난 인간의 보편적 고뇌를 현대적 삶의 문제와 비교하여 자아 탐구
- 주류 문화의 획일적 가치관이 개인의 자아 탐색과 타자 공감을 저해하는 방식 분석
- 첨단 미디어 환경(딥페이크, 인공지능)에서 왜곡되거나 위협받을 수 있는 타자 이해 극복 방법 탐구
- 다문화 또는 소수자의 삶을 다룬 책을 읽고 토론한 후, 공감을 넘어선 '연대'의 실천 방안 탐구
- 정의로운 사회의 모습이 현실 정치나 경제 시스템(자본주의, 민주주의) 속에서의 보여 지는 한계 및 현실적인 정치 참여 방안 탐구

4. 독서연계 탐구주제

● 데미안(헤르만 헤세, 민음사, 2009)

이 책은 에밀 싱클레어라는 소년이 성장하며 겪는 내면적 갈등과 방황을 통해 진정한 자아를 찾아가는 실존적 여정을 그린다. '새는 알을 깨고 나온다'는 메시지를 통해 기존 세계와 단절하고 고독 속에서 자신의 운명을 용기 있게 대면할 것을 촉구한다. 독서 토론을 통해 내면의 어둠과 빛을 인식하고, 타인의 해석과 비교하여 자아를 능동적으로 탐색하는 데 깊은 통찰을 제공한다.

- ▶ '데미안'이 싱클레어의 '참 나(The Self)'라는 해석에 대한 자아의 본질 탐색
- ▶ 싱클레어가 겪는 '두 세계'(선과 악)의 갈등을 현대 청소년의 윤리적 선택과 비교하여 탐색
- ▶ '아브락사스'를 중심으로 타인의 다양한 해석 수용 및 자신의 세계관을 재구성하는 방식 탐구

● 길 너머의 세계(전민식, 은행나무, 2024)

이 책은 수목장이라는 죽음과 맞닿은 비일상적인 공간에 저마다의 사연을 가진 인물들이 모여 서로의 버팀목이 되는 이야기를 담고 있다. 암장 사건 등 의문스러운 죽음을 마주하며 인물들은 숨겨왔던 비밀을 드러내고 서로를 알아간다. 상처받은 이들이 슬픔 속에서 새로운 삶의 희망을 찾고 다시 삶의 의지를 다지는 과정을 통해 고독 속의 인간 존재와 타자와의 연대가 갖는 치유의 힘을 보여준다.

- ▶ '상처 입은 존재들의 치유'를 중심으로 공동체적 연대의 실천 방안 모색
- ▶ 수목장이라는 죽음의 공간이 상징하는 역설적 의미 분석 및 삶과 죽음에 대한 철학적 의미 탐구
- ▶ 타자 이해와 관계 형성의 메커니즘 탐구 -'길 너머의 세계'에 모인 인물들이 서로의 세계에 발을 들여놓는 과정을 중심으로

5. 토의/토론을 위한 생각 나눔 주제

- 자아 탐색은 타인의 시선과 평가에서 벗어날 때에만 가능한가?
- 인간의 삶에 대한 부조리함을 인식하는 것이 더불어 살아가는 삶의 가치를 훼손하는가?
- 작품 속 인물을 자신의 도덕적 기준으로 비판하는 것이 타자와 세계를 이해하는 데 도움이 되는가?
- 인간은 본질적으로 고독한 이방인인가, 아니면 타자와의 연대를 통해 비로소 존재할 수 있는가?

6. 진로 희망 계열과의 연계

계열	탐구 내용
사회복지·심리 계열	**타자의 고통에 대한 공감과 연대 연구:** 소수자 또는 사회적 약자의 다양한 삶의 방식을 다룬 책을 읽고 독서 토론한 후, 타자를 이해하고 실질적으로 돕는 사회 복지 실천 방안에 대한 보고서를 작성한다.
인문·철학 계열	**인간 존재 및 윤리적 삶 탐구:** 『길 너머의 세계』 등의 문학을 통해 자아와 운명, 자유의 문제를 철학적으로 탐구하고 인간의 삶에 대한 보편적 해석을 담은 논문 또는 비평문을 작성한다.
의학·보건 계열	**생명 윤리 및 인간의 존엄성 탐구:** 죽음, 질병, 고통 등 인간의 유한성에 대한 다양한 시각을 다룬 책을 읽고, 환자와 의료인의 삶을 공감적으로 이해하며 의료 윤리에 대한 논고를 작성한다.

04 독서 토론과 글쓰기

1. 기본 개념

(1) 다양한 분야의 책을 읽고 정보 선별 및 재구성(과정·기능)
- 인문, 사회, 과학, 예술 등 다양한 분야의 책을 읽어 통합적 지식의 기반 마련하기
- 선별된 정보를 자신의 지식 체계에 맞게 재구성하여 새로운 관점이나 지식으로 창출하기
- 독서 토론을 통해 타인의 재구성 방식을 공유하며 다양한 지식 활용 전략을 습득함

(2) 학습이나 삶에 필요한 지식을 확장하고 교양 함양(가치·태도)
- 독서 토론을 통해 얻은 내용을 자신에게 필요한 방식으로 선택, 변형, 추가하여 글로 작성하기
- 글쓰기를 통해 학습에 필요한 심화 된 지식을 자기화하고 내면의 교양으로 축적하기
- 다양한 분야의 지식을 융합하여 현실의 문제에 적용하고 창의적인 해결책을 제시하기

2. A등급 성취 수준의 이해

성취수준	성취기준별 성취수준
A	①다양한 분야의 책을 읽고 ②책에 담긴 정보를 선별하고 재구성하여 독서 토론하며, ②자신에게 필요한 내용을 선택하고 변형하거나 새로운 내용을 추가하여 글을 써 자기화함으로써 ③학습이나 삶에 필요한 지식을 확장하고 ④수준 높은 교양을 함양할 수 있다.

구성 요소	핵심 의미	적용
① 다양한 분야의 독서	편향되지 않은 지식 기반을 구축하여 복잡한 현상을 다각적으로 해석하는 능력임	다양한 분야의 독서를 통해 지적 유연성 확장, 균형 잡힌 시각으로 세계 이해하는 기본 지식을 마련함
② 책에 담긴 정보를 선별 및 재구성하여 독서 토론	지식을 비판적으로 평가하고 통합적으로 사유하는 능동적 탐구 자세임	대립되는 분야의 정보를 융합하거나 미처 인지하지 못한 정보를 타인과의 토론을 통해 활용함
③ 자신에게 필요한 내용을 선택, 변형, 추가하여 글을 쓰고 자기화	획득된 지식을 개인의 목적에 맞게 재창조하여 주체적으로 내면에 정착시킴	책의 정보를 자신의 진로, 관심사, 문제 해결에 맞춰 재해석하고 글로 써서 개인의 지식으로 만듦
④ 학습, 삶에 필요한 지식 확장	지식의 양적 심화와 질적 확장을 통해 전문성과 응용력을 향상함	교과 심화 개념을 독서로 채우고 새로운 지식의 결합으로 사고의 지평을 넓힘
⑤ 수준 높은 교양을 함양	인간과 세계에 대한 깊이 있는 이해를 바탕으로 삶을 풍요롭게 하고 가치를 인식함	다양한 분야의 지식을 바탕으로 사회적 담론에 참여하고 윤리적 판단을 할 수 있음

▶ **[12독토01-05]을 높은 수준으로 성취했다는 것을 증명하기 위해!**
인문학과 과학 기술 분야의 책을 융합하여 읽고 독서 토론을 통해 두 분야의 정보를 재구성하는 활동을 합니다. 토론 결과를 바탕으로 학습에 필요한 심화 지식을 담은 탐구 보고서나 글쓰기를 통해 지식을 자기화하고 교양을 함양했음을 증명하는 활동도 수행 할 수 있습니다.

3. 교과세특 탐구주제

- 독서 토론을 통한 다양한 분야의 정보 선별 및 재구성 전략 분석
- 독서를 통해 얻은 교양이 일상생활의 의사 결정에 미치는 영향 분석 연구
- 인문학과 뇌과학 도서를 융합하여 인간의 사고에 대한 지식을 확장의 메커니즘 연구
- 인공지능 관련 기술서와 철학서를 읽고 새로운 내용을 추가하여 AI 윤리에 대한 탐구
- 역사와 경제 도서의 정보를 병렬적으로 읽고 글로 써서 현대 사회 문제에 대한 심화된 해석 탐구

4. 독서연계 탐구주제

■ 불안사회(한병철, 다산북스, 2024)

이 책은 현대 사회의 주요 질병을 '불안'이라 진단하며, 성과 강박과 경쟁이 개인을 고립시키고 연대를 끊는 체제의 문제를 철학적으로 통찰한다. 불안이 대화와 공감을 붕괴시키고 희망을 질식시킨다고 경종을 울리며, 불안을 넘어 희망과 연대로 나아갈 정신을 역설한다. 인문학적 사유를 통해 현대 사회라는 다양한 분야의 구조적 문제에 대한 깊은 교양을 함양하게 한다.

- ▶ 불안을 구조적 문제로 진단하는 철학적 지식과 현실의 사회학적 정보를 융합한 문제 해결 방법 탐구
- ▶ '불안의 체제'가 현대 사회 문제에 대한 다양한 분야의 정보를 선별하고 재구성하는 데 미치는 영향 분석
- ▶ '불안'이 민주주의와 대화를 위협한다는 지식을 바탕으로 연대를 위한 바람직한 토론 문화 형성 방법 탐구

■ 두려움의 과학(아라시 자반바크트, 웅진지식하우스, 2024)

이 책은 정신과 의사이자 신경과학자인 저자가 두려움의 역사와 뇌과학적 메커니즘을 과학적으로 규명한다. 원시 시대의 생존과 연관된 두려움과 현대 사회의 불안장애, PTSD를 비교하며 공포가 인간의 삶과 정체성에 미치는 영향을 분석한다. 정치와 권력자가 대중의 두려움을 이용하는 메커니즘을 파헤쳐, 인문학적 통찰에 과학적 지식을 더해 수준 높은 교양을 완성하게 한다.

- ▶ 정치와 권력자가 두려움을 이용하는 사회학적 정보에 뇌과학적 지식을 융합한 탐구
- ▶ '두려움'이 인간의 사고를 편협하게 만드는 과학적 원리 및 지식을 자기화하는 과정 탐구
- ▶ '두려움'에 대한 과학적 지식과 철학적 지식을 융합하여 효율적인 두려움 극복 방안 탐구

5. 토의/토론을 위한 생각 나눔 주제

- 다양한 분야의 정보를 융합하는 독서가 지식의 깊이를 훼손할 위험은 없는가?
- 정보의 왜곡이나 오용을 막을 수 있는 개인의 윤리적 책임의 범위는 어디까지인가?
- 삶에 필요한 지식을 확장할 때, 효용성이 없는 수준 높은 교양 탐구는 의무적으로 병행되어야 하는가?
- 필요한 내용 선별의 핵심 주체는 개인의 비판력이어야 하는가, 아니면 AI의 선별 추천 시스템이어야 하는가?

6. 진로 희망 계열과의 연계

자연계열	**과학과 철학의 융합 탐구:** 『두려움의 과학』 등 뇌과학 분야의 전문 지식과 『불안사회』 등 인문학 분야의 철학적 사유를 융합하여 정보를 재구성하고 과학 윤리 등에 대한 글을 작성하여 지식을 자기화한다.
의학·간호·치료보건 계열	**질병의 심리적·사회적 원인에 대한 지식 확장:** 『불안사회』의 사회학적 진단과 『두려움의 과학』의 정신 의학적 지식을 융합하여 환자의 질병에 대한 다각적 이해를 높이고 치료 방안도 다양하게 모색한다.
사회과학 계열	**현대 사회의 구조적 문제에 대한 지식 확장:** 『불안사회』의 체제 비판을 바탕으로 사회 문제의 근본 원인을 탐구하고, 다양한 분야의 정보를 선별하여 현실적인 정책적 대안을 글로 써 제시한다.

04 독서 토론과 글쓰기

1. 기본 개념

(1) 사회적 현안이나 쟁점을 깊이 분석하며 독서 토론(과정·기능)
- 책의 정보를 바탕으로 관련 현안이나 쟁점을 역사적, 사회적, 문화적 맥락에서 깊이 분석하기
- 환경, 인권, 기술 윤리, 경제 불평등 등 사회적 현안이나 쟁점이 담긴 책을 읽어 문제의 본질을 파악하기
- 독서 토론을 통해 다양한 관점을 이해하고, 자신의 주장을 논리적으로 정당화하는 과정을 습득하기

(2) 글을 써 대안을 제시하며 사회적 담론에 참여(가치·태도)
- 대안과 해결 방안을 담은 글을 작성하여 사회적 담론에 능동적으로 참여하기
- 토론에서 분석한 내용을 바탕으로 공동체의 문제를 비판적으로 이해한 후, 타당한 대안 모색하기
- 합리적 의사소통 능력을 발휘하여 사회적 합의를 도출하고 바람직한 공동체를 만들어 가는 데 기여하기

2. A등급 성취 수준의 이해

성취수준	성취기준별 성취수준
A	①사회적 현안이나 쟁점이 담긴 책을 읽고, ②관련 현안이나 쟁점을 깊이 분석하며 독서 토론하고 글을 쓰며 ③공동체의 문제를 비판적으로 이해하고, ④다양하고 타당한 대안을 제시하며 ⑤능동적으로 사회적 담론에 참여할 수 있다.

구성 요소	핵심 의미	적용
① 사회적 현안이나 쟁점이 담긴 책을 읽기	동일한 사회적 현안에 대해 대립하는 입장의 도서를 선정함	동일한 사회적 현안에 대해 대립하는 입장의 책을 교차하여 읽음.
② 관련 현안이나 쟁점을 깊이 분석하며 독서 토론	사회 문제의 구조적 원인을 탐구하고 다양한 의견을 공론화하는 토론 자세임	다양한 사회적 쟁점을 토론을 통해 다층적(구조, 문화, 인식 등)으로 이해함
③ 공동체의 문제를 비판적으로 이해	문제를 액면 그대로 수용하지 않고, 숨겨진 권력, 윤리, 역사적 배경 등을 통찰함	특정 정책이 소수자에게 미치는 부정적 영향을 인식하고, 이해관계를 비판하는 관점을 정립함
④ 다양하고 타당한 대안 제시	단일하고 이상적인 해결책이 아닌, 현실에 적용 가능한 여러 합리적인 해결책을 제시함	인문학과 과학적 데이터를 융합하여 장기적, 단기적 관점에서 실효성 있는 대안을 도출함
⑤ 능동적으로 사회적 담론에 참여	공동체의 논의 과정에 주체적으로 개입하고 책임 있는 발언을 통해 사회적 합의를 제시함	독서와 토론을 바탕으로 작성한 글을 공유하고, 타인의 반론을 경청하며 의견을 수정 및 발전시킴

▶ **[12독토01-06]을 높은 수준으로 성취했다는 것을 증명하기 위해!**
사회적 쟁점이 담긴 서로 상반된 입장의 책 2권을 읽고, 토론을 통해 쟁점을 깊이 분석한 후, 공동체 문제의 본질을 비판적으로 이해하고, 다양한 학문의 지식을 융합하여 타당한 대안을 제시하는 칼럼이나 정책 제안서 형태의 글을 작성할 수 있습니다.

3. 교과세특 탐구주제

- AI의 책임 소재에 대한 사회적 현안 분석과 법적 대안 탐구
- 청년 세대 불평등 현안에 대한 책을 읽고 사회적 담론에 능동적으로 참여하는 칼럼 작성
- 기후 위기 쟁점에 대한 토론을 통해 환경 윤리와 경제 발전의 타당한 대안을 융합하여 탐구
- 팬데믹 이후 공동체의 회복력(Resilience)에 대한 비판적 이해와 재난 대비 시스템의 대안 연구
- 디지털 격차 문제에 대한 다양한 분야의 책을 읽고 비판적 이해를 바탕으로 공동체 문제 해결 방안 탐구

4. 독서연계 탐구주제

■ 우리가 우리를 구한다(네몬테 넨키모 외, RHK, 2024)

이 책은 아마존 와오라니족의 리더인 저자가 석유 기업과 에콰도르 정부의 환경 파괴에 맞서 아마존 숲과 원주민의 땅을 지켜낸 연대와 투쟁기를 담은 일인칭 기록이다. 문명 사회의 탐욕과 소비 문화가 기후 위기를 심화시키는 사회적 현안을 제시하며, "우리는 모두 연결되어 있다"는 메시지를 통해 공동체와 환경 문제 해결에 대한 능동적 참여와 연대의 가치를 역설한다.

- ▶ '우리가 우리를 구한다'는 선언을 중심으로, 공동체 문제 해결을 위한 수동적 기대와 능동적 참여 차이 분석
- ▶ 원주민의 '숲 지키기' 투쟁 사례를 토론하고, 한국 사회의 환경 쟁점에 대한 타당한 대안 탐구
- ▶ 석유 기업 및 정부의 환경 담론과 원주민의 생존 담론을 비교 분석하여 사회적 담론의 권력 구조 탐구

■ 지구를 위한다는 착각(마이클 셸런버거, 부키, 2021)

이 책은 환경 담론의 오류를 지적하며, 기후 변화에 대한 종말은 없다고 주장하고 과학적 증거를 바탕으로 현실적이고 기술적인 환경 문제 해결책을 모색한다. 환경 보호가 환경 식민주의로 변질되는 쟁점을 비판하며, 빈곤국의 발전과 환경이 공존하는 타당한 대안을 제시한다. 독서 토론을 통해 환경 문제에 대한 상반된 시각을 깊이 분석하고 종합적으로 대안을 모색하여 사회적 담론의 균형에 기여하게 한다.

- ▶ '환경 종말론'이 대중의 행동과 사회적 담론에 미치는 영향을 비판적으로 분석하고 능동적인 대안 탐구
- ▶ 인류 발전과 환경 보호가 공존할 수 있는 타당한 해결책을 책의 정보를 선별하여 정책 제안서 작성
- ▶ 『우리가 우리를 구한다』의 원주민 생존 담론과 『지구를 위한다는 착각』의 기술 발전 담론 문제의 타당한 대안 탐구

5. 토의/토론을 위한 생각 나눔 주제

- 공동체 문제의 타당한 대안이 개인의 자유나 권리를 제한할 경우, 어떤 윤리적 판단이 우선인가?
- 독서 토론을 통해 합의된 대안이 사회적 담론에 능동적으로 실행되기 위한 구체적인 방법은 무엇인가?
- 사회적 현안을 다룬 책의 저자가 특정 정치적 입장을 가지고 있을 때, 이를 비판적으로 수용하는 기준은 무엇인가?
- 사회적 쟁점이 첨예하게 대립할 때, 감정적 공감과 합리적 논리 중 타당한 대안 제시를 위해 더 중요한 요소는 무엇인가?

6. 진로 희망 계열과의 연계

생물·화학·환경 계열	**기후 위기에 대한 기술적·윤리적 대안 모색:** 환경 문제를 다룬 상반된 관점의 책을 읽고, 과학적 지식을 바탕으로 공동체가 수용할 수 있는 지속 가능한 발전을 위한 타당한 대안을 글로 제시한다.
사회과학 계열	**공동체 문제 해결을 위한 정책적 대안 모색:** 사회적 현안이 담긴 책을 깊이 분석하고, 토론을 통해 쟁점을 다원적으로 이해한 후 정책 보고서나 대안 제시 글을 작성하여 능동적으로 사회적 담론에 참여함.
언론·미디어 계열	**비판적 이해와 객관적 담론 조성:** 환경 담론에 대한 다양한 정보를 선별하고 재구성하여 편향되지 않은 비판적 기사나 칼럼을 작성함. 공동체 문제 해결에 기여하는 합리적 사회적 담론을 조성함.

[12독토01-07] **(1)독서 토론과 글쓰기의 특성을 이해**하고 **(2)독서, 독서 토론, 글쓰기에 능동적으로 참여**한다.

1. 기본 개념

(1) 독서 토론과 글쓰기의 특성 이해(지식·이해)
- 글쓰기가 사유를 체계화하고 타인과 사회적 소통을 가능하게 하는 도구임을 인식하기
- 독서, 토론, 글쓰기가 단순 지식 수용이 아닌 새로운 의미를 발견하고 구성하는 능동적 행위임을 인식하기
- 독서 토론이 서로 다른 생각을 소통하고 문제 해결을 위한 합의에 이르는 민주적 공론장임을 이해하기

(2) 독서, 독서 토론, 글쓰기에 능동적으로 참여(가치·태도)
- 자신의 성과를 공동체 구성원과 적극적으로 공유하고 피드백을 통해 의미를 확장하기
- 활동 과정을 지속적으로 성찰하여 개인의 사고와 행동을 발전시키고 새로운 학습 목표를 설정하기
- 독서, 토론, 글쓰기 활동 전반에 주체적으로 계획하고 실행하며 열정적으로 참여하는 태도를 가지기

2. A등급 성취 수준의 이해

성취수준	성취기준별 성취수준
A	①독서 토론과 글쓰기가 의미를 발견하고 구성하며 ②사회적 소통을 가능하게 하는 행위임을 깊이 있게 이해하고, ③독서와 독서 토론, 글쓰기에 능동적이며 열정적으로 참여하며 ④공동체 구성원과 공유하고 ⑤성찰하는 태도를 지닌다

구성 요소	핵심 의미	적용
① 의미를 발견하고 구성하는 독서 토론과 글쓰기	책을 매개로 개인의 사고력 향상 및 소통 능력을 배양하는 토론과 글쓰기	독서토론 및 글쓰기는 책을 매개로 개인의 사고력 향상 및 공동체와 소통하는 능력을 배양함
② 토론과 글쓰기가 사회적 소통을 가능하게 하는 행위임을 깊이 있게 이해	언어 활동의 근본적 가치와 사회적 역할을 철학적으로 통찰함	토론과 글쓰기가 텍스트의 단순히 수용을 넘어 창조적 행위임을 인식하고 공론장의 윤리를 내면화 함
③ 독서와 독서 토론, 글쓰기에 능동적이며 열정적으로 참여	활동의 주도성을 발휘하며 개인의 성장을 위한 지속적 의지를 표출함	자신의 목표에 따라 스스로 독서 계획을 수립하고, 토론 및 글쓰기에 최선을 다해 참여함
④ 공동체 구성원과 공유	개인적 성취를 사회적 자원으로 환원하고 상호작용을 통해 의미를 확장함	작성한 글이나 토론 결과를 다양한 매체를 통해 공개하고 타인의 피드백을 적극 수용함
⑤ 성찰하는 태도	자신의 학습 과정과 정서적 변화를 객관적으로 평가하고 발전적 피드백을 도출함	활동 후 성찰 일지를 작성하고, 다음 활동의 목표와 전략을 스스로 조정함.

▶ **[12독토01-07]을 높은 수준으로 성취했다는 것을 증명하기 위해!**
자신이 주도한 독서 토론 모임 운영 기록 및 참여 후기 작성, 토론과 글쓰기 활동을 공유한 온라인 플랫폼 자료 제시, 활동 과정에서 자신의 관점이 변화된 성찰적 글쓰기 제출 등을 통해 능동적 참여와 성찰적 태도를 종합적으로 입증하는 활동을 수행할 수 있습니다.

3. 교과세특 탐구주제

- 공동체 갈등 해결을 위한 성찰적 대화 모델 구축 및 윤리 기준 탐구
- 인간의 의미 구성 행위로서의 글쓰기와 AI 텍스트 생성의 본질적 차이 분석
- 학교 내 독서 토론 문화 확산을 위한 학생 주도형 홍보 전략 기획 및 능동적 참여 방안 연구
- 독서 토론과 글쓰기 활동을 온라인으로 공유할 때 공유 대상과 소통 방식의 효율성 비교 연구
- 국경을 초월한 타자와 소통하며 능동적 참여 가능한 온라인 독서-토론 플랫폼 운영 전략 설계

4. 독서연계 탐구주제

■ 일의 감각(조수용, 매거진B, 2024)

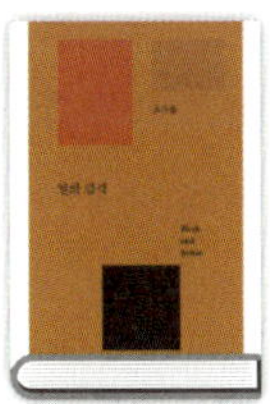 이 책은 디자이너이자 경영자인 저자가 32년간 크리에이티브 영역에서 '공감, 감각, 본질, 브랜드'라는 키워드를 통해 일에 대한 자신의 태도와 철학을 성찰하는 내용이다. 감각이란 '타고난 재능'이 아닌 '좋아하려고 노력하는 마음'에서 시작하여 끊임없이 고민하고 훈련해서 키워내는 것이라고 주장하며, 맡은 일을 능동적으로 주도할 때 의미가 구성됨을 보여준다.

- ▶ '감각'의 의미와 창의적 글쓰기에 능동적 행위와의 관계 탐구
- ▶ '나로서 살아가는 나'의 성찰이 독서 및 글쓰기를 통한 자기 정체성 확립에 미치는 연향 탐구
- ▶ '받은 만큼만 일한다'는 수동적 태도와 '맡은 모든 일은 중요하다'는 능동적 태도가 공동체의 생산성과 소통에 미치는 영향에 대한 탐구

■ 사회연대경제2(장루이 라빌 외, 착한책가게, 2023)

 이 책에서 제시하는 사회연대경제(Social and Solidarity Economy, SSE)는 시장과 국가 중심의 경제를 넘어 협동조합, 사회적 기업 등을 통해 인간 중심의 새로운 경제 질서를 모색하는 분야이다. 인간 중심의 새로운 경제 질서를 제시하며, 시민이 협동조합이나 사회적 기업 등 공동체를 통해 능동적으로 경제 활동에 참여하고 사회 문제 해결을 위한 소통의 장을 여는 사례와 이론을 다룬다..

- ▶ '공동체 공유'와 '사회적 가치'를 독서 토론 및 글쓰기의 결과물에 적용하는 방안 탐구
- ▶ 협력적 사고방식이 독서 토론에서 '의미 구성'과 '사회적 소통' 실현 과정에 미치는 긍정적 영향 분석
- ▶ 『일의 감각』에서 제시된 개인의 능동성과 『사회연대경제』에서 강조하는 공동체의 연대가 '함께 성장'하는 성찰적 태도에 미치는 영향 탐구

5. 토의/토론을 위한 생각 나눔 주제

- 개인이 독서를 통해 구성한 의미가 공동체에 미칠 영향때, 의미 구성에 대한 윤리적 책임 범위는?
- 인간의 독서 토론과 글쓰기의 고유한 소통 가치는 무엇이며 AI 참여는 소통의 진정성을 훼손하는가?
- 공유 목적의 독서 토론에서, 비주류 관점을 배제하는 행위는 사회적 소통의 가치를 훼손하는가?
- 독서 성찰의 태도를 실제 삶에 능동적으로 전환하지 못한다면, 사회적 의미를 가질 수 있는가?

6. 진로 희망 계열과의 연계

경영·경제 계열	사회적 책임과 윤리적 기업 경영: 『일의 감각』을 통해 주체적이고 창의적인 업무 태도를 배우고, 『사회연대경제』를 통해 시장 경제의 대안으로서 협동과 사회적 가치를 추구하는 지속 가능한 경영 방안을 능동적으로 연구한다.
사회과학 계열	대안적 사회 모델과 시민 참여: 『사회연대경제』를 공동체 문제 해결을 위한 사회적 소통과 연대의 실천적 모델로 깊이 있게 이해하고, 능동적인 시민 참여 방안을 글로 제시하는 등 사회적 담론에 열정적으로 참여한다.
예술·디자인 계열	창의적 발상과 능동적 실행: 『일의 감각』에서 제시된 본질을 꿰뚫는 감각과 능동적 실행력을 예술 및 디자인 영역에 적용하여, 자신의 작업이 사회적 소통에 기여하는 의미를 성찰하는 포트폴리오를 기획하고 실행한다.

매체 의사소통

교과군	공통 과목			평가 정보		수능
국어	일반 선택	진로 선택	융합 선택	성취도	상대평가	×
			●	5단계	5등급	

1. 교과 성격

'매체 의사소통' 과목은 초·중등 국어 교육과정의 매체 관련 내용을 확장해 다루는 고등학교 선택 과목이다. 이 과목은 디지털 환경에서 이루어지는 소통이 개인과 사회의 문화에 어떤 변화를 가져오는지 살펴보고, 그 과정에서 드러나는 문제점을 비판적으로 분석하는 데 목적이 있다. 특히 변화하는 매체 환경 속에서 소통 방식과 문화의 특성을 이해하고, 이를 성찰적으로 바라보는 태도를 기르는 데 중점을 둔다.

학습자는 매체를 제작하는 사람과 이를 수용하는 사람의 관계, 텍스트가 사회·문화적 맥락 속에서 어떤 의미를 만들어 내는지 탐구한다. 더불어 자신의 생각을 담은 매체 콘텐츠를 직접 제작하거나 공유하며 실제 소통 활동에 참여하게 된다. 일상에서 경험하는 매체 문제를 조사해 해결 방안을 모색하는 프로젝트형 학습도 효과적이다. 궁극적으로 이 과목은 다양한 매체를 비판적으로 읽고 능동적으로 표현하는 능력을 길러, 건강하고 책임 있는 소통 문화를 형성하는 디지털 시민으로 성장하도록 돕는 데 의의가 있다.

2. 교과 목표

- 매체가 개인과 사회·문화에 미치는 영향에 관심을 가지고 매체 의사소통에 대해 비판적으로 이해한다.
- 매체 의사소통에 관련된 다양한 현상들을 탐구·분석하며, 디지털 자료와 도구를 활용하여 매체자료를 제작·공유한다.
- 실제 삶에서 경험하는 매체 의사소통 현상에 주도적이고 협력적인 태도로 참여하여 바람직한 매체 의사소통 문화 조성에 기여한다.

3. 내용 체계

핵심 아이디어	• 매체 자료는 현실에 내안 재현물로 사회·문화적 맥락 속에 존재하며, 매체 생산자의 의두와 관점에 영향을 받는다. • 디지털 기술의 발전은 매체 자료의 표현 방식과 의미 구성, 의사소통의 맥락과 소통 방식에 변화를 가져온다. • 매체에 대한 비판적인 이해와 매체 의사소통 과정에 대한 적극적인 참여와 공유는 디지털 시대의 시민으로 성장하는 발판이 되며 더 나은 매체 환경 조성에 기여한다.
범주	**내용 요소**
지식·이해	• 매체의 유형과 특성 • 디지털 기술과 매체 환경 변화 • 매체 자료의 사회·문화적 구성과 재현
과정·기능	• 매체 의사소통 현상 관찰하기 • 매체 자료 수집·분석하기 • 매체 자료 해석·평가하기 • 매체 자료 기획·구성하기 • 매체 자료 제작·공유하기
가치·태도	• 협력적 문제 해결과 소통 태도 • 매체 의사소통에 대한 윤리적·성찰적 태도

매체 리터러시, 디지털 시민성, 수용 전략, 생산 전략, 매체 윤리, 복합 양식, AI 미디어, 참여와 공유, 비판적 읽기, 디지털 소통, 정보 편향성, 플랫폼 특성, 가짜 정보, 다중 모드, 윤리적 창작

[12매의01-01] **(1)매체의 기능과 역할에 대한 이해를 바탕**으로 **(2)시대별 매체 환경과 소통 문화의 변화 과정을 탐색**한다.

1. 기본 개념

(1) 매체의 기능과 역할에 대한 이해(지식·이해)
- 정보 전달, 문화 형성, 여론 형성 등 매체의 주요 기능 파악하기
- 매체가 개인, 사회, 국가에 미치는 다양한 역할 이해하기
- 수용자(독자)의 인식과 행동 변화에 매체가 미치는 영향 분석하기

(2) 시대별 매체 환경과 소통 문화의 변화 과정 탐색(적용)
- 인쇄, 방송, 디지털 등 시대별 매체 변화의 흐름 조사하기
- 매체 환경 변화에 따른 소통 방식과 관계 문화의 변화 탐색하기
- 특정 시대의 대표 매체가 공동체의 담론에 미친 영향 분석하기

2. A등급 성취 수준의 이해

성취수준	성취기준별 성취수준
A	①매체의 다양한 기능과 역할을 구체적으로 이해하고, ②시대별 매체 환경의 변화와 관련된 다양한 사례를 탐구하여 ③매체 환경의 변화가 매체의 기능과 역할, ④소통 문화, 생활 방식 등에 미치는 영향을 ⑤역사적 관점에서 다각도로 파악할 수 있다.

구성 요소	핵심 의미	적용
① 매체의 다양한 기능과 역할을 구체적으로 이해	정보, 문화, 여론 형성 등 매체의 순기능과 역기능을 사례로 명확히 파악함	매체의 쌍방향성이 기존 일방적 매체와 구별되는 역할을 이해함
② 시대별 매체 환경의 변화와 관련된 다양한 사를 탐구	인쇄, 방송, 디지털 등 시대적 전환기의 핵심 매체 사례를 다각도로 조사함	특정 역사적 사건이 새로운 매체 등장에 미친 영향을 분석함
③ 매체 환경의 변화가 매체의 기능과 역할	매체 환경 변화가 정보 유통 속도와 여론 형성 역할을 어떻게 바꾸었는지 통찰함	디지털화가 저널리즘의 공익적 기능 변화에 미친 영향 파악함
④ 소통 문화, 생활 방식 등에 미치는 영향	매체의 변화가 인간 관계와 일상적 삶의 패턴에 끼친 광범위한 영향을 분석함	모바일 기기 사용이 세대별 대화 방식 변화에 미친 영향을 분석함
⑤ 역사적 관점에서 다각도로 파악	과거와 현재를 연결하여 장기적 관점에서 매체 영향의 총체적 의미를 도출함	특정 매체의 역사적 전개와 사회적 역할의 관계를 입체적으로 분석함

▶ **[12매의01-01]을 높은 수준으로 성취했다는 것을 증명하기 위해!**
매체 역사 탐구(인쇄 매체와 디지털 매체 시대의 여론 형성 과정 및 공익적 역할 비교 분석), 소통 문화 변화 탐구(스마트폰 도입 전후의 세대별 소통 방식과 일상생활 변화 사례 연구), 기능 분석 연구(특정 시대 대표 매체가 사회 문화에 미친 긍정적/부정적 영향 탐구) 등을 수행할 수 있습니다.

3. 교과세특 탐구주제

- 시대별 매체의 공익적 역할 변화를 다각도로 파악하는 심층 고찰
- 특정 매체의 등장과 생활 방식 변화의 상관관계에 대한 사례 탐구
- 인쇄 매체에서 디지털 매체로의 전환이 소통 문화에 미친 영향 연구
- 역사적 관점에서 매체 환경 변화가 여론 형성 기능에 미친 영향 분석
- 매체의 기능과 역할이 민주 사회 발전에 기여한 과정을 역사적으로 분석

4. 독서연계 탐구주제

● 아날로그의 반격(데이비드 색스(박상현 역), 어크로스, 2017)

이 책은 디지털 기술이 지배하는 세상에서 LP, 필름 카메라, 종이 등 아날로그 매체들이 부활하는 현상을 탐구하고 있다. 저자는 아날로그적 경험이 주는 물리적 감각, 집중력, 심미적 가치의 중요성을 강조하며 디지털 시대의 소통 방식을 되돌아본다. 독자들은 시대별 매체의 유형과 특성이 소비 문화 및 생활 방식에 미치는 영향을 역사적 관점에서 다각도로 파악하게 된다.

- ▶ 아날로그적 독서/작문 활동이 집중력 및 사고의 깊이를 심화시키는 방안 고찰
- ▶ 매체 환경의 변화 속에서 아날로그 문화가 갖는 가치를 탐구하는 글쓰기 전략 탐색
- ▶ 디지털과 아날로그 매체의 정보 전달 특성이 수용자의 인지 방식에 미치는 영향 연구

● 청소년을 위한 미디어 리터러시 이야기(강정훈, 맘에드림, 2021)

이 책은 청소년들이 디지털 미디어 환경에서 정보를 비판적으로 수용하고 책임감 있게 소통하는 방법을 알려준다. 저자는 가짜 정보, 정보 편향성 등 매체(SNS, 뉴스)에 내재된 문제점을 구체적 사례로 설명한다. 독자들은 다양한 매체 자료를 효율적으로 읽고 쓰는 전략을 습득하며 미디어 윤리의 중요성을 깨닫는다. 이는 공동체의 소통 문화를 주도적으로 개선하고 책임감 있게 담론에 참여하는 능력을 키워준다.

- ▶ 책임감 있는 담론 형성을 위한 SNS 매체 특성에 맞는 쓰기 전략 분석
- ▶ 미디어 윤리 관습을 고려한 온라인 공동체의 비윤리적 담론 문화 개선 방안 연구
- ▶ 청소년들의 가짜 정보 비판적 읽기 능력 향상을 위한 효과적인 교육 방안 탐구

5. 토의/토론을 위한 생각 나눔 주제

- 디지털 매체의 발달이 개인의 정보 편향성을 심화시키는가?
- 매체 환경의 급격한 변화가 세대 간 소통 문화의 단절을 초래하는가?
- 매체의 공익적 역할보다 상업적 기능이 우선시되는 것은 불가피한가?
- 역사적 관점에서 볼 때 아날로그 매체의 가치는 유지되어야 하는가?

6. 진로 희망 계열과의 연계

인문과학 계열	**시대별 매체의 변화가 인간의 사유 방식에 미친 영향 고찰:** 인쇄술, TV, 인터넷 등 매체의 시대별 변화가 인간의 인식 구조와 지식 전달 방식에 어떤 철학적 영향을 미쳤는지 탐색하고 그 의미를 고찰한다.
사회과학 계열	**디지털 매체의 등장에 따른 생활 방식 변화 탐구:** 스마트폰이라는 매체 환경이 세대별 인간관계와 일상생활의 패턴을 어떻게 변화시켰는지 다양한 사례를 통해 비교 분석하고, 매체와 문화의 상관관계를 고찰한다.
컴퓨터·통신 계열	**특정 매체의 혁명적 역할에 대한 역사적 고찰:** 구텐베르크의 인쇄술이나 텔레비전의 등장과 같은 매체 혁명이 지식의 확산과 사회 구조에 미친 장기적 영향을 다각적으로 분석한다.

04 매체 의사소통

[12매의01-02] **(1)소셜 미디어나 온라인 동영상 플랫폼 등의 디지털 매체 환경**에서 **(2)청소년문화가 지닌 문제와 가능성을 탐구**한다.

1. 기본 개념

(1) 디지털 매체 환경 이해(지식·이해)
- SNS, 유튜브 등 디지털 매체의 유형별 특성 구별하기
- 매체의 익명성, 개방성, 쌍방향성 등 핵심적인 속성 이해하기
- 디지털 매체가 청소년들의 소통 방식에 미치는 영향 파악하기

(2) 청소년문화가 지닌 문제와 가능성을 탐구(적용)
- 디지털 매체 환경에서 발생하는 청소년문화의 문제점 조사하기
- 디지털 매체를 활용하여 문화적 참여를 높이는 가능성 모색하기
- 청소년이 건강한 디지털 시민으로 성장할 수 있는 방안 탐구하기

2. A등급 성취 수준의 이해

성취수준	성취기준별 성취수준
A	디지털 매체 환경에서 ①청소년의 매체 이용과 관련된 다양한 현상을 탐구하여 ②청소년 문화의 특성, ③청소년 문화가 지닌 문제와 가능성 등을 ④다양한 관점에서 파악하고, ⑤자신과 공동체의 매체 이용 문화를 주체적으로 성찰할 수 있다.

구성 요소	핵심 의미	적용
① 청소년의 매체 이용과 관련된 다양한 현상 탐구	알고리즘 영향, 챌린지 문화, 소통 방식 등 구체적인 이용 양상을 심층적으로 조사함	온라인 혐오 표현이나 창작 문화 등 최신 현상을 광범위하게 분석함
② 청소년 문화의 특성 파악	온라인 관계 형성 및 정체성 구축 등 문화의 본질적 특징을 깊이 있게 파악함	디지털 소통의 개방성과 신속성 등 문화적 성격을 명확히 이해함
③ 청소년 문화가 지닌 문제와 가능성 파악	디지털 격차, 중독 등 부정적 현상과 창의적 생산의 잠재력을 평가함	디지털 시민성과 정보 편향성의 위험을 종합적으로 인지함
④ 다양한 관점에서 파악	사회학, 윤리학, 교육학 등 다각적 학문적 시선으로 문제를 통찰함	디지털 윤리와 심리학적 영향을 통합적으로 연결하여 분석함
⑤ 자신과 공동체의 매체 이용 문화를 주체적으로 성찰	문제 해결 및 문화 개선을 위해 능동적이고 책임 있는 대안을 모색함	개인의 매체 이용을 조절하고 공동체 규범을 개선하는 방안을 설계함

▶ **[12매의01-02]를 높은 수준으로 성취했다는 것을 증명하기 위해!**
청소년 문화 문제(온라인 익명성이 혐오 표현 문화에 미치는 영향 분석), 디지털 문화 성찰(청소년의 매체 소비 및 창작 활동을 주체적으로 성찰하고 대안적 이용 규범 설계), 공동체 문화 개선(자신과 공동체의 매체 이용 문화 개선을 위한 디지털 시민성 교육 프로그램 개발) 등을 수행할 수 있습니다.

3. 교과세특 탐구주제

- 청소년 매체 이용 현상을 심리학적 관점에서 다각도로 분석
- 디지털 매체 환경이 청소년의 정체성 형성에 미치는 영향 고찰
- 온라인 챌린지 문화의 창의적 가능성과 문제점을 종합적으로 연구
- 청소년의 매체 이용 문화 성찰을 위한 디지털 시민성 교육 방안 탐구
- 혐오 표현 문화 개선을 위한 청소년 공동체의 주체적 규범 설계 연구

4. 독서연계 탐구주제

● 챗GPT 시대, 청소년을 위한 미디어 탐구(이창호, 지금, 2023)

이 책은 챗GPT와 같은 생성형 AI 시대에 청소년들이 갖춰야 할 미디어 리터러시를 다루고 있는 책이다. 저자는 유튜브, SNS 등 디지털 매체 환경에서 발생하는 청소년 문화의 현상을 분석한다. AI 윤리와 정보 편향성 등 문제점을 명확히 제시하고 주체적으로 성찰할 수 있는 방법을 제안한다. 청소년들이 미래 미디어 환경에서 능동적인 주체로 성장할 수 있도록 돕는 책이다

▶ 챗GPT 등 AI 도구를 활용한 글쓰기가 창의성과 학습 윤리에 미치는 영향 분석
▶ AI 생성 콘텐츠의 정보 신뢰성과 편향성을 비판적 읽기 전략으로 점검하는 방안 연구
▶ 인공지능 시대에 매체 생산자와 수용자가 인식해야 할 권리와 책임의 새로운 의미 고찰

● 속이는 미디어, 분별하는 사고력(오승용, 인물과 사상사, 2025)

이 책은 청소년들이 디지털 미디어 환경에서 정보를 비판적으로 수용하고 책임감 있게 소통하는 방법을 알려준다. 저자는 가짜 정보, 정보 편향성 등 매체(SNS, 뉴스)에 내재된 문제점을 구체적 사례로 설명한다. 독자들은 다양한 매체 자료를 효율적으로 읽고 쓰는 전략을 습득하며 미디어 윤리의 중요성을 깨닫는다. 이는 공동체의 소통 문화를 주도적으로 개선하고 책임감 있게 담론에 참여하는 능력을 키워준다.

▶ 매체 텍스트에 내재된 편향성과 숨겨진 의도를 분별하는 비판적 읽기 전략 연구
▶ 허위 정보(가짜 뉴스)*가 사회적 문제에 대한 합리적인 소통을 저해하는 방식 분석
▶ 매체 수용자의 윤리적 책임을 바탕으로 정보의 진위를 판단하고 분별력을 높이는 방안 고찰

5. 토의/토론을 위한 생각 나눔 주제

- 온라인 챌린지 문화는 청소년의 창의성 향상에 기여하는가?
- 디지털 매체의 익명성 환경은 주체적 성찰을 방해하는 요인인가?
- 청소년 문화의 문제 해결을 위해 플랫폼 규제가 우선되어야 하는가?
- 청소년 문화를 탐구할 때 윤리적 관점보다 사회학적 관점이 더 중요한가?

6. 진로 희망 계열과의 연계

사회과학 계열	**디지털 매체가 청소년의 심리에 미치는 영향 분석:** SNS 중독, 사이버 괴롭힘 등 디지털 매체 이용 현상이 청소년의 자아 존중감 및 심리에 미치는 문제점을 다양한 관점에서 분석한다.
교육 계열	**디지털 시민성 향상을 위한 교육 프로그램 설계:** 청소년 문화의 문제점을 해결하고 긍정적 가능성을 극대화한다. 자신과 공동체의 매체 이용 문화를 주체적으로 성찰할 수 있는 교육 방안을 설계한다.
컴퓨터·통신 계열	**디지털 플랫폼 알고리즘의 청소년 문화 영향:** 온라인 동영상 플랫폼의 알고리즘이 청소년의 정보 편향성 및 문화 소비에 미치는 영향을 탐구한다. 기술적 관점에서 주체적 성찰을 돕는 대안을 모색한다.

04 매체 의사소통

[12매의01-03] 영화, 게임, 웹툰 등의 **(1)매체 자료가 현실을 재현하는 방식을 분석**하며 **(2)생산자의 의도나 관점을 파악**한다.

1. 기본 개념

(1) 매체 자료가 현실을 재현하는 방식 분석(지식·이해)
 - 영화, 게임, 웹툰 등 매체별 재현 방식의 특징 구별하기
 - 매체가 현실을 있는 그대로 혹은 가공하여 보여줌을 이해하기
 - 시각, 청각, 서사 구조 등 재현을 구성하는 요소 파악하기

(2) 생산자의 의도나 관점을 파악(적용)
 - 재현 방식에 숨겨진 생산자의 가치관과 세계관 해석하기
 - 특정 현실을 어떻게, 왜 재현했는지 생산자의 의도를 추론하기
 - 재현된 내용에 대한 비판적 시각을 가지고 주체적으로 평가하기

2. A등급 성취 수준의 이해

성취수준	성취기준별 성취수준
A	①매체 생산자의 의도에 따라 현실이 선택적으로 재현됨을 구체적으로 이해하며, ②다양한 유형의 매체 자료에 나타난 재현 방식의 특징과 적절성을 ③비판적으로 분석하여 ④매체 생산자의 의도나 관점을 파악하고 ⑤이에 대한 자신의 생각을 합리적으로 설명할 수 있다.

구성 요소	핵심 의미	적용
① 매체 생산자의 의도에 따른 현실의 선택적 재현	시각, 청각, 서사 등 재현 요소의 선택, 왜곡, 강조 과정을 명확히 파악함	특정 대상을 미화하거나 과장하는 재현 방식의 메커니즘을 이해함
② 다양한 유형의 매체 자료에 나타난 재현 방식의 특징과 적절성	영화, 웹툰, 게임 등 매체별 형식에 따른 재현의 장단점과 윤리적 합당성을 평가함	웹툰의 특성을 활용한 역사적 사건 재현의 적절성을 판단함
③ 비판적으로 분석	재현에 담긴 생산자의 숨겨진 관점과 사회적 편향성을 능동적으로 찾아냄	특정 인물에 대한 고정 관념을 강화하는 매체 자료를 찾아냄
④ 매체 생산자의 의도나 관점을 파악	재현 요소와 비판적 분석 결과를 종합하여 생산자의 최종 메시지를 해석함	특정 영화가 자본주의를 찬양하려는 의도를 가졌음을 논리적으로 추론함
⑤ 자신의 생각을 합리적으로 설명	생산자의 관점에 대한 개인의 평가를 타당한 근거로 논리정연하게 제시함	매체 재현의 윤리적 문제점에 대한 해결책을 명확한 논거로 주장함

▶ **[12매의01-03]을 높은 수준으로 성취했다는 것을 증명하기 위해!**
매체 재현 분석(동일한 역사적 사건을 다룬 영화와 웹툰의 재현 요소 비교 분석), 생산자 의도 탐구(특정 게임의 캐릭터 재현에 담긴 젠더 관점 비판적 탐구), 비판적 관점 설계(매체의 선택적 재현에 내재된 숨겨진 편향성 분석 및 합리적 설명 설계) 등을 수행할 수 있습니다.

3. 교과세특 탐구주제

- 특정 매체 속 고정 관념 재현의 윤리적 적절성 심층 탐구
- 동일 사건을 다룬 매체별 재현 방식의 차이를 비판적으로 분석
- 매체의 선택적 재현이 사회적 인식에 미치는 영향에 대한 고찰
- 매체 생산자의 의도 파악을 위한 서사 구조 및 시각 요소 분석 연구
- 대중 매체의 현실 재현에 대한 비판적 관점 설계 및 합리적 설명 연구

4. 독서연계 탐구주제

● AI시대 미디어 문해력(이승화, 시간여행, 2025)

이 책은 인공지능(AI) 기술이 미디어 환경과 현실 재현 방식을 어떻게 변화시키는지 다루고 있는 책이다. 저자는 AI가 만든 콘텐츠의 선택적 재현과 윤리적 문제점을 구체적으로 분석한다. 독자들은 AI 시대에 정보의 진위 여부를 비판적으로 판단하는 미디어 문해력을 습득한다. 이는 AI 매체 생산자의 의도를 파악하고 합리적으로 설명하는 능력을 키워준다.

- ▶ AI 생성 콘텐츠의 현실 재현에 담긴 생산자의 의도 탐색
- ▶ AI 매체의 선택적 재현이 사회적 관점에 미치는 영향 분석
- ▶ AI 미디어 윤리를 고려한 비판적 관점 설계 및 합리적 설명 연구

● 10대와 통하는 영화 이야기(이지현, 철수와영희, 2023)

이 책은 청소년들의 흥미를 끄는 다양한 영화를 통해 매체 자료를 분석하는 방법을 소개하고 있는 책이다. 저자는 영화의 재현 방식과 미장센, 카메라 워크 등 선택적 요소가 의미를 어떻게 만들어내는지 설명한다. 독자들은 영화 속에 담긴 생산자의 관점과 가치관을 비판적으로 읽어내는 능력을 기른다. 이는 영화 재현의 적절성을 판단하고 자신의 생각을 합리적으로 설명하는 데 도움을 준다.

- ▶ 특정 영화의 재현 방식을 분석하여 생산자의 관점 탐구
- ▶ 영화와 웹툰 등 매체 유형별 재현 방식의 차이와 적절성 분석
- ▶ 영화 속 특정 인물 재현에 대한 비판적 관점 설계 및 합리적 설명 연구

5. 토의/토론을 위한 생각 나눔 주제

- 오락 매체의 현실 재현이 사회적 고정관념을 강화하는가?
- 매체 생산자의 의도가 윤리적으로 부적절할 경우 규제해야 하는가?
- 재현 방식의 적절성을 판단할 때 수용자의 해석이 우선되어야 하는가?
- AI가 만든 콘텐츠에 대해 인간 제작자와 동일한 비판을 적용해야 하는가?

6. 진로 희망 계열과의 연계

인문과학 계열	**가상 현실 재현에 대한 윤리적 관점 고찰**: 게임이나 메타버스 등의 가상 매체가 현실을 재현하는 방식의 적절성을 탐구한다. 생산자의 관점에 내재된 윤리적 문제에 대한 자신의 생각을 합리적으로 설명한다.
사회과학 계열	**매체의 선택적 재현과 여론 조작 분석 연구**: 뉴스 기사나 다큐멘터리의 선택적 재현 방식을 비판적으로 분석한다. 매체 생산자의 의도가 수용자의 관점 형성에 미치는 영향을 파악한다.
응용예술·디자인 계열	**매체별 재현 방식의 미학적 특징과 효과 분석**: 영화의 미장센이나 웹툰의 구도 등 매체별 재현 요소의 특징을 분석한다. 이러한 선택적 재현이 생산자의 메시지를 강화하는 방식을 탐구하고 합리적으로 설명한다.

[12매의01-04] **(1)디지털 매체환경에서 매체 생산자의 관점을 파악**하고 **(2)매체 자료의 신뢰성을 판단**한다.

1. 기본 개념

(1) 디지털 매체환경에서 매체 생산자의 관점 파악(지식·이해)
 - 디지털 매체(SNS, 유튜브 등)의 특성이 생산자의 관점에 미치는 영향 이해하기
 - 매체 자료에 드러난 정보의 선택, 강조, 왜곡 등의 요소 분석하기
 - 광고, 뉴스, 개인 콘텐츠 등 유형별 생산자 의도의 차이 구별하기

(2) 매체 자료의 신뢰성을 판단(적용)
 - 생산자의 관점 분석을 토대로 정보의 객관성 평가하기
 - 자료의 출처, 근거의 타당성 등 신뢰성 판단 기준 적용하기
 - 디지털 매체에서 흔한 가짜 뉴스, 편향된 정보 분별하기

2. A등급 성취 수준의 이해

성취수준	성취기준별 성취수준
A	디지털 매체 환경에서 생산된 ①다양한 매체 자료를 비판적으로 비교·분석하여 ②매체생산자의 의도와 관점을 파악하고, ③출처의 신뢰성, 근거의 정확성, ④관점의 편향성 등을 종합적으로 고려하여 ⑤매체 자료의 신뢰성을 판단할 수 있다.

구성 요소	핵심 의미	적용
① 다양한 매체 자료를 비판적으로 비교·분석	뉴스, SNS, 1인 방송 등 유형별 자료를 능동적으로 대조 분석함	동일 주제에 대한 유튜브 영상과 전문 기사를 비교함
② 매체 생산자의 의도와 관점을 파악	선택된 정보, 강조된 요소를 통해 생산자의 숨겨진 목적을 정확히 추론함	특정 광고가 특정 집단에 유리한 관점을 유도함을 파악함
③ 출처의 신뢰성, 근거의 정확성 고려	출처의 전문성, 공정성, 최신성과 근거의 논리적 타당성을 점검함	제시된 통계 자료가 객관적인지 원 자료와 대조함
④ 관점의 편향성 고려	중립성 여부와 특정 이데올로기의 개입 정도를 객관적으로 평가함	정치적 쟁점에 대한 기사의 표현 방식에서 편향을 찾아냄
⑤ 매체 자료의 신뢰성 판단	①~④의 요소를 종합적으로 평가하여 자료의 최종적인 활용 가치를 결정함	종합 분석을 토대로 해당 정보의 수용 여부를 명확히 결정함

▶ **[12매의01-04]를 높은 수준으로 성취했다는 것을 증명하기 위해!**
매체 자료 신뢰도 비교 분석(동일한 정보의 SNS와 기사를 비교 분석), 생산자 관점 파악(특정 유튜브 채널의 콘텐츠를 비판적으로 분석하여 생산자의 숨겨진 의도(편향성) 탐구), 신뢰성 판단 종합 보고서(가짜 정보를 선정하여 출처, 편향성 등을 고려하여 신뢰성 판단) 등을 수행할 수 있습니다.

3. 교과세특 탐구주제

- 정보의 왜곡을 유발하는 관점의 편향성에 대한 비판적 분석
- 동일 정보에 대한 매체별 자료의 신뢰성 판단 기준 비교 연구
- 디지털 매체 생산자의 관점이 정보 편향성에 미치는 영향 분석
- 알고리즘 기반 플랫폼의 정보가 신뢰도 판단에 미치는 영향 탐구
- 가짜 뉴스 판단 시 출처의 신뢰성과 근거의 정확성에 대한 중요도 고찰

4. 독서연계 탐구주제

● 여론 디버블링(정위용, 라의눈, 2025)

이 책은 디지털 환경의 필터 버블과 확증 편향이 여론 형성을 어떻게 왜곡하는지 분석한다. 저자는 알고리즘에 의해 선택적으로 제공되는 정보의 위험성을 경고하며 신뢰성 판단의 중요성을 강조하고 있다. 이를 통해 독자들은 온라인상 매체 생산자의 관점과 정보의 편향성을 비판적으로 읽어내는 능력을 키운다. 이는 건전한 공동체의 담론 형성에 필요한 분별력을 길러준다.

- ▶ 알고리즘이 만든 필터 버블이 다양한 사회적 관점의 수용을 저해하는 방식 연구
- ▶ 책임 있는 소통(토론)을 통해 온라인 여론 왜곡 현상을 극복하는 시민의 역할 분석
- ▶ 확증 편향을 방지하기 위한 비판적 읽기 전략을 자신의 매체 수용 태도에 적용하는 방안 고찰

● 유튜브에 빠진 너에게(구본권, 북트리거, 2020)

이 책은 현대 사회의 청소년들의 일상과 밀접한 관계에 있는 유튜브라는 디지털 매체 환경을 분석하고 있다. 저자는 유튜브 콘텐츠의 생산자 의도와 수익 구조에 따른 정보의 선택 문제를 다룬다. 독자들은 이 책을 통해 유튜브 영상의 출처의 신뢰성과 관점의 편향성을 종합적으로 평가하는 능력을 기른다. 이는 개인적 매체 이용을 주체적으로 성찰하고 신뢰성을 판단하는 데 도움을 준다.

- ▶ 유튜브 콘텐츠의 생산자 관점이 신뢰성에 미치는 영향 분석
- ▶ 광고성 유튜브 영상의 편향성과 근거의 정확성에 대한 비교 탐구
- ▶ 1인 크리에이터 콘텐츠의 신뢰성 판단을 위한 종합적 기준에 대한 탐색

5. 토의/토론을 위한 생각 나눔 주제

- 알고리즘이 추천한 정보의 신뢰성은 이용자의 책임인가?
- 매체 생산자의 편향된 관점은 윤리적으로 규제해야 하는가?
- 출처의 신뢰성보다 근거의 정확성이 신뢰성 판단에 더 중요한가?
- 정치적 관점이 명확한 1인 미디어의 신뢰성은 낮은 것으로 봐야 하는가?

6. 진로 희망 계열과의 연계

사회과학 계열	**가짜 뉴스 신뢰성 판단을 위한 다각도 분석 연구**: SNS, 유튜브 등 다양한 매체 자료를 비교 분석한다. 생산자 관점, 출처의 신뢰성, 근거의 정확성 등을 종합적으로 고려하여 신뢰성을 판단하는 기준을 연구한다.
법률 계열	**디지털 매체 자료 신뢰성 판단의 윤리적 책임 고찰**: 허위 정보(가짜 뉴스)를 생산하고 유포하는 행위에 대한 생산자의 윤리적 책임을 고찰한다. 신뢰성 판단을 개인과 공동체의 책임 측면에서 논의한다
컴퓨터/통신 계열	**알고리즘 기반 정보의 편향성과 사회적 영향 탐구**: 디지털 플랫폼의 알고리즘이 특정 관점의 정보를 선택적으로 제공하는 현상을 분석한다. 이로 인한 정보 편향성이 사회적 의사결정에 미치는 영향을 탐구한다.

[12매의01-05] **(1)사회적 규범과 규제가 매체 자료의 생산과 소통에 미치는 영향**을 조사하고 **(2) 그 의미를 탐구**한다.

1. 기본 개념

(1) 사회적 규범과 규제가 매체 자료의 생산과 소통에 미치는 영향(지식·이해)
- 저작권, 개인정보보호법 등 매체 관련 규제의 종류 파악하기
- 매체 자료 생산에 있어 규범이 표현의 자유를 제한함을 이해하기
- 매체 자료의 소통이 사회적 관습(규범)의 영향을 받음을 인식하기

(2)사회적 규범과 규제가 매체 자료의 생산과 소통에 미치는 의미 탐구(적용)
- 규범과 규제가 민주주의 사회에서 갖는 긍정적/부정적 의미 탐구하기
- 규범과 표현의 자유가 균형을 이루는 바람직한 방안 모색하기
- 매체 이용자가 규범에 입각하여 책임감 있는 소통을 해야 함을 인식하기

2. A등급 성취 수준의 이해

성취수준	성취기준별 성취수준
A	①다양한 유형의 매체 자료를 대상으로 ②사회적 규범과 규제가 매체 자료의 생산과 소통에 미치는 영향을 조사하고, ③사회·문화적 맥락을 고려하여 ④사회적 규범과 규제의 특성과 적절성을 ⑤비판적으로 탐구할 수 있다.

구성 요소	핵심 의미	적용
① 다양한 유형의 매체 자료 선정	뉴스, SNS, 1인 방송, 광고 등 매체 자료를 매체 유형별로 선정함	동일 쟁점에 대한 규제 적용 사례를 유형별로 수집함
② 사회적 규범과 규제가 매체 자료의 생산과 소통에 미치는 영향	저작권법, 심의 규정 등 법규와 윤리적 관습의 구체적 사례를 조사함	표현의 자유 제한 사례와 책임 있는 소통 유도 사례를 분석함
③ 사회·문화적 맥락 고려	시대 변화, 공동체의 가치관 등 규범 형성의 배경을 복합적으로 이해함	혐오 표현 규제의 시대적 요구와 문화적 수용성을 판단함
④ 사회적 규범과 규제의 특성과 적절성	규제의 목적, 범위 등 특성을 파악하고 긍정적/부정적 측면을 평가함	매체 윤리 규범이 표현의 다양성을 저해하는지 판단함
⑤ 비판적으로 탐구	규제의 필요성, 효용성 등을 균형 잡힌 시각으로 평가하고 대안을 제시함	규범과 표현의 자유의 조화를 위한 합리적 개선 방안을 설계함

▶ **[12매의01-05]를 높은 수준으로 성취했다는 것을 증명하기 위해!**

매체 규제 사례 분석(저작권법이 콘텐츠 생산과 유통에 미치는 영향 조사), 사회적 규범 비교 탐구(온라인 댓글 문화와 오프라인 대화의 비교), 규제 적절성 비판 연구(혐오 표현 규제가 사회 문화적 맥락에 비추어 적절한지 비판적으로 탐구), 균형 잡힌 규제 방안 설계 등을 수행할 수 있습니다.

3. 교과세특 탐구주제

- 저작권 규제가 콘텐츠 생산과 유통에 미치는 영향 분석
- 온라인 혐오 표현 규제의 사회 문화적 맥락과 적절성 탐구
- 매체 윤리 규범이 표현의 자유에 미치는 영향의 의미 연구
- 디지털 시대 규제와 자율의 균형을 위한 합리적 대안 고찰
- 해외 매체 규제 사례의 특성과 적절성을 비판적으로 비교 분석

4. 독서연계 탐구주제

● 디지털 창작자의 저작권 생존 가이드(이종구, 디지털콘텐츠그룹, 2025)

이 책은 디지털 환경에서 콘텐츠를 생산하는 창작자들이 반드시 알아야 할 저작권에 대한 핵심 내용을 다루고 있다. 저자는 음악, 영상, 이미지 등 다양한 매체 자료 생산과 관련된 법적 규제의 내용을 상세히 설명한다. 저작권법이 창작 활동에 미치는 영향과 그 의미를 탐구하는 데 도움이 되는 자료이다. 규제의 특성과 표현의 자유의 균형에 대해 비판적으로 탐구할 수 있도록 돕는다.

- ▶ 저작권 규제가 디지털 창작 활동에 미치는 영향 조사
- ▶ 저작권과 표현의 자유의 균형을 위한 규제의 적절성 탐구
- ▶ AI 생성 콘텐츠에 대한 저작권 규범의 특성 및 개선 방안 연구

● 일단정지! 올리기 전에 생각했니?(트리샤 프라부(한재호 역), 북멘토, 2024)

이 책은 온라인상에서 콘텐츠를 소통하기 전에 가져야 할 책임감 있는 태도를 강조한다. 저자는 SNS 소통에서 발생하는 청소년의 사이버 폭력, 루머 등과 관련된 사회적 규범 위반 사례를 다양하게 제시한다. 독자들은 온라인 윤리라는 사회적 규범이 소통에 미치는 의미를 탐구한다. 이는 매체 이용 문화에 대한 비판적 탐구를 통해 자율적인 규제의 필요성을 인식하게 한다.

- ▶ 온라인상 악성 댓글 소통에 대한 사회적 규범의 의미 탐구
- ▶ 디지털 시민성 함양을 위한 자율적 매체 윤리 규범의 적절성 분석
- ▶ 소통 맥락을 고려한 온라인 행동 규범이 표현의 자유에 미치는 영향 연구

5. 토의/토론을 위한 생각 나눔 주제

- 표현의 자유를 위해 온라인 혐오 표현 규제를 완화해야 하는가?
- 매체 자료의 공익성 확보를 위해 정부의 사전 심의가 필요한가?
- 사회적 규범 위반 시 플랫폼의 자율 규제가 법적 규제보다 효과적인가?
- 저작권 보호를 위한 규제가 콘텐츠의 다양성에 대한 발전을 저해하는가?

6. 진로 희망 계열과의 연계

계열	내용
인문과학 계열	**매체 규제가 표현의 자유라는 윤리적 가치에 미치는 영향 탐구:** 저작권이나 혐오 표현 규제 등 사회적 규제가 인간의 근본적인 표현의 자유라는 윤리적 가치와 어떻게 충돌하거나 조화를 이루는지 그 철학적 의미를 탐구한다.
사회과학 계열	**미디어의 자율 규제와 공적 책임 연구:** 방송 심의나 플랫폼 자체 규정 등 자율 규제가 매체 자료의 공공성에 미치는 의미를 탐구한다. 규제의 적절성을 비판적으로 평가한다.
법률 계열	**표현의 자유와 규제 균형을 위한 법적 근거 분석:** 매체 규제가 표현의 자유에 미치는 영향을 법적 관점에서 조사한다. 사회·문화적 맥락을 고려하여 규제의 특성과 적절성을 비판적으로 탐구한다.

[12매의01-06] **(1) 개인적 사회적 관심사에 대한 자신의 관점이 드러나는 주제를** 선정하여 **(2) 설득력 있는 매체자료를 제작하고 공유**한다.

1. 기본 개념

(1) 개인적·사회적 관심사에 대한 자신의 관점이 드러나는 주제(지식·이해)
 - 자신이 중요하다고 생각하는 문제나 쟁점을 주제로 선정하기
 - 개인의 경험과 사회적 현상을 연결하여 탐구 대상을 설정하기
 - 매체 자료를 통해 드러내고자 하는 자신의 분명한 관점을 확립하기

(2) 설득력 있는 매체자료를 제작 및 공유(적용)
 - 주제의 성격과 의도에 맞는 효과적인 매체 형식 선택하기
 - 매체 자료를 통해 자신의 관점을 타당한 근거로 뒷받침하기
 - 매체 자료를 적절한 플랫폼을 통해 공유하기

2. A등급 성취 수준의 이해

성취수준	성취기준별 성취수준
A	①개인적·사회적 관심사에 대한 ②자신의 관점이 명확히 드러나는 주제를 선정하여 ③내용과 형식 수준에서 설득력을 갖춘 매체 자료를 제작하고, ④사회·문화적 맥락을 고려하여 ⑤매체 자료를 효과적으로 공유하며 매체 소통에 적극적으로 참여할 수 있다.

구성 요소	핵심 의미	적용
① 개인적·사회적 관심사 포착	개인적 경험과 시대적 이슈를 연결하여 심층적으로 탐구할 쟁점을 포착함	학교 내의 특정 문제를 사회적 문제와 연결해 주제를 설정함
② 자신의 관점이 명확히 드러나는 주제 선정	주제에 대한 찬성/반대 등 분명한 입장을 포함하여 탐구의 방향을 확립함	매체 규제에 대한 찬성 입장 등 본인의 논지가 명확히 보이는 주제를 선정함
③ 내용과 형식 수준에서 설득력을 갖춘 매체 자료 제작	내용은 타당한 근거로, 형식은 매체 특성을 활용하여 효과적으로 구성함	인포그래픽을 활용하여 복잡한 통계를 명확히 제시함
④ 사회·문화적 맥락 고려	공유 대상, 시대의 분위기, 매체 문화 등을 파악하여 적절한 소통 방식을 모색함	민감한 주제 공유 시 댓글 반응 등 수용자 문화를 예측하고 전략을 수립함
⑤ 매체 자료를 효과적으로 공유하며, 적극적으로 참여	공유 후 피드백을 주체적으로 수용하고 지속적인 상호작용을 이끌어냄	제작 의도를 설명하고 비판적 질문에 논리적으로 대응하는 소통에 참여함

▶ **[12매의01-06]을 높은 수준으로 성취했다는 것을 증명하기 위해!**
관점 기반 주제 선정, 설득력 있는 콘텐츠 제작(데이터와 시각 자료를 활용하여 설득력(내용)과 시각효과(형식)를 갖춘 인포그래픽 제작), 맥락 고려 공유 전략 수립(효과적인 소통 플랫폼 선정), 적극적 매체 소통 참여(수용자의 피드백에 논리적 근거로 응답하고 토론에 참여) 등을 수행할 수 있습니다.

3. 교과세특 탐구주제

- 주제에 따른 매체 형식별 설득력 강화 전략 비교 분석
- 사회 문화적 맥락을 고려한 매체 자료의 효과적 공유 방안 탐구
- 타당한 근거 제시를 통한 매체 자료의 내용적 설득력 강화 고찰
- 매체 공유 후 수용자 반응에 대한 능동적 참여 및 소통 전략 연구
- 개인의 명확한 관점을 담은 사회 문제 해결 방안 콘텐츠 제작 연구

4. 독서연계 탐구주제

■ 설득의 심리학(로버트 치알디니(황혜숙 역), 21세기북스, 2023)

이 책은 사람의 마음을 움직이는 설득의 핵심 원리 6가지를 과학적으로 분석한 책이다. 저자는 사회 심리학적 연구 결과와 실제 사례를 바탕으로 설득이 일어나는 과정을 구체적으로 설명한다. 독자들은 이 책을 통해 자신의 관점을 담은 매체 자료를 효과적으로 공유하는 전략을 습득할 수 있다. 이는 사회·문화적 맥락을 고려한 소통 전략 수립에 실질적인 도움을 준다.

- ▶ 설득의 6가지 원칙이 광고/논설문 등 설득적 매체 자료에 적용되는 양상 분석
- ▶ 독자(수용자)의 심리를 고려한 비유, 강조 등 효과적인 표현 전략을 활용하는 방안 연구
- ▶ 설득의 심리적 원리를 윤리적 관점에서 비판적으로 탐구하고 오용을 경계하는 방안 고찰

■ 월스트리트저널 인포그래픽 가이드(도나 M. 웡(이현경 역), 인사이트, 2014)

이 책은 복잡한 데이터를 명확하고 설득력 있게 전달하는 인포그래픽 제작 방법을 다루고 있다. 저자는 월스트리트저널의 실무 노하우를 바탕으로 데이터 시각화의 기본 원칙을 제시한다. 이를 통해 독자들은 자신의 관점을 뒷받침하는 내용을 설득력을 갖춘 형식으로 제작하는 능력을 기를 수 있다. 매체 자료의 시각적인 설득력을 높이고 효과적으로 공유하는 데 중요한 도움을 준다.

- ▶ 인포그래픽을 활용한 매체 자료의 형식적 설득력 탐색
- ▶ 데이터 시각화 방식에 따른 매체 생산자의 관점 명확성 및 설득 효과 분석
- ▶ 내용의 타당성과 형식의 효율성을 통합한 설득적 매체 자료 제작의 성공 요인 고찰

5. 토의/토론을 위한 생각 나눔 주제

- 사회·문화적 맥락에 맞는 공유 플랫폼 선택이 설득력을 결정하는가?
- 설득력 강화를 위해 매체 자료의 내용을 어느 정도까지 각색할 수 있는가?
- 개인의 관점이 담긴 매체 자료 공유 시 윤리적 책임의 범위는 어디까지인가?
- 내용의 진정성과 형식의 화려함 중 설득력을 높이는 데 더 중요한 요소는 무엇인가?

6. 진로 희망 계열과의 연계

인문과학 계열	**관점 제시 자료 공유 시 수용자의 반응 탐구:** 개인의 관점이 명확히 드러나는 매체 자료를 공유한 후, 수용자의 심리적 반응을 분석하고, 설득 과정에서 관점 공유 및 참여가 미치는 영향을 연구한다.
사회과학 계열	**매체 형식별 설득력 강화 전략 분석:** 영상, 인포그래픽 등 다양한 매체별 형식이 수용자의 태도에 미치는 설득의 효과를 비교 분석한다. 사회·문화적 맥락을 고려한 최적의 공유 전략을 탐구한다.
디자인 계열	**시각 요소의 설득적 활용과 제작 연구:** 글꼴, 색상, 레이아웃 등 시각적 형식 요소가 메시지의 설득력에 미치는 영향을 탐구한다. 주제에 대한 관점을 가장 효과적으로 드러내는 제작 기법을 연구한다.

04 매체 의사소통

1. 기본 개념

(1) 매체 자료의 생산자이자 수용자로서 권리와 책임 인식(지식·이해)
- 표현의 자유 등 매체 이용자의 권리와 윤리적 책임을 구별하기
- 생산자로서 저작권 등 법적 책임의 내용을 이해하기
- 수용자로서 비판적 평가와 참여의 권리를 인식하기

(2) 사회적 가치와 문제에 대해 소통(적용)
- 공익, 평등, 환경 등 사회적 가치를 증진하는 소통에 참여하기
- 사회적 문제 해결을 위한 다양한 관점을 수용하며 대화하기
- 매체 자료를 활용하여 책임 있는 방식으로 자신의 의견을 제시하기

2. A등급 성취 수준의 이해

성취수준	성취기준별 성취수준
A	①매체 자료의 생산자이자 수용자로서 지켜야 할 권리와 책임을 구체적으로 이해하며, ②다양한 사회적 소통에 적극적으로 참여하여 ③사회적 가치와 문제에 대한 다양한 관점을 ④비판적으로 수용하고, 타인을 존중하며 ⑤자신의 의견을 합리적이고 명확하게 표현할 수 있다.

구성 요소	핵심 의미	적용
① 권리와 책임을 구체적으로 이해	표현의 자유와 저작권 등 권리와 책임의 내용을 법적/윤리적으로 명확히 인식함	허위 정보 유포의 법적 책임 등 구체적 사례를 들어 설명함
② 다양한 사회적 소통에 적극적으로 참여	댓글, 토론, 캠페인 등 여러 소통 방식에 주도적으로 관여함	온라인 시민 청원 등 사회적 문제 해결을 위한 활동에 참여함
③ 사회적 가치와 문제에 대한 다양한 관점	환경, 인권 등 사회 문제를 바라보는 찬반, 주류, 비주류 관점을 인지함	동일 사안에 대한 세대별 관점의 차이를 명확히 제시함
④ 비판적 수용과 타인 존중	타인의 관점의 논리적 타당성을 평가하되, 인격은 존중하는 자세를 유지함	반대 의견의 타당한 근거를 인정하고 상대방을 비난하지 않는 소통 자세를 지님
⑤ 자신의 의견을 합리적이고 명확하게 표현	다양한 관점을 종합하여 논리적인 근거로 자신의 입장을 분명히 제시함	타인의 관점을 반박할 때 타당한 자료를 활용하여 논리를 전개함

▶ **[12매의01-07]을 높은 수준으로 성취했다는 것을 증명하기 위해!**
매체 이용 권리/책임 인식 연구(허위 정보에 대한 생산자와 수용자의 법적 및 윤리적 책임 비교 분석), 다양성 존중 소통 참여(사회적 쟁점에 대한 온라인 토론 참여 후, 타인의 다양한 관점 비판적으로 존중하며 의견 제시), 합리적 의견 표현 전략 설계 등을 수행할 수 있습니다.

- 다양한 관점 수용이 사회적 문제 해결에 기여하는 방식 고찰
- 책임 있는 매체 소통을 위한 시민의 권리와 의무의 의미 탐구
- 허위 정보 유포에 대한 생산자와 수용자의 법적 책임 범위 연구
- 매체 생산자와 수용자의 윤리적 책임에 대한 인식 수준 비교 탐색
- 사회적 문제 소통에 있어 타인 존중이 여론 형성에 미치는 영향 분석

4. 독서연계 탐구주제

● 디지털 시민성(김아미, 한나래플러스, 2025)

이 책은 디지털 환경에서 시민으로서 갖춰야 할 능력과 태도를 포괄적으로 다룬다. 저자는 매체 생산자이자 수용자로서 표현의 자유와 같은 권리와 함께 윤리적 책임에 대해 구체적으로 설명한다. 독자들은 허위 정보, 혐오 표현, 개인 정보 보호 등 오늘날의 심각한 사회적 문제들을 인식한다. 이를 바탕으로 다양한 관점을 비판적으로 수용하고 정보의 신뢰성을 판단하는 능력을 기른다.

▶ 허위 정보 및 혐오 표현 등 사회적 문제에 대한 윤리적 소통 방안 탐구
▶ 디지털 환경에서 매체 생산자/수용자의 권리와 책임이 지니는 새로운 의미 연구
▶ 다양한 관점을 비판적으로 수용하여 공동체의 가치를 증진하는 참여 전략 분석

● 댓글 달기 전에 생각해 봤어?(정정희, 다른, 2024)

이 책은 온라인상 댓글 문화를 중심으로 매체 소통에 필요한 윤리적 책임을 강조한다. 저자는 이 책을 통해 익명성 뒤에 숨겨진 언어폭력 등과 같은 책임을 위반한 사례를 구체적으로 제시한다. 이는 독자들로 하여금 타인을 존중하며 사회적 문제에 대해 건전한 방법으로 소통하는 것의 중요성을 인식하게 한다. 매체 생산자와 수용자가 지녀야 할 바람직한 소통 규범을 탐구하는 데 도움을 준다.

▶ 댓글 소통에서 타인 존중이 사회적 문제 소통에 미치는 효과 연구
▶ 매체 자료 생산자와 수용자의 측면에서 윤리적 책임을 위반한 사례 분석
▶ 온라인 소통 환경에서 자신의 의견을 합리적으로 표현하는 구체적인 전략 고찰

5. 토의/토론을 위한 생각 나눔 주제

- 표현의 자유가 타인의 인격을 침해할 때 책임은 누구에게 있는가?
- 다양한 사회적 관점 중 소통의 과정에서 수용이 불가능한 관점도 있는가?
- 사회적 문제를 다룬 매체 자료 공유 시 생산자의 익명성은 허용되어야 하는가?
- AI가 생성한 의견에 대해 인간의 소통 책임과 동일한 잣대를 적용해야 하는가?

6. 진로 희망 계열과의 연계

언어·문학 계열	**온라인 소통에서 책임의식에 따른 언어 표현 방식 연구**: 매체 생산자/수용자가 권리와 책임을 인식할 때 혐오 표현, 존중어 등 실제 언어 사용에 어떤 차이가 발생하는지 분석한다. 사회적 가치를 담는 바람직한 소통 방식을 탐구한다.
법률 계열	**디지털 소통 권리와 책임의 법적 범위 분석**: 매체 자료 생산 및 소통에서 발생하는 명예훼손, 허위사실 유포 등의 사례를 분석한다. 생산자와 수용자의 법적 책임의 범위를 구체적으로 탐구하여 소통의 의미를 고찰한다.
사회과학 계열	**온라인 소통에서 타인 존중이 사회 문제 해결에 미치는 영향 연구**: 댓글, 토론 등 사회적 문제에 대한 소통 시 타인 존중과 비판적 수용태도가 여론 형성과 문제 해결에 미치는 긍정적 효과를 분석한다.

언어생활 탐구

교과군	공통 과목			평가 정보		수능
국어	일반 선택	진로 선택	융합 선택	성취도	상대평가	×
			●	5단계	5등급	

1. 교과 성격

'언어생활 탐구'는 국어 교과의 문법, 쓰기, 말하기·듣기, 매체 영역을 폭넓게 연결해 다루는 선택 과목으로, 일상에서 마주하는 다양한 언어 현상을 깊이 있게 살펴보며 비판적 사고력과 창의적 표현 능력을 기르는 것을 목표로 한다. 학습자는 언어 활동을 통해 자신을 돌아보고 타인과 의미 있게 소통하는 경험을 하며, 언어가 사회와 문화를 이해하는 데 어떤 역할을 하는지 인식하게 된다.

이 교과는 개인이 언어를 사용해 정체성을 형성하고 공동체 속에서 관계를 구축하는 과정을 중심으로 탐구하도록 설계되어 있다. 또한 학습자가 프로젝트 활동을 통해 스스로 주제를 정하고 조사·실행하며, 결과를 공유하고 되돌아보는 과정을 거쳐 주도적 학습자로 성장하도록 돕는다. 다양한 언어 자료를 분석하며 언어가 사회에 미치는 영향과 실제 문제를 파악하고 해결 방안을 모색함으로써 적극적이고 책임 있는 언어 사용자로 발달할 수 있다.

2. 교과 목표

- 언어생활에 대한 탐구와 성찰을 바탕으로 개인과 공동체의 문제를 해결한다.
- 공동체 구성원의 다양한 생각을 존중하며 주체적이고 협력적으로 의사소통한다.
- 언어의 힘과 가치를 이해하고 바람직한 언어문화 실천에 능동적으로 참여한다.

3. 내용 체계

핵심 아이디어	• 언어는 정체성을 드러내는 표지이자 학습의 도구이며, 사회적 소통과 담론 형성의 자원이다. • 언어생활 속에서 접하는 다양한 글과 담화는 의도와 목적에 따른 선택의 결과로서 고유한 구조와 기능을 가진다. • 언어의 힘과 가치는 사회적으로 의미가 소통되는 맥락과 과정을 탐색함으로써 드러난다.
범주	**내용 요소**
지식·이해	• 우리 삶에 작용하는 언어의 역할 • 글과 담화의 맥락과 언어적 특성
과정·기능	• 언어생활에서 탐구 주제 발견하기 • 언어 자료 수집하고 분석하기 • 언어 자료 해석하고 결과 공유하기 • 언어를 통한 정체성 실현과 관계 형성 양상 탐구하기 • 글과 담화의 표현 특성과 효과 탐구하기 • 사회적 담론 형성의 맥락과 과정 탐구하기 • 공공 언어 사용의 실제 탐구하기
가치·태도	• 언어생활에 대한 민감성과 책임감 • 주체적·능동적인 언어문화 실천

일상 언어 관찰, 언어 자료 해석, 의사소통 맥락, 언어 문화, 언어 변화, 사회·세대·매체별 언어, 언어 문제 발견, 자료 수집·분류, 사례 기반 분석, 소통 개선 방안 탐색, 언어생활 성찰

[12언탐01-01] 자신의 언어생활에서 **(1)의미 있는 탐구·주제를 발견**하여 **(2)탐구 절차에 따라 언어 자료를 수집하고 비판적으로 분석**한다.

1. 기본 개념

(1) 언어생활에서 탐구 주제를 발견하는 법
- 언어생활 탐구란, 일상 언어를 탐구 대상으로, 사회·문화·정서·인지 문제를 발견·분석하는 활동
- 의미 있는 주제는 일상 속 언어의 문제의식에서 출발한다.(현상 → 질문 → 문제의식)
- 탐구 주제는 언어가 개인·사회에 미치는 영향 및 의미를 깊이 있게 파악하고자 하는 데서 발견

(2) 탐구 절차
주제 발견(문제의식 포착) → 탐구 질문 생성('왜?' '어떻게?' 질문 구체화) → 언어 자료 수집(대화, SNS 댓글, 인터뷰, 관찰 자료, 방송·광고 텍스트 등) → 언어적 관점에서 분석(담화 분석·화용론·사회언어학·문화언어학적 해석) → 비판적 해석(의미·가치·요인·문제점·개선 방향 도출)

2. A등급 성취 수준의 이해

성취수준	성취기준별 성취수준
A	개인적·사회적 관심사를 복합적으로 고려하여 ①자신의 언어생활을 민감하게 관찰함으로써 ②의미 있는 탐구 주제를 발견하고, ③탐구 절차에 따라 언어 자료를 수집한 뒤 ④다양한 언어적 문제를 비판적으로 분석 및 해석할 수 있다.

구성 요소	핵심 의미	적용
① 의도에 따른 언어의 다양한 표현 방식 이해	일상 대화·온라인 언어·학교 언어 등에서 언어적 문제나 특성을 민감하게 포착함	상황·관계에 따라 발화 방식이 달라지는 실제 사례를 지속적으로 기록해 패턴을 도출함
② 의미 있는 탐구 주제 발견	개인의 관심과 사회적 문제를 연결해 탐구 가치가 높은 언어 현상을 주제로 구체화함	'말투가 관계에 미치는 영향', '밈의 의미 변화' 등 주제화를 수행함
③ 탐구 절차의 체계적 적용과 자료 수집	문제 발견→질문 생성→자료 수집→분석의 절차를 적용, 언어 자료를 목적에 맞게 수집·정리함	실생활 대화 녹취 → 분석틀 설정 → 해석, SNS 댓글 수집, 대화 녹음, 광고 텍스트 수집
④ 비판적 분석 및 해석 능력	수집한 언어 자료를 사회적 맥락 속에서 다층적으로 분석하여 문제점·원인·의미를 해석함	언어 선택이 가져오는 실제 효과를 사례 기반으로 도출해 분석 결과를 구조화함

▶ **[12언탐-01-01]를 높은 수준으로 성취했다는 것을 증명하기 위해!**
'언어생활 관찰 일지' 작성, 탐구 주제에 맞는 언어 자료 수집 및 정리, 분석틀(Framework) 설정, 가정·학교·온라인 3영역 언어생활 비교 다이어그램 제작, 비판적 해석 및 개선 방향 제시 등을 수행할 수 있습니다.

3. 교과세특 탐구주제

- 광고·홍보 문구 속 설득 전략의 언어적 특징 분석
- 지역·방언 표현이 온라인 환경에서 재해석되는 현상 탐구
- SNS 댓글의 공격성 증가 요인 탐구: 온라인 담화 관습 분석
- 온라인 대화의 '비언어적 요소 부재'를 보완하는 언어적 장치 연구
- 온라인 수업 중 채팅·마이크 발화·비언어적 부재에 따른 오해 사례 분석

4. 독서연계 탐구주제

● 청소년을 위한 언어란 무엇인가(니콜라우스 뉘첼, 살림Friends, 2008)

국어 교과서에서 익숙하게 보아온 말과 글의 본질을 청소년 눈높이에서 탐구할 수 있도록 안내하는 교양서이다. 인간은 언제부터 말을 했는지, 동물도 언어를 사용할 수 있는지, 세계에는 몇 개의 언어가 존재하는지와 같은 근본적인 질문을 출발점으로 삼아, 언어가 어떻게 생성되고 변하고 확장되어 왔는지를 흥미로운 사례와 함께 설명한다.

- ▶ 인공언어(에스페란토 등)의 탄생과 한계 탐구
- ▶ 세계 공용어로서의 영어가 가져온 언어 불평등 문제 탐구
- ▶ 한국어 속 외래어 증가가 언어 사용과 정체성에 미치는 영향 탐구

● 언어와 철학:비트겐슈타인과 함께하는 언어 공부(작테, 호호북앤드림, 2025)

'언어의 한계가 세계의 한계'라는 비트겐슈타인의 통찰을 토대로 언어가 사고를 형성하고, 세계를 인식하는 틀을 만들어내는 방식을 탐구하는 철학적 언어 공부 입문서이다. 이 책은 언어를 단순한 의사소통 수단이 아니라 세계와 문화를 인식하는 지적 도구로 바라보며, 외국어 학습 과정에서 경험하게 되는 두려움·심리적 장벽·성찰·자기 확장의 의미를 철학적 시선으로 해석한다.

- ▶ 언어와 문화의 관계 연구—언어 속 문화직 암시 탐색
- ▶ 전문 분야 텍스트를 수집하여 전문 언어의 의미 압축·확장 방식 분석
- ▶ 자신의 언어생활에서 '언어의 한계(표현할 수 있는 어휘 부재)' 경험 탐색

5. 토의/토론을 위한 생각 나눔 주제

- 이모티콘·밈은 새로운 언어인가, 언어 퇴행인가?
- 온라인 익명성은 표현의 자유인가, 언어 폭력의 원인인가?
- '말투'는 개인의 성격을 반영하는가, 사회적 역할의 산물인가?
- 언어의 문제는 언어 자체에 있는가, 아니면 그것을 문제라 부르는 사회적 합의에 있는가?

6. 진로 희망 계열과의 연계

사회과학 계열	**온라인·오프라인 언어의 사회적 문제 탐구 활동:** 뉴스 댓글, 온라인 커뮤니티 글, 학교 내 대화 등 다양한 언어 자료를 수집하여 분석한 후 공격성·혐오표현·프레임 형성 등 사회언어학적 문제를 탐구한다.
자연 계열	**과학적 의사소통 언어의 오해 발생 요인 탐구 활동:** 과학 기사·설명문·실험 보고서 등을 수집하여 과학적 표현 방식이 일반 독자에게 어떤 오해를 일으키는지 원인을 분석하고 복잡한 현상을 단순화하는 언어 전략을 탐구한다.
교육 계열	**교실 담화 분석을 통한 소통 개선 연구 활동:** 교실 속 질문 방식, 피드백 언어, 또래 간 협력 대화 등을 녹취·관찰하여 자료를 수집한다. 이후 교사 언어와 학생 언어의 차이, 오해 발생 지점 분석 결과를 바탕으로 개선안을 직접 설계해본다.

1. 기본 개념

(1) 언어 자료 평가의 필요성
- 언어는 개인의 정체성·가치관을 드러내는 동시에 사회적 갈등·문화적 규범·권력 관계를 반영
- 언어 자료는 '중립적'이지 않으며 누군가의 목적·가치·관점이 반영된 선택의 결과물
- 언어자료는 '표현'이 아니라 사회적 행동이자 문화적 산물이므로 평가·해석 능력 필요

(2) 공동체 언어생활에서의 책임감
- 언어생활 탐구는 단지 분석 능력이 아니라 윤리적·공동체적 책임감까지 포함
- 건강한 담화 문화 만들기 위해 차별·혐오·비하 표현에 대한 민감성이 필요
- 공정하고 신중한 언어 사용과 언어 다양성을 존중하는 태도 등 책임감이 필요

2. A등급 성취 수준의 이해

성취수준	성취기준별 성취수준
A	①동일한 사건이나 현상이 의도에 따라 언어로 다양하게 표현되는 방식을 이해하고, ②언어 표현이 갖는 개인적·사회적 의미에 주목하여 ③다양한 언어 자료를 비판적으로 평가·해석하고 그 결과를 공유하며 이를 통해 ④자신과 공동체의 언어생활에 대한 민감성과 책임감을 지닐 수 있다.

구성 요소	핵심 의미	적용
① 언어 표현 차이의 원리 이해	동일한 사건도 목적·의도·관점에 따라 서로 다르게 표현될 수 있음을 이해함	상황·관계 맥락을 바꾸어 직접 표현을 변형하며 의미 변화 실험 수행함
② 개인적·사회적 의미 분석	언어가 정체성·관계·문화를 반영한다는 사실을 이해하고 이를 사회언어학적 관점에서 해석함	세대·계층·집단별 언어 차이를 비교하여 언어가 사회적 구도를 어떻게 재생산하는지 탐구함
③ 비판적 평가 해석 및 공유	언어 자료의 의도·관점·편향·근거를 분석해 신뢰성과 타당성을 평가함	매체 특성에 따라 동일 메시지가 어떻게 다르게 해석되는지 비교하여 결과물을 제작함
④ 민감성과 책임감 형성	언어가 상처·차별·배제를 초래할 수 있음을 민감하게 인식하고 바람직한 언어문화 형성에 기여함	교내 담화 데이터를 분석해 개선해야 할 언어 습관을 찾고 공동체 언어 규범 제시 활동을 수행함

▶ **[12언탐-01-02]를 높은 수준으로 성취했다는 것을 증명하기 위해!**
동일 사건을 다르게 표현한 자료 비교, 언어 자료의 편향 탐구, 언어의 사회적 영향 연구, 자료 기반 개선 전략 제시, 혐오 표현–유사 표현–중립 표현 비교 맥락 분석 프로젝트, 분석 결과의 사회적 공유(토론,영상제작,온라인커뮤니티) 등을 수행할 수 있습니다.

3. 교과세특 탐구주제

- 포용적 언어 정책의 필요성과 실제 사례 분석
- 정치적 담론에서 은유·완곡어법·프레임의 역할 분석
- 가짜뉴스·왜곡된 정보의 언어적 특징 분석 및 판별 기준 개발
- 동일한 사회 사건을 다르게 보도하는 기사 제목의 프레임 분석
- 혐오표현의 담화 기능 분석과 학교 공동체 언어문화 개선 제안

4. 독서연계 탐구주제

● 말센스(셀레스트 헤들리, 스몰빅라이프, 2019)

말을 잘하는 기술이 아니라 사람을 잃지 않는 말하기에 초점을 둔 대화 교양서이다. TED 강연으로 1,500만 회 이상 조회된 방송인 셀레스트 헤들니가 20년간 CNN, BBC, MSNBC 등에서 인터뷰와 진행을 해 온 경험을 바탕으로, 상대와의 관계를 지키면서도 솔직하게 말하는 법을 16가지 원칙으로 정리했다. 이 책은 화려한 입담이나 재치 있는 말솜씨보다 말의 진정성을 회복하려는 노력을 강조한다.

- ▶ 관계 회복에 효과적인 '책임 있는 사과' 말하기 원칙 탐색
- ▶ SNS·DM 등 문자 대화에서 발생하는 오해 사례와 원인 분석
- ▶ 청소년 대화에서 가장 많이 나타나는 '나 중심 말하기' 개선 방안 탐구

● 회사의 언어(김남인, 어크로스, 2016)

조직에서 통하는 말하기·듣기·쓰기를 실제 사례 중심으로 분석한 직장 커뮤니케이션 안내서다. 저자는 수많은 조직 속 에이스들의 언어습관을 관찰하며, 성과를 내는 사람은 화려한 스펙보다 '말·듣기·쓰기의 방식'이 다르다는 사실을 밝힌다. 신입·동료·관리자 모두가 매일 부딪히는 직장 내 언어 문제를 매우 현실적인 예시와 함께 제시하며 조용히 조직을 움직이는 언어 전략을 강조한다.

- ▶ 단체방 소통 문제 분석-디지털 언어의 오해 발생 구조 연구
- ▶ 듣기 실패 사례 분석-상대의 말을 받아들이지 못하는 원인 탐구
- ▶ 비판 언어 자료 분석-상처를 남기지 않는 비판의 언어 전략 탐구

5. 토의/토론을 위한 생각 나눔 주제

- 정치적 프레임은 설득인가, 조작인가?
- 개인이 공동체 전체의 언어 문화를 바꿀 수 있는가?
- 혐오 표현 규제는 표현의 자유 제한인가, 공동체 보호인가?
- 중립적 언어란 존재하는가, 아니면 모든 언어는 본질적으로 누군가의 관점을 담는가?

6. 진로 희망 계열과의 연계

인문 계열	**언어 표현의 가치 판단 기준 설정 활동:** 문학 텍스트, 시사 칼럼, 뉴스 제목 등 다양한 언어 자료를 수집해 동일한 사건이라도 언어 선택에 따라 의미가 변화함을 밝히고, 자신의 해석 기준을 정립한다. 이후 개선 가능한 표현 방안을 제시한다.
공학 계열	**매뉴얼 언어 평가를 통한 사용자 중심 소통 개선 활동:** 제품 안내문 문구를 분석해 언어의 명확성·사용자 접근성·오해 발생 지점을 평가한다. 더 안전하고 효율적인 안내 문구 설계를 제안하며 책임 있는 언어 소통의 기준을 정립한다.
경영·경제 계열	**광고 언어 분석 탐구 활동:** 광고 문구, 마케팅 메시지, 정책 홍보 자료의 언어 전략을 분석해 감정 유발 방식을 평가한다. 이후 공정하고 책임 있는 정보 제공을 위한 언어 기준을 스스로 정립해 제언한다.

[12언탐01-03] **(1)글과 담화의 소통 맥락을 고려**하여 **(2)다양한 분야 및 교과의 언어 자료에 나타난 표현 특성과 효과**를 탐구한다.

1. 기본 개념

(1) 소통 맥락의 의미
- 언어는 공중에 떠 있는 것이 아니라, 반드시 맥락(context) 속에서 의미를 가짐
- 동일한 말이라도 맥락이 달라지면 의미와 효과 달라지므로 언어 분석에 맥락 이해가 필수적
- 상황 맥락, 관계 맥락, 목적·의도 맥락, 사회·문화 맥락, 매체 맥락 고려 필요

(2) 분야별 언어 표현의 특성과 효과
- 언어 자료별로 지식의 특성, 목적, 수용자층이 다르기 때문에 언어 사용 방식도 달라짐
- 언어 표현은 화자·저자의 목적을 달성하기 위한 기술(표현전략 → 의미형성 → 사회적영향)
- 각 분야에 따라 전문 용어, 논증 구조, 수사적 장치 등이 달라지며, 이는 설득력과 영향력 결정

2. A등급 성취 수준의 이해

성취수준	성취기준별 성취수준
A	①글과 담화가 소통되는 맥락을 이해하고 ②여러 분야 및 교과의 다양한 언어 자료를 소통 맥락에 따라 구체적이고 적극적으로 비교·분석하여 분야 및 교과별 언어 표현의 특성과 ③언어 주체의 표현 전략 및 ④효과를 심도 있게 탐구할 수 있다.

구성 요소	핵심 의미	적용
① 소통 맥락 이해	상황·관계·목적·매체 등을 분석하여 동일한 표현도 맥락에 따라 의미가 달라짐을 분석함	SNS 글·뉴스 기사·학술 보고서가 왜 서로 다른 어조·구조·표현을 보이는지 비교함
② 분야·교과별 언어 표현 특성 비교·분석	과학·사회·문학·경제·미디어 등 분야별 언어 자료의 목적·수용자·표현 방식의 차이를 분석함	경제 기사와 경제 교과서가 같은 개념을 어떻게 다르게 설명하는지 비교함
③ 표현 전략 분석	언어 주체가 목적을 달성하기 위해 선택한 어휘·비유·프레임·화행 전략 등을 분석함	정치 담론에서 은유와 프레임을 사용해 여론을 구성하는 방식을 탐구함
④ 표현 효과 탐구	표현 전략이 독자·청자에게 어떤 인식·정서·판단 변화를 일으키는지 평가함	뉴스 제목의 프레임 변화가 여론 형성에 미치는 영향을 분석함

▶ **[12언탐-01-03]를 높은 수준으로 성취했다는 것을 증명하기 위해!**
분야별 언어 자료 비교 분석 프로젝트 설계 및 수행, 동일 주제를 다르게 다루는 분야별 텍스트의 맥락·표현 구조 비교, 담화 맥락 변화 실험, 뉴스·정치 담론의 프레임과 사회적 효과 분석, 표현 전략의 사회적 효과 탐구 등을 수행할 수 있습니다.

3. 교과세특 탐구주제

- 언론의 제목 전략과 의미 왜곡 가능성 분석
- 문학 텍스트와 광고 문구의 수사 전략 비교 분석
- 온라인 담화와 오프라인 담화의 언어적 차이 탐구
- 경제 기사와 경제 교과서의 전문 개념 설명 방식 비교
- 과학·사회·문학 세 분야의 주제별 담화 구조 비교 연구

4. 독서연계 탐구주제

■ 언어력(이도영, 창비교육, 2021)

통하는 말, 설득되는 글이 어떻게 만들어지는지를 언어 사용의 원리–사고의 구조–표현의 전략이라는 3단계 관점에서 해부한 책이다. 저자는 언어를 단순한 말하기·글쓰기 기술로 보지 않고, 사고를 형성하고 관계를 조율하며 사회적 맥락 속에서 효과를 만들어내는 인간의 핵심 역량으로 설명한다. 상황에 맞게 조절하고 스스로 점검하며 표현의 선택을 의식적으로 수행하는 능력을 '언어력'이라 정의한다.

▶ 말 한마디로 담론을 뒤집는 프레임 전환의 언어 전략 분석
▶ 실제 담화 자료를 바탕으로 한국어 어순 변형과 초점 이동 효과 탐구
▶ 명명 사례를 통해 단어 선택이 사회적 인식과 가치 판단에 어떤 영향을 주는지 탐구

■ 시의 언어로 지은 집(허서진, 그래도봄, 2024)

국어 교사이자 엄마로 살아가는 저자가 일상 속에서 시의 언어를 다시 발견하고, 그것을 아이의 말하기·듣기·공감 능력으로 확장해가는 과정을 담은 에세이이다. 36편의 시를 통해 비유·부사·조사·의인 등 다양한 언어적 장치가 어떻게 정서 표현과 공감, 관계 형성에 기여하는지 실제 교육 경험과 연결하여 제시한다. 언어가 성장하면 사람이 성장한다는 메시지를 따뜻하고 밀도 있게 전달한다.

▶ 시 속 공감 문장과 일상적 공간 표현의 차이 탐색
▶ 시적 화자의 시점 변화가 의미 형성에 미치는 영향 탐구
▶ 감정을 표현하는 단어가 시갈래에서 어떻게 다양화되는지 분석

5. 토의/토론을 위한 생각 나눔 주제

- 맥락 없이 언어를 이해하는 것이 가능한가?
- 문학적 표현은 비과학적인가, 더 높은 진실을 보여주는가?
- 분야별 언어 차이는 '전문성의 필요'인가, '배타적 장벽'인가?
- 뉴스 프레임은 효과적인 정보 전달의 도구인가, 해석을 조작하는가?

6. 진로 희망 계열과의 연계

인문 계열	**문학·철학·에세이 언어의 표현 전략 탐구 활동:** 문학 텍스트와 철학적 에세이, 시사 글을 비교하며 언어가 어떻게 다른지 분석한다. 동일한 주제라도 서사적 맥락·화자 관점·비유 사용 방식에 따라 의미가 변화하는 과정을 탐구한다.
사회 계열	**담화의 프레임·어휘 선택이 여론에 미치는 영향 분석 활동:** '프레임', '메시지 구조', '감정 어휘' 등 사회언어학적 요소가 독자의 판단을 바꾸는 방식을 탐구한다. 이후 각 담화의 표현 전략이 여론에 어떤 영향을 미치는지 평가한다.
교육 계열	**수업과 상담의 언어 표현 비교 활동:** 수업과 상담시 달라지는 교육 언어를 비교하여 목적·관계·수용자에 따른 언어 표현 차이를 분석한다. 이후 소통을 더 명료하고 포용적으로 만들기 위한 언어 표현 전략을 제안한다.

> [12언탐01-04] 가정, 학교, 사회의 **(1)언어 사용에 나타난 정체성의 실현 양상**과 **(2)관계 형성의 양상**을 탐구한다.

1. 기본 개념

(1) 언어 사용의 정체성 실현 양상(지식·이해)
- 언어가 개인의 성별, 연령, 직업, 소속 집단 등의 정체성을 표현하고 드러내는 방식
- 언어가 사회적 지위나 개인의 가치관을 반영하며 자아를 형성해 가는 역동적인 모습
- 화자가 언어 선택이나 말투 등을 통해 자신을 특정 공동체의 일원으로 규정하는 과정

(2) 언어 사용의 관계 형성 양상(과정·기능)
- 언어 사용을 통해 상대방과의 관계를 규정하고 유지하며 발전시키는 과정
- 존대법, 호칭, 대화 주제 등 언어적 요소를 통해 상호 작용을 조정하는 방식
- 화자와 청자 간의 거리, 친밀도, 상하 관계 등에 따라 언어 표현이 달라지는 모습

2. A등급 성취 수준의 이해

성취수준	성취기준별 성취수준
A	①사회적 기호로서의 언어의 특성과 ②가치에 대한 이해를 토대로 ③가정, 학교, 사회의 맥락에서 정체성의 실현 및 관계 형성의 언어 표현을 다양하게 발견하고 ④각 표현의 특성을 맥락에 따라 구체적으로 분석하면서 ⑤적극적이고 성찰적인 태도로 언어 사용 양상을 탐구할 수 있다.

구성 요소	핵심 의미	적용
① 사회적 기호로서의 언어의 특성	언어의 사회성과 규칙성을 이해함	언어가 집단 정체성과 사회 질서를 구성하는 상징 체계임을 이해함
② 사회적 기호로서의 언어의 가치에 대한 이해	소통을 위한 기반이자, 문화, 지식, 정체성을 발전시키는 사회 유지의 근본 동력임	언어가 소통 기반이자 지식의 보존 동력임을 인식하고, 사회적 책임을 지닌 태도로 사용함
③ 가정, 학교, 사회의 맥락에서 정체성의 실현 및 관계 형성의 언어 표현을 다양하게 발견	실제 언어 자료를 통한 다층적 언어 현상의 인지 능력임	세대 차이, 직장 문화, 학교생활 등 구체적 상황에서 언어 사례를 광범위하게 수집함
④ 각 표현의 특성을 맥락에 따라 구체적으로 분석	사회언어학적 지식을 활용한 분석적 사고의 심화 과정임	화자와 청자의 관계, 상황적 요인 등을 종합하여 언어 사용의 의도와 효과를 해석함
⑤ 적극적이고 성찰적인 태도로 언어 사용 양상을 탐구	주체적 탐구 의지와 윤리적 자세의 내면화 과정임	탐구 과정에서 언어 사용의 문제점을 비판적으로 인식하고 개선 방안을 모색함

▶ **[12언탐01-04]을 높은 수준으로 성취했다는 것을 증명하기 위해!**
다양한 세대의 언어 사용 양상(가족 대화, 온라인 커뮤니티 언어 등)을 직접 수집하여 분석하는 탐구 보고서 작성, 학교 생활에서의 바람직한 소통 방식을 위한 담화 관습 개선 캠페인 기획, 공식적 및 비공식적 상황에 따른 정체성 실현 언어의 변이 연구 등을 수행할 수 있습니다.

- 미디어 속 공인의 발화에 나타난 언어와 권력의 상관관계 탐구
- 직업별 전문 용어와 비공식적 언어의 정체성 실현 기능 비교 연구
- 가정 내 세대별 호칭 사용 변화를 통한 가족 관계의 역동성 탐구 보고서
- 성별, 계층에 따른 언어적 표현의 차이가 정체성에 미치는 사회적 영향 분석
- 학교 커뮤니티 게시판의 댓글 분석을 통한 청소년 집단의 관계 형성 양상 연구

4. 독서연계 탐구주제

● 미끄러지는 말들(백승주, 타인의사유, 2022)

이 책은 구어, 지역 방언, 신조어, 노동 현장의 언어, 이주민의 한국어 등 다종다양한 한국어의 변이 양상을 탐구한다. 성별, 연령, 계층, 국가 등 모든 요인이 다른 언어 사용자와 그들이 모여 사는 사회적 관계를 섬세하게 들여다 보며, 한국어가 아닌 한국어들을 통해 지금, 여기를 낯설게 살펴보고, 언어를 둘러싼 삶의 얽히고설킨 관계를 이해하도록 돕는다.

▶ 노동 현장의 전문 언어 분석을 통한 직업 정체성 및 상호 작용 방식 탐구
▶ '세대별 신조어' 탐구를 통한 청소년 집단의 정체성과 소속감 실현 양상 분석
▶ '이주민의 한국어' 사용 양상 분석을 통한 다문화 사회의 관계 형성 전략 연구

● 언어는 인권이다(이건범, 피어나, 2017)

이 책은 쉽고 바르고 품위 있는 언어를 사용하는 것이 언어생활의 민주주의이자 인권이라는 관점을 제시한다. 공공 언어, 법률 언어, 미디어 언어 등 다양한 영역에서 발생하는 언어적 차별과 소외의 문제를 지적한다. 언어가 사회적 관계와 권력을 작동시키는 방식에 주목하며, 소수자의 언어와 그들이 겪는 차별에 대한 깊은 고민을 담았다. 바른 말글 사용이 민주 시민의 기초 교양임을 강조한다.

▶ '언어는 인권이다' – 학교 내 차별적 언어 사용 사례 분석과 개선 방안 연구
▶ '말의 품위'와 '정체성 실현'의 상관관계 분석 – 언어가 개인의 존엄성에 미치는 영향 탐구
▶ '공공언어'의 사회적 책임 탐구 – 법률 언어의 쉬운 풀이를 통한 국민의 알 권리 증진 방안

5. 토의/토론을 위한 생각 나눔 주제

- 온라인 공간에서 개인의 익명성이 언어적 폭력을 정당화할 수 있는가?
- 가정 내에서 존댓말 사용이 친밀한 관계 형성에 방해가 된다고 볼 수 있는가?
- 사회적 약자의 정체성을 지키기 위해 정부가 특정 언어 사용을 규제할 수 있는가?
- 학교에서 특정 집단의 은어를 사용하는 것이 집단 정체성 확립에 긍정적으로 기여하는가?

6. 진로 희망 계열과의 연계

언어·문화 계열	**언어를 통한 문화 정체성 및 관계 분석:** 사회언어학적 지식을 활용하여 세대, 계층, 지역별 언어 변이를 연구하고, 이를 바탕으로 바람직한 언어 공동체 문화를 설계한다.
사회과학 계열	**언어의 사회적 기능 및 권력 분석:** 담화 분석을 통해 정치, 미디어, 교육 등 사회 영역에서 언어가 권력, 차별, 소통 등에 미치는 영향을 사례별로 분석하고 사회학적으로 탐구한다.
교육계열	**언어 윤리 및 소통 교육 프로그램 개발:** 학교와 가정의 언어 문제 사례를 분석하고, 학생들의 정체성을 존중하며 긍정적 관계를 형성하는 언어 교육 및 생활 지도 방안(학교생활 text 이모티콘 제작 등)을 모색한다.

> [12언탐01-05] **(1)다양한 매체 환경에서 사회적 담론이 형성**되는 **(2)맥락과 과정을 탐구**한다.

1. 기본 개념

(1) 다양한 매체 환경에서 사회적 담론이 형성(지식·이해)
- 담론이 사회적 권력이나 이데올로기와 맺고 있는 복잡한 관계 이해하기
- 미디어(TV, 신문, SNS, 유튜브 등)의 특성이 담론의 내용과 형식에 미치는 영향 파악하기
- 사회적 이슈가 공론장에 등장하여 의제가 설정되고 여론으로 발전하는 단계적 과정 이해하기

(2)사회적 담론의 맥락과 과정 탐구(과정·기능)
- 언어 자료에서 드러난 정보 외에 숨겨진 의도와 생략된 내용을 파악하기
- 다양한 해석과 대안적 담론의 가능성을 모색하여 민주적 소통에 기여하기
- 담론에 무비판적으로 수용하도록 요구되는 암묵적인 전제를 적극적으로 읽어 내기

2. A등급 성취 수준의 이해

성취수준	성취기준별 성취수준
A	①다양한 매체 환경에서 언어 자료를 수집하여 ②사회적 담론에서 말하고 있는 것과 숨기고 있는 것, 전제하고 있는 것 등을 ③적극적으로 읽어 내고 분석함으로써 ④사회적 담론이 형성되는 맥락과 과정을 ⑤비판적으로 탐구할 수 있다.

구성 요소	핵심 의미	적용
① 다양한 매체 환경에서 언어 자료를 수집	미디어 리터러시를 바탕으로 탐구 자료를 능동적으로 확보함	뉴스, 소셜 미디어, 광고 등 매체별로 특정 이슈에 대한 언어 자료를 체계적으로 모음
② 사회적 담론에서 말하고 있는 것과 숨기고 있는 것, 전제하고 있는 것	사회적 담론의 표면과 이면을 모두 탐색함	의도적 생략, 비유, 수사적 표현, 배경 지식 등 표면에 드러나지 않은 의도를 분석함
③ 적극적으로 읽어 내고 분석	사회적 담론의 표면과 이면을 모두 적극적으로 비판하는 사고력임	담론의 이면을 분석 후 권력적 의도와 이데올로기, 사회적 해석 등 거시적 의미를 분석함
④ 사회적 담론이 형성되는 맥락과 과정	담론이 사회 속에서 생성, 전파, 수용되는 동태적 경로를 파악함	특정 사건의 미디어 보도 변화를 추적하여 담론이 대중의 인식을 어떻게 조정하는지 분석함
⑤ 비판적으로 탐구	합리적 의심을 통해 담론의 문제점을 인식하고 성찰하는 태도임	주류 담론에 대항하는 소수자의 목소리를 발굴하고 대안적 공론장을 모색함

▶ **[12언탐01-05]을 높은 수준으로 성취했다는 것을 증명하기 위해!**
특정 사회 문제에 대한 매체별 보도 내용을 비교 분석하여 숨겨진 관점을 밝히는 보고서 작성, 미디어가 사용하는 수사와 프레이밍 효과를 분석하여 가짜 뉴스를 구별하는 판별 기준 제시, 주류 담론의 문제점을 지적하고 대안적 담론을 제시하는 비평문 작성 등을 수행할 수 있습니다.

3. 교과세특 탐구주제

- AI 생성 뉴스의 텍스트에 나타난 전제 및 숨겨진 편향 분석 보고서
- 정치인의 소셜 미디어 발언에 나타난 대중 조작의 수사학적 전략 분석
- 광고 언어에 전제된 자본주의적 가치 주입 방식 분석 및 대안적 소비 윤리를 탐구
- 혐오 표현에 담긴 언어 자료 분석 및 혐오 담론 극복을 위한 언어 재구성 전략 탐구
- 위기 상황 보도의 언어 자료 비교 분석 및 담론 형성 과정이 대중의 불안과 행동에 미친 영향 탐구

4. 독서연계 탐구주제

● 담론(신영복, 돌베개, 2003)

이 책은 신영복 교수가 동양 고전과 인간 관계에 대한 깊은 성찰을 담아낸 인문학 강의의 결정판이다. 관계와 소통의 중요성을 강조하며, 사사로운 일상사를 넘어선 사회적 발화로서의 담론이 인간과 사회를 어떻게 이해하고 성찰하게 만드는지 탐구한다. 지식과 사유가 사회적 관계 속에서 의미를 얻는 과정을 보여주며, 비판적 사고를 통해 희망의 언어를 찾는 주체적 담론 참여의 태도를 제시한다.

'희망의 언어'가 절망적 사회 담론을 대체하기 위한 비판적 담론 전략 연구
'담론'에 나타난 '관계'의 개념을 중심으로 온라인 커뮤니케이션의 문제점 분석
'사실과 진실'의 대비를 통해 미디어 보도에 숨겨진 이데올로기를 성찰적으로 읽어내는 방안

● 팩트풀니스(한스 로슬링 외, 김영사, 2024)

이 책은 세계를 오해하게 만드는 10가지 본능을 지적하며, 데이터와 사실에 근거해 세계를 객관적으로 바라보는 습관을 기르도록 돕는 교양서이다. 부정 본능, 공포 본능, 일반화 본능 등 우리의 직관적 사고방식이 어떻게 잘못된 사회적 담론을 형성하는지 분석한다. 미디어가 선정적이거나 극단적인 정보를 통해 대중의 본능을 자극하여 담론을 편향시키는 맥락을 이해하고 비판적 시각을 갖는 데 도움을 준다.

- ▶ '극단적인 정보'가 온라인 공론장의 양극화를 심화시키는 과정에 대한 연구
- ▶ 미디어의 선정적 보도에 나타난 통계의 오용 사례를 팩트풀니스 관점에서 비판적 분석
- ▶ '부정 본능'이 미디어 담론에 미치는 영향을 분석하고 사회 문제의 객관적 진단 방안 탐구

5. 토의/토론을 위한 생각 나눔 주제

- 소셜 미디어의 공론장이 전통 미디어보다 더 민주적인 담론 형성에 적합한가?
- 가짜 뉴스를 규제하는 것이 언론의 자유와 비판적 담론을 위축시킬 위험은 없는가?
- 사회적 담론을 분석하는 활동이 개인의 정치적 중립성을 지키는 데 방해될 수 있는가?
- 인공지능(AI)이 생성하는 뉴스 담론이 사회적 의제 설정에 긍정적으로 기여할 수 있는가?

6. 진로 희망 계열과의 연계

사회과학 계열	**미디어를 통한 사회 현상 및 여론 분석:** 언어가 정치, 경제, 사회 등 거대 담론을 형성하는 맥락을 사회학, 정치학적 관점에서 분석하여 대중 여론의 흐름과 권력의 작동 원리를 탐구한다.
컴퓨터·통신 계열	**디지털 미디어의 담론 형성 기술 연구:** 온라인 알고리즘이 특정 담론을 확산하거나 억제하는 기술적 메커니즘을 이해하고, 가짜 뉴스 필터링 및 건전한 공론장 조성을 위한 기술적 대안을 모색한다.
경영·경제 계열	**시장 및 소비 담론의 비판적 분석:** 광고나 기업 홍보 자료에 나타난 언어의 숨겨진 전제를 분석하고, 소비자의 인식과 선택을 유도하는 마케팅 담론의 윤리성을 비판적으로 탐구한다.

[12언탐01-06] **(1)품격 있는 언어생활의 특성**을 이해하고 **(2)공공 언어 사용의 실제**를 탐구한다.

1. 기본 개념

(1) 품격 있는 언어생활의 특성과 중요성(과정·기능)
- 상대방과 맥락에 대한 배려와 존중을 바탕으로 공감적 소통을 지향하는 태도
- 정확하고 적절한 어휘와 문장 구사를 통해 화자의 인격과 신뢰성을 확보하는 것
- 차별적이거나 폭력적인 표현을 지양하고 윤리적 책임을 인식하며 언어를 사용하는 자세

(2) 공공 언어 사용의 실제(가치·태도)
- 공공 기관이 국민을 대상으로 사용하는 안내문, 법률, 정책 설명 등의 언어 자료 분석하기
- 공공 언어가 갖춰야 할 정확성, 적절성, 소통성, 품격 등의 기준에 따라 실제 사례를 평가하기
- 문제점이 있는 공공 언어에 대한 개선 방안을 제시하고 바람직한 문화를 주도하는 활동 실천하기

2. A등급 성취 수준의 이해

성취수준	성취기준별 성취수준
A	①품격 있는 언어생활의 특성과 중요성을 심도 있게 이해하고 ②공공 기관의 언어, 맥락에 따라 공공성을 갖는 개인의 언어 등 공공 언어의 다양한 표현 방식을 분석하여 ③정확성과 적절성, 소통성, 품격 등을 중심으로 공공 언어 사용의 실제를 ④비판적으로 탐구하며, ⑤바람직한 공공 언어 문화를 주도할 수 있다.

구성 요소	핵심 의미	적용
① 품격 있는 언어생활의 특성과 중요성을 심도 있게 이해	언어 윤리 및 담화 원리를 개인의 삶과 사회적 책임과 연결하여 성찰함	공손성, 협력의 원리 등을 공공 영역으로 확장하여 언어의 사회적 책임을 인식함
② 공공 언어의 다양한 표현 방식을 분석	광범위한 공공 담화 자료를 매체별, 주제별로 체계화하여 표현 방식을 분석함	정부 보도 자료, 대중 연설, 공익 광고, 공공 시설 안내문 등 다양한 자료를 수집하고 유형화함
③ 정확성, 적절성, 소통성, 품격 등이 중심	다양한 평가의 기준과 의미를 파악함	전문 용어 사용의 정확성, 수용자를 고려한 적절성, 이해 용이성을 중심으로 사례를 평가함
④ 공공 언어 사용의 실제를 비판적으로 탐구	기준에 따른 논리적이고 객관적인 담화 비평 능력임	공공언어 자료를 분석하고 사례를 통해 사용 맥락을 비판적으로 제시함
⑤ 바람직한 공공 언어 문화를 주도	탐구 결과를 실천적 활동으로 연결하는 능력임	문제 사례에 대한 개선 제안서 작성, 공공 캠페인 기획 등을 통해 능동적인 변화를 이끌어 냄

▶ **[12언탐01-06]을 높은 수준으로 성취했다는 것을 증명하기 위해!**
공공 기관의 언어 순화 사례를 정확성, 소통성을 기준으로 분석하는 심층 연구, 일상생활에서 공공성을 갖는 개인의 언어(SNS, 공론장 등)를 품격 기준으로 성찰하는 자기 주도 탐구, 시민의 입장에서 바람직한 공공 언어의 기준을 재정립하는 정책 제안 등을 수행할 수 있습니다.

3. 교과세특 탐구주제

- 공공 기관 민원 응대 화법의 품격 분석과 소통성 증진 방안 연구
- 법률 용어의 어려움이 국민의 알 권리에 미치는 영향 분석 보고서
- 언론의 재난 보도 용어 분석을 통한 공공 언어의 사회적 책임 탐구
- 공공 와이파이 등 공공 시설물의 안내 문구 개선을 통한 소통 효율 연구
- 정치인의 공개 연설문이나 담화문에 나타난 언어의 정확성과 품격 비판 연구

4. 독서연계 탐구주제

■ 침묵의 기술(조제프 앙투안 투생, 21세기북스, 2016)

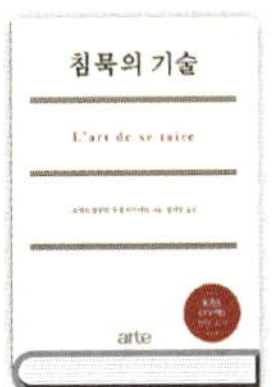

이 책은 말을 잘하는 것보다 침묵과 경청이 소통과 품격 있는 인간관계에 얼마나 중요한지 통찰하는 인문 교양서이다. 저자는 말이 넘쳐나는 시대에 상대방을 온전히 이해하고 자신을 성찰하기 위한 침묵의 힘에 주목한다. 침묵이 자신과 타인을 존중하는 최고의 공손성을 드러내는 언어 윤리임을 깨닫게 한다. 품격 있는 공공 언어가 침묵을 통해 신뢰를 얻는 과정을 제시한다.

- ▶ 침묵이 공공 담화의 정확성과 신뢰성을 높이는 윤리적 역할 분석
- ▶ '말하기'와 '침묵하기'의 균형을 통한 바람직한 공공 소통 문화 정립 방안 탐구
- ▶ '침묵의 기술'에 나타난 공손성의 원리를 공공 기관의 민원 응대 화법에 적용 방안 연구

■ 대통령의 글쓰기(강원국, 메디치미디어, 2024)

이 책은 김대중과 노무현 두 대통령의 연설 비서관이 직접 경험한 글쓰기 비법과 국민과 소통하고자 했던 진심을 담고 있다. 최고 공공 기관의 언어인 대통령의 말과 글이 어떻게 사람의 마음을 움직이고 정책을 형성하며 국민과 소통했는지 구체적인 사례를 통해 보여준다. 특히 청중의 언어를 사용하려는 노력, 오류를 발견하려는 비판적 태도 등은 공공 언어의 정확성, 소통성, 품격을 탐구하는 데 깊은 통찰을 제공한다.

- ▶ 대통령이 말과 글을 대하는 진심이 공공 언어의 품격과 신뢰성을 구축에 미치는 영향
- ▶ 대통령의 연설문에 나타난 '청중의 언어 사용' 전략 분석을 통한 공공 언어 소통성 향상 방안 연구
- ▶ '철저히 독자가 되어 오류를 발견'하는 글쓰기 태도가 공공 언어의 정확성과 책임감에 미치는 영향 분석

5. 토의/토론을 위한 생각 나눔 주제

- 공공 언어의 품격을 객관적인 기준으로 평가하는 것이 가능한가?
- 바람직한 공공 언어 문화를 주도하는 것이 정부의 책임인가, 시민의 책임인가?
- 개인의 소셜 미디어 발언에 공공 언어와 동일한 윤리적 기준을 적용해야 하는가?
- 공공 기관이 효율성을 위해 전문 용어를 사용하는 것은 정확성 측면에서 정당화될 수 있는가?

6. 진로 희망 계열과의 연계

법률 계열	**법률 언어의 정확성 및 공공 소통 분석:** 법령 및 공문서의 공공 언어를 정확성과 소통성 기준으로 분석하고, 법률 정보의 대중적 접근성을 높이기 위한 언어 순화 방안을 연구한다.
사회과학 계열	**정책 담화의 품격 및 사회적 영향 분석:** 공공 기관의 정책 발표나 보도 자료의 언어를 정치학이나 사회학적 관점에서 분석하여 대중에게 미치는 영향과 윤리적 품격을 탐구한다.
언어·문화 계열	**공공 언어의 언어 규범 및 문화 설계:** 공공 기관의 표준 언어 사용 실태를 연구하고, 언어 규범 및 품격을 높여 바람직한 공공 담화 문화를 주도할 수 있는 교육 프로그램이나 지침을 개발한다.

언어생활 탐구

[12언탐01-07] **(1)언어가 우리 삶에서 담당하는 역할**을 이해하고, **(2)주체적 능동적으로 바람직한 언어문화를 실천**한다.

1. 기본 개념

(1) 언어가 우리 삶에서 담당하는 개인적·사회적 역할(과정·기능)
- 언어 사용의 긍정적 및 부정적 결과에 대한 윤리적 책임
- 사회적 차원: 언어를 통해 타인과 관계를 맺고, 정보를 교환하며, 사회 질서를 발전시키는 역할
- 개인적 차원: 언어를 통해 사고하고, 감정을 표현하며, 정체성을 형성하고 자아를 실현하는 역할

(2) 바람직한 언어문화의 주체적·능동적 실천(가치·태도)
- 자신의 언어생활 전반을 성찰하고 개선점을 능동적으로 찾아내기
- 상대방을 존중하고 배려하는 언어 예절을 습관화하여 품격 있는 소통을 지향하기
- 차별적이거나 혐오적인 언어 사용을 지양하고, 소수자를 포용하는 윤리적 언어를 실천하기

2. A등급 성취 수준의 이해

성취수준	성취기준별 성취수준
A	①인적·사회적 차원에서 언어가 우리 삶에서 담당하는 역할을 심도 있게 이해하고, ②다양한 언어 사례를 통해 ③언어문화의 의미와 가치를 적극적으로 탐구하며 ④자신의 언어생활 전반을 성찰하여 ⑤바람직한 언어문화를 주체적·능동적으로 실천하고 내면화할 수 있다.

구성 요소	핵심 의미	적용
① 개인적·사회적 차원에서 언어가 우리 삶에서 담당하는 역할을 심도 있게 이해	언어가 인간의 사고, 관계, 사회 구조에 미치는 근본적 영향력을 이해함	언어적 표현의 자유와 언어적 책임 사이의 윤리적 균형을 심층적으로 논함
② 다양한 언어 사례 분석	다양한 매체, 수용자, 생산자의 언어 사례를 수집 및 분류함	바람직한 언어 문화 실천을 위해 신조어, 은어, 표준어, 전문어 등 다양한 사례를 분석함
③ 언어문화의 의미와 가치를 적극적으로 탐구	언어문화의 가변성과 다양성을 인정하고, 긍정적 변화의 가능성을 모색함	위 사례의 사회적 기능과 가치를 비교 분석하여 문화적 맥락을 이해함
④자신의 언어생활 전반을 성찰	자아 비판과 자기 주도 학습을 통해 언어 습관의 문제점을 인식하고 및 개선하려는 의지임	일기, 대화 녹취, 온라인 기록 등을 바탕으로 자신의 언어 사용 패턴을 구체적으로 분석함
⑤ 바람직한 언어문화를 주체적·능동적으로 실천하고 내면화	지속적인 탐구와 성찰의 실천으로 연결하여 언어 능력을 습관화함	학교, 가정, 온라인 커뮤니티 등 일상생활에서 언어 개선 캠페인을 기획하고 주도적으로 참여함

▶ **[12언탐01-07]을 높은 수준으로 성취했다는 것을 증명하기 위해!**
온라인 게임 중 욕설 등 부정적인 언어 사례에 대한 자기 성찰 보고서 작성, 학교 내 언어폭력 실태 조사 및 언어문화 개선을 위한 캠페인 기획 및 실행, 새로운 언어문화 확산을 위한 언어 윤리 지침 개발 및 소수자를 배려하는 대안적 언어 제안 등을 수행할 수 있습니다.

3. 교과세특 탐구주제

- 언어가 개인의 자존감과 정체성 형성에 미치는 심리적 역할 탐구
- SNS 댓글 문화에 나타난 언어의 폭력성 분석 및 주체적 언어윤리 실천 방안
- 일상 대화 속 '공감적 경청'의 화법적 역할과 관계 형성에 미치는 긍정적 영향 연구
- 온라인 게임 환경에서의 비속어 사용 실태 분석 및 언어 습관 개선을 위한 자기 성찰 보고서
- 세대 간 언어 차이(신조어, 유행어) 분석을 통한 언어문화의 다양성 이해 및 소통 증진 방안

4. 독서연계 탐구주제

● 언어의 온도(이기주, 말글터, 2016)

이 책은 말과 글에 담긴 세상살이의 따뜻함과 인간에 대한 깊은 이해를 담고 있다. 일상적인 언어 속에 숨겨진 배려와 위로의 힘을 조명하며, 언어가 타인과의 관계를 맺고 삶을 풍요롭게 하는 가장 중요한 역할을 수행함을 보여준다. 독자는 이 책을 통해 자신의 언어생활에 온도를 부여하여 주변을 변화시키는 주체적 실천의 가치를 깨닫게 된다.

- ▶ '언어의 온도'에 제시된 '공감의 언어' 사례 분석을 통한 언어의 사회적 역할 연구
- ▶ 일상생활에서 의도적 '따뜻한 말' 사용 효과 탐구(개인적 감정 및 대인 관계 변화에 대한 성찰 일지 작성)
- ▶ 온라인 커뮤니티의 비윤리적 언어를 '언어의 온도' 관점에서 비판적으로 분석하고 개선 방안 제시

● 경청(김혜진, 민음사, 2022)

이 책의 주인공은 자신에게 사과를 요구하는 세상에 미완성 편지를 쓰며 자기 연민과 자기합리화에 머무르지만, 언어가 통하지 않는 길고양이와의 관계와 침묵하는 아이와의 만남을 통해 섣부른 판단과 말의 폭력성을 성찰하게 된다 '듣는 일'이 인격과 관계를 회복하는 주체적 실천임을 깨닫게 하며, 바람직한 언어문화의 가치를 깊이 탐구하게 한다.

- ▶ '언어가 생략된 관계'에서 공감이 가능한 이유 탐색 및,언어의 한계와 침묵의 윤리적 역할 연구
- ▶ '캔슬 컬처(Cancel culture)'의 비난 언어가 개인의 정체성과 삶의 역할에 미치는 파괴적인 영향 분석
- ▶ 미완성 편지 쓰기(말하기)를 멈추고 '경청'의 순간을 맞이하는 주인공을 통해 바람직한 언어문화의 내면화 과정 분석

5. 토의/토론을 위한 생각 나눔 주제

- 예의와 의사소통 효율 중에 우선해야 하는 것은 무엇인가?
- 윤리적으로 정당하지만 듣기 싫은 말을 듣지 않을 권리가 있는가?
- 진심 없는 공손한 말보다 솔직한 직언이 더 낫다고 볼 수 있는가?ㅍ
- 청소년의 온라인 은어 사용은 바람직한 언어문화를 저해하는가, 세대적 정체성을 형성하는가?

6. 진로 희망 계열과의 연계

법률·행정 계열	**법률 및 공공 문서의 소통성 기준 재정립과 언어 순화 정책 제안 연구:** 법률 용어의 어려움이 국민의 알 권리 및 공공 언어의 정확성, 소통성에 미치는 영향을 분석하고 법률 언어 순화 지침을 작성하여 행정 기관에 정책 제안서로 제출한다.
사회과학 계열 (언론/정치/사회학)	**정치·언론 담화의 품격 분석을 통한 언어 윤리 및 사회적 책임 탐구:** 언론의 재난 보도 용어나 정치인의 연설문을 수집하여 다양한 기준으로 비판적 분석을 수행하고 바람직한 공공 담화 문화 형성 방안을 탐구 보고서로 제시한다.
언어·문화 계열 (교육/심리/문화)	**온라인 커뮤니티 언어문화의 폭력성 분석 및 개선방안 탐구:** SNS 댓글 문화나 온라인 게임 등 다양한 언어 사례를 분석하여 언어의 폭력성과 소수자 배려 부족 실태를 조사하고 개선 방안늘 탐구한다.